清华中美关系评论

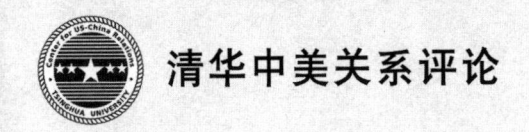

中美外交
管控分歧与合作发展

US-China Relations: Managing Differences and Developing Cooperation

主　编◎孙　哲
副主编◎刁大明　张旭东

时事出版社

主　编：孙　哲
副主编：刁大明　张旭东

前　言、第一章：孙　哲（清华大学国际问题研究所教授、中美关系研究中心主任）

第二章：赵可金（清华大学国际问题研究所副教授）

第三章、后记：张旭东（清华大学国际问题研究所博士研究生）

第四章：刘建华（中南财经政法大学国际问题研究所副教授）

第五章：李　巍（中国人民大学国际关系学院副教授）
　　　　张玉环（中国人民大学国际关系学院硕士研究生）

第六章：汪晓风（复旦大学美国研究中心助理研究员）

第七章：石　岩（清华大学国际问题研究所博士研究生）

第八章：徐洪峰（中国社会科学院俄罗斯东欧中亚研究所副研究员）

第九章：刁大明（中国社会科学院美国研究所助理研究员）

第十章：孙　哲、刘晓雯（清华大学国际问题研究所硕士研究生）

第十一章：李家成（辽宁大学国际关系学院讲师）

第十二章：董　得（清华大学国际问题研究所硕士研究生）

第十三章：肖　杰（清华大学国际问题研究所博士研究生、中国藏学研究中心助理研究员）

第十四章：杜　兰（中国国际问题研究院助理研究员）

第十五章：龚　婷（中国国际问题研究院研究实习员）

第十六章：季　烨（厦门大学台湾研究院助理教授）
　　　　　彭　莉（厦门大学台湾研究院教授、副院长）

目 录

前言 强化分歧管控，加强中美合作外交 ……………………（1）

第一部分 中国外交战略与中美关系

第一章 "中国梦"与中美关系：软实力建设与
合作型外交 ……………………………………………（17）

第二章 构建新型大国关系：中国大国外交新思维 ……………（43）

第二部分 美国对外政策与中美关系

第三章 建构对华关系认知：奥巴马政府
对华政策演变 …………………………………………（73）

第四章 打造国家安全体系：奥巴马政府国家安全
体制改革 ………………………………………………（114）

第五章 推进三大贸易谈判：奥巴马政府国际贸易
战略走向 ………………………………………………（141）

第六章 治理网络安全问题：中美战略竞合的
新疆域 …………………………………………………（165）

第七章 推动双边直接投资：中美经贸互动的
新挑战 …………………………………………………（196）

第八章　发展清洁能源战略：中美两国的
　　　　政策与障碍 …………………………………………（217）
第九章　品味"中国茶"：美国国会茶党势力的
　　　　对华态度 …………………………………………（233）

第三部分　第三方因素与中美关系

第十章　朝核问题：中美新型大国关系的
　　　　挑战 …………………………………………………（259）
第十一章　朝鲜半岛：美国对朝政策与中美对朝
　　　　　政策的战略互动 …………………………………（288）
第十二章　东海防空识别区：中美日三边关系 ………（309）
第十三章　崛起中的印度：中美印三边关系与
　　　　　西藏问题 …………………………………………（329）
第十四章　转型后的缅甸：中美地区战略博弈的
　　　　　新战场 ……………………………………………（358）
第十五章　"一带一路"：美国对中国周边外交
　　　　　构想的解读 ………………………………………（381）

第四部分　台湾问题与中美关系

第十六　自由贸易协议：台湾当局亚太转向的
　　　　战略解读 …………………………………………（401）
2014年中美关系大事记 ………………………………（423）
后记　增信释疑　推进中美战略合作 ………………（462）

前　言

强化分歧管控，加强中美合作外交

《三国演义》第 21 回"曹操煮酒论英雄"里有一个非常有意思的故事。当时，刘备寄人篱下、壮志难酬。在曹操的控制下，刘备虽然心如火焚，但很怕曹操看出破绽，只好用种菜浇地、不问政事的办法麻痹对方。有一天，曹操邀请刘备小酌，酒至半酣，忽阴云漠漠，骤雨将至。仆人说天上有龙，于是二人起身凭栏观看。曹操大发感慨说："龙能大能小，能升能隐；大则兴云吐雾，小则隐介藏形；升则飞腾于宇宙之间，隐则潜伏于波涛之内。方今春深，龙乘时变化，犹人得志而纵横四海。"曹操表面上说龙，实则隐指如龙一般的盖世英雄。当他手指刘备，然后毫不掩饰地又指了一下自己说："今天下英雄，惟使君与操耳。"刘备闻言，心中暗吃一惊，手中所执匙筷，不觉落于地下。

这段经典的对话反映了两个人的性格：彼此交锋的关键时刻，曹操咄咄逼人、骄横霸气；刘备大智若愚、韬光养晦。人们不禁感叹：古往今来，凡能成就大事业者，无不深谙藏锋蓄志的龙蛇伸屈之道，懂得从容行事、展示大智大谋。

联想到2013—2014年前后的中美关系，我们发现，妨碍中美合作的重大战略互疑依然存在，其主要来源除了有些学者曾经指出的两个政体之间"截然不同的政治传统、价值体系和文化"、"彼此对对方国家的决策过程、政府与其他实体的关系理解和鉴别不够"，以及"公认的美国和中国之间的实力差距缩小"[①] 之外，同样也体现在两国在现实世界的博弈之中，如中美在亚太的地缘战略博弈、在全球经贸市场与规则上的博弈，以及在网络空间规则制定上的博弈。[②] 多层次的博弈使中美关系在几大领域内都存在一定的分歧：在政治和安全领域的互信度有限，在经贸和金融领域的冲突和纷争不断，在人文领域彼此设防以及在国际事务中常常立场相左。[③] 面对美国的咄咄逼人，中国如何从容行事、展示大智大勇异常艰难。由是如何强化分歧管控、加强合作外交，便成为中美新型大国关系建设的关键。

一、中美新型大国关系经历严峻考验

美国提出"亚太再平衡"政策之后，中美关系在跌宕起伏之中还是实现了总体向上的发展趋势。有学者将其归功于两条重要经验：一是"斗而不破"，即双方恪守底线，不因个别矛盾影响两国关系发

---

① 王缉思、李侃如：《中美战略互疑：解析与应对》，2012年4月4日，http://www.chinareform.org.cn/cirdbbs/dispbbs.asp?Id=1043314&boardid=42。
② 陈向阳："中美新型大国关系三大博弈"，《人民论坛》，2013年S1期。
③ 于洪君："关于中美新型大国关系的回顾与思考"，《国际安全研究》，2013年第2期。

展的大局；二是"和而不同"，即在和平相处的同时坚持本国的发展路线，不在持续合作中丧失自我①。

总结过去一年多的中美关系，我们可以看到，2013年，中美关系基本上实现了平稳过渡和稳中有进。美国对华关系从习奥庄园会谈、两国高官互访，一直到美国总统国家安全事务助理苏珊·赖斯通过演讲接受了中方提出的新型大国关系概念，美国对中国作为全球性大国的认同度得到进一步提升。

但是，我们应该清醒地认识到：美国对中国的认可并不意味着承认自己的相对"和平衰落"。相反，美国一直强调亚太地区的重要性和美国存在的价值。2013年11月21日，美国国家安全顾问赖斯在乔治城大学演讲时就再次重申了美国将要在加强安全、扩大经济、传播民主文化和提高人民尊严等方面，在东亚地区发挥进一步的作用，并且承诺美国将在之后的数年内，保证在东亚地区建立一个持久、强大、稳定并且可靠的存在。②

从某种程度上说，中美两国对新型大国关系的理解是有偏差的。所谓新型大国关系"兼具道义规范和解决问题的双重意义"③。中国更注重前者，突出的是新型大国关系的总体目标和原则；美国则更强调后者，把新型大国关系限定在新兴大国和守成大国之间，并且希望落实到具体问题的解决上。

理解虽然不尽一致，中美关系在2014年仍然迎来了改善双边关系的重大机遇：

---

① 袁鹏："关于构建中美新型大国关系的战略思考"，《现代国际关系》，2012年第5期。

② Susan E. Rice（2013）. America's Future in Asia, http://www.whitehouse.gov/the-press-office/2013/11/21/remarks-prepared-delivery-national-security-advisor-susan-e-rice.

③ 杨洁勉："新型大国关系：理论、战略和政策建构"，《国际问题研究》，2013年第3期。

首先，2014年两国迎来了改善双边关系的一些重大机遇，至少有三个看点：一是高层互访没有间断。奥巴马总统在4月亚洲之行后，参加了中国主办的APEC会议，再次踏足北京。二是中美按计划顺利举行了第六轮战略与经济对话与第五次人文交流高层磋商，这些重要的双边机制性对话对中美关系健康稳定发展的引领、匡扶作用。三是双方有必要结合中国设立改革领导小组、国家安全委员会等改革举措，积极调整、优化两国战略谋划部门和相关智库的交会对接，使之充分适应世界两大主要力量共建新型关系的宏大布局。

其次，中美经济合作得以深化，双边投资协定谈判进展顺利。这一协定如能达成，其积极意义可能不亚于1999年中美达成双边入世协议，将极大促进两国经贸关系的进一步发展。

再次，中国参与由美国主导的2014年环太平洋军演标志着中美军事合作有可能成为双边关系的新的增长点。

20多年来，中美军事关系的基本特征是战略互信差、交往水平低、关系时断时续。为了引导两军关系走出"走走停停、低层次循环"的怪圈。中国方面成功参与了2014年环太平洋军事演习——由美国在太平洋地区主导的最大规模和最高规格的海军演习。此外，美中两军如今还就许多关键领域议题定期举行工作会议。其中包括年度国防部防务磋商，国防部工作会晤，海上军事安全磋商机制，在美中战略与经济对话平台下举行的战略安全对话，以及一系列包括学术机构、智库以及军官参加的非官方会谈等。军事关系制度化能较好地保证双方合作的持续性。

除了上述机遇之外，2013—2014年期间，亚太格局和地区安全形势之变更日趋深入、复杂。中日关系、半岛局势、南海问题、缅甸局势等问题的纠结局面积累起更多的转折性矛盾，一些紧张因素甚至已经逼近临界点。例如，日本安倍晋三内阁的修宪计划将会迈出推进宪法96条修改工作、改变宪法对行使集体自卫权的解释这两个实质性步伐。作为外围呼应，日本在领土、海洋、历史问题上针对中国采取了很多挑衅性的行动，这些错误行为非但没有受到美国的谴责，相反，奥巴马总统在访问日本之时还反复强调美日同盟"是亚洲地区安保和繁荣的关键"。除了支持新任美国驻日本大使卡罗琳·肯尼迪的工作外，他还公开支持日本在钓鱼岛问题上的立场，对抗中国、突出美国在亚太地区领导权的色彩十分浓厚。

在其他问题上，中美也面临同样的困境：双方虽然已经意识到局势演变中潜藏的利益摩擦与碰撞风险，但是尚未找到最好的外交办法来寻求危机中的协调合作和规则制订机遇，以亚太和平稳定大局为重，共同做出最符合两国战略交集和地区共同利益的外交决策。特别值得一提的是，2014年是美国中期选举年，仍有相当一部分美国国会成员在人民币汇率、市场准入、贸易逆差等问题上对中国表达强烈不满，希望行政部门加强对中国的施压力度，同时，美国府会、两党都有不少激进人士对中国实施的诸如划定防空识别区等捍卫自身海洋权益的举措加以抵制，一些人甚至再次恶意炒作"中国扩张论"、"中国威胁论"等观点，中美关系一度被认为是到了另一个历史最脆弱的时刻。

建设中美新型大国关系理念的提出，就是要在"稳定"、"发展"、"超越"三者间找到最有力凝聚点，归根结底是战略远见和务实态度的结合。

"新型大国关系"的提出是为了避免所谓的"修昔底德陷阱"，避免大国之间因恐惧和误解的增长使得双方最终兵戎相见的历史悲剧。在国际关系历史长河中，15次重大权力转移中就有11次以血腥的战争形式完结。今天的中国虽然无法在短期内全面挑战美国的国际权力和影响力，但中国的发展被许多美国人看成是一个巨大的困惑。中美之间如果爆发冲突或战争，将给亚太地区和平和整个世界带来灾难性的后果。共享的国际责任与交织的国家利益，要求两国必须努力跳脱这个陷阱，开创国际关系的新模式、新典范。

不可否认，中美构建"新型大国关系"的道路将是相当漫长而持续的过程，不但无法一蹴而就，而且也没有历史经验可以借鉴遵循。新型大国关系仍旧面临着众多障碍与阻力，两国必须强化分歧管控，才能加大外交合作的力度。

我们重申中美新型大国关系并非霸权追随，而是相互尊重的关系。经济全球化正推动世界走向一个"无极时代"，[①] 任何国家都不可能成为国际体系的唯一主导者。因此美国应当包容中国的崛起，同时中国也要尊重美国的大国地位。

新型大国关系要求彼此互相尊重，但中国对美国关于尊重核心利益的要求，可能在很长时期内都难以得到美方接受。何为中国的核心利益？这似乎是美国最迫切需要知道的问题，而中国的答复在某些问题上却并不清晰。在美国看来，近年来中国宣称的核心利益包括了领土争端、政治制度、涉台、涉疆、涉藏等诸多领域。仅拿领土争端而言，如果美国尊重了中国这部分利益，无外乎放弃了对盟友的支持，将亚洲的主导权彻底交给了中国。所谓新型关系只不过是中国单方面地要求美国作为冲突的制造者，来承担责任并作出改变，包括停售武器给台湾，放弃扩张前沿部署政策，放弃贸易保护政策，停止对中国的海空侦查行动等等。美国很难在这些自己的核心政策上做出任何让步来满足中国的需求。这种最基本的矛盾会使得两国难以避免地滑入安全困境。[②] 同理，美国国内出于意识形态而对中国政治制度、民族与宗教政策的"发声"使美国在中国内政特别是民族边疆政策上也会坚持自己的态度，不肯轻易认可中国的

---

① "无极世界"最早由美学者尼尔·弗格森在2004年提出，转引自赵可金、殷夕婷："美国战略调整与中美新型大国关系"，《国际关系学院学报》，2012年第6期。

② Ratner, E. (2013). Rebalancing to Asia with an Insecure China. *The Washington Quarterly*, 36 (2), 21–38.

立场。由此可见，尊重核心利益的要求或将成为中美新型大国关系中深层次的瓶颈。

我们强调新型大国关系并非结盟对抗，而是合作性竞争的关系。从这个角度上说，新型大国关系并非世界一统，而是一种聚同化异的关系。中美应当善于汇聚"同"并尊重彼此的"异"，推动世界的多元化发展。

新型大国关系可能短期内无法改变中美两国的战略意图与战略误判。例如，从中国角度来看，奥巴马上台以来的"亚太再平衡"战略虽然存在与亚太地区共享繁荣的意图，但客观上增加了该地区特别是中国周边冲突的风险，被中国战略界广泛认为意在遏制至少是放缓中国发展步伐。美国的再平衡政策实际上已经造成了地区的不平衡。不仅遏制了中国，增加了中美两国间的不信任，还严重阻挠了东亚国家自主发展的战略计划，使得东亚国家不得不面对"选边站"（side-taking）的难题，很容易造成"格鲁吉亚现象"[①] 的产生。[②]

在美国方面看来，情况恰恰相反。中国政府近期推出的"一带一路"也被美国认为是"西进"的地缘战略应对布局。有美国学者甚至非常悲观地认为：一个自信不断膨胀的中国，和衰落克制的美国会使得亚太地区在下一个十年中呈现比过去更加危险的局面[③]。两国在全球与地区上的战略安排，为彼此造成了深深的互相疑虑，这势必是新型大国关系的重大障碍。

[①] "格鲁吉亚现象"：指某国过于相信美国的安全承诺，从而误认为美国会支持其发动的冲突或战争行为，但结果却发现美国无意于插手该特定事件。以格鲁吉亚入侵南奥塞梯事件为例。

[②] Ling, W. (2013). Rebalancing or De-Balancing: US Pivot and East Asian Order. *American Foreign Policy Interests*, 35 (3), 148–154.

[③] Friedberg, A. L. (2012). The Next Phase of the "Contest for Supremacy" in Asia. *Asia Policy*, 14 (1), 31–35.

我们呼吁中美新型大国关系不要受到第三方因素影响而更为复杂化。中美关系的发展历程始终存在着第三方因素的重要影响，甚至两国建交也存在着"中美俄"大三角互动的内在动力。但近年来的第三方因素随着中美两国关系的重要性提升而更为密集而繁复地展现出来。朝核问题、钓鱼岛争端、南海问题、阿富汗问题、伊朗核问题等虽然都需要中美合作，但无疑也增加两国的分歧点。不同的底线、不同的立场、不同的利益诉求交错在新型大国关系之中，挑战着中美两国决策者的智慧，也关乎中美新型大国关系的国际效应。

二、中美四个关键的战略维度

新型大国关系理念的提出，其实还促使我们重新思考和认清中美关系未来的基本走势，把握美国未来对中国仍然会有什么影响，或者更自信一些，中国的未来可能会对美国以及世界产生什么影响。

积极落实中美新型大国关系，需要我们站在四个关键的战略维度看待中美关系的发展。

第一，要有长远的历史视角。从历史长周期的经验来预测，中美之间相互学习的过程肯定是无法避免的。美国还会在全世界有非常大的影响力，在中国对外交往的各个领域都会有美国的影子。在这种基本判断下，我们必须一方面学会跟美国在全球各个领域下快手棋，另一方面又坚持自己的发展战略和外交原则。

第二，要有更广的全球视野。中美两国都正经历着在世界上重新自我定位的巨大变革，特别是中国正从客观上和自我认知上逐渐成长为全球性大国。现在中美关系已经超越了单纯双边关系的范畴，而具有影响整个世界的意义。现在谈中美关系不能只是谈中美两国之间的关系，两国关系的协调与合作对于朝核问题、伊核问题、气候变化等地区和全球性问题具有至关重要的影响。这两个国家也面临着国际上的某种期待，就是希望中美两国能彼此约束、相互合作，共同推动一个稳定的国际秩序的形成和维护。

第三，要有对彼此国内政治的审慎判断。金融危机爆发后，中美双方都面临一个新的机遇窗口，两个国家都试图把关注点放在国内事务上。奥巴马上台后拼命搞国内经济，要"完善自我治理"，让美国集中精力搞建设。中国一向也是以维护国内稳定、加快经济建设为主，国内导向性也很强。当两个国家都试图把关注点放在国内事务上，这本身就是向对方发送的强烈信息——意识到国内问题为对方最优先关注议题将为另一国家创造战略机遇，同时双方可以在更多经济、社会和全球治理方面进行合作。

第四，要有更科学的危机管理意识和方法。两国之间的危机管理非常重要。在战略上，中国应该遵循邓小平的指导方针，韬光养晦；在战术上，中国在某些领域可能会更加有所作为。国际政治现实发展中，不少看似小的危机发生时候影响不大，但是却蕴含着潜在的战略冲击力，甚至有可能演变成对一个国家的根本利益、国际形象产生重大冲击的事件。比如"天安号"事件，这一最初看起来只是可能引发朝鲜半岛南北双方军事摩擦的事件最终促使日韩美形成了准三边同盟，令中国的周边战略态势出现重大恶化。对于这类事件，我们应该在危机刚发生时采取更加积极的态度加以影响和控制。只有把这些小的问题处理好，才能稳定大的战略关系。

三、中国外交的整体提升

从经济发展角度来看，中国国内生产总值（GDP）在 2010 年超过日本后，居世界第二位。中国与美国的差距逐步缩小，相当于美国 GDP 的比例从 2005 年的 17.9% 上升至 2013 年的 54.7%。2013 年，中国 GDP 达到 568845 亿元①（超过 9 万亿美元）。同年，中国进出口总额 4.16 万亿美元。中国已成为世界第二大经济体、第一大货物贸易国和第一大外汇储备国，吸引外商直接投资和对外直接投资均位居世界前列。2014 年，中国 GDP 有望突破 10 万亿美元大关。与此同时，中国人均国内生产总值不断提高，成功实现从低收入国家向上中等收入国家的跨越。②

中国经济发展水平的提高，说明国际市场、资源、资金、技术和人才甚至国际政治和安全形势的发展变化，都将更加紧密地牵动中国未来的稳定和社会和谐；中国与世界日益成为联系紧密的命运共同体，则反过来要求中国在与世界打交道的过程中进一步提升自己的外交尤其是对美外交水平。

应当说，中国在世界政治舞台上的表现日趋活跃，发挥着越来越重要的中国特色大国作用。例如，除了积极参与国际经济事务之外，中国在政治和安全领域还参加了 100 多个政府间国际组织，签署了 300 多个国际公约。中国与世界的军事联系在逐步上升。中国

---

① 国家统计局：《2013 年国民经济和社会发展统计公报》。网址：http://www.stats.gov.cn/tjsj/zxfb/201402/t20140224_514970.html。

② 根据世界银行数据，我国人均国民总收入由 1978 年的 190 美元上升至 2012 年的 5680 美元，按照世界银行的划分标准，已经由低收入国家跃升至上中等收入国家。

是联合国安理会5个常任理事国中派遣维和军事人员最多的国家，是联合国115个维和出兵国中派出工兵、运输和医疗等保障分队最多的国家，是缴纳维和摊款最多的发展中国家。中国累计向联合国30多项维和行动派出各类人员约2万多人次。截至2014年初，中国共有近2200名维和人员正在马里、刚果（金）、南苏丹等10个任务区执行任务。[1] 中国海军在亚丁湾、索马里海域开展常态化护航行动，与多国护航力量进行交流合作，共同维护国际海上通道安全。中国军队与外军海上联演联训不断拓展。上海合作组织框架内联合反恐军事演习机制化发展。[2]

然而，我们不能不看到，随着世情国情的发展变化，中国与外部世界的关系日益复杂，中国外交的内涵与外延正在进一步延伸，工作内容也就更加繁重。

例如，中国的国家利益已由本土向海外拓展。2013年，中国出境人数超过9800万，预计再过几年每年将超过上亿人次，在全球非金融类投资不断增加，在海外中资企业超过2万家，中国经济的对外依存度不断上升。再如，中国国家权益空间已从以陆权为主向陆权和海权、空权、网权等战略新疆域并重的方向发展。深海、太空、网络、极地已成为全球战备竞争的新高地。主要大国纷纷出台网络、太空、极地等战略。从发展趋势看，海权、空权和网权日益成为我国拓展利益空间的重要战略方面。

面对新形势新任务新挑战，中国外交需在新的历史起点上不断创新和开拓。

---

[1] "常驻联合国副代表王民大使在联大维和特委会2014年届会一般性辩论上的发言"，中华人民共和国常驻联合国代表团网站2014年2月24日。网址：http://www.china-un.org/chn/zgylhg/jjalh/alhzh/whxd/t1131839.htm。

[2]《中国武装力量的多样化运用》，中华人民共和国国务院新闻办公室2013年4月发布。网址：http://www.gov.cn/zhengce/2013-04-16/content_2618550.htm。

这要求我们要准确把握中国的战略发展方向，进一步全面加强对新形势下外交工作的统筹协调。坚决贯彻外交大权在中央的要求，发挥好各部门各地方在国家总体外交中的作用，整合资源，形成合力。不断完善指导外交外事工作的体制机制建设，提升外交工作服务国家经济社会发展的实际成效。妥善处理维护国家利益与增进同各国共同利益的关系，把中国的发展同世界各国共同发展结合起来，真正体现合作共赢。

要做到统筹协调，我们还必须进一步完善对外战略的整体规划和设计。深入研究我国发展重要战略机遇期内涵和条件的变化，借鉴世界其他国家包括美国发展的有益经验，制订切实可行的外交战略路线图，进一步完善总体外交布局，细化大国、周边、发展中、多边及各领域外交工作的战略部署，加大对重点区域、支点国家和重要合作机制的投入，有计划、有步骤地推进我总体对外战略。

最为重要的，结合新型大国关系、"一带两廊"等理念的提出，我们必须进一步推进外交理论和实践创新，从传统文化、治国理政经验、外交实践中汲取营养，不断推出符合我国利益、适应时代要求的外交理念和政策主张，讲好中国故事，发出中国声音，不断扩大我话语权和影响力，为我国的经济社会建设营造更加有利的国际环境，为中华民族伟大复兴"中国梦"的实现做出新贡献。

"一个真正成功大国的标志，取决于这个国家能够在多大范围内和多长时间里维持它根据自身及世界需要所创立的安全共同体，也取决于这个国家能够在多大程度上促进共享的价值和稳定国际秩序。"中国能否实现崛起，真正成为一个世界大国，取决于中国在维持世界和平与发展中所起作用的大小。

外交创新要求中国做到内政修明，实现制度文明和经济文明的统一，改造一些过去的政治传统、政治惯例，做到自我完善，真正实现民主化、现代化，富国强兵，富民强兵，这才是我们最大的一个探险、最大的挑战。

2014年是中美正式建交35周年，两国关系在跌宕起伏、峰回路转之间不断深化。总体上看，中美两国都面临着经济转型的压力，都需要更加努力地去克服自身存在的经济问题、社会问题、政治问题，维系和发展自身的硬实力和软实力。如果中美两个大国能够在完善自身上做出成绩，那么中美关系就有可能超越矛盾分歧，超越狭隘的利益格局，寻求互惠共赢的最大化结果，对国际社会的和平和发展做出巨大的贡献。

本书以对构建中美新型大国关系过程中的分歧管控和合作型外交为主线，对中美关系的新问题和新挑战进行全面的回顾和梳理，深入剖析中美在各议题领域特别是在第三方因素上的互动情况，并针对性地提出改善两国关系的政策建议，以期为中国学界的中美关系研究做出微薄的贡献，请学界同仁批评指正。

第一部分　中国外交战略与中美关系

"中美关系虽历经风雨，但总体上朝着正确方向发展，取得了丰硕成果。在两国历届领导人的共同努力下，中美关系已经建设成为一座摩天大厦。我们双方要继续努力，为中美关系添砖加瓦。我同奥巴马总统就共同建设中美新型大国关系达成重要共识。这是双方着眼两国和两国人民根本利益作出的战略决策。双方正在加强政治、经贸、生态、人文等领域合作，还要共同应对气候变化、能源安全等挑战。只要双方牢牢把握新型大国关系的大势和原则，相互尊重，合作共赢，中美关系发展前景就会更加广阔。中美关系发展需要两国各界人士积极支持和参与。"

——2013年11月18日，中国国家主席习近平在人民大会堂会见美国前总统克林顿时对中美关系的现状和前景进行的评价

第一章

"中国梦"与中美关系：软实力建设与合作型外交

"中国梦"是中华民族的伟大复兴之梦。中华民族之复兴，并不是要回到中华民族历来引为自豪的汉唐盛世文明状态，其全新境界是要把中国建设成为富强民主文明和谐的社会主义现代化国家。从这个意义上说，中国梦的建设应该包括三方面具体内容：一是从中国历史发展角度，讲述中国梦的探索历程，解释为什么这个梦想"凝聚了几代中国人的夙愿，体现了中华民族和中国人民的整体利益，是每一个中华儿女的共同期盼"。[①] 二是从中国融入世界角度，说明中国梦虽然是中华民族的伟大梦想，但它并不排斥其他文明成果，相反，中国梦呈现一种包容的精神状态，体现着中国改革开放、锐意进取的时代特点，反映了中国努力为人类共同发展做出贡献的真挚愿望；三是从中国梦的应有内涵来看，中国对富强民主文明和谐的追求承载了中国要实现国家现代化的沉重使命。中国发生的深度变革，是紧紧围绕十八大确定的"民主、自由、平等、公正、法

[①] 习近平参观《复兴之路》展览时的讲话，参见："'中国梦'，中华儿女的共同期盼"，《人民日报》，2012年12月9日，第3版。

治"等践行中国特色社会主义的核心价值展开的。通过顶层设计，中国将从道路选择、理论体系、制度文明等方面凝聚力量，攻坚克难，以确保法治中国、市场中国、文明中国、和谐中国和美丽中国总目标的落实。

从中国软实力建设和民主转型的角度来看，中国梦不仅是一种有形表象和国家行为，更代表着一种精神内涵和价值取向。中国梦的提出，使中国外交的发展动力有了从"外需"到"内需"的根本转变。中国梦对中美关系意味着机遇和发展。中国坚持走和平发展道路，强调中美"和而不同"与包容互鉴的相处之道，这对中美管控分歧、加强合作至关重要。

一、"中国梦"与中国软实力建设

构建中美新型大国关系是实现中华民族复兴"中国梦"的重要里程。2013年6月8日，习近平与奥巴马会晤时也表示："中国梦要实现国家富强、民族复兴、人民幸福，是和平、发展、合作、共赢的梦，与包括美国梦在内的世界各国人民的美好梦想相通。"①

从内涵上来看，中国梦首先意味着中国将坚持走具有中国特色的社会主义道路；中国梦体现了以爱国主义为核心的民族精神和以改革创新为核心的时代精神，是凝心聚力的兴国之魂、强国之魂。中国梦的提出，更加具体明确了具有中国特色社会主义国家的蓝图和路线图以及时间表，即在中国共产党成立100周年时的2020年要

---

① 参见："中国梦与美国梦相通"，2013年6月9日，http：//news.xinhuanet.com/world/2013-06/09/c_124836150_2.htm。

实现中国的小康社会，而在中华人民共和国成立 100 周年时的 2049 年要实现建成中国特色社会主义现代化国家的目标，实现中华民族的复兴。

目前在有关中国梦的世界对话讨论中，不少观点集中在如何加强并借助国际媒体进行传播，通过国际公关手段，让世界更多地了解中国梦的内涵等技术性思路，缺乏从软实力内在形成的逻辑角度对中国梦及中华民族伟大复兴可能遇到的国内、国际障碍进行更深层次的理论探索。

鉴于仍有不少外国评论特别是美国评论对中国软实力建设提出种种质疑，一些人偏爱把中国国际形象的问题归结于中国的政治体制，对"民主能否也能在中国实行"抱有很大疑问。[1] 我们必须对中国梦和中华民族伟大复兴的核心要素即中国特色的民主建设持更为坚定的态度。笔者认为，在不走老路、邪路的前提下，中国需要坚持渐进改革和制度创新，通过构建具有中国特色的民主信条和民主体制，逐渐削减自身的"软实力赤字"，综合保障实现中国梦所追求的最根本的目标，即人民的民主自由和社会的公正进步。而要提升中国梦的世界吸引力，我们必须正确统筹国内国际两个大局，[2] 同时推进国内民主和国际关系的民主化发展。换言之，中国首先要根据"世情、国情、党情"的深刻变化，稳步推进国内社会主义民主政治和国际关系民主化的建设。

---

[1] 美国学者提出的部分观点可见有关论述可见 Andrew J. Nathan, "Beijing's Authoritarian Acrobatics", WSJ.com, 相关链接: online.wsj.com/article/SB124404984017381901.html; 另见 James Mann, "The China Challenge: A Shining Model of Wealth Without Liberty," washingtonpost.com, 相关链接: http://www.washingtonpost.com/wp-dyn/.../AR2007051801640.html.

[2] 《人民日报》社论: "坚持和平发展道路 推动建设和谐世界"，《人民日报》，2006 年 8 月 24 日, 第 1 版。

众所周知，软实力是"塑造与影响他人偏好的能力"，[①] 其来源有三个主要方面："对他人的文化吸引力、在国内外所实践的政治价值观、外交政策的合法性与道义权威。"[②] 从这个定义出发，我们可以把中国的软实力建设的内容理解为中国政治制度的吸引力、价值观的感召力、文化的感染力、外交的说服力以及领导人与国民形象的魅力和亲和力。[③] 进一步说，中国的软实力建设不仅包括依靠文化价值、生活方式和商业等手段来创造出无形的影响力、通过道义上的主导去赢得朋友、影响他人的能力的提高，[④] 还要包括通过整合国内政治资源、改造政治体制和优化外交手段的方式来提高中国民主模式的吸引力等关键内容。

要提升中国的国际形象即国际社会对中国的"有形表象、精神内涵和国家行为及其结果的总体评价"，[⑤] 我们不能忽视中美关系中的制度因素，也就是在民主问题上的争论。

毋庸讳言，以美国为代表的一些西方国家的对华政策中弥漫着一种挥之不去的"民主情结"。长期以来，这些国家大打"民主牌"，令中国十分被动。对中国国内政治发展的误读在很大程度上主导了这些国家在中国问题上的政策辩论。具体来说，这些国家用多党制、大选、议会民主等自己所熟悉了的坐标来判断中国的发展，或多或少对中国独特的发展道路持有怀疑和偏见。以美国为例，从两国交往之初传教士希望中国基督教化，到新中国成立引发美国国内"谁丢掉了中国"的辩论，再到美国对"六四事件"所作出的过

[①] Joseph S. Nye, Jr., *Soft Power: The Means to Success in World Politics*, (New York: Public Affairs, 2004), p.31.
[②] Ibid., p.5, p.11.
[③] 詹得雄："软实力对中国的启示"，《参考消息》，2004年7月1日，第15版。
[④] "追寻软实力 超越硬实力"，香港《亚洲周刊》，2004年8月22日。
[⑤] 朱凯兵，成曦："论中国国际形象的定位、塑造和展示"，《南京政治学院学报》，2006年第6期，第48页。

激反应，均可窥见美国力图按照自身的想象改变中国的强烈愿望。当前，美国国内对中国国家形象争论比较多的仍是中国的政治制度问题，未来中美新型大国关系的构建，同样也会面临"民主问题越来越缠绕中国"、"人权问题也不可能长期回避"等敏感议题。[①] 中国未来的进步以及它作为一个主要大国的崛起，都将在很大程度上取决于在中国执政的精英如何巧妙地处理这两个相关的问题上。

仔细分析，历史上西方国家特别是美国对华政策中的"民主牌"主要体现在如下几个方面：

一是从其自身价值观出发，攻击中国的社会主义民主制度不是真正的民主制度。

当今时代，各国并未形成对民主的共识。就民主的实践形式而言，美国、日本、法国等西方国家各自的模式就有很大的不同。中国由于历史经历、国情等不同，对民主的理解和采用的实践模式与西方国家之间存在更大的差异。但是一些西方国家以自身的制度和意识形态为标准，视中国为不民主的国家，试图以自己对民主的理解来评判中国的民主，这无疑体现了民主的话语和制度霸权。中国和西方国家之间在人权问题上的争端至今仍在继续。尽管中国以自己对人权概念的理解而奋起反击，但在人权话语基本上为美国等西方国家控制的国际舞台上，中国的国家形象无疑受到了损害。

二是这些国家从"民主和平论"的理论假设出发，把中国视为世界和平与地区安全威胁的来源。"民主和平论"的潜在逻辑是，国家的内政与外交是紧密相联的，对内不民主也会导致对外诉诸武力。持此种观点的人认为，中国的不"民主"使中国未来的发展具有极大的不确定性，中国因此成为了世界和平的极大威胁。曾经在西方喧嚣一时的一个观点就是，中国要跟随全球的民主趋势，这样中国

[①] 兹比格纽·布热津斯基：《大棋局：美国的首要地位及其地缘战略》，中国国际问题研究所译，上海世纪出版集团，2007年版，第133—134页。

与西方国家的尖锐冲突才可能消除,"要使中国知道北京需要顺应它自己人民的需要和愿望,只要它奉行的政策经过真正的审查和辩论,中国对其他国家的利益的威胁就会减少。"[①]

三是借台湾和香港的民主问题对中国施加压力,希望中国"和平演变"。台湾的民主化进程确实给中国大陆带来了严重的挑战,因为它是与"台独"活动步伐紧密相连的,客观上给我们做出精确客观的判断制造了困难。例如,到今天为止,仍有很多国外政客认为台湾是一个正在发展中的民主政体,相反,中国反对"台独"、维护国家统一的正义行动则被说成为"专制大陆"对"民主台湾"的威胁。[②]

西方国家对华外交"民主牌"的第四个方面是批评中国支持国际上一些独裁政府。

中国虽然是一个有着全球影响力的地区大国,但就相对落后的社会和经济发展而言同时也属于发展中国家。这种不对称现象决定了中国外交的根本出发点在发展中国家,这是新中国外交几十年来一直贯彻执行的坚定原则。但一个不能回避的事实是,大多数发展中国家不仅经济上处于不发达状态,在政治制度领域也同样处于发展中状态,不完全符合西方的标准。中国与这些政治、经济比较落后的发展中国家的全方位交往,难免与某些发达国家的第三世界政策发生冲突。

自改革开放以来,中国外交的指导思想之一就是不再以意识形态论亲疏、坚持与世界上所有国家开展全方位的友好合作关系。因此,即使那些在美国眼中被视为"独裁"、"无赖"的国家,中国也不愿将人权、民主等别国内政作为衡量是否与之交往的标准。相反,

---

[①] 理查德·伯恩斯坦、罗斯·芒罗:《即将到来的美中冲突》,北京:新华出版社,1997年版,第170页。

[②] 陶文钊:《中美关系史(下)》,上海人民出版社,2004年版,第262页。

第一章 "中国梦"与中美关系：软实力建设与合作型外交

中国按照自己独立自主的外交方针与它们发展双边关系。新加坡内阁资政李光耀对此评论说："中国人能做的最聪明的事情是不介入任何武装冲突，只是致力于经济增长。"① 中国这种带有"务实"色彩的外交导致了一些国家的强烈不满。② 这些国家指责中国为了自己的能源或战略安全与伊朗、苏丹、朝鲜、缅甸、委内瑞拉等国家进行经济或传统领域的合作。由于这些国家大都是美国处心积虑要改变政权、实施"民主输出"的对象，中国便成了某种程度上的替罪羊，被指责为了追求单纯的经济利益而和"独裁国家"站在一起，成为世界民主化的"障碍"。例如，一位学者就认为："中国在作出有关其盟友的决定方面并不优先考虑人权。北京的援助和贸易支持了缅甸和苏丹的残暴政权，使它们能无视西方制裁，此外，北京据说帮助阻止了联合国安理会对苏丹达尔富尔地区的种族灭绝采取更严厉的行动。"他的结论是："中国的实力可能损害美国最重要的利益之一：传播民主。"③

中国政府在与那些正在进行民主化改造的国家打交道时越来越采取了更加灵活的做法。2006年5月，中国外交人员曾表示，希望赞比亚总统伍瓦纳瓦萨举行的民主选举是自由公正的，如果各项条件得到满足，中国将免除赞比亚拖欠的2.5亿美元债务。这是有史以来中国政府第一次表示希望另一个国家的选举自由公正，也是有史以来中国政府第一次将对外经济援助与受援国的民主进程挂钩。美国马里兰州立大学教授欧内斯特·威尔森认为："这一行动看来的

---

① 力文摘译："李光耀谈中国对外关系"，《国外社会科学文摘》，2001年第9期，第11页。
② 王逸舟："外交政策与国内进步：国家与社会在中国之互动关系的一个侧面"，http://theory.people.com.cn/GB/40764/63787/63791/4374067.html。
③ 乔舒亚·库兰茨克："文化革命——中国如何改变世界外交"，《国外社会科学文摘》，2005年第10期，第8页。

确显示中国政府政策的转向，即在非洲把民主和经济活动挂钩。"①美国学者的看法也许代表了他的一种主观愿望，中国政府不会从总体上改变不干涉别国内政的外交原则。

最后，以美国为首的一些西方国家同样担心，中国正在利用自己的软实力来吸引其他国家，从而抵消西方在这些国家的传统影响。例如，数年前有关"北京共识"和"华盛顿共识"的讨论就引人注目。乔舒亚·库兰茨克曾在《新共和》上撰文指出："也许最重要的是，北京希望将其自己的社会经济模式和政治模式带给其他发展中国家，就像美国在历史上致力于——至少在口头上——传播民主一样。"②《时代》周刊前涉外主编乔舒亚·库珀·拉莫也担心，"中国正在实行一种增强其在国际体系中的作用并向国外推广其发展模式的外交政策，"发展中国家"遵循中国模式可能阻止民主化"。③

应当确定的是，中国不会像美国那样到世界上去输出自己的制度。"在中国，最多有济弱扶贫的公平思想，从不会有先进启发后进的心理负担，更不会有美国那种推动对外文化改造的冲动。"④ 今天的中国绝非1940年代后期的苏联，因为"中国不寻求传播激进的反美意识"，"中国虽未实行民主，但也不认为自己正与全球民主制度进行最后搏斗"。⑤

基于以上5个方面的考虑，中国在今后与西方国家特别是与美国交往的过程中，必须就民主问题提出自己的明确主张。因为在这

---

① "中国促赞比亚自由选举 或免2.5亿美元外债"，http://www.singtaonet.com/global/world/t20060519_216721.html。
② 乔舒亚·库兰茨克："文化革命——中国如何改变世界外交"，《国外社会科学文摘》，2005年第10期，第8页。
③ 同上书，第12页。
④ 石之瑜：《奇怪的中国?》，http://news.phoenixtv.com/phoenixtv/83885040617914368/20051129/698189.shtml。
⑤ 佐立克："中国向何处去——从成员到责任"，2005年9月21日在美中关系全国委员会上的演讲，《参考消息》，2005年9月23日。

些国家中，不管是对华遏制派还是接触派，都希望能"有一个促使中国政治变化的干涉主义议程"，① 同时希望中国的政治制度朝向西方民主要求的方向演进。

民主已经成为国际社会舆论的主流，中国只能适应，不能回避。通过推进民主转型来提升中国软实力，是中国进一步融入国际社会、实现科学发展观的需要，也是构建中美新型大国关系的关键要素之一。

二、国内民主转型是决定"中国梦"能否实现的关键

提升软实力要求推动中国民主转型，而中国民主转型首先是国内民主转型，只有国内民主转型，才能在国际上具有说服力。从这个角度说，国内民主转型决定着中国国家形象的成败，是中国梦能否最终实现的关键因素。

其实，当今世界，"民主"作为一种政治理想，早已"变成了一个广受赞誉的词"，② 而被赋予了一种道义感召力和软实力效用。因为各国历史迥异，国情千差万别，民主概念在内涵上也具有极大的不确定性，国际社会在民主问题上尚未形成制度、文化和实践上

---

① 周岳峰：《英国学者谈50年来中国对外关系》，《国外理论动态》，2000年第6期，第28页。
② 乔万尼·萨托利：《民主新论》，北京：东方出版社，1998年版，第4页。

的共识。[①] 但是，如果较为广泛地把民主定义为多元复合存在的国家形式，是体现人民意志的政治制度、社会环境与精神状态的协调统一，那么，以"和谐社会"为目标的中国国内政治建设必将更多地强调民主建设；而以"和平发展"为指导原则的中国外交也必将进行新的民主转型。只有这样，未来的中国国家形象才能是一个更为成熟的、更为世人广泛认同的民主中国形象。

中国内政和外交的民主转型是大势所趋，世情、国情所致。所谓"世情"，是指作为一个开放了的文明大国，中国决不可能也决不会置身于世界民主潮流之外。作为"后发型"民主国家，中国需要借鉴早发型民主国家的"他山之石"，[②] 继续推进民主政治的发展；而中国以正面姿态进行的自身民主建设，也可以不断推动全球民主事业的发展。所谓"国情"，是指作为一个"负责任的大国"，中国有义务更多地考虑国内人民对政府角色提出的要求，同时将自己的发展模式向世界加以说明。"发展第一"要求中国对外政策服从于国内经济发展的目标，如吸引外资、扩大贸易、增加出口、改善民众生活水平和增强综合国力等等，要求尽可能地创造一个有利于中国经济建设的外部环境。[③] 但是，科学发展观的提出，更要求中国外交同样要努力创造一个有利于中国政治建设的外部环境。唯有如此，才能更好地回应国内外关于中国社会主义民主政治建设的"三解现

[①] 乔·萨托利认为，民主的注定会产生混乱和歧义，但他还是谨慎地引用辞源学的民主定义：民主就是人民的统治或权力。乔·萨托利：《民主新论》，北京：东方出版社，1998年版，第23页。萨托利在另一篇文章中提出民主包含两个因素：a. 使人民自由；b. 赋予人民以权力，或者说自由。在这两个因素中，民众的保护是必要的和决定性的要素。乔万尼·萨托利："自由民主可以移植吗？"节选自刘军宁编：《民主与民主化》，北京：商务印书馆，1999年版，第150页。

[②] 浦兴祖："以人大民主为重点继续推进中国民主政治的发展"，《复旦学报》（社会科学版），2005年第5期，第129—134页。

[③] 王逸舟："外交政策与国内进步：国家与社会在中国之互动关系的一个侧面，"参见：http://theory.people.com.cn/GB/40764/63787/63791/4374067.html。

象"，即国内外人士对中国特色社会主义民主的"不了解"；国内外人士对我国民主政治建设的"误解"；国内外出于政治或意识形态的目的对我国民主政治建设的"曲解"。①

大力发展国内民主有利于中国国家形象的整体塑造，有利于充实中国梦的内涵。这是因为，"改变自己是中国力量的主要来源，改变自己也是中国影响世界的主要方式"。② 目前中国面临的主要问题是如何增强社会主义民主的吸引力问题。具体来说，包括三个方面：一是如何看待西方民主模式；二是如何看待中国民主模式的特殊性；三是如何增强中国民主的吸引力。中国的基本主张是发展模式的多样化，亦即中国不反对西方模式，也不强调中国模式的普遍性，中国愿意与其他国家进行民主对话和民主协商。

应当说，党的几代领导集体都十分强调国家的民主政治建设，尽管这其中也走了不少弯路。1980年8月，邓小平在谈到党和国家领导制度的改革时就强调指出：要从制度上保证党和国家政治生活的民主化、经济管理的民主化、整个社会生活的民主化。③ 邓小平同志还特别指出，我们既不赞同向其他国家输出中国的制度，也反对别国把自己的制度强加给中国。他认为："我们并不反对西方国家这样搞，但是我们中国大陆不搞多党竞选，不搞三权分立、两院制。"④ "西方民主那一套我们不能照搬，中国的事情要根据自己的实际情况办。"⑤ 邓小平同志的论述告诫我们：在西方民主话语占据霸权地位的现实情况下，与之争论并不会有一个明确的结果，但被

---

① 唐俊："解读《中国的民主政治建设》白皮书：坚持、完善、发展——访中国社科院法学研究所副所长李林"，《法制日报》，2005年10月24日，第1版。
② 章百家："改变自己，影响世界——20世纪中国外交基本线索刍议"，《中国社会科学》，2002年第1期，第17页。
③ 《邓小平文选》第2卷，北京：人民出版社，1993年版，第336页。
④ 同上书，第220页。
⑤ 同上书，第249页。

动的消极防御也不是长久之计。要使人权和民主外交从外交清单中排除出去的最好办法，就是大力加强自身的民主建设，进一步融入国际社会，[①] 积极推动国际关系民主化的发展。

在加强自身民主建设方面，中国政府近年来也作出了巨大的努力。例如，胡锦涛"没有民主就没有现代化"的讲话一直被全球华人媒体频繁提及。中国自己在政治体制改革方面的进步是中国增强国际地位、吸引世界目光的软实力之所在。又如，在2005年10月19日，中国政府还首次发表关于民主政治建设的政府文告——《中国的民主政治建设》白皮书，全面介绍了中国特色社会主义民主政治的由来、中国实现和保证人民当家作主的基本政治制度和主要特征。该白皮书进一步明确了"科学发展观"与"和谐社会"的思想，是建设社会主义物质文明、政治文明、精神文明以及和谐社会"四位一体"的战略指导原则。[②]

近年来，我国执政党多次强调推进社会主义政治文明建设是"内容广泛的系统工程"，需要"坚持和完善社会主义民主制度，丰富民主形式，健全民主程序，扩大公民有序的政治参与，保证人民群众依法进行民主选举、民主决策、民主管理和民主监督"。[③] 这些政策主张涉及到我国政治体制改革、党的领导方式和执政方式、决策机制、干部人事制度改革、对权力的制约和监督、民主集中制等领域，内容十分丰富。

根据俞可平先生在《增量民主与善治》中确定的评价中国民主

[①] 肖刚："面向21世纪中叶的中国外交战略"，《广东外语外贸大学学报》，2004年第1期，第52页。

[②] 国务院新闻办：《中国的民主政治与建设》白皮书，2005年10月19日，参见http://news.xinhuanet.com/politics/2005-10/19/content_3645697.htm。

[③] "全面贯彻依法治国基本方略，推进社会主义政治文明建设"，《人民日报》，2003年10月1日，第1版。

的15项标准来看，[1]中国在包括法治、公民政治参与、人权和公民权状况、对党和政府的监督、基层民主、民间组织状况等诸多方面，还面临许多困难和挑战。但就整体而言，中国仍是稳定而富有活力地在发展。观察中国最近几年的政改动态，无论从制定政策的程序上看，还是处理面对的日益复杂的国际关系以及整治国内形式多样的腐败现象，中国在政治运作上都表现出从"粗放型"向"精密化"方向转型的特征。也就是说，中国政府在决策上比过去更加周密谨慎，更加注重细节，更加以更踏实的调查研究来解决现实问题。中国的政治制度可能尚处在民主政治的"初级阶段"，但毕竟在朝着有中国特色的方向在前进。

笔者同意这样一种看法，中国特色社会主义内涵下的具体国情，不应该是本国专制落后的历史传统遗迹，因为它天然就是国家推动现代化的大敌。社会主义永远不应该失去自我否定的勇气，恰恰要不停地反省、不停地筛选自己的文化积淀，不停地实现自我变革。无论历史多么悠久、成就多么辉煌，仍然要时时刻刻把人民的民主自由、社会的公正进步当做第一追求目标。

总之，中国梦虽然是民族梦，但它坚定地反专制传统，坚定地追求和平发展，中国特色社会主义并不是独立于其他文明成果之外的"另类"，而应当是结合中国实际、兼容并蓄人类一切优秀文明成果的"集大成者"。中国的使命在于"建立中国特色社会主义制度，实现治理体系与治理能力的现代化"，而中国特色社会主义制度的核心是建立以宪法为根基的现代化治理体系。这种治理体系，在笔者看来主要可以归纳为"三大民主"的具体落实：一是由人大制度展开的、事关行使国家政权的"人大民主"；二是执政党的"党内民主"；三是以政协、多党合作以及基层群众自治等为主要内容的、非

---

[1] 俞可平：《增量民主与善治》，北京：社会科学文献出版社，2005年版，第142—145页。

行使国家政权的"社会民主"。三大民主分属于"国家"、"执政党"、"社会"三个不同的层面，它们互有区别，又紧密相关。因此，从总体上讲，三大民主应当同时推进、互相促进，以达至整个中国民主政治的全面协调发展。①

三、软实力战略呼吁中国合作型外交的民主转型

中国在实现梦想的过程中，必将承担起自己应尽的责任，以历史眼光传承和平发展理念，在追求本国利益的同时兼顾他国需要，不断寻求扩大与世界各国利益的交汇点，提供更多的全球性公共产品，参与更多世界事务的治理。而在实践中，世界信息化、全球化的特征对中国国家的外交理念和实践也提出了更高的要求。

根据外交指导思想变化的标准，近代以来的中国外交转型有三个阶段：第一次转型是从屈辱外交向革命外交转型；第二次转型是从革命外交向和平与发展外交转型；第三次转型是从和平与发展外交向总体合作型外交转型，其中民主外交可以说是我国总体合作外交的重要组成部分。

从历史上看，新中国外交与中国国内政治变化紧密相关，经历了从激进到务实的两次整体转型。在前两次转型中，民主因素虽然未被突出强调，但也在不同阶段被赋予了特定的内涵。

具体而言，新中国成立之后，中国外交开始了第一次转型。当

---

① 浦兴祖："以人大民主为重点继续推进中国民主政治的发展"，《复旦学报》（社会科学版），2005年第5期，第129—134页。

时，毛泽东确立了外交三原则："另起炉灶"、"打扫干净房子再请客"、"一边倒"。① 这个方针确立的根本原因在于新中国成立以后历经了朝鲜战争、台海危机以及随之而来的美国对中国的封锁，因此，中国不得不以意识形态划线，把以苏联为首的社会主义国家和以美国为首的西方国家之间的斗争看成是两大制度和意识形态之间的尖锐斗争。基于社会主义民主是最高形式的民主、社会主义制度必将取代资本主义制度的认识，中国外交开始为捍卫社会主义制度而"输出革命"。②

实践证明，输出革命的意识形态外交直接造成了中国在国际事务上的被动和孤立。③ 而反苏、反美"两个拳头打人"的外交局面直到苏联占领捷克斯洛伐克和中苏武装冲突等事件之后才得以调整。"三个世界"理论的提出和"反苏统一战线"战略，使中国最终放弃世界革命的外交目标，开始寻求中美关系的改善。

中国外交的第二次转型是伴随改革开放而完成的，其突出特点是为经济建设服务的外交政策不再受意识形态的干扰，中国外交趋于务实化。

改革开放时期，中国在国际交往中不再充当第三世界的"领头人"，而是提出判断时代主题为"和平与发展"的新思路。中国开始注重经济外交，强调外交为国内经济建设服务，即创造有利于改革开放的和平的国际环境尤其是周边环境。例如，1985年，邓小平在军委扩大会议上明确提出中国在对外政策方面要改变过去的"'一

---

① 周恩来："我们的外交方针和任务"，《周恩来外交文选》，北京：中央文献出版社，1990年版。

② "输出革命"作为一种较为激进外交方式，是特定历史阶段的产物。早在1936年毛泽东在与斯诺谈话时就指出革命既不能输出也不能输入。毛泽东："和美国记者斯诺的谈话"，《毛泽东文集》，第1卷，北京：人民出版社，1993年版，第397—398页。

③ 杨公素："对新中国革命外交的几点回顾"，《国际政治研究》，2000年第3期，第47页。

条线'战略"。① 1989年11月，他在会见美国前国务卿基辛格时再次重申："那种按社会制度决定国与国关系的时代过去了。不同社会制度的国家完全可以和平共处，发展友谊，找到共同的利益。"② 邓小平反复强调中国要"以自己国家利益为最高准则来谈问题和处理问题"，③ 这是中国外交成熟的最重要标志，表明中国的国家定位完成了从革命性国家到建设性国家的转折。

没有国家利益作指南，一个国家的外交在国际事务中就没有秩序或可预见性。④ 在实施改革开放战略的同时，中国对外政策由表及里、由点及面地实现了服务于国家利益的重大转变。回顾中国大陆与英国和葡萄牙处理香港、澳门问题；中国与东盟国家就南海问题达成的合作共识；大陆在亚洲金融危机后在货币问题上的表现；中国对朝鲜半岛的长期政策和参与多边对话中发挥的作用；以及中国对原东南亚国家反政府游击队的政策改变等事例，就可看出中国外交独立自主的特性更加鲜明，其对利益最大化的追求也更具理性色彩。这次转型也使中国进一步明确了与国际社会相互依存、共同发展的原则。中国政府摒弃了孤立发展的旧有外交认识，确立了对当今国际关系"你中有我，我中有你"新的利益格局的认识的新外交观念。正是在"共同繁荣、共同合作"的外交理念指导下，中国坚定地与国际社会一道，开始共同对付人类发展面临的环境恶化、资源匮乏、贫困失业、人口膨胀、疾病流行、毒品泛滥、国际犯罪活动猖獗等全球性问题。

虽然"在过去的十年中，中国的外交政策已经变得比新中国历

---

① 《邓小平文选》第三卷，北京：人民出版社，1993年版，第127—128页。
② 同上书，第127—128页。
③ 同上。
④ Arthur M. Schlesinger, Jr., *The Cycles of American History*, (Boston, Houghton Mifflin Co., 1984), p. 75.

史上的任何时期都远为机敏和出色"。① 今天，中国在推动国内民主建设的同时，外交上也必须进行相应的民主转型。其根本原因，一方面是民主外交是民主内政的自然延伸，另一方面，民主外交也是中国融入全球化后软实力战略的需要。

假如说"民主外交"将促进中国国际地位进一步提高的话，那么这次转型传递出的积极信息，就是民主因素在中国外交中的地位和影响的逐步上升，中国的民主风格和国家特色必将引起世人更广泛、直接的关注。

具体来说，中国外交的民主转型应该包括以下三个方面的内容：

一是在外交价值原则上，中国要高举民主化的旗帜，进一步明确新的加强与全球合作的"民主外交观"。

在提出"中国梦"是一个坚持和平发展、坚持合作共赢、参与全球治理的梦想，也是一个推动建设公正、民主、和谐的世界秩序的梦想的同时，中国应该坚决落实"正确统筹国内国际两个大局，全方位开展外事工作"，②强调国内民主政治建设与国际关系民主化的双重统一，以求达到内谋"和谐社会"、外求"和平发展"的新境界，向世人说明一个道理，即在实现自身梦想的进程中，中国将通过自身的努力，拓宽与世界各国的合作共进之路，将"中国梦"赋予更丰富的国际内涵。

二是在外交体制上，中国要逐步推进外交社会化和多轨化，大力加强与企业、社会组织乃至公民网络的联系。

长期以来，本着"外交无小事"的原则，中国外交决策的权力高度集中，几乎所有的重要外交决策都由领导核心、集体领导团体、

---

① EvanMedeiross, TaylorFrave, China'sNew Diplomacy, *ForeignAffairs*, Vol. 18, No16, November/December, 2003, p. 1.
② 《人民日报》社论："坚持和平发展道路 推动建设和谐世界"，《人民日报》，2006年8月24日，第1版。

政治局常委会决定。① 此种体制性的缺陷随着中国对外关系领域不断拓宽和外交事务的复杂化在实践中暴露出许多弊端，如日益繁杂、纷纭错落的外交任务令外交机构应接不暇，日益增多的机构对跨部门和跨地区的协调工作形成了强大的压力，市民社会领域国内外互动导致外交部门事务繁重等等。②

应当说，中国外交内部决策科学化和民主化的成分正在逐渐提升。例如，最近几年，中国地方政府在"协办外交"方面取得了较好的成绩。上海合作组织的诞生，就曾经得到上海市人民政府的"协办"，中央充分地利用了上海的积极性和地方政府的资源。还有"博鳌亚洲论坛"等活动，都是地方"协办外交"的积极成果。正如一位多年与中国打交道的欧盟官员所言："中国正变得开放和自信，能够在许多敏感问题上坦诚地与欧盟对话，这本身也反映出中国民主化进程的进步。"③

但是，外交社会化和多轨化是当今外交发展的新趋势。20世纪外交民主化的过程，显示出"外交从国际精英的小圈子向一种新的或国际关系的民主概念转变，这种转变也要求对外交的公开解释和开放，尽管这增加了外交的复杂性"。④ 在全球化的世界里，任何国家的外交都不可能置本国和他国民意于不顾，"无论在政策制定、政策执行，还是在重大危机时期，都要充分考虑行动可能引起的社会后果。在制定政策的过程中，不仅需要立足于本国民众可能的反应，

---

① Nina P. Halpern, "*Studies of Chinese Policies*," in David Shambaugh, ed., *American Studies of Contemporary China* (New York: M. E. Sharpe, Inc., 1993), pp. 121－123.
② 转引自杨洁勉著：《后冷战时期的中美关系外交政策比较研究》，上海人民出版社，2000年版，第307—308页。
③ 张国庆："中国外交走向制度化"，《新民周刊》，2005年第1期。
④ 巴斯顿：《现代外交》，北京：世界知识出版社，2002年版，第3页。

也要尽可能考虑其他国家民众的反应。"①

在中国,"越来越多的群众通过不同的渠道,就当前国际形势和我们的外交工作表达他们的看法和建议。这充分表现了他们对于国际形势的关注和对祖国外交事业的关心,同时也体现了人民群众的积极参与意识。这是近年来所出现的可喜现象"。② 现在,公众可以通过网络评议等渠道发表自己对外交事务的看法,学者和思想库对外交部门的影响越来越大。在大众对外交议题的控制和参与方面,中国外交部门也开始主动回应公众对外交的关注。近年来,外交部在新闻司专门设立了公共外交处,以处理国人对外交的关心。"走进外交部"等活动还让公众了解过去被涂上神秘光环的外交实质,赢得了公众对外交工作更多的支持。

三是在外交运行上大力加强法治化,提升外交为民和外交人性化的地位。

国家作为人民的最基本的保护者,外交以人为本应在情理之中。③ 进入21世纪,中国外交的一个显著变化是更加明确了为人民服务、以民为本、外交工作要惠及全体人民的宗旨。与此对应,中国外交正在转变为全民外交,中国政府不断加强对我国海外利益保护的能力建设,加强领事和侨务工作,依法维护我国海外机构和人员的安全和合法权益。④ 例如,目前中国在外的华侨、华人约有3000多万人。随着中国国际化程度的日益加深,近年来,中国外交的天平开始向民间事务倾斜。中国外交部在2000年曾首次出台了

---

① 赵可金:"试论现代外交的民主化趋势",《世界经济与政治》,2008年第1期,第25页。
② "人民的理解与支持是搞好外交的强大后盾——采访外交部长唐家璇",《世界知识》,1999年第7期。
③ 李宝俊:"中国外交的世纪理念",《当代世界》,2004年第9期,第7页。
④ 人民日报社论:"坚持和平发展道路 推动建设和谐世界",2006年8月24日。

《中国境外领事保护和服务指南》,其目的是"为了方便中国公民在国外旅行、工作、学习或居留期间,通过中国驻外使领馆维护自己的正当权益"。① 2006年5月,这份《指南》得到修正,其实用性和可操作性更强。② 中国外交部在涉及中国公民的国际纠纷上,反应越来越迅速,处理力度也在不断加大。根据外交部领事司提供的数据显示:改革开放前,中国在外国仅设了7个领馆,同外国签订的领事条约仅有3个。现在,中国在外国设立的领事机构共有65个,外国在国内设立的领事机构有79个,在港、澳地区设立的领事机构有118个,中国同外国签订的领事条约、互免签证协定共有140多个。中国的外交官员投放越来越多的精力来处理民间事务,而抽象的"国家利益"也开始具体转化为公民与企业的利益。③ 从外交部长同网民交流、莫斯科友谊大学火灾中国留学生伤亡事件、在英国海滩非法移民遇难事件、中国公民在利比里亚危机中撤离、哈萨克斯坦泥石流中国人遇难、以色列亚辛遇难的中国公民安全问题、苏丹中国工人被绑架等等事件中,都突出了中国政府对海外华人的关心。在以所罗门群岛骚乱为代表的数次危机中,中国外交部门都组织了大规模的撤侨行动,让华人华侨感受到了血浓于水的温暖。

  国之交在于民相亲。"国与国之间的关系最终是人与人之间的关系。正是人与人、心与心交流的涓涓细流,跨越着国度、信仰、文化的界限,滋润着中美友好的参天大树。"④ 只要中美共同努力,搭建起跨越太平洋的心灵沟通之桥,让两国十几亿民众加深了解、增进友谊,中美人文交流之路就会越走越宽广,两国就一定能走出一

---

  ① 胡奎、吴佩霜:"民间事务触动中国外交改革",http://www.huaxia.com/200373/00035258.html。

  ② 同上。

  ③ 同上。

  ④ "刘延东在纽约的讲话",2013年11月22日,参见http://news.sohu.com/20131123/n390649819.shtml。

四、"中国梦"的战略目标：国内民主与国际关系民主化的协调推进

"中国梦"建设的战略目标，在于同时推进国内民主和外交转型，适应国际关系民主化的发展。事实上，民主内政与民主外交已经成为影响中国的两个最重要因素。国内民主建设是国际关系民主化的"内在"基础，而"国际关系民主化"则是中国推动国内民主政治建设的外部条件和必然结果。

改革开放以后，邓小平主张在五项原则基础上建立公正合理的国际新秩序。他指出："处理国与国之间的关系，和平共处五项原则是最好的方式。其他方式，如'大家庭'方式，'集团政治'方式，'势力范围'方式，都会带来矛盾，激化国际局势。总结国际关系的实践，最具有强大生命力的就是和平共处五项原则。"[1] 他特别强调，"世界上现在有两件事情要同时做，一个是建立国际政治新秩序，一个是建立国际经济新秩序。"[2] 而要"建立国际政治经济新秩序"也要"按和平共处五项原则办事"。[3]

1992年，中国政府首次提出了"国际关系民主化"的概念，指出所有国家都有参与和处理国际事务的权利，世界上的事情要由各国政府和人民共同商量来办。1997年江泽民出访非洲6国、2000年江泽民在联合国千年首脑大会的谈话、2002年中共十六大报告、

---

[1] 《邓小平文选》第三卷，北京：人民出版社，1993年版，第96页。
[2] 同上书，第105、104、282页。
[3] 同上书，第363页。

2003年江泽民的新年致词中，都倡导国际关系的民主化，使这一主张更加成熟。胡锦涛总书记在谈到这一主张的核心内涵时，特别强调："国家不论大小、强弱、贫富，都是国际社会的平等一员，不仅有权自主地决定本国事务，而且有权平等地参与决定国际事务。在国际事务中，只有遵循平等协商、友好合作的民主精神，才能有效地扩大各国的共识，深化共同利益，应对共同挑战，实现世界的和平、稳定和繁荣。"[1] 中国的主张适应了国际潮流。前联合国秘书长加利曾指出，在社会存在的各个层次上考虑民主的原则关系重大，在各种共同体内部，在国家内部，在国家的共同体内部，都是这样。作为能创造一个更加开放的、更具有参与性和较少权威的社会的一个过程的民主化概念，既适用于国内，也适用于国际。[2]

要促进国际关系民主化，中国就必须实现外交角色的转变，为构建新的国际体系而努力。中国积极全面参与塑造新的国际机制这一外交战略的核心目标，是创造和平、民主的国际环境。从加入世界贸易组织、批准禁止核试验条约、防扩散机制以及各种人权公约以来，中国在不断地学习国际规则、学习按照国际惯例处理外交问题。2001年6月15日成立的上海合作组织、2003年积极斡旋推动召开关于朝鲜半岛核问题的三方会谈和六方会谈等，都说明中国对国际体系和多边机制由积极参与发展到积极推动和带头筹建多边组织或机制。

中国遵守现有的大多数国际规则对于维护自己的国家利益是有促进作用的。中国的成功"依赖于与当代世界联网"。[3] 通过广泛参

---

[1] "世代睦邻友好 共同发展繁荣"，胡锦涛2003年5月28日在莫斯科国际关系学院的演讲，载《人民日报》，2003年5月29日，第1版。
[2] 布特罗斯·布特罗斯－加利："联合国与民主化"，载刘军宁编：《民主与民主化》，北京：商务印书馆，1999年版，第305页。
[3] 佐立克："中国向何处去——从成员到责任"，2005年9月21日在美中关系全国委员会上的演讲，载《参考消息》，2005年9月23日。

与地区及全球性国际机制,创建部分地区经济和安全机制,审慎而精细地进行外交实践,中国外交正在地区以及世界范围内赢得称赞。中国承担国际责任的愿望在增加,中国塑造和主导国际规则的能力也在增强。这些都成为中国软权力的重要来源之一。[1] 可以说,在促进国际关系民主化方面,中国已经积累了一些经验,初步树立了"温和而坚定"的国家形象。中国的做法,证明了"中华民族自古就有以诚为本、以和为贵、以信为先的优良传统。中国在处理国际关系时始终遵循这一价值观。"[2]

笔者认为,在促进国际关系民主化和国内民主的共同推进方面,我们应该更加明确以下几点方针:

第一,要进一步明确国际关系的民主化是随着世界多极化的发展不可避免的历史趋势,其内容不仅指主权国家之间的平等关系,还包括不同的国际组织之间的平等,同一国际组织内部不同主权国家间的平等,跨国利益集团或国际组织摆脱某些大国的控制进而要求独立地参与国际事务的努力,以及非政府间国际组织对于政府间国际组织的相对独立趋向,等等。[3] 从这个角度来看,中国应该寻求全方位的途径,调动国内各种资源,为这个目标而不懈努力。

第二,要充分运用科学发展观来把握国内政治民主化、国际关系民主化两个大局。经济全球化和全球性问题的形成,一方面形成了一个人类命运共同体,另一方面扩大了国际政治的行为体范围,各跨国利益集团的活动正形成一种独立于国家体系的全球市民社会,它们都是积极的民主化力量。我们必须明确,国内民主化与国际民

---

[1] Joseph. S. Nye, Jr, "*BoundtoLead：TheChangingNatureofAmericanPower*". (NewYork: BasicBooks, Inc, Publishers, 1990.) p.34.

[2] 江泽民:"在乔治·布什图书馆的演讲",新华社得克萨斯大学城2002年10月24日电。

[3] 郭树勇:"试论国际关系民主化的几个问题",《太平洋学报》,2000年第1期,第71页。

主化之间的关系是双向而非单向的,"国家的民主化不是国家间民主化的充分条件而是必要条件";"没有国际民主的进步,也就没有国内民主的巩固与发展"。①

第三,要认识到国际关系民主化过程的艰巨性、长期性和复杂性。汉斯·摩根索不赞成将人权、民主等属于意识形态的东西掺杂进美国的外交政策中去,认为外交政策的第一考虑应是美国的国家利益。② 约瑟夫·奈则在《美国为什么不能独断专行》中强调:"促进民主也是一项国家利益,是软实力的源泉。"③ 国际关系民主化作为一个引起争论的热点问题,最突出的挑战在于如何认识民主输出问题,如何认识跨国民主实现的可能性。片面迷信"世界主义民主"的构想,认为21世纪民主的政治共同体必然是公民拥有多种公民身份的世界,民主必须允许公民参与、适应社会、经济以及政治进程和流动,并对公民负责的看法是不现实的。从世界实践来看,输出民主或使民主跨越国界是困难重重的,这种困难主要体现在国内民主模式向国际政治领域延伸时的不适应。④ 从美国在伊拉克战争中的情况来看,我们可以认识到建立"适应性民主"的艰巨性。⑤ 对此,中国应该在国际社会强调自己的原则和国家特色。

---

① 唐贤兴:"全球化进程、国际关系的民主化和人类社会",《复旦大学政治学评论》(第一辑)。

② Hans J. Morgenthau, The Mainsprings of American Foreign Policy: The National Interest vs. Moral Abstractions.

③ 约瑟夫·奈:《美国为什么不能独断专行》,北京:世界知识出版社,2002年版,第164页。

④ 这些问题在乌·贝克、哈贝马斯等著《全球化与政治》(中央编译出版社,2000年版)一书中有较多讨论。

⑤ P. H. Liotta and James F. Miskel, Dangerous Democracy? American Internationalism and the Great Near East, Orbis Journal of World Affairs, Vol. 48, No. 3, summer 2004, pp. 439–446.

五、结语:"中国梦"与中美关系发展的方向

  2013年6月初,习近平在与美国总统奥巴马会晤时,系统全面地阐述了中美如何建立新型大国关系。习近平在会晤中用三句话做了精辟概括:一是不冲突、不对抗;二是相互尊重;三是合作共赢。这种合作共赢就是要摒弃"零和"思维,在追求自身利益时兼顾对方利益,在寻求自身发展时促进共同发展,不断深化利益交融格局。

  2013年11月,美国国家安全顾问苏珊·赖斯在发表题为"美国在亚洲的未来"的演说时反复强调,"我们寻求与中国实际建立新型大国关系"。赖斯使用了中国的原话(新型大国关系),但她也增加了一个重要信息——实际建立(operationalize)。

  中国梦的建设与中美关系未来息息相关。不论是从中国国家形象发展战略的宏观定位高度,还是从中美新型大国关系构建的具体操作实践的角度,我们或可考虑有意识地将饱含人性的"中国梦"与咄咄逼人的"强国梦"脱钩,并将前者作为一个跨文化交流平台,实现中国、中国人、中国梦想在世界舞台上的一次重塑。

  笔者坚信,中国软实力的提升和民主外交的转型更多地取决于自身制度革新,而非对他国主动的公关活动,任何外在的强制都无法真正赢得尊重和认同。中国国家形象和国际形象的塑造不是简单的"面子工程",中国的发展需要实实在在地推进民主政治建设的各个方面。软实力的建设与中国的国内民主建设和民主外交转型密切相联,但其工程浩大,不可能一蹴而就。要将民主的体制、信念和价值观纳入中国的内政和外交是一项艰巨的任务。中国要想在与民主相关的诸多外交领域"有所作为",就必须进一步做好以下两方面

的工作：一是赋予民主独特的内涵和解释，并力求为国际社会所理解和接受。例如用中国的实践来说明民主的理想和现实、民主的实质和程序、发展中国家独特的民主发展道路等。二是所有这一切又反过来要求我们在政策上的论述必须要有政治实践上的创新行动相呼应。

　　构建中美新型大国关系，不仅体现了中美两国需要合作、避免历史上大国冲突的老路，而且对中国内政外交转型也提出了更高的要求。在开创大国关系新模式方面，我们期待中国拥有更多政治智慧和敢于担当的改革勇气。

第二章

构建新型大国关系：中国大国外交新思维

近年来，随着中国国力迅速崛起及其国际化程度不断加深，中国与各大国的关系出现了一些新变化。一方面，中国与各大国之间的利益共同点在迅速增加，相互依存程度加深，越来越多的国内议题、多边关系议题、地区和全球议题成为大国关系的双边议题，双边关系也向军事、安全、经济、贸易、汇率、能源、资源、气候、环保、人文等领域的深层延伸。各种"中美国论"、"金融恐怖平衡论"、"利害攸关方论"、"战略再保证论"等不断涌现，大国关系的模式和理念正在酝酿新的重大变化。① 另一方面，中国与各大国之间的矛盾竞争面也在迅速扩大，除了原来的台湾问题、西藏问题、新疆问题之外，贸易摩擦、能源问题、投资问题、汇率问题、知识产

---

① James B. Steinberg, Administration's Vision of the U. S. -China Relationship—Keynote Address at the Center for a New American Security, *Center for a New American Security*, Washington, D. C., September 24, 2009; Lawrence H. Summers, The United States and the Global Adjustment Process, Speech at the Third Annual Stavros S. Niarchos Lecture, Institute for International Economics, Washington, D. C., March 23, 2004; Robert B. Zoellick, "Whither China: From Membership to Responsibility?", *Remarks to National Committee on U. S. -China Relations*, September 21, 2005.

权纷争、人权龃龉以及伊朗问题、黄海军演、南海问题等一系列问题，都成为中国与各大国关系中被关注的焦点，中国与各大国关系的战略联动性、全局敏感性、国际震荡性都令人刮目相看，大国关系的战略性在大大增强。

面对中国崛起及其大国关系的变化，很多人根据历史经验预测大国的地缘战略冲突将不可避免。① 的确，21世纪初最大的国际政治变化就是中国的持续崛起。经过30年左右的持续发展，中国已经从一个国际社会中的边缘角色发展成为全球经济、政治和安全领域中的显赫角色。② 国际学术界和战略界关于如何应对中国崛起的讨论也如火如荼，比如"遏制论"（containment）③、"接触论"（engagement）、"遏制+接触论"（congagement）④、"两面下注论"（hedging strategy）⑤、"融入论"（integration）⑥ 以及"包容论"（accommoda-

---

① 芝加哥大学的约翰·米尔斯海姆是持此种看法的典型代表。
② Mark Beeson and Fujian Li, "Charmed or alarmed? Reading China's regional relations", *Journal of Contemporary China* 21 (73), 2012, pp. 35 – 52; James Reilly, "A norm-taker or a norm-maker? China's ODA in Southeast Asia", *Journal of Contemporary China* 21 (73), 2012, pp. 71 – 92.
③ John J. Mearsheimer, *The Tragedy of Great Power Politics* New York: Norton, 2001.
④ David Shambaugh, "Containment or engagement of China? Calculating Beijing's response", *International Security* 21 (2), 1996, pp. 180 – 209; Gerald Segal, "East Asia and the constrainment of China", *International Security* 20 (4), 1996, pp. 107 – 135.
⑤ Evan S. Medeiros, "Strategic hedging and the future of Asia – Pacific stability", *Washington Quarterly* 29 (1), 2005, pp. 145 – 167.
⑥ Dennis C. Blair, Carla A. Hills and Frank Sampson Jannuzi, *US – China Relations: An Affirmative Agenda, A Responsible Course: Report of an Independent Task Force*, New York: The Council on Foreign Relations, 2007.

tion)① 等，甚至不少研究从权力转移理论角度看待中国崛起，担忧中国崛起将不可避免地引发各大国之间的冲突。② 不管中国是否愿意，如何应对中国崛起成为世界各国尤其是美国及其盟友高度关心的战略课题，同时大力推动全球和地区战略调整，以防患于未然。特别是在大国关系的共同利益面和竞争利益面交织发展的背景下，如何避免历史上大国关系陷入冲突、战争恶性循环的老路，建设中国与各大国之间的新型大国关系，越来越成为中国外交面对的核心问题。

一、新型大国关系：大国外交新思维

大国（Great power）是一个近现代国际政治概念，又称强国、强权，是指那些在国际体系中权力资源具有显著优势、对国际和地区事务具有重大影响力的国家。在西方，大国观念起源于拿破仑战争后的维也纳会议，英国外交大臣卡斯雷利首次在外交文书中正式使用"大国"一词，强调维持大国之间的权力平衡，防止出现拿破仑式的霸权。然而，关于辨别大国的标准问题，学界却众说纷纭。

---

① James Manicom and Andrew O'Neil, "Accommodation, realignment, or business as usual?: Australian's response to a rising China", *The Pacific Review* 23 (1), 2010, pp. 23 - 44; Hugh White, "The limits to optimism: Australia and the rise of China", *Australian Journal of International Affairs* 59 (4), 2005, pp. 469 - 480; Baogang He, "Politics of Accommodation of the Rise of China: the case of Australia", *Journal of Contemporary China*, 21: 73, p. 70.

② Richard Rosecrance, "Power and international relations: the rise of China and its effects", *International Studies Perspectives* 7 (1), 2006, pp. 31 - 35; Robert S. Ross and Zhu Feng, *China's Ascent: Power, Security, and the Future of International Politics* Ithaca, NY: Cornell University Press, 2008.

德国史学家兰克和法国史学家杜罗赛（Jean-Baptiste Duroselle）强调从是否具备抵御所有其他国家以维护自身能力的标准确定大国，英国史学家汤因比则从能发挥世界最广泛影响力的标准确定大国，美国学者莫德斯基（George Modelski）则更强调大国的国际地位，特别是军事实力确立的地位及其制度化的权利和义务。新现实主义国际关系理论代表人物肯尼斯·华尔兹认为大国是一种"常识"，人人可以轻易判断，主要强调是否拥有核武器、军事规模和综合国力等客观因素。冷战后，学界衡量大国的标准由传统的军事转向了经济、文化、道义、认同等因素上，强调国家GDP总量，强调大国责任和大国影响力，认为大国要么是联合国安理会的常任理事国，比如美国、俄罗斯、法国、英国、中国等，要么是对世界经济有着重大影响力的地区大国和国家集团，比如欧洲的德国、亚洲的日本和印度、拉丁美洲的巴西、非洲的南非等。

在中国，大国概念出现于春秋战国时期，多以"兵车数量"评价各国的强弱，即所谓"万乘、千乘、百乘"之国，将大国归结为军事强国。在早期的诸子百家中，法家强调"法"、"术"、"势"，认为大国必然是战略和谋略大国。儒家强调"仁政"，认为"仁者无敌"，"近悦远来"，大国必须是道义大国。秦汉之后，历代帝王外儒内法，行王霸之道，建朝贡秩序，唯有天朝大国观念，再无外邦大国之说。明清以降，中国遭遇西方大国扩张势力侵略，所形成的"列强"观念近似于"大国"概念。新中国成立后，稳定和发展与大国的关系，维护中国的主权、安全和发展利益，成为中国外交的关键环节。反观建国以来60多年的中国外交史，奉行大国外交是新中国外交的一个重要特色。近代以来，中国领导人一直存在着洗雪百年历史耻辱，扔掉"东亚病夫"帽子，恢复汉唐时期中华泱泱大国盛世图景的梦想。实现中华民族的伟大复兴，蔚然屹立于世界民族之林，成为历代新中国领导人的使命。1956年，毛泽东在《纪念孙中山先生》一文中豪迈地指出:"中国应当对于人类有较大的贡献。而这种贡献,在过去一个长时期内,则是太少了。这使我们感到惭愧。但是要谦虚。"① 在此种使命的砥砺下,中国外交带有强烈的大国外交色彩,把大国外交摆在十分重要的位置。

自新中国成立后,中国始终把大国外交摆到战略全局高度来认识和处理。建国初期,为巩固新生的共和国政权,中国采取了"一边倒"的战略方针,与苏联和其他社会主义国家站在一起,反对帝国主义国家的侵略政策和战争政策。后来,随着中苏关系恶化,为维护中国主权和安全利益,在毛泽东和周恩来的亲自领导和掌舵下,中国推行"乒乓外交",打开中美关系大门,实现了"小球转动大球",推动了中美关系正常化、中日关系正常化,并与一系列资本主义大国建立起了正常的外交关系,并确立了"三个世界"的战略构想。20世纪80年代后,在大国关系上,中国从独立自主的结盟外交转变为独立自主的不结盟外交,从以意识形态划线转变为全方位外交,既不完全倒向美国,也不倒向苏联,而是从中国人民的根本利益和世界各国人民的共同利益出发,独立自主地对国际事务作出判断。在具体的策略指导方针上,中国坚持以冷静观察、沉着应对的方针和相互尊重、求同存异的精神处理国际事务,与许多国家建立了新型的伙伴关系。

20世纪90年代以来,中国在大国外交上也改变了过去那种"结盟的"、"对抗的"、"敌视的"等亲亲疏疏的定位,在发展与世界各国的关系中,努力构筑"伙伴关系"战略的对外关系框架,先后与主要大国建立了不同形式的伙伴关系,努力扩大共同利益的汇合点,妥善处理分歧,共同维护和促进世界和平与繁荣。比如,1996年中国与俄罗斯建立了"平等信任,面向21世纪的战略协作

---

① 毛泽东:"纪念孙中山先生",《人民日报》,1956年11月12日。

伙伴关系";1997年与法国建立"全面伙伴关系",与美国确立了"致力于面向21世纪的建设性战略伙伴关系",与东盟建立"面向21世纪的睦邻友好互信伙伴关系",与非统组织建立"面向21世纪长期友好、全面合作的伙伴关系",与加拿大、墨西哥建立"跨世纪的全面合作伙伴关系";1998年与欧盟确立"面向21世纪的长期稳定的建设性伙伴关系",与日本建立"面向21世纪,建立致力于和平与发展的友好合作伙伴关系",与南非建立"面向21世纪的建设性伙伴关系",与韩国建立"面向21世纪的合作伙伴关系"。这种伙伴关系不同于过去的结盟关系,是一种新型的国家关系,其主要特征是不结盟、不对抗、不针对第三国。[①] 建立大国伙伴关系,是新时期中国外交新思维的重要体现,这些伙伴关系的建立在外交实践中取得了巨大进展,推动了中国与国际社会的良性互动,拓宽了中国外交的新局面。

进入新世纪以来,在大国伙伴关系基础上,中国领导人与时俱进,根据中国融入国际体系后出现的大国互动新格局,提出了构建新型大国关系的构想。2009年11月,在美国总统巴拉克·奥巴马访华期间,中美双方达成《中美联合声明》,确认发展"积极合作全面的中美关系"、"应对共同挑战的伙伴关系"。2012年2月15日,中国国家副主席习近平访美期间,提出中美应拓展两国利益汇合点和互利合作面,努力把两国合作关系塑造成21世纪的新型大国关系,首次明确提出构建中美新型大国关系的倡议,并在5月3日第四轮中美战略与经济对话期间会见美方代表时表示,中美作为政治制度、历史文化背景、经济发展水平不同的两个大国,构建新型大国关系,既要有"不到长城非好汉"的决心和信心,也要有"摸着石头过河"的耐心和智慧。2012年5月3日,中国国家主席胡锦涛

---

① 杨福昌主编:《跨世纪的中国外交》,北京:世界知识出版社,2000年版,第213页。

在出席第四轮中美战略与经济对话开幕式致辞时,明确提出努力发展让两国人民放心、让各国人民安心的新型大国关系,提出需要创新思维、相互信任、平等互谅、积极行动等提议。[①] 2012 年 11 月 8 日,胡锦涛在中共十八大政治报告中进一步指出:"我们将改善和发展同发达国家关系,拓宽合作领域,妥善处理分歧,推动建立长期稳定健康发展的新型大国关系。"不难看出,中国领导人密集论述新型大国关系,是中国新时期大国外交的新方向,不仅要与美国等传统大国之间发展新型大国关系,也要与印度、巴西等新兴大国发展新型大国关系。发展新型大国关系成为中国外交的一个新思维。

二、新型大国关系:内涵与比较

大国关系是国际关系的核心问题。自近代以来,在大国关系问题上一直存在一个重要的历史规律:大国政治的悲剧。自威斯特伐利亚体系建立以来,国际政治就是国家间政治,尤其是大国政治。"国际社会是一个残忍的角斗场,是一个你死我活的险恶环境。在这样的环境下,国家由于更多地考虑相对收益和提防欺诈行为,国家的合作通常难以实现,而且总是难以持久。"[②] 大国政治的前景极其悲观,特别是霸权国和挑战国之间,存在着一个双向激化的冲突发生进程,在霸权结构中,结构性对抗安全困境模式的产生是不可避免的。汤因比、斯宾格勒、保罗·肯尼迪、乔治·莫德尔斯基、罗

[①] 胡锦涛:"推进互利共赢合作,发展新型大国关系",新华网,2012 年 5 月 3 日。

[②] 约翰·米尔斯海默:《大国政治的悲剧》,王义桅、唐小松译,上海人民出版社,2003 年版,第 64 页。

伯特·吉尔平、沃勒斯坦等一大批学者都肯定这一大国政治规律。尤其以保罗·肯尼迪的理论最为典型。他认为，一流国家在世界事务中的相对地位总是不断变化的，一方面是由于各国国力的增长速度不同，二是因为技术突破和组织形式的变革，可使一国比另一国具有更大的优势。技术的进步和军事的竞争使得一些国家特别是"走下坡路"的国家把相当多的资源用于军事目的，而这一努力从长远来看又加速了国家的衰落[1]。于是，从大国兴盛到衰落，形成了一个历史的循环，从历史上来看，几乎所有大国都没能摆脱这一规律。

关于大国关系的冲突规律解释，现实主义比较悲观。现实主义的一个重要论断就是霸权更替必然打破和平。[2] 历史上守成大国与崛起大国的关系，免不了相互猜忌、冲突甚至战争，这在人类既往的轨迹中已屡见不鲜。相比之下，尽管自由主义力图说明经济相互依存和国际制度以及其他因素能够减弱这种暴力行为的可能，建构主义则认为非暴力在康德文化中不但可以实现，而且也是国际社会发展的前景，但是都没有真正的经验性研究，所以这方面的理论基本上是空白[3]。迄今为止，关于一个新兴大国和平崛起的问题，还没有足够具有信服力的解释和证据。

所谓"新型大国关系"的提出，根据中国政府官员的解释，也主要是针对历史上的传统大国关系而言的。2012年2月，在中国国家副主席习近平结束和美国领导人的会见之后，中国外交部副部长

---

[1] 保罗·肯尼迪：《大国的兴衰——1500年—2000年的经济变迁与军事冲突》，王保存等译，北京：求实出版社，1988年版，第1—11页。

[2] 罗伯特·吉尔平：《世界政治中的战争与变革》武军等译，北京：中国人民大学出版社，1994年版。

[3] 参阅秦亚青："国际关系理论的核心问题与中国学派的生成"，《中国社会科学》，2005年第3期。罗伯特·基欧汉：《霸权之后》；罗伯特·基欧汉、约瑟夫·奈：《权力与相互依赖》，门洪华译，北京大学出版社，2002年版；Bruce Russett, *Triangulating Peace*, New York：W. W. Norton, 2001。亚历山大·温特：《国际政治的社会理论》，秦亚青译，上海人民出版社，2000年版，第175页。

崔天凯解释道，中方提出建立一种新型的大国关系，并不代表外交政策的变化，也不意味着要当世界的领导，现在世界上有一些人认为，一个正在发展上升的大国，和一个现在在世界上占主导地位的大国之间，必然会产生冲突。中国这种提法就是针对这样的一种观念。2012年4月10日下午，在中国国际问题研究所主办的"国研论坛"上，中国外交部部长助理乐玉成在题为《站在新起点上的中国与世界关系》的演讲中也指出，中美关系是当今世界上最具代表性的新兴大国与守成大国关系之一，21世纪的中美关系只有一条路可走，那就是包容、合作、共赢，构建良性互动、合作共赢的新型大国关系，不能再像历史上那样追求利益最大化，争夺势力范围，开展军备竞赛，相互恶性竞争导致你死我活的零和结局。他认为，"新型的大国相处之道"的关键是要尊重对方的核心利益和重大关切，客观理性地看待对方的战略意图，管控好分歧和矛盾，避免战略误判，避免刺激对方，避免恶性竞争。可见，中国政府所倡导的新型大国关系是针对历史上的传统大国关系而言的，是一种致力于避免大国恶性竞争和冲突战争的关系。具体来说，新型大国关系的内涵包括四个方面：

表2—1 传统大国关系与新型大国关系的比较

指标 \ 大国关系	传统大国关系	新型大国关系
性质	敌友关系	伙伴关系
动力	谋求霸权，诉诸战争	谋求发展，维护和平
内容	结盟对抗	合作竞争
思维	零和博弈	正和博弈

第一，在关系性质上，传统大国关系说到底是敌友关系，新型大国关系的敌友界限已经非常模糊，大国之间往往非敌非友，是一

种基于共同利益的伙伴关系。

摩根索认为，国际政治就是各个国家之间争夺强权的争斗，传统大国关系的核心是争夺权力，所有的政治现象都可归结为：保持权力、增加权力和炫耀权力。所有大国之间的关系要么是敌人，要么是朋友，没有第三种可能。"毫无疑问，只要有利于自己的利益和权力，大国往往制造、维持甚至破坏秩序和制度。"① 结果，传统的国际秩序在本质上是大国秩序，而非所有国家友好相处的秩序，而是一种弱肉强食的秩序。诚如安东尼·麦克格鲁所言："国际舞台被视为无政府状态，意思是说强权而非公理起着支配作用，政治往往引发国家间的权力争夺，缺乏权威机制强制实施国际法或国际规则，秩序往往取决于霸权国家之间的权力平衡或者某个霸权国家的强制权力。"②

相比传统大国关系，新型大国关系的敌我关系已经非常模糊，是非敌非友的伙伴关系，是国家之间为寻求共同利益而建立的一种合作关系。中美关系不大可能成为真正的朋友，也不大可能成为敌人，将呈现为一种合作伙伴与竞争对手复杂交织的"非敌非友"关系。③ 2011年1月，在胡锦涛主席访美期间，中美又发表联合声明，决定共建相互尊重、互利共赢的合作伙伴关系。其中，互不为敌，是伙伴关系得以存在或建立的前提；共同利益，是伙伴关系存在的基础；为寻求共同利益而进行合作的愿望，是建立伙伴关系的动力；

---

① Ian Clark, *Reform and Resistance in the International Order*, Cambridge: Cambridge University Press, 1980, pp. 13 – 14.

② Anthony McGrew, "World Oder as Political Space", in James Anderson ed., *A Global World? —ordering political space*, Oxford: The Open University Press, 1995, pp. 26 – 36.

③ 这一看法最早由美国学者何汉理提出，后来受到广泛认可。Harry Harding, A fragile Relationship: The United States and China since 1972, Washington, D. C.: Brookings Institution Press, 1992.

第二章　构建新型大国关系：中国大国外交新思维

采取切实的措施发展相互关系，是伙伴关系的表现形式。此种伙伴关系是一种互不以对方为敌、平等而相互尊重、互不干涉内政、相互寻求共同的政治经济利益、保持并推进双方关系发展的良好状态。

第二，在发展动力上，传统大国关系取决于大国之间追求强权和谋求霸权的战争，战争是国家间关系的根本动力，新型大国关系强调维护和平，谋求和平与发展成为大国关系的动力。

传统大国关系是一种争夺霸权的游戏，国际秩序从根本上来说反映的是最强者的利益，是所谓的强国的秩序。回顾几百年来的世界历史，从16世纪的葡萄牙、17世纪的荷兰、18和19世纪的英国到20世纪的美国，凡是大国的崛起，几乎都是伴随冲突和战争的崛起。一个大国的崛起，必然会陷入崛起困境，引发守成大国的疑心、戒心、嫉妒甚至恐惧感，引起反抗和反作用，进而引发战争，战争成为释放大国政治能量的手段。

新型大国关系是一种集体安全和共同安全的游戏，国际秩序是大国共同治理的产物。2002年，中共十六大报告对"新安全观"做出了最权威的界定：各国"安全上应相互信任，共同维护，树立互信、互利、平等和协作的新安全观，通过对话和合作解决争端，而不应诉诸武力或以武力相威胁"。新安全观实质是超越单方面安全范畴，有关国家以互利合作寻求共同安全。新安全观建立在共同利益基础之上，符合人类社会进步的要求。[1] 2012年6月19日，中国国家主席胡锦涛在墨西哥洛斯卡沃斯会见美国总统奥巴马时，进一步就中美发展新型大国关系提出坚持对话、增强互信，深化合作、互利共赢，妥处分歧、排除干扰，共担责任、共迎挑战等四点建议。[2] 可见，中国政府之所以强调新型大国关系，其出发点是谋求大国之

---

[1] 本书编写组：《十六大报告辅导读本》，北京：人民出版社，2002年版。
[2] "胡锦涛见奥巴马，就中美发展新型大国关系提4建议"，新华网，墨西哥洛斯卡沃斯2012年6月19日电。

· 53 ·

间的和平和发展,在中美关系上如此,在中俄关系、中欧关系、中日关系等双边关系上亦是如此。

第三,在关系内容上,传统大国关系是一种结盟对抗的关系,新型大国关系是一种竞争合作的关系。

历史经验表明,只要存在大国,大国间的竞争是无法改变的国际现实,在任何历史时期都存在。在多极格局下,各个大国之间要么结盟,要么对抗,很难保持不偏不倚的中立地位。在两极格局下,几乎所有大国都选边站队,明确敌友,以维护和巩固本国的主权和安全。面对两极对抗的国际格局,毛泽东在新中国建国前夕明确宣布:"积四十年和二十八年的经验,中国人民不是倒向帝国主义一边,就是倒向社会主义一边,绝无例外。骑墙是不行的,第三条道路是没有的。"[①] 其实,非独中国如此,其他大国也不得不选边。20世纪60年代,中国既反美帝,又反苏修,造成外交空前孤立。尽管二战后的印度、印尼、埃及、南斯拉夫等中小国家可以选择不结盟道路,但也无法摆脱来自两大阵营的压力,无法摆脱强加的各种代理人战争,寻找盟友,维护安全,这是传统大国关系造成的。

新型大国关系并不回避大国竞争,任何国家之间都有竞争,竞争是普遍存在的。但新型大国关系认为,大国竞争的形式可以是多种多样的,既可以是暴力方式的竞争,也可以是和平方式的竞争。以往的大国竞争更多是诉诸结盟对抗的形式,最终陷入战争和冲突的泥潭。然而,在全球化时代,受到经济相互依赖、国际法和舆论对暴力的限制等诸多因素的制约,虽然人类社会仍未摆脱战争顽疾的困扰,但是战争规模、战争频率以及战争造成的生命代价有了下降趋势,大国为避免冲突升级所采取措施的效率呈上升趋势。在和平与发展成为时代主题的背景下,大国之间的竞争越来越转移到提

[①] 毛泽东:"联合世界上以平等待我的民族和各国人民",载《毛泽东外交文选》,北京:中央文献出版社、世界知识出版社,1994年版,第93页。

高综合国力上来，转移到经济竞争、科技竞争和人才竞争上来。此种竞争有别于以往的军事竞争和安全竞争，是一种合作性的竞争：在竞争中合作，在合作中竞争。尤其是在联合国、国际货币基金组织（IMF）、世界贸易组织（WTO）和二十国集团（G20）等国际和地区制度框架内展开的竞争。因此，推动国际体制机制的改革，在国际制度框架内遵循共同的游戏规则，越来越成为新时期新型大国关系的重要内容。

第四，在外交思维上，传统大国关系基于"零和"思维，新型大国关系基于正和思维。

传统大国关系往往采取"零和博弈"（Zero-Sum Game）的思维，追求以军事同盟、遏制、威慑等手段维护安全，各国奉行着你死我活、斗智斗勇的零和游戏，充满了相互的讨价环节和激烈的竞争。参与博弈的各方，一方的收益必然意味着另一方的损失，博弈各方的收益和损失相加总和永远为"零"。[1] 基于此种零和思维，国际事务从根本上取决于大国角逐，国际政治成为大国争雄斗胜的角斗场，各大国都在努力寻求霸权。

新型大国关系更强调"正和博弈"（Positive Sum Game）和追求以合作、对话、协商等渠道实现安全。此种思维的特点是参加博弈的各方，不仅要相互交往的双方互利（双赢），更重要的是不以牺牲第三者（个体、整体、环境）利益为代价。中国领导人在谈到中美关系时提到的"合则两利，斗则俱伤"，在谈到中俄伙伴关系时强调的"不结盟、不对抗、不针对第三国"等均出于正和思维。在全球化时代，由于全球生产分工和跨国流动的影响，大国之间已经陷入了一个相互依赖之网中，彼此之间盘根错节，触此动彼。无论在国

---

[1] 斯蒂格利茨著：《经济学》（上），梁小民译，北京：中国人民大学出版社，2000年版，第28页；Samuel Bowles: *Microeconomics: Behavior, Institutions, and Evolution*, Princeton University Press, 2004, pp. 33 - 36。

内事务上,还是在地区和全球事务上,国家与国家之间利益都不是零和博弈的关系,而是有着巨大的共同利益,这一巨大的共同利益关系到上百万、上千万家庭的安危幸福。不管哪一个政党执政,哪一个领导人决策,首要的是要精心维护好这一共同利益,避免因国家关系的变化而使其受到损伤。合则两利,斗则俱伤,无论在任何问题上,寻求互利共赢是全球化时代大国关系的基本原则。因此,各大国之间国情不同,不可能在所有问题上都意见一致。大国之间必须学会相互尊重,善于抓住"同",把共同利益的蛋糕做大;正确对待"异",尊重和照顾彼此的利益关切。只有真正做到不同文明之间的互相尊重、取长补短、相互借鉴、共同发展,才能形成社会和文化发展上的多样化世界。

三、新型大国关系如何可能建立?

新型大国关系的概念提出后,很多人存有疑虑,认为这不过是中国外交的宣传口号,是一厢情愿。在两国媒体、民间、军方甚至学者当中,中美关系"前景悲观论"甚嚣尘上,认为美国与中国存在根本的结构性矛盾,永远无法彻底解决,随着中国经济、军事力量的上升,中美关系的结构性矛盾和战略性对抗将上升。中美关系即使存在合作,也只能是寻求在条件允许的情况下进行战术性合作,其中的战略竞争不可避免且正在发生,中国正在通过"推进东亚共同体"将美国排挤出中国的势力范围,这是对美国领导的多边主义国际体系的挑战。美国也在通过加快推进"亚太战略再平衡"来围堵中国。① 还有的看法认为，金融危机凸显了"北京共识"对"华盛顿共识"的挑战，中国对美国的最大挑战是"中国模式"的挑战，中国的发展模式对发展中国家产生了极大的吸引力，美国担心中国的范例会吸引"其他专制主义国家"选择中国模式，"在维持对国家牢固控制的情况下实行现代化"。他们担心这个模式会"风行世界"，使西方模式无人问津。② 与精英的看法相联系，美国民众对中美关系的看法也在发生重大变化。美国有线电视新闻网（CNN）实施的民意调查显示，美国国内再次响起"中国威胁论"的老调，有58%的受访美国人认为迅猛发展的中国经济对美国构成了"威胁"，同时还有35%的人认为是"机遇"。③ 同样，中国民众心目中的美国形象也在趋于下降，尤其是网络民意的反美情绪日益升温。

事实上，此种看法仅仅关注中美战略竞争加剧的表象，没有看到全球化带来的中美国家与社会关系的复杂变化，没有抓住中美关系的时代本质。如果从全球化时代的新特点、大国形态的新变化以及国际关系性质的新发展考虑，新型大国关系不仅可能建立，而且代表着大国外交的未来。具体来说，有三种原因：

一是时代性质变化：从国际政治到世界政治。

全球化改变了国际政治，日益呈现为世界政治的形态。在全球

---

① 罗伯特·威拉德（Robert Willard）在接受新加坡《海峡时报》专访时又抛"中国威胁论"新版本，指中国成长中的军力将会影响到区域安全，不仅仅是台海，而且包括南海和东海。Willy Lam, "Reassurance or Appeasement", *Far Eastern Economic Review*, Vol. 172, No. 9 Nov. 2009, pp. 13 – 14；王缉思："中美结构性矛盾上升，战略较量难以避免"，在中华美国学会理事会换届大会上的发言，2010年6月；阎学通："成熟的中美关系意味什么"，《环球时报》，2010年7月10日。

② John Ikenberry, "The Rise of China and the Future of the West," *Foreign Affairs*, Vol. 87, No. 1 January/February, 2008, pp. 23 – 37; Condoleezza Rice, "Rethinking the National Interest", *Foreign Affairs*, Vol. 87, No. 4, July/August 2008, p. 3.

③ 仲伟东："CNN民调58%美国人持中国威胁论或影响对华政策"，《环球时报》，2010年11月19日。

化推动下，资本、劳动、技术、管理、品牌、信息等一切生产要素，和经营方式、管理制度、社会观念和文化形式等社会要素都在全球范围内进行大规模的重组，寻求着最有效率、最具活力和最能释放人类文明智慧和力量的实现形式。经济全球化推动着自 1500 年以来的民族国家组成的国际体系正在向着新的全球体系发展，世界正在步入一个"无极时代"。① 在这一网络化的全球体系中，利益关系错综复杂，社会组织盘根错节，文化观念交融碰撞，任何一个国家的一举一动都会受到来自世界范围的牵制，大大制约了大国的战略行动空间。特别是以跨国公司、非政府组织、全球媒体和舆论等为依托的全球公民社会异军突起，成为大国最难以控制的社会性力量。伊拉克战争、阿富汗战争和其他很多案例表明，对于任何国家而言，无论是武装到牙齿，还是富甲天下，都无法成为世界上横行无阻的"极"国家，都没有能力担任世界的领导者，霸权主义和强权政治越来越行不通，追求世界领导地位日益超出了一个国家的能力。

同时，随着全球化的发展，世界各国都被卷入到一个统一的全球化体系中来。整个世界在相互依赖日益深化和全球一体化水平不断提高的同时，世界的多样性和碎片化水平也在呈现不可阻挡的强化趋势。② 受此影响，国际政治权力斗争不仅围绕军事实力、经济实力等传统硬实力资源展开，还会围绕价值观、社会制度、社会文化

---

① "无极世界"最早由美学者尼尔·弗格森在 2004 年提出，但未受国际社会重视。后来，前联合国副秘书长明石康、美对外关系委员会主席哈斯及学者扎卡里亚等先后提出并论证了这一观点。Niall Ferguson, Colossus: the Price of American Empire, New York: Penguin Press, 2004; Fareed Zakaria, The Post – American World, New York and London: W. W. Norton &. Company, 2008; Richard N. Haass, The Age of Nonpolarity: What Will Follow US Dominance, *Foreign Affairs*, Vol. 87, No. 3, 2008, pp. 44 – 56。

② James N. Rosenau, "*Fragmegrative Challenges to National Security,*" in Terry L. Heynsed: *Understanding U. S. Strategy: A Reader*, Washington, D. C.: National Defense University Press, 1983, pp. 65 – 82.

第二章 构建新型大国关系：中国大国外交新思维

等软实力资源展开。① 无论是硬实力的竞争，还是软实力的竞争，在世界多样性和碎片化的过程中，有关各方越来越把角逐国际话语权和合法性摆到日益重要的地位，围绕话语权展开的竞争越来越成为当今国际政治中的一个重要现象。诸如恐怖主义的概念界定、国际人权准则和人道主义干预、气候变化和国际温室气体减排标准、汇率争端和国际金融改革方案、以及在利用核能与反扩散等问题上的争斗，几乎无不首先表现为国际话语权之争。无论是美国、欧盟、俄罗斯等处于国际政治舞台中心的庞然大国，还是朝鲜、挪威、新加坡等徘徊在边缘地带的蕞尔小国，甚至连原先不属于国际政治游戏场中的跨国公司、非政府组织、媒体，无不把谋求左右国际舆论导向的话语权作为角逐的主要目标，并积极谋求将自己的特定话语巩固为国际社会普遍接受的游戏规则。从某种程度上说，国际政治日益变成了"话语权政治"。

种种迹象表明，当今世界正在步入"软战时代"（Soft War Era）。在软战时代，世界政治中的纷争不再像二战之前热战时代沿着地缘政治和军事同盟的分界线而展开，也不再是冷战时期沿着社会制度、意识形态和两大阵营的分界线展开，更不是哈佛大学已故学者塞缪尔·亨廷顿所说的沿着文明和宗教的分界线而展开。软战时代的世界政治纷争将越来越沿着软性政治的分界线而展开，有关各方将围绕真理和道义标准的不同理解而角逐。在软战时代，世界政治的主题将不再是以往国际关系中的"强权即公理"，"有力量"不再是"有道理"和"有道义"的唯一标准。相反，在软战时代，"有道义"、"有道理"本身成为是否"有力量"的根据。尽管国家实力和道义真理等传统范畴在软战时代仍然是互为表里的关系，但两者之间的政治逻辑却是颠倒的。在热战和冷战的"硬战时代"，国

---

① Joseph S. Nye, Jr., *Bound to Lead: The Changing Nature of American Power*, New York: Basic Books, 1991.

家实力是"里",道义标准是"表";在软战时代,道义标准成为"里",而国家实力成为"表",一个真正强大的国家并非在于其国家实力,而在于其是否站在真理和正义一边。一个国家的实力越是强大,越可能引发猜忌和仇恨,超强的国家力量本身很可能成为导致反制情绪蔓延的温床。无论承认与否,近年来在世界各地蔓延的反美主义情绪,很可能主要不是来自于美国外交政策的失误,而是来自美国国家实力的超强和失衡。同样,作为一个快速崛起的大国,中国国家力量的快速壮大很可能也是国际社会中各种名目繁多的"中国威胁论"的重要起因。

二是大国形态变化:从领土国家到全球性国家(社会化)。

全球化的发展,推动着大国正在发生脱域化转型。伊安·克拉克(Ian Clark)提出了一个"全球化的国家"(the globalized state)的概念。克拉克的逻辑是:在领土上,全球化的国家打破了现代国家的领土牢笼,通过与其他国家、全球市场经济部门、全球公民社会部门的社会契约,逐渐建构起功能性的网络国家,成为一个更多的凭借法理权威而非暴力权威实现政治整合的组织。[1] 此种意义上的国家,很可能与诺齐克所说的"最低限度的国家"十分接近,即"古典自由主义理论的守夜人国家,其功能仅限于保护所有公民不受暴力、盗窃、欺诈,并强制执行契约等等"。[2] 国家逐渐从按照属地原则"治人"转变为按照功能原则"治事",在"治事"的过程中与其他国家的政府、市场部门以及全球公民社会部门形成一种波及全球各个领域的网络化的权力关系。

西方左翼学者戴维·阿姆斯特朗看到了国家社会化的历史趋势,

---

[1] Ian Clark, *Globalization and International Relations*, Oxford: Oxford University Press, 1999, pp. 44–66.

[2] 参阅罗伯特·诺齐克著:《无政府、国家和乌托邦》,何怀宏等译,北京:中国社会科学出版社,1991年版。

他运用建构主义的方法，提出了"社会国家"的概念，认为国家不仅是一个法律实体，而且也是一个社会行动者，能够通过其独特的主体间社会化过程来认知、学习、评估、安排并处理所有事情。因此，尽管全球化在创造一个共同的权力、货币和文化结构，但国家作为一个社会行动者也寻求在国际社会领域确立自己新的权威和认同基础[①]。因此，大国成为一个网络，大国竞争的重心发生了变化，日益集中在科技创新、经济发展、社会合法性。一个有权力的国家并不一定非得要通过军事力量的征伐获得，当然也并不意味着一个国家要采取自废武功式地销毁军事力量，而是强调各种形式的以经济、文化、制度、信息、价值观念为主要内容的权力资源对一个国家权力地位的重要性。以往片面依赖军事实力的集团对抗在未来的战争中正在面临土崩瓦解的命运，国家之间尤其是大国之间日益形成了既尖锐斗争又复杂合作、既相互遏制又彼此接触的新型关系，国家正在从国际政治游戏的前台隐身幕后，各种非国家行为体比如跨国公司、非政府组织、全球性媒体和国际组织成为台前活跃的主体，动辄掀起潮水般的社会抗议或者波涛汹涌的网络浪潮，令国家和政府倍受煎熬。从几年前缅甸境内的"袈裟革命"和2012年"阿拉伯之春"上演的社会纷争，都不难看出大国政治所发生的深刻变革，我们把此种软化了的政治斗争形态称之为"软战"，把以软战主导世界政治的时代称之为"软战时代"。

三是游戏规则变化：国际战争到国际法制。

在欧洲学界，战争在近代国家形成中的地位受到高度重视，不

[①] 戴维·阿姆斯特朗："全球化与社会国家"，见戴维·赫尔德、詹姆斯·罗西瑙等著：《国将不国》，俞可平等译，江西人民出版社，2004年版，第118—145页。

少人认为战争是国家的工业。① 然而，在历经近代无数战火的蹂躏，特别是两国两次世界大战的惨痛教训后，原本作为战争补充的外交开始成为人们争取世界和平的希望。如傅利民所说："战争屈人，却难以服人。建立在战败者屈辱之上的和平孕育了下一轮战争的萌芽。外交必须使战败者甘愿接受失败，使其相信化干戈为玉帛之利益所在。"② 从19世纪下半叶开始，战争权以及包括战争权中的暴力权开始受到国际法的限制。1856年的《巴黎会议关于海上若干原则的宣言》，规定了关于海战的四项规则。③ 随后，1864年，欧洲12国签署了《改善战地武装部队伤者境遇的公约》（又称《日内瓦公约》），开辟了"日内瓦法"体系，1899年5月18日召开的第一次海牙和平会议和1906—1907年的第二次海牙和平会议，对战争法进行了大规模的编纂，战争法的"海牙法"体系（Law of Hague）初步形成。④ 二战后，关于保护平民、限制战争、优待战俘，禁止生物武器、化学武器、核武器以及常规武器的各种条约次第出台，联合国也不断出台"保护的责任"、"人道主义援助"、"战争法"等一系列国际规范。2002年，国际刑事法庭成立，迈出了国际执法的重要一步。此种限制强制的诸多国际法、国际规范在对战争产生巨大抑制效应的同时，也为作为和平解决国际矛盾的外交手段开辟了更加广阔的空间。

当代国际法和国际制度实践对强制的限制，使得大国外交越来

---

① 安东尼·吉登斯著：《民族—国家与暴力》，胡宗泽等译，北京：三联书店，1998年版，第108页。佩里·安德森著：《绝对主义国家的系谱》，上海人民出版社，2001年版，第457页。

② 傅立民著，刘晓红译：《论实力：治国方略与外交艺术》，清华大学出版社，2004年版，第54页。

③ 王铁崖主编：《战争法文献集》，北京：解放军出版社，1986年版，第1—2页。

④ 徐进：《暴力的限度：战争法的国际政治分析》，清华大学博士论文，2008年，第1页。

越重视国际体系、国际法和国际制度规范，推动大国外交从国家利益的单元轴心向国际体系的系统轴心转型。从国际体系角度而言，大国要在顺应世界潮流的基础上，积极参与国际体系和地区治理结构的改革，提升一国在国际格局中的地位，增强其在国际规则体系中的话语权和影响力。从国际法角度而言，大国要一国外交切实尊重国际法和国际制度程序和规则，更强调利用多边主义思维解决该国外交问题，尤其是善于从国际法理依据出发，立足于争取和团结国际社会中的大多数国家，营造客观友善的国际舆论环境。在国际体系和国际制度规范下，任何一个大国都无法摆脱国际体系和国际制度的约束，都把运筹多边外交作为大国外交的一个重要舞台。

四、中国大国外交的新方向

发展新型大国关系符合全球化时代国际关系发展的要求，具有很大的必要性和很高的可行性。但是，新型大国关系也不会自动生成，需要世界诸大国共同努力，构建新型大国关系将成为未来较长一段时期内中国外交的重要任务。从中国角度来看，需要在外交实践中从以下四个方面努力：

一是明确大国身份。

新中国成立后，中国有浓厚的大国情结，总是把自己看作是一个泱泱大国，把自己置于世界大国的地位考虑问题。即使是在建国后奉行"一边倒"政策，也是以独立自主为基础，"战略上是要联合，但战术上不能没有批评"[1]。在事关主权的原则性问题上，毛泽

---

[1] 《周恩来外交文选》，北京：中央文献出版社，1990年版，第1—7页。

东称之为"半个指头都不能动"①的问题,邓小平称之为"不是一个可以讨论的问题"②。中国十分珍视自己在国际舞台上的大国角色,在处理外交事务时十分注重自己的大国形象。邓小平在1990年指出:"所谓多极,中国算一极。中国不要贬低自己,怎么样也算一极。"③ 1989年之后,面对西方国家集体制裁中国的严峻局面,邓小平气壮山河地指出:"世界上最不怕孤立、最不怕封锁、最不怕制裁的就是中国。建国以后,我们处于被孤立、被封锁、被制裁的地位有几十年之久。但归根结底,没有损害我们多少。为什么?因为中国块头这么大,人口这么多,中国共产党有志气,中国人民有志气。"④这些都充分表明,中国外交具有与生俱来的大国气度。

  大国关系最主要的特征是高手过招,在意不在行。尽管中国有浓厚的大国情结,但是在以往缺乏客观条件,制约了中国在外交中的大国能力,尤其是20世纪80年代以后,中国尽管强调大国意识,但更多奉行"韬光养晦"的策略方针,在国际事务中"不扛旗"、"不当头"、"不称霸",避免在国际事务中的冒进行为。随着中国实力的崛起,中国在国际事务中作为世界大国逐步具有了更大的现实性,在处理与大国的关系中将发展新型大国关系作为中国外交的新维度,必须首先将自身定位为世界大国,既要有世界大国的尊严,也要有世界大国的使命。在处理与其他大国的外交事务时,必须赢得对方的尊重,以一种平等的态度开展竞争和寻求合作。特别是对

---

① 毛泽东:"同苏联驻华大使尤金的谈话",《毛泽东外交文选》,北京:中央文献出版社/世界知识出版社,1994年版,第330页。
② 邓小平:"我们对香港问题的基本立场",《邓小平文选》,北京:人民出版社,1993年版,第12页。
③ 邓小平:"国际形势和经济问题",《邓小平文选》(第三卷),北京:人民出版社,1993年版。
④ 邓小平:"社会主义政权谁也动摇不了",《邓小平文选》(第三卷),北京:人民出版社,1993年版。

于新兴大国和守成大国而言，彼此都要相互尊重对方的核心利益和国家尊严，在一些核心利益问题上不牺牲对方的既得利益，新兴大国不挑战守成大国，守成大国也要容得下新兴大国。在一些核心问题上，把握分寸，掌握尺度，增强耐心，做好长期周旋的心理准备，这是发展新型大国关系的前提。

二是履行大国责任。

新中国成立后，中国十分重视自己所承担的国际责任，对发展中国家、小国和邻国的无私援助，历来以信为本，做到言必信，行必果，光明磊落，不搞阴谋诡计。在处理与邻国关系上，中国始终把自己看作是一个大国，有责任和有义务支持和援助邻国，每当邻国遭受危难或者要求援助时，中国都会积极伸出援助之手。新中国成立伊始，朝鲜战争爆发，在中共中央政治局讨论出兵朝鲜的会议上，毛泽东说："你们说的都有理由，但是别人处于国家危急时刻，我们站在旁边看，不论怎样说，心里也难过。"[①] 正是毛泽东的此种心理，才最终决定了中国出兵朝鲜。此后，中国在与越南、柬埔寨、阿富汗、巴基斯坦等国的外交上，都带有此种强烈的大国责任外交特色。

在国际法上，国家是权利、责任和义务的统一体。主权国家作为一个国际人格承载者，必然对不遵守一项国际义务承担相应的国际责任。作为一个世界大国，在处理国际事务时，更无法回避大国责任，应承担提供国际公共产品的更多责任。比如联合国安理会包括5个常任理事国（有否决权）和10个非常任理事国（无否决权），具有《联合国宪章》授予的维护国际和平与安全的特殊权力和特殊责任；这些特殊责任包括对任何争端或可能引起国际摩擦的任何情势进行调查，为争端的和平解决提出建议，决定采取武力以

---

① 彭德怀：《彭德怀自述》，北京：人民出版社，1981年版，第257页。

外的手段到采取必要之海陆空军行动，以维持或恢复国际和平与安全。随着中国实力的上升，所应承担的国际责任会更多。尤其是与大国开展交往过程中，中国应切实履行国际责任。一方面，同大国打交道时要落落大方，不亢不卑，敢于设置议程，敢于表达立场，敢于坚持原则，决不拿原则做交易。另一方面，同小国打交道时，也要尊重对方，以理服人，主持公道，伸张正义，信守承诺，说话算数，反对一切形式的霸权主义和强权政治，树立了良好的国际信誉，做新型大国的典范。只有将两者结合起来，发展新型大国关系才有更大的现实可能性。

三是巩固大国权力。

无论是大国身份还是大国责任，都不能脱离大国权力的客观基础，离开了与之相应的大国权力基础，大国身份和大国责任都将成为无源之水、无本之木。据史家考证，1840 年鸦片战争前夕，中国清王朝的 GDP 是世界 GDP 总量的 1/3 强，而号称"日不落世界帝国"的英国的 GDP 只占世界 GDP 总量的 5%，比美国加欧洲的总和还多得多。[①] 当时，中国经济不可谓不富有，GDP 在世界上仍然是富甲一方，令西洋人羡慕。然而，中国没有在外交中转化经济优势，没有巩固大国权力，最终在中外战略博弈中丧权辱国。新中国成立后，尽管遭受连年战争的中国在经济上积贫积弱，但由于制定了明确的战略，构建了强大的体制机制，上下同心，将士同命，维持和巩固了中国的大国地位，赢得了世界各大国的尊重。

改革开放 30 年来，中国经济持续发展，创造了世界经济史上的奇迹。特别是受 2008 年国际金融危机的影响，中国 GDP 总量再次有望在年内超过日本，向世界第一的美国看齐。然而，当年面临的挑战再次考验中国，中国的经济优势仍然无法有效转化为战略优势，

---

① Angus Maddson, *Chinese Economic Performance in the long Run*, Paris: OECD Development Centre, 1998, p. 25.

中国成为当今世界的"经济巨人，战略新手"，在战略优势方面不仅十分稚嫩，而且在重大的战略角逐棋局中几无优势可言。在全球问题上，中国缺乏做大国战略棋手的勇气和决心，在很多问题上思量再三，举棋不定。在地区问题上，中国不敢与周边国家建立战略关系，尽可能地在战略意图上遮遮掩掩，犹豫不决。在维护合理的铁矿石原材料价格、突破国际贸易保护主义重围、反击各种形式的"中国威胁论"等功能性领域更是众说纷纭，意见不一。在国内问题上，中国对热点和焦点问题缺乏改革决心，社会矛盾不断积累。中国的战略模糊态度，不仅令世界对中国未来的走向报以猜忌和怀疑的目光，而且也令中国自身陷入了自相矛盾的尴尬境地，大大削弱了中国在世界上的影响力和战略号召力。面对中国迅速崛起的趋势，抓紧制定中国大战略，巩固大国权力基础，日益成为摆在中国面前的紧迫问题。形势逼人急，面对复杂变化的国际国内局势，中国应该抓紧研究制定适合自身发展需要的大战略和对外战略，夯实新型大国关系的资源基础。

四是坚持大国对话。

发展新型大国关系，最重要的是妥善处理大国之间的种种矛盾和分歧。在全球化时代，大国之间已经呈现为竞争与合作复杂交织的格局，互动规模越来越多，交往越来越深，范围已扩展到涵盖政治、经济、金融、投资、环境、就业、安全、军事等众多领域。大国关系面对的问题也越来越多，犹如接受一场综合考试，能否妥善处理诸多矛盾和分歧，从根本上决定着新型大国关系的成败。

因此，要发展新型大国关系，必须巩固大国对话的势头。领导人之间的频繁互访和高层阁员之间的互动对话，不仅有助于增进彼此理解，减少误解误判，而且有助于盘活现有的合作存量，为解决大国关系中存在的诸多问题夯实基础，创造进一步解决问题的机会之窗。同时，坚持大国之间在各个层次上的对话，还有助于提升大国在战略问题上的互信。随着在一系列具体问题上对话取得进展，双方的互信水平会相应得到提升。特别是机制化的对话和合作，让原本并不熟悉的领导人和各级政府官员从陌生到相识再到相知，即便在一些问题上难以取得突破性进展，双方对各自的预期、困难、态度都十分了解，这对于在战略问题上增加互信无疑是有益的。要以积极的、开放的和合作的思维主导大国对话，采取切实行动，深化战略互信，推动大国关系向着互信、透明、平等、协作的方向前进。

在大国对话中，要改变目前中国在处理大国关系问题上存在的弱国心态，大大方方地介绍中国发展的经验，改变在议题塑造上的"失语"局面，在大国关系交往过程中提出中国关心的议题，在议题优先顺序上寻找大国合作的共点，扩大相互理解的共识点，为建立合作应对共同挑战的伙伴关系注入新的内容。要适应中国融入全球化的要求，在现有国际体系内积极推动有利于中国模式发展的国际规则，将中国在世界上的合理利益巩固下来，提高中国模式整体上的竞争力。要加强大国危机预警机制建设，提高应对意外事件和复杂局势的能力，及时化解社会风险。要全面加强在社会文化领域中的交流，提高增信释疑的能力，不断增进社会和民众的相互理解。

五、结论与思考

大国关系历来是中国外交的重中之重。能否处理好大国关系，决定着中国外交发展的全局。随着中国成为世界第二经济大国，与大国的外交越来越成为中国外交的核心。特别是在全球金融危机与新兴大国群体性崛起的时代背景下，能否统筹好大国关系，发展新型大国关系，不仅攸关中国外交全局，而且攸关中国和平发展道路。

因此，发展新型大国关系应当成为中国外交的新维度，需要重点统筹和经营。理解新型大国关系，要与传统大国关系比较起来认识。传统大国关系是一种敌友明确、追求霸权、结盟对抗及零和博弈的关系，新型大国关系是一种非敌非友、和平发展、竞争合作及正和博弈的关系。发展新型大国关系之所以成为可能，是全球化时代世界政治发展的产物，是大国形态变化的产物，也是国际游戏规则变革的产物。作为中国外交的一个新维度，在发展与所有大国的新型大国关系过程中，中国需要明确自身的大国定位，履行大国责任，巩固大国权力，坚持大国对话，不断增进大国之间的政治互信，提升本国社会和民众对发展新型大国关系的信心，为维护世界和平和促进共同发展而努力。

第二部分　美国对外政策与中美关系

"美国寻求把中美构建新型大国关系的共识付诸实施，管控双方分歧和'不可避免的竞争'，同时深化双方在亚太地区利益交汇领域的合作。……中美两国就促进亚太安全有许多共同利益，包括双方都寻求朝鲜半岛无核化、和平解决伊朗核问题以及确保阿富汗稳定。……中美双方正在提升双边军事关系的质量，同时正在拓展安全对话。美国谋求在今后数年内加强与中国的经济合作，抓住中国全面深化改革的机遇。"

——2013年11月20日，美国国家安全事务助理苏珊·赖斯在公开演讲中阐释奥巴马第二任期的对华政策。

第三章

建构对华关系认知：奥巴马政府对华政策演变

在中美两国，政策制定者、学术界和媒体已经围绕两国之间应该如何界定和发展彼此之间的关系进行过相当多的分析和论述。一些显而易见的矛盾现象很容易引起进一步的追问和反思：目前中美两国在政府层面上总体满意并积极判定两国关系的发展状态，这与学术界和媒体的普遍认知存在明显差异，舆论充斥中美冲突与摩擦的报道，很多人对两国是否导向不可避免的严重冲突忧心忡忡。为什么美国公开表态支持中国崛起的同时，采用在中国看来明显是遏制其地区影响力并威胁其安全的战略？为什么中国在坚定奉行走和平发展道路的同时，采用了在美国看来是越来越强硬的手段捍卫其宣称的核心利益？为什么两国在尝试采用新的思维与观念看待彼此、避免重复崛起国与主导国间历史悲剧的同时，传统现实主义的观念认知仍主导两国的对外战略，使得中美两国无法脱离既有思维定势？

在著作《论中国》的篇末，长期致力于中美关系发展的现实主义外交家基辛格博士颇有深意地引用了理想主义哲学家伊曼努尔·康德在《论持久和平》一书中的观点。他写道，在康德看来，如果世界上终有一日迎来永久和平,则或者源于人类的洞察力,或者出于深重的冲突与灾难迫使人类别无他择。而如今,基辛格认为中美两大国正处于这样的历史十字路口。他回忆起当年与周总理签署关于其秘密访华联合公报时的情景。周总理称这份公报将震撼世界。如今,40多年过去,中美两国要做的事情不仅是震撼世界,更要建设好这个世界。① 按照基辛格的思路,中美两国面临的已经远不是冷战时代,两国面临的历史使命应该致力于合作来推动建设一个永续和平的世界。两国的思维不能停留在传统的观念与认知框架中,新一代政治家应具备深邃的战略视野,用全新的观念看待这个世界,找到通往持久和平的正确道路。

　　历史使命反映了决策者的长远目标与利益取向。而相比于外交战略的内容,其反映出决策者的观念认知和对另一方意图的判断或许更为重要。中美两国的历史使命与决策者的观念认知,一定程度上决定了中美将如何塑造世界的未来。因此,从分析中美两国渐进的互动进程入手,了解该过程如何一步步影响双方决策者的认识、逐步建构针对彼此的战略,对评估双方互信水平与合作前景、真实判断彼此战略意图以及预测中美关系未来走向均具有重要意义。本文旨在阐述观念与认知在外交战略与政策决策中的作用与影响,借助奥巴马外交团队对美国涉华决策的内部阐述来反思奥巴马政府对华战略的构建与演进过程,并通过对美国"重返亚太"战略的争议与分歧的分析,寻找中美互信失衡的原因所在,最后为中美妥善管控分歧提出建设性的路径。

---

① Henry Kissinger, *On China*, New York: Penguin Group, 2012, p. 530.

第三章　建构对华关系认知：奥巴马政府对华政策演变

一、崛起命题与中美认知建构

（一）延续至今的中国崛起争论

中国在 2003 年提出"和平崛起"主张，美国当时的回应是提出中国作为国际体系"负责任的利益攸关方"概念，要求中国遵守国际规范，承担与其不断增长的实力相适应的更多责任。东南亚一些邻国则对该主张将信将疑。[①] 十年之后，中国崛起已不再是若隐若现的历史趋势，虽然学术界对于中国实力的判断还存在争议[②]，但国际社会的认知似乎对中国的影响力与潜在命运已取得高度

[①] 新加坡前总理李光耀回忆称："我对'和平崛起'这个词语的第一反应就是对他们的智囊团说：'这个词语本身就是矛盾的，任何崛起都是令人感到恐惧的事情。'他们说：'你会怎么说？'我回答：'和平复兴，或演进，或发展。'恢复古代的辉煌就是让一个一度伟大的文明再放光彩，中国已经做到了这一点，现在中国人必须对此做出最佳诠释。""崛起"概念最终被"和平发展"取代。格雷厄姆·艾利森等编：《李光耀论中国与世界》，蒋宗强译，北京：中信出版社，2013 年版，第 8 页。

[②] 有学者认为中国实力已足够强大，未来必将统治世界，代表人物为马丁·雅克。详见：马丁·雅克：《当中国统治世界：中国的崛起和西方世界的衰落》，张莉等译，北京：中信出版社，2010 年版。另有学者认为中国目前还不能被称为世界性的领导大国。例如，沈大伟（David Shambaugh）认为中国距离成为真正全球性大国还有很长距离，且永远不会统治世界。他列举了一些原因，包括：中国缺少足够的盟友而显得孤立，参与到国际社会中但并没有扮演积极角色，常常反对某项倡议而不是积极倡导，规避风险而专注于自身利益，缺少足够的软实力等，因此中国目前只是一个区域性强国。David Shambaugh, *China Goes Global: The Partial Power*, Oxford: Oxford University Press, 2013, pp. 6–7.

共识①，公认中国崛起将成为影响 21 世纪进程的重大历史事件。

时至今日，中国崛起的命题已被争论了十余年，但是围绕该命题展开的各种讨论仍然在不断涌现。国际社会仍然关注中国崛起对于中美关系、地区安全乃至整个国际社会的稳定与繁荣将会造成怎样的影响。如学者巴里·布赞所言："从一个局外者（而且是欧洲的）角度谈论中国关于国际关系的辩论，我发现有三个重要问题需要给予回答，然后'和平崛起'才可以无愧于这种称呼：1. 维持中国和日本之间敌意和刻薄的政治关系符合谁的利益？2. 中国崛起对中美关系的影响将是什么？3. 如果中国目前的'和平崛起'政策是成功的，那么，中国对自身作为一个超级大国的看法是什么，它愿意看到一种怎样的国际社会？"②

深入分析这些疑问，可以发现它们集中关注三个方面：第一是崛起过程中的中国与国际社会互动过程，涉及崛起性质是否和平，中国遵循的途径如何；第二是崛起过程中的中国意图与追求目标，以及国际社会特别是美国采取怎样的态度回应，涉及各方一系列的观念与认知；第三是崛起之后的地区局势与国际社会状态，涉及崛起的冲击与影响。这三个方面相互联系，紧密相关，直接影响中国

---

① 国际社会对于中国成为世界大国的判断已经形成主流认识，包括 IMF 等重要国际组织预期中国将在未来四分之一世纪内超越美国成为全球领先强国。根据 2011 年皮尤中心的一项民意调查，22 个国家中有 15 个国家的受访者认为中国将会或已经取代美国成为世界上的领先强国。David Shambaugh, *China Goes Global: The Partial Power*, p. 7.

② 参见巴里·布赞：《美国和诸大国：21 世纪的世界政治》，刘永涛译，上海人民出版社，2007 年版，第 ii 页。与此类似，学者查尔斯·库普乾也发出类似的疑问："美国是否准备好了为他国让出空间并与之分享权力？这对于一个已经习惯于发号施令的国家来说不是一件容易的事。中国将为何种目的使用它日益增长的权力？它会将自己的实力深置于一个更广泛的国际治理的多边框架之内么？如果是这样，那么中国可能会试图如何修正这个框架呢？"查尔斯·库普乾：《美国时代的终结：美国外交政策与 21 世纪的地缘政治》，潘忠岐译，上海人民出版社，2004 年版，中文版序言，第 39 页。

崛起的成败。

客观地说，中国崛起遭遇到的不仅是现实的挑战，更是理论上的困境。虽然中国长年精心致力于周边外交，但是在亚太地区仍然缺乏足够的软实力。按照现实主义逻辑，如果中国的物质力量看上去开始占主导地位，那么邻国就会倾向于进行制衡。有学者认为，这类制衡预示着中国在谋求任何超级大国地位的过程中都会在该地区遭遇严重障碍。鉴于中国所引起的历史恐惧、缺乏在该地区的领导合法性及其诸邻国实际和潜在的军事及经济力量，这些使得中国很有可能继续被捆扎在该地区内。[1]

亚洲邻国作为中国崛起的直接受影响者，其认知观念深深反映了对中国意图的怀疑与不安。李光耀用"权力真空论"来形容东南亚国家对美国的依赖关系，他表示："自然界排斥真空，所以如果真空存在，很快就有人去充实它。"为避免区域竞争，李光耀希望坚持目前已经生效的美国军事存在，他认为这是维持远东国际法和秩序的关键。[2] 马来西亚一位高级官员表示："美国的存在是有必要的，至少对这个地区持有不同意识形态的各个国家起到了制衡作用。权力制衡是必要的……它可以确保对东南亚地区怀揣野心的其他国家觉得同当地国家作对不是轻而易举的。"[3]

对美国如何回应中国的崛起，学者米尔斯海默给出了清晰明了的判断。他在美国遏制战略之父乔治·凯南所著《美国大外交》一

---

[1] 巴里·布赞：《美国和诸大国：21世纪的世界政治》，第120页。
[2] Yuen Foong Khong, "Coping with Strategic Uncertainty: The Role of Institutions and Soft Balancing in Southeast Asia's Post-Cold War Strategy," in Alien Carlson, Peter Katzenstein, and J. J. Suh, eds., *Rethinking Security in East Asia: Identity, Power, and Efficiency*, Stanford: Stanford University Press, 2004.
[3] Amitav Acharya, "Containment, Engagement, or Counter-dominance? Malaysia's Response to the Rise of China," in Alastair Iain Johnston and Robert Ross, eds., *Engaging China: The Management of an Emerging Power*, London: Routledge, 1999, p. 140.

书的序言中直言不讳地说:"如果中国经济在未来几十年以最近几十年的方式继续增长,那么中国会成为亚洲迄今为止最强大的国家。中国无疑会谋求以美国控制西半球的方式控制亚洲。……因此,美国将不得不增强在亚太地区的存在,在召集遏制中国的均势联盟方面发挥带头作用,正如在冷战时期对苏联那样。"①

由上可知,世界仍然需要中国能不断对其战略意图和发展道路做出清晰的阐释。布赞强调:"关于中国崛起之后会发生什么的问题,仍然是一个恰当的、有必要的问题,它需要获得比得到其答案更多的东西。除非它的确获得一个答案,否则,对中国长期意图的各种猜疑将仍然存在着,这些猜疑会使得它的'和平崛起'变得比它所需要经历的更加艰难。"②

(二)观念建构与错误认知下的敌意螺旋

观念与认知因素长期以来在国际关系理论研究中占据相当重要的地位。朱迪斯·戈尔茨坦和罗伯特·基欧汉指出,观念常常是政府政策的重要决定因素。在他们看来,观念可以分为三个层次,对应三种不同的变化频率和改变难易程度,它们分别是:世界观、原则化信念和因果信念。③ 现实中,政策变革往往受到观念的影响。一方面新的认知导致新的观念出现可以影响政策的变化,另一方面,

---

① 乔治·凯南:《美国大外交》,雷建锋译,北京:社会科学文献出版社,2013年版,序言,第13—14页。
② 巴里·布赞:《美国和诸大国:21世纪的世界政治》,第vi页。
③ 对观念影响决策的方式,他们提出三种模式:第一,观念体现出的原则化或因果性信念为行为者提供了路线图,使其对目标或目的—手段关系更清晰;第二,在不存在单一均衡的战略形势下,观念影响战略结果;第三,观念能嵌入政治制度中发挥影响。详见:朱迪斯·戈尔茨坦、罗伯特·基欧汉编:《观念与外交政策:信息、制度与政治变迁》,刘东国等译,北京大学出版社,2005年版,第3页。

决定现行观念的某些潜在条件发生变化可以引发连锁反应。① 还有学者根据政治心理学理论,提出决策者往往根据关于现实的意象进行决策,而这种意象是由决策者的认知过程,或者说由其如何认识具体的决策形势来决定。②

在中国崛起问题上,从上述分析可以看到,美国及一些亚洲国家对于中国战略意图和发展路径的预期判断,深深影响到了它们各自的认知,从而影响了这些国家的外交决策。对于中美两国的决策者,双方在世界观、原则化信念以及因果信念三个层面都有不同程度的差异,对对方意图判断、实力认识、威胁感知等也会存在很大不同,进而形成不同的意象影响决策。

如果说认知与观念因素可对决策者的决策行为发挥显著影响,那么错误认知所造成的负面影响就更值得重视。学者杰维斯提出了一个具有普遍意义的问题,对分析当下的中美关系尤其具有意义:为什么在行为体双方均不希望冲突的情境中、在本来可以合作的条件下,会发生冲突和争斗,会拒绝合作甚至走向战争?③

在杰维斯看来,对同样的客观世界,不同的人会有不同理解,因而造成不同的决策。任何决策者,都具有同所有人一样的认知局

---

① 朱迪斯·戈尔茨坦、罗伯特·基欧汉编:《观念与外交政策:信息、制度与政治变迁》,刘东国等译,北京大学出版社,2005年版,第30页。

② 根据理查德·赫尔曼和迈克尔·菲斯凯勒的研究,确定决策者如何从经验出发认识形势、理解刺激以及进行选择是相当重要的。他们提出,认知过程中形成的因果关系包括很多因素,如决策者关于世界政治的哲学信仰、敌方威胁性质和程度、对对方的实力的认识,以及对其他行为体行为规范的判断,等等。他们还提出基于5种不同战略认识的意象理论,分别为:敌人意象、退化意象、殖民意象、帝国主义意象和盟友意象。意象(images)通常被定义为认识的建构,即形势在头脑中的反映,包括决策者对其他行为体的认识。詹姆斯·多尔蒂、小罗伯特·普法尔茨格拉夫:《争论中的国际关系理论(第五版)》,阎学通等译,北京:世界知识出版社,2003年版,第637—638页。

③ 罗伯特·杰维斯:《国际政治中的知觉与错误知觉》,秦亚青译,北京:世界知识出版社,2003年版,译者前言,第11页。

限（cognitive limitation），难免出现错误知觉。杰维斯发现在两种情况下国家之间会发生冲突：第一，作为对手的双方或其中一方旨在改变现状，确有侵略和发生冲突的意图。这种情况下，无论是否存在错误知觉，冲突都难以避免。第二，双方都是维持现状国家，都不希望发生冲突，但冲突仍然发生。这是因为某国家的决策者在面对不确定的国际形势时，很容易产生错误知觉①，进而造成对形势与对方的意图做出错误判断，且往往夸大对方的敌意，将对方视为具有冲突意图的对手而采取过分的行为。当互动双方都趋于发生这样的错误知觉时，"敌意螺旋"就会不断上升，冲突也就会在双方都无意的情况下爆发。②

杰维斯提出了导致决策者错误知觉的三个重要机制和四种常见的错误知觉。三种机制为：一是认知相符现象（cognitive consistency）。若决策者接收到的信息与自己原有认识不一致，就可能对新信息视而不见或曲解误断，使其能够与原有认识一致。很多情况下，决策者趋于忽略或无视来自对手的善意信号和姿态。③ 二是诱发定势（evoked set）。人们接收到信息时，会以自己当时集中关注和考虑的问题为定势，据此解读信息。三是历史包袱。人们往往将历史作为镜子，以史为鉴，但有时会使人们简单机械地将现实与历史进行对比，这可能导致完全错误的认识现实。④

四种常见的错误知觉为：第一，国家决策者往往将对方想象为

---

① 错误知觉指由于决策者对接收到的信息做出了误断，其决策和行为随之偏离了实际结果，事物的发展结果就与决策者的原本意图不相吻合。
② 罗伯特·杰维斯：《国际政治中的知觉与错误知觉》，译者前言，第13页。
③ 人们对世界的事物总是有着一定的认识，这些认识保存在他们的记忆之中，形成了人在接受新信息之前的原有认识。从心理学角度来看，人都有保持自己原有认识的趋向，当他们接受到新信息时，总是下意识地使新信息与自己原有的认识保持一致，这就是所谓的认知相符。
④ 罗伯特·杰维斯：《国际政治中的知觉与错误知觉》，译者前言，第14页。

内部团结一致、令行禁止的行为体。任何无意、巧合和偶然事件都会被视为精心策划的战略行动。第二，决策者往往过高估计自身影响力和被影响程度。若出现有利于自身的情景，即认为是自己的影响所致。一旦出现不利结果，则会认为是对方的敌意蓄谋，与自己的行动没有关系。第三，愿望思维（wishful thinking）。人们在接收信息时，总是趋于避开自己不愿听到和看到的事情，总希望接收到愿意听到和看到的消息。第四，认知失调（cognitive dissonance）。当人们考虑应该采取一种政策时，发现许多关于该政策不妥的意见和评论，就会出现认知失调现象。为了保持自己的认知相符，便寻找理由，以自圆其说。[1]

杰维斯提出的关于错误认知影响决策的这些观点具有相当的普遍适用性。这里特别需要注意的是所谓"历史包袱"在中美关系中的映射。有学者提出，美国目前面临着两种风险，都可以在历史中找到相似的例子。第一种，未来的世界有可能如同冷战一样，最终划分为以美国和中国为首的两大阵营，形成类似美苏对峙的局面。第二种，如学者格拉汉姆·艾利森所言，中美未来可能陷入到"修昔底德陷阱"中，重复雅典和斯巴达的安全困境。[2] 这种担忧基于中美目前针对对方的恐惧和忧虑。一方面，美国对中国崛起的恐惧和忧虑，被中国长期的经济走势助长；另一方面，中国对美国决定遏制其之前从未遇到的竞争者感到忧虑。这些恐惧本身并不一定导致冲突不可避免，但是恐惧可以驱使大国在历史上做出糟糕的决策，不能仅仅因为美国和中国都熟悉这段历史就保证此类错误不会重演。中美两国均需要防范在无意冲突的情况下悲剧性地陷入杰维斯所说的"敌意螺旋"。

---

[1] 罗伯特·杰维斯：《国际政治中的知觉与错误知觉》，译者前言，第15页。
[2] David E. Sanger, *Confront and Conceal: Obama's Secret Wars and Surprising Use of American Power*, New York: Crown Publishing Group, 2012, p. 416.

二、奥巴马对华战略的缘起

2008年美国大选结束后,奥巴马很快着手组建外交安全团队。国家安全委员会亚洲事务资深主任杰弗里·贝德概述了美国面临的亚太外交形势[①]:首要地缘政治挑战在于如何应对中国的迅速崛起,同时需修复布什政府过多关注反恐战争造成对亚太国家的疏远感。[②]

面对这种局面,奥巴马团队意识到在构建亚洲战略时有非常重要的三点:第一,采用冷战时期遏制苏联的方式来对待中国不是可信选项,任何单维度政策都难以产生理想结果,需要采用综合性战略既避免同中国严重对抗,又避免中国越发强硬令美国盟友和伙伴感到不安。第二,美国更加积极地参与地区组织是有效亚洲政策的必要组成部分。[③] 第三,作为民主党政府,奥巴马需向亚洲国家传递出在贸易保护和人权问题上的理性目标,减缓相关国家的忧虑。

---

① 奥巴马"亚太再平衡"战略在地理范围上有一种不同于以往的界定,其认为亚太地区范围包含东亚、东南亚、澳大利亚以及南亚的沿海地区。

② 贝德描述称,当时亚洲国家对美国的普遍印象是专注于伊拉克战争和全球反恐,同时经济疲软。包括时任国务卿赖斯在内的美国官员不愿赴亚洲长途旅行,被视为无法履行严肃承诺的标志。东南亚重要的穆斯林国家印度尼西亚和马来西亚也因美国与伊斯兰世界的紧张关系而对其态度急转直下。Jeffrey A. Bader, *Obama and China's Rise: An Insider's Account of America's Asia Strategy*, Washington, D. C.: Brookings Institution Press, 2012, p. 2。

③ 包括时任澳大利亚总理陆克文、印度尼西亚总统苏西洛、新加坡总理李显龙在内的亚太国家领导人的观点对美国如何看待、参与亚太地区国际组织产生了很重要的影响。

以"变革"口号作为竞选旗帜的奥巴马在美国外交事务上有其独特的理念和诉求,相比其他总统,他入主白宫时承担着国内外更高的期望。国际社会都在期待着所谓"奥巴马主义"(Obama Doctrine)尽快出台。但奥巴马是一个相当深思熟虑的决策者[①],在定义美国核心国家利益、设定长远与近期目标、排定政策优先级、决定执行政策途径和手段方面,都显示出了独到的观念和认知。尽管美国国内很多政客和学者都提出美国应该从现实主义角度出发,在亚洲采取均势战略,但是奥巴马政府更倾向发展并强化国际机制和规范的作用,这是奥巴马在外交理念上方向性的抉择。在执行该理念的途径与手段方面,奥巴马认为应该以传统国家间交往为基础,既照顾美国的传统盟友,同时也重视中国和印度等新兴大国。在多边场合,奥巴马希望通过二十国集团等国际论坛拓展对新兴国家的外交影响。

贝德描述了奥巴马政府从执政初期逐步形成的亚太外交政策框架,其对于奥巴马后来的亚太战略和对华政策发挥了纲领性的影响,涉及中国的要点包括:1. 亚太地区需要美国给予更高的外交政策优先级;2. 地区乃至全世界最重要的战略发展态势是中国作为主要大国的崛起;3. 美中关系可被积极塑造以最大限度令中国崛起成为稳定和建设性力量,而非和平与均衡的威胁;4. 理想的对华战略依赖于三个支柱:(1)欢迎中国崛起为具有影响力和合法性角色的方式;(2)要求中国崛起符合国际规范和国际法的决心;(3)致力于塑造

[①] 时任美国国防部长罗伯特·盖茨这样描述奥巴马:他是我为之效力的(8位)总统中最深思熟虑的一位。奥巴马不止一次对其说:"我无法捍卫这一政策直到我完全理解它。"当局势允许时间搜集信息、分析和反思时,他从来不会急于做出决策。作为政策制订的参与者,盖茨相信深思熟虑后的结果更令人充满信心。Robert M. Gates, *Duty: Memoirs of A Secretary at War* (London: WH Allen, 2014), p.299。

亚太环境以确保中国崛起利于稳定而非破坏。①

奥巴马政府的亚太政策框架总体而言是积极的，反映出奥巴马用建设性路径处理对华关系的意愿，明确与现实主义权力制衡路径相区别，突出强调国际规范和国际法的作用，但同时为平衡美国的总体亚太政策，美国也强化了对盟友和新兴伙伴的关系，并更加重视对地区多边机制的参与和领导。

奥巴马政府就职后开始执行外交政策时，面临相当多的制约因素，最突出的挑战在于奥巴马需在政策重要性和紧迫性上平衡取舍。长远来看，亚太地区是美国外交战略的重心所在，但上任伊始奥巴马必须将主要精力放在其他更紧迫的问题上。例如，奥巴马政府国家安全委员会首次会议的主题便集中于伊拉克问题。② 因此，在亚太外交政策起始阶段，奥巴马采用的是在继承前任有效政策基础上发

---

① 其他要点为：5. 美国同日本、韩国、澳大利亚等重要同盟对维持地区和平稳定的框架非常关键，与其他新兴国家如印度尼西亚、印度、越南等发展有效的政治和安全伙伴关系同样重要；6. 美国外交政策能否成功取决于国内经济的发展态势；7. 拥有核武器和弹道导弹的朝鲜是对美国安全的威胁。需要新的政策迫使朝鲜重新评估核项目的价值并严肃地进行去核化。8. 美国经济、政治和安全的持续强有力存在受到地区绝大部分国家的欢迎。9. 美国必须同时参与并领导地区重要的多边机制和国际组织。10. 促进人权需要在不同情况下利用多维方式来处理。Jeffrey A. Bader, *Obama and China's Rise: An Insider's Account of America's Asia Strategy*, pp. 6 – 8.

② 盖茨回忆称，没有哪位总统比奥巴马就职时面临更深远的历史性挑战：美国经济陷入危机，安全上美国还在进行阿富汗与伊拉克两场战争。此外还有伊朗核威胁、朝鲜核威胁、巴基斯坦核扩散风险、欧洲经济危机等。国内方面，奥巴马要力推医疗改革。任期伊始，奥巴马还面临一系列突发危机事态，极大分散了奥巴马外交团队的时间和精力。Robert M. Gates, *Duty: Memoirs of a Secretary at War*, pp. 323 – 324.

第三章 建构对华关系认知：奥巴马政府对华政策演变

出新信号的做法。①

继承前任政策主要体现在对华政策方面。基辛格认为："小布什担任总统期间，中美两个大国实事求是地对待对方，任何一方都不奢望对方支持自己的所有目标。在国内治理问题上，双方的目标并不相容，但双方依然在足够多的领域找到了利益契合点，培养出越来越深的伙伴关系意识。"② 布什政府对华政策的成功之处在奥巴马政府初期得到了延续。与此同时，奥巴马决定不重复犯克林顿在1993年以及小布什在2001年上任之初犯下的错误，即揪住人权问题不放或贸然认定中国与美国为战略竞争关系。③ 因为在应对全球经济危机、伊朗与朝鲜核威胁、苏丹达尔富尔问题以及气候变化等最紧迫议题上均需要中国的重要甚至关键支持，所以奥巴马政府决定用一种全新的姿态结束美国国内选举对执政初期外交政策的干扰，使中美关系能尽早开始务实理性的合作。

作为新政府传递信号的使者，国务卿希拉里在奥巴马外交团队的建议下将首次出访的目的地确定为东亚，这是继1961年迪恩·拉斯克（Dean Rusk）后的首次。出访国家包括盟友日本、韩国，还有

---

① 曾在克林顿政府担任重要外交职务的科特·坎贝尔与詹姆斯·斯坦伯格成为奥巴马过渡团队的成员。这两位具有丰富政府过渡经验的外交专家对政府过渡期提出了许多中肯意见，特别是在改变前任政策决定之前要深思熟虑。其他建议例如：提出政策目标优先顺序并对任期第一个百天的压力保持谨慎；在执政伊始尝试恢复远离党派分歧的原则；准备好同媒体的互动与接触，而不是企图始终控制媒体等。随后，坎贝尔出任国务院负责亚太事务的助理国务卿，斯坦伯格出任常务副国务卿，成为奥巴马政府亚太外交政策的核心成员。全部建议详见：Kurt M. Campbell and James B. Steinberg, *Difficult Transitions: Foreign Policy Troubles at the Outset of Presidential Power* (Washington, D. C.: Brookings Institution Press, 2008), pp. 129 – 143。
② 亨利·基辛格：《论中国》（胡利平等译），北京：中信出版社，2012年版，第481页。
③ 关于任期过渡期间中美之间历史上的摩擦与奥巴马团队的反思，可参见：Jeffrey A. Bader, *Obama and China's Rise: An Insider's Account of America's Asia Strategy*, pp. 18 – 20。

中国以及东盟总部所在地印度尼西亚。① 鉴于其在人权问题上的一贯立场，中国对希拉里的首访存有一定的担心。希拉里团队并没有被赋予使命要同中国达成广泛的战略共识，访问中希拉里坚持采取务实与合作的态度，在人权问题上保持谨慎和克制②，使得中美关系开端较为平稳。

在伦敦召开的二十国集团峰会为中美两国领导人创造了奥巴马上任后首次会晤的机会。奥巴马希望通过加强中国在国际经济治理中的影响力来彰显美国对于中国大国地位的承认，以此推动中国承担更多的国际责任。③ 因此，伦敦峰会期间国际社会一度热议起两国

---

① 访问印尼雅加达时，希拉里成为首位访问东盟总部的美国国务卿，她还任命了首位美国驻东盟大使，并表态称美国考虑签署《东南亚友好合作条约》，这一暗示受到东盟国家的热烈欢迎。在日本，希拉里会见了自民党和在野的民主党党首，就普天间基地搬迁问题进行了讨论。在韩国，希拉里保证奥巴马政府在处理朝鲜问题上不会重复布什政府时副总统切尼与国务卿鲍威尔等两派不同意见争斗造成的政策混乱局面。Kim Ghattas, *The Secretary: A Journey with Hillary Clinton from Beirut to the Heart of American Power* (New York: Henry Holt and Company, 2013), p. 38; Jeffrey A. Bader, *Obama and China's Rise: An Insider's Account of America's Asia Strategy*, pp. 10 – 14.

② 希拉里在访问期间对媒体表示，在人权问题上中美彼此熟悉各自的立场，被媒体解读为奥巴马政府在人权问题上不会坚持向中国施压的强硬立场。人权组织因而对希拉里和奥巴马政府猛烈抨击。希拉里助手解释称，希拉里的表态不代表美国人权政策发生改变。对于外界的批评，希拉里很惊讶。分析认为其只是对更紧急棘手的事务采取务实策略着手解决。James Mann, *The Obamians: How a Band of Newcomers Redefined American Power* (New York: Penguin Group, 2012), pp. 241 – 242; David E. Sanger, *Confront and Conceal: Obama's Secret Wars and Surprising Use of American Power*, p. 377.

③ 美国希望在世界经济治理中给予中国更多影响力，但欧洲国家意愿不足。奥巴马的一位顾问直言不讳地表示："就是要引导他们（中国人）到迄今为止一直被欧洲人所占据的谈判桌上来。"奥巴马就任后决定在八国集团机制外，给予新兴市场经济体（如中国、巴西、印度等）更多影响力来决策全球经济问题。David E. Sanger, *Confront and Conceal: Obama's Secret Wars and Surprising Use of American Power*, p. 378.

集团（G2）概念。① 在伦敦，中美两国元首就双边沟通机制达成共识，延续并革新了布什政府的对话机制，创立中美战略与经济对话，将政治、安全与经济问题并重，体现出奥巴马政府对于安全、能源和气候变化等议题的重视。美国从未与其他国家进行过此类对话，突显奥巴马政府强调对华关系的特殊性。双方还达成"积极、合作、全面"的双边关系定位的共识。奥巴马在伦敦峰会上表示希望任期首年就访问中国，显示与中国领导人密切合作的迫切性。②

对奥巴马亚太战略和对华政策的真正考验，也是对中美合作关系的一次强度测试，体现在双方对朝鲜半岛危机的处理上。奥巴马政府在执政初期就设立了在朝鲜问题上的政策目标：要求朝鲜履行全面、不可逆、可验证的去核化承诺；终止朝鲜向外扩散核原料、弹道导弹及相关技术；冻结并逐渐削减朝鲜已有的核武器储备；使用外交渠道来实现同美国盟友，特别是同韩国之间的协调。就职演说中，奥巴马向包括朝鲜等布什政府认为的"邪恶轴心"国家发出了进行对话与接触的信号，但朝鲜并未给予正面回应，反而接连用一系列具有挑衅性的举动测试国际社会的反应。朝鲜先发射了一颗其声称的"卫星"，美国要求中国配合其在安理会严厉谴责并制裁朝鲜，发出强硬信号。但中国不希望局势进一步恶化，反对通过措辞

---

① 对于 G2 概念，欧洲国家领导人非常敏感，不同程度体现出了嫉妒心理。奥巴马未在正式场合使用这一概念，后来温家宝总理否认了这一概念，2011 年希拉里称："中美之间还存在很多不互信情况，没有 G2 这回事情。" David E. Sanger, *Confront and Conceal: Obama's Secret Wars and Surprising Use of American Power*, pp. 378 – 379.

② 关于奥巴马是否在任期首年就访问中国，其外交团队内部曾引起过争论。贝德建议奥巴马利用访问拉近与中国领导人的关系，加强信任，强化美国寻求同中国合作的信号。希拉里认为奥巴马应有所保留，视中国在一些议题上对美国立场的支持程度而定。奥巴马最终决定坚持访华。Jeffrey A. Bader, *Obama and China's Rise: An Insider's Account of America's Asia Strategy*, pp. 23 – 24.

强硬的安理会决议,取而代之的是通过一份主席声明。① 美朝关系持续恶化,相互发出威胁。朝鲜公开宣布驱逐国际原子能机构的核查人员并移除宁边核设备监控设施,威胁要进行第二次核试验,发展可打击美国本土的弹道导弹以及利用浓缩铀发展轻水反应堆。奥巴马政府在恢复六方会谈问题上采取更加谨慎的立场,宣布"不再为对话而对话",要求朝鲜先做出实质性举动,一定程度上也是在向中国施加压力。②

2009年5月25日朝鲜进行第二次核试验,显著改变了美国在朝核问题上的立场,并使中美两国在朝核问题上的外交互动发生了明显变化。贝德称:"从那一天起,白宫中的每一个人都成为了对朝的鹰派。"2009年6月,奥巴马授意斯坦伯格与贝德率代表团访问中国、日本和韩国。奥巴马向中国传递出明确的信息:朝鲜不断增强的核武器与弹道导弹能力已经逐渐改变美国及其盟友的威胁认知,美国和盟友将加强在东北亚的军事部署和导弹防御能力。日本国内主张先发制人的声音在不断增强。这些转变虽然直接针对朝鲜,但不可避免要带来削弱中国自身安全的附加效应。奥巴马对代表团表示:"你们要告诉中国人这不是威胁,这就是简单的事实。"③ 中国对美国传递的信息非常重视,同时对朝鲜的行为非常忧虑和不满。

---

① 日本曾试图推动通过安理会决议,遭到中国和俄罗斯的反对。美国驻联合国大使苏珊·赖斯最终说服中、俄通过一份主席声明,公开谴责朝鲜发射卫星并禁止任何类似行为。Jeffrey A. Bader, *Obama and China's Rise: An Insider's Account of America's Asia Strategy*, p. 33。

② 2009年3月,希拉里认为美国应该在恢复和继续六方会谈问题上持更有保留的立场,因为重复美国原意重返对话将削弱谈判筹码,且该会谈被中国视为重要的外交成就,美国的保留态度将迫使中国向朝鲜施加更多压力。此后,美国不再表示出恢复对话的积极态度。同上书,第33页。

③ 同上书,第37—39页。

最终安理会通过了对朝鲜相当严厉的制裁决议。[①]

奥巴马希望改变朝鲜和中国对半岛局势的利弊计算，影响两国的认知，但是中国与美国的利益考量明显不同，当美国将朝鲜政权更迭作为一项长远目标试图彻底改变半岛局面时，中国坚决要求半岛绝对不能生战生乱。[②] 双方对半岛安全威胁和优先目标的分歧将贯穿始终。

从 2009 年 9 月开始，奥巴马开始呼吁中国在伊朗核问题上支持美国立场，在安理会向伊朗持续施压。奥巴马甚至明确告诉中国领导人伊核问题是当时影响中美关系的决定性的议题。随后，奥巴马派贝德和国安会中部地区主任丹尼斯·罗斯专程赴中国协调立场。[③]

2009 年 11 月，奥巴马成为首位上任首年就访问中国的总统。访问期间，奥巴马也将伊核问题作为与中国领导人会谈的首要问题。中国希望美国与伊朗展开直接对话，但强调不接受伊朗拥有核武器。此外，朝核问题、以人民币汇率为代表的经济问题、气候变化、苏丹问题以及人权和西藏问题也成为会谈重点。会谈中，奥巴马强调了不会遏制中国崛起，希望中美之间就其列出的优先议题开展合作

[①] 2009 年 6 月 12 日，联合国安理会一致通过关于朝鲜核实验问题的第 1874 号决议。决议针对朝鲜的核及弹道导弹活动，从禁止武器出口、加强货物检查、控制国际资金流动等 5 个方面加强了对朝鲜的制裁。

[②] 奥巴马对于中国在朝鲜问题上的立场仍不够满意，因为中朝贸易在不断发展，中国也还持续向朝鲜提供食物和能源援助。贝德回忆称，2009 年年底时，中国开始非常担心朝鲜内部的稳定性问题，因此态度也发生了转变，希望避免任何造成不稳定的事态发生。Jeffrey A. Bader, *Obama and China's Rise: An Insider's Account of America's Asia Strategy*, pp. 37 - 39; David E. Sanger, *Confront and Conceal: Obama's Secret Wars and Surprising Use of American Power*, pp. 379 - 387。

[③] 俄罗斯在会晤中国领导人时描述伊核问题用了很形象的比喻，即国际社会面对着三只倒计时钟：一只是伊朗核项目的，显示铀浓缩的程度。第二只是以色列的，显示其对伊朗威胁的容忍所剩下的时间。第三只是沙特阿拉伯的，阿拉伯人对伊朗的耐心不会比以色列更多。Jeffrey A. Bader, *Obama and China's Rise: An Insider's Account of America's Asia Strategy*, p. 53。

而不是对抗。中国欢迎美国在亚太地区的存在并对区域和平、稳定与繁荣做出贡献。中美双方达成并公布了长达 41 个段落的联合声明，成为此次访问的闪光点。奥巴马团队对此次访问持比较积极的态度，认为在很多问题上取得了进展，并减弱了周边国家的担忧，中国也明确表达了与美国合作而不是冲突的意愿。但在美国国内，媒体对奥巴马访问却多持批评和负面的态度，将奥巴马描述成屈服于中国的"乞求者"，质疑政府掌控中国政策的能力。对此，奥巴马相当失望，并总结认为必须要加强向美国国内舆论和公众传递准确的信息。①

2009 年 12 月在丹麦哥本哈根举行的气候变化峰会成为中美在多边舞台上就国际治理问题进行合作的又一次检验。峰会充满戏剧性的进程和最后一刻达成的有争议的协议，显示出了中美合作的必要性、可能性与有限性。② 在气候变化问题上，中美两国的利益和目标并不完全相同，这是客观事实，但是双方最终合作推动达成了一个框架性协议，使国际合作得以继续推动，显示出两国的共同认知和足够的政治意愿是合作的根本保证。

总的来看，2009 年中美双方都希望两国关系能够平稳过渡，均

---

① 美国媒体对奥巴马访问的负面报道和批评主要基于两点：一方面他们认为中国大量持有美国国债使奥巴马在对华政策上难以强硬，如同希拉里 2009 年 3 月在同陆克文会谈中表示的："你怎么敢对借你钱的中国强硬？"另一方面，中美在奥巴马于上海复旦大学举行的演讲会安排上的一些协调让步被美国媒体曲解并披露，认为奥巴马过于软弱屈从于中国的压力。Jeffrey A. Bader, *Obama and China's Rise: An Insider's Account of America's Asia Strategy*, p. 60。

② 峰会期间，奥巴马在同温家宝总理的会谈中没有就核查和验证减排目标等法律责任问题达成一致，峰会陷入僵局。在各国领导人即将离开哥本哈根前，中国同巴西、印度、南非三国再次开会协调立场，奥巴马在未事先通知的情况下强行与会。会上发生了激烈争论，但最终各方达成了一定共识，奥巴马继续同欧洲国家协调，使峰会达成了一个基本的框架协议，避免无果而终。Jeffrey A. Bader, *Obama and China's Rise: An Insider's Account of America's Asia Strategy*, pp. 61 – 67。

不希望贸然改变现状,也没有冲突的意愿,反而加深了合作的信念。因为双方彼此没有不恰当的预期,对彼此构建的意象较为客观,没有明显的错误认知,从而呈现出良好的合作关系。

三、"强硬外交"与崛起反思

2010年初,奥巴马外交团队认为经过一年多的努力,已经为中美关系奠定了良好基础。奥巴马对发展中美关系坚持三项原则:第一,中国不必成为不可避免的对手,而是一个潜在的可以解决关键全球问题的伙伴。美国承认两国关系中有竞争性因素,但同时认为合作性因素可以超越其他因素。第二,在欢迎中国崛起的同时,强调国际规范和国际法的必要性。[①] 第三,奥巴马政府试图确保中国崛起有利于亚太地区稳定而不是相反,这符合美国及其盟友的利益。为此,奥巴马准备加强美国的同盟联系,拓展与新兴国家关系,并积极参与地区多边机制,同时加强如美韩自贸协定与"跨太平洋伙伴关系协定"(TPP)等双边、多边贸易关系。[②]

从中国角度来看,2009年中美关系的发展相当顺利,奥巴马访华更提高了中国对中美合作的预期。中国国内有一种逐渐增强的舆论,认为美国处于相对衰落,而中国在强势崛起,中国需要在两国关系中不断争取主动,使其更趋平衡。这在一定程度上呈现出日渐

[①] 美国所指的国际规范包括WTO、IMF等国际组织的协定、国际海洋法公约及相关法律、涉及伊朗核问题与朝鲜核问题的安理会决议、气候变化相关国际协议、以及普适性的人权标准。

[②] Jeffrey A. Bader, *Obama and China's Rise: An Insider's Account of America's Asia Strategy*, pp. 70–71.

强大的中国对改变中美关系现状的诉求,特别是希望美国在涉及中国敏感与核心利益的问题上更为谨慎并照顾中国关切,显示对中国足够的尊重。中国也尝试用更加积极主动的方式捍卫日益增长的利益。① 中国国内还对是否坚持"韬光养晦"的战略方针进行了争论。

2010年,中美围绕人权、西藏、台湾、朝鲜半岛局势、东海和南海主权争端、人民币汇率等一系列问题进行了激烈交锋。所有这些问题都是被中国视为核心利益或者具有重要优先级的议题,也均属于中美关系中以冲突性为主的议题。

2010年年初,国务卿希拉里就互联网自由发表的演讲不仅加剧了中美两国在网络自由方面的分歧,更进而诱发了在人权领域的冲突。② 随后,美国1月29日宣布对台军售,2月18日奥巴马在白宫会见达赖喇嘛,引发中国强烈抗议,使两国关系急速变冷。③ 会见达赖和对台军售可能引发的中国反对声浪以及对两国关系的影响,奥

---

① 学者沈大伟认为,2008年北京举行的奥运会是向全世界做出和平崛起的保证,但随后2009年同样在北京举行的国庆阅兵却在震慑世界。这两种"中国面孔"的并行出现,不禁让人产生疑问,中国要向世界传达怎样的信息。紧随而来的2010年,成为了所谓的中国"自信而强硬之年"。中国这一年中许多外交举动令亚洲邻国及美国等感到不安。David Shambaugh, *China Goes Global: The Partial Power* (Oxford: Oxford University Press, 2013), p. 4; Jeffrey A. Bader, *Obama and China's Rise: An Insider's Account of America's Asia Strategy*, p. 81。

② 在希拉里演讲前一周,谷歌公司威胁退出中国市场,宣称其邮件服务系统遭攻击,尤其是针对一些异见人士和人权活动人士。希拉里要求中国政府调查对谷歌公司的攻击。她的互联网自由演讲矛头直指中国,表示:"那些进行了这些攻击的国家将会面临后果和国际谴责。"美国国务院内部对这篇演讲有不同意见。James Mann, *The Obamians: How a Band of Newcomers Redefined American Power*, p. 245。

③ 在2009年访华前,奥巴马曾面对达赖喇嘛的接见请求,但其担心在访华前接见达赖将破坏其任期首年经营中美关系的努力,在派出代表赴印度达姆萨拉征询达赖本人意见后,达赖决定2009年不寻求会晤奥巴马。访华后,奥巴马面对着国内压力接见了达赖,并向其赠送了一封富兰克林总统早年写给达赖信件的副本作为礼物,同时呼吁达赖同中国政府恢复对话。Jeffrey A. Bader, *Obama and China's Rise: An Insider's Account of America's Asia Strategy*, pp. 48 – 52, 74 – 75。

巴马团队非常清楚，也有明显的内部争论，但是最终奥巴马仍然做出了这样的决策，显示出其认定这些争端在其任期内必然发生，对两国关系的损害不会超过之前的水平，也不会显著影响到两国的后续合作。[1] 显然，中国表现出超出寻常的愤怒，不仅因为这些问题关涉中国核心利益，更因为奥巴马刚刚进行的访问使中国明显提高了对美国在处理这些问题上的预期，认为美国颇有"纸墨未干便倒行逆施"的意味。令美国意外的是，中国威胁对开展对台军售的相关美国企业进行制裁，冲突大有升级之势。美国再次派出贝德和斯坦伯格访华，试图缓和中美关系并促成中国领导人参加华盛顿核峰会，两国关系下滑的趋势暂时被遏止住。奥巴马在接见中国驻美新任大使张业遂时重申了在台湾问题和涉藏问题上的一贯立场，使冲突得到缓解。尽管国内尚有一些争论，胡锦涛主席最终决定参加核峰会，并在相关核扩散问题上同美国保持协调。美国财政部报告未将中国列为汇率操纵国，避免了两国在经济问题上再掀波澜。

然而，在海洋主权争端上，中美的分歧日益显现出来。中美在海洋方面的冲突体现在三个方面：第一，中国坚决反对美国在其专属经济区内进行抵近侦察，并曾引发危险的冲突。[2] 第二，美国介入

---

[1] 由于 2010 年 4 月华盛顿将举行核安全峰会，美国担心在 2010 年 1—2 月间宣布对台军售和接见达赖可能造成中国领导人拒绝出席峰会，将显著影响中美两国在伊朗核问题和朝鲜核问题上的外交协调。但奥巴马亲自做出了接见达赖的决定，美国国安会也在军售问题上达成了一致意见。Jeffrey A. Bader, *Obama and China's Rise: An Insider's Account of America's Asia Strategy*, pp. 71 - 73.

[2] 美国国防部 2009 年 3 月 9 日报告称，在中国南海中国专属经济区内，两艘美国海军海监船遭到中国舰船拦截，险些发生相撞。五角大楼向中国提出抗议，中国坚持认为按照《联合国海洋法公约》，一国专属经济区内其他国家的军事舰艇拥有的是"无害"通过权。而美国称多数国家并不认为军事侦察行动需征得专注经济区拥有国批准，且美国尚未批准海洋法公约。美国国内舆论认为这彰显了中国越来越强硬的海洋权益主张。Kerry Dumbaugh, *China-U.S. Relations: Current Issues and Implications for U.S. Policy*, CRS Report for Congress, October 8, 2009, pp. 9 - 10; Robert M. Gates, *Duty: Memoirs of A Secretary at War*, p. 414.

南海问题，使部分东南亚国家同中国的主权争议国际化。第三，美国介入中日在东海围绕钓鱼岛主权的争端，其坚持钓鱼岛适用于美日安保条约的立场使冲突进一步复杂化。这些冲突在2009—2010年间都异常突出的显现出来。

引人注目的是2010年7月在越南河内举行的东盟地区论坛上，美国国务卿希拉里的演讲出人意料的表示美国在南海拥有重要的国家利益，如自由航行权利，并要求所有权益声索方以符合国际法与《联合国海洋法公约》的方式和平解决争端，呼吁中国同东盟国家尽早达成"南海行为准则"。东盟部分国家在美国鼓动之下纷纷向中国发难，造成集体施压的态势，越南的态度尤其激烈①，凸显中国外交的孤立，与此同时，进一步拉近了美国同东盟国家的关系。

日本于2010年9月7日在钓鱼岛海域附近逮捕了一艘中国渔船。通常出现这类争端时，中日都会将渔船和船上人员释放，但此次日本在释放船员后准备对船长按其国内法起诉，即认定这是司法管辖问题而非外交意外。此举被中国视为明显的改变现状行为，因此爆发了激烈冲突。美国出于条约义务，既要保护日本又不希望局势升级而卷入中日之间的军事冲突。借助联合国大会的机会，美国向日本施压，最终释放了中国船长，但同时公开声明支持美日同盟。美国采取的立场引起中国的强烈不满，认为美国并未保持中立，而是采取偏向日本的立场。

朝鲜半岛局势恶化使东北亚稳定面临更大威胁。从中国的角度

---

① 2009年，中国警告国外石油公司暂停在越南附近沿海地区开采活动。同时，中国增加了海巡船并在海南岛完成了潜艇基地。越南对中国日益强硬的南海问题立场感到担忧，因而积极寻求域外的军事援助。2009年12月中旬，越南国防部长Phung Quang Thanh将军访问华盛顿，美越同意每三年举行高层防务对话，加强军事联系。参见：James Mann, *The Obamians: How a Band of Newcomers Redefined American Power*, p. 243; Jeffrey A. Bader, *Obama and China's Rise: An Insider's Account of America's Asia Strategy*, pp. 104 – 106。

来说，维持朝鲜政局稳定是保持半岛局势稳定的必要条件，而朝鲜在2009年的国内货币改革失败加剧了内部困难，金正日身体欠佳更加剧了中国的担忧。中美对朝长远目标的分歧在"天安"号沉没和延坪岛炮击事件中得到明显体现。"天安"号事件后，美国派专家向中国展示证明朝鲜应为事件负责的证据，但中国拒绝接受该调查结论。2010年6月多伦多G20峰会期间，奥巴马同样没能说服中国，这令其异常愤怒。在记者招待会上，奥巴马罕见地抱怨中国对朝鲜的行为"故意视而不见"。奥巴马警告中国若继续容忍朝鲜的挑衅将会面临潜在后果。[1] 最终安理会通过主席声明，谴责对"天安"号的袭击，但未明确指明责任方。美国同韩国进行了军事演习作为回应，有媒体报道美国准备将"华盛顿"号航母部署在黄海，此举引起了中国的强烈不安和抗议。[2] 朝鲜随后的举动令局面更趋复杂。11月12日，朝鲜向美国一位核科学家展示了其在宁边新建成的一处核设施，显示铀浓缩项目取得重大进展，令美国极为震惊。[3] 美国在首

---

[1] 美国了解中美围绕对朝问题外交磋商的人士总结了三个教训：第一，朝鲜内部决策过程非常不明晰，以至于外界均无从掌握确切消息。第二，中国对朝鲜的实际影响力远不如外界预期的那般强。第三，除非朝鲜被外力胁迫到崩溃的边缘，否则不会做出实质性的举动来放弃核项目。朝鲜不会放弃核计划也是奥巴马政府的一个共识。Jeffrey A. Bader, *Obama and China's Rise: An Insider's Account of America's Asia Strategy*, p. 28。

[2] 该部署实为美军太平洋司令部内部讨论计划，尚未正式决定，但被媒体披露出来。中国外交部警告称，美军在如此敏感地区的这一部署将威胁到中国的国家安全。Jeffrey A. Bader, *Obama and China's Rise: An Insider's Account of America's Asia Strategy*, pp. 86-87。

[3] 2010年11月，美国斯坦福大学的核物理学家Siegfried Hecker被邀请到朝鲜访问，他证实了朝鲜在驱逐国际原子能机构核查人员18个月之后在宁边核设施处建成了一套完整的铀浓缩设施。这说明朝鲜很可能还有其他核设施地点，新建成的设施很多材料源于那里。Hecker对记者称，他非常震惊，数百台离心机连同一个非常现代化的控制室刚被装好。更重要的是，美国情报机构竟没有发现这一设施的建设过程。David E. Sanger, *Confront and Conceal: Obama's Secret Wars and Surprising Use of American Power*, p. 404。

尔举行的 G20 峰会上向中国做出了通报,引起中国高度注意。11月23日,延坪岛炮击事件发生,半岛局势一度进入准战争状态。① 中国和美国分别对朝鲜和韩国进行了大量外交斡旋,才渡过这一危机。

经过一年不断的冲突,中国外交感受到了明显的压力和孤立感。在哈佛大学的一场演讲中,贝德对这一年的中美关系进行了评论。他表示:"我个人认为这一年来中国的强硬举动与所谓'奥巴马弱势'的认知是无关的。这是没有道理的。我认为至少这部分与一些中国领导人头脑中的美国是一个衰落中强权的观念有关。中国正在崛起中,中国的时代正在到来。在中国的社交媒体上鼓噪着一种要求更强硬外交政策的舆论。"于是奥巴马团队开始争论如何应对中国。贝德称:"我们需要直截了当地告诉他们,我们不接受这一套。"②

中国国内在 2010 年末掀起了一场关于中国崛起道路的新争论。面对 2010 年纷繁复杂的国际形势,中国需要反思在和平崛起过程中如何更好地捍卫自身利益,究竟应该追求怎样的目标,如何处理同美国和周边国家的关系。有学者将中美关系比喻成零和博弈,认定

---

① 韩国总统将其国防部长解职,并明确向中国传递信号,如果朝鲜再有挑衅行为,韩国必将报复。戴秉国国务委员紧急赴朝鲜进行斡旋,要求朝鲜克制。韩国在12月19日在事发同一地点再次举行了实弹演习。美国同韩国密切协调,避免韩国采取过激举动并应对可能发生的危机事态。最终演习没有发生意外。中国推动朝鲜和韩国直接进行对话,使得半岛局势最终趋于缓和。Jeffrey A. Bader, *Obama and China's Rise: An Insider's Account of America's Asia Strategy*, pp. 88 – 92。

② 2010 年年末,贝德回忆到,他在同中国外交官交流时直率的表示:"要知道,你们这一年过得'很棒',你们同印度、越南、印度尼西亚、日本和韩国的关系全都比去年恶化了。你们只是和朝鲜的关系好转了。这就是你们的成绩单。"David E. Sanger, *Confront and Conceal: Obama's Secret Wars and Surprising Use of American Power*, pp. 393 – 395。

双方的冲突是必然的。① 中国政府高层也引人瞩目的介入到这场讨论中。国务委员戴秉国在《人民日报》发表题为《坚持走和平发展道路》的文章，重申了中国必须走和平发展道路的立场。② 奥巴马政府对戴秉国的文章非常重视，特别留意分析其传递的政策信号。③ 美国情报部门认为戴秉国的文章传递的观点是中国政策的主流意见。④

胡锦涛主席在 2011 年初对美国的国事访问为一年来几经起伏波

---

① 这种观点以国防大学教授刘明福所著的《中国梦》为代表。他认为，不管中国怎样致力于"和平崛起"，中美之间的冲突是先天决定的。中美关系将是"马拉松大赛"和"世纪对决"。而且这一竞争基本上是零和博弈，不是全胜，就是惨败。刘明福拒绝"和平崛起"概念，认为中国不能仅依靠传统的和谐美德来维护国际新秩序。由于大国政治的竞争性和不道德性，要保障中国的崛起以及世界的和平，中国须培养"尚武精神"，集中足够军事力量威慑甚至击败敌人，因此他主张除了"经济崛起"外，中国还需要"军事崛起"。亨利·基辛格：《论中国》（胡利平等译），北京：中信出版社，2012 年版，第 495 页。

② 在文章中，戴秉国强调中国要专注于解决国内发展问题而避免在对外事务中牵扯过多麻烦。"邓小平同志曾经说过，如果中国有朝一日在世界上称霸，世界人民就应当揭露、反对并打倒它。这一点国际社会可以监督我们。至于说中国要取代美国、称霸世界，那是神话。"戴秉国的文章被认为既是对担心中国心怀侵略意图的外国观察家的回应，也是对中国内部那些主张采取更加进取姿态的人的回应。同上书，第 496 页。

③ 在多尼伦看来，戴秉国的文章对中国在南海的行为有所不满，并警告国内的"鹰派"，特别是军方部分人士应有所收敛。多尼伦认为，该文章是在传递中国最高层的意见。贝德回忆称，他们预先并不知道戴秉国要发表这一文章，因他们觉得当时中国国内的舆论环境被"鹰派"和民族主义情绪主导。David E. Sanger, *Confront and Conceal: Obama's Secret Wars and Surprising Use of American Power*, p. 397。

④ 美国情报部门分析认为，中国当时有三派竞争性观点：第一种，认同戴秉国的建议，认为中国应该专注于国内问题，保持就业增长，并等待属于"中国时代"的来临。第二种，认为尽管两国在许多领域存在竞争关系，但中国目前已足够强大，可以同美国并肩合作来解决诸如气候变化、反海盗、保护知识产权之类的国际治理问题，这些都是中美有重合利益的领域。第三种，认为中国时代已经来临，中国不应该被西方制定的国际规则束缚。前两种观点赢得了多数人的认可，但是第三种观点很有市场，容易激起民族主义情绪。参见：David E. Sanger, *Confront and Conceal: Obama's Secret Wars and Surprising Use of American Power*, pp. 398–399。

折的中美关系迎来了重新定位与弥合分歧的契机。奥巴马虽然面对国内一些反对声音,但仍坚持同中国展开合作,派出多尼伦和萨默斯前往北京筹备访问。即将卸任的美国国防部长盖茨终于获邀访华。但在盖茨会晤中国领导人之前,中国进行了 J-20 隐形战斗机的测试,引发了一场外交争议,更加深了美国对中国国防实力与意图,甚至是中国内部政策协调的担忧。① 尽管有这些意外发生,胡锦涛主席对美国的国事访问仍然是非常成功的。中美重新调整了各自预期,在具有重合利益的问题上增强了合作的共识,在分歧之处明确各自主张的同时有所克制。

结合罗杰斯的错误认知理论,可以总结出为何 2010 年中美关系相较前一年明显下滑,冲突不断。实际上,两国 2009 年看似积极的关系发展中实际蕴藏着引发冲突的因素。具体来说,中美双方都提高了对彼此的预期,认为彼此对关系定位的积极肯定和对未来合作的总体承诺,不仅对双方具有共同或重叠利益的议题有帮助,同时会在具有竞争甚至冲突性利益的问题上取得进展。但实际上,双方在争议问题上能取得实质进展的空间并未明显扩大。中国尽管日益成为有影响力的大国,但是其核心利益主要集中在东亚地区范围内。在全球、区域和双边层次三个维度上,随着中国利益诉求强烈度依次上升,双方利益的冲突性相应上升,合作难度显著加大。② 正因为中美两国改变了对彼此的预期,尽管双方均无冲突意愿,但面临利

---

① 关于盖茨的访问,参见:Robert M. Gates, *Duty: Memoirs of A Secretary at War*, pp. 527 – 529;以及 David E. Sanger, *Confront and Conceal: Obama's Secret Wars and Surprising Use of American Power*, pp. 370 – 372。

② 对此,沈大伟有类似的观察。他认为中国外交保持着一种明显的规避风险、国家利益优先的风格。中国外交通常采取最安全和最少争议的立场,且常常等待其他相关方先表态后再亮明立场。但在涉及中国特殊利益,如台湾、西藏、新疆、人权和海洋主权争端问题时明显不同,只有在这些问题上中国会非常主动。David Shambaugh, *China Goes Global: The Partial Power*, p. 9。

益冲突性问题时，双方在一系列事件的影响下形成错误认知。① 在认知相符机制下，最终诱发冲突。中美在因果信念层面不断遭遇挑战，最终可能上升到原则化信念方面的动摇，如果两国领导人不能坚守务实合作、管控分歧的方向，则中美关系将面临更严重的困难。一旦原则化信念改变，某一方的特定举动甚至会被对方认定为改变现状，从而使冲突加剧甚至有陷入敌意螺旋的风险，除非双方及时调整自己的认知，消除错误知觉。

四、"亚太再平衡"与东亚地缘竞争

进入2011年后，奥巴马政府的外交决策环境发生了一些明显变化，可能影响其亚太战略与对华决策：第一，2010年底的美国中期选举中，民主党失去国会众议院多数地位，参议院也未达到可结束冗长辩论的60席，至少随后两年奥巴马政府不得不面对共和党全方位的政治阻力，推行各种政策都步履维艰。第二，奥巴马外交团队的多个重要职位发生人事变动②，其亚太外交政策制订与执行可能发生变化。第三，包括医疗改革、阿富汗与伊拉克战争、国内经济复

---

① 例如，中美双方均假定对方的决策体现内部清晰划一、协调一致的意见，但是在J-20飞机测试以及"华盛顿"号航母部署问题上，两国内部均出现政策协调问题，造成对方的错误认知；在东海、南海问题上，中美均认为是对方的行为加剧了局势紧张，使问题复杂化，在朝核等问题上，双方均一定程度上认定对方的蓄意而为加深了局势紧张，也导致了彼此错误认知。上述问题累计起来，构成了中美之间错误认知相当严重。

② 国家安全事务助理琼斯由副手多尼伦接任，国防部长盖茨由中央情报局长帕内塔接任，国家安全委员会亚洲事务资深主任贝德由副手拉塞尔接任，常务副国务卿斯坦伯格由负责政治事务的副国务卿伯恩斯接任。

苏等奥巴马上任后的优先议题纷纷取得进展,奥巴马政府可以将亚太地区重新作为决策的优先事项。第四,随着共和党内茶党势力在美国提高债务上限、政府预算与控制赤字方面同民主党的激烈斗争,美国国债信用面临世界质疑,包括军事预算在内的政府开支被迫大幅削减,显著影响美国外交资源投入与海外军力部署,美军面临重大军事改革。① 第五,阿拉伯世界的变局、日本福岛核危机等突发事件与灾难持续牵制奥巴马政府的外交决策精力。

从就任两年多以来的中美关系发展走势来看,两国在部分国际治理问题上保持较为积极的合作关系,但是在东亚安全问题上分歧明显,更很少能在中美长期争执的议题上取得明显进展,这促使奥巴马重新评估其总体亚太外交战略和对华政策。② 经过两年多的酝酿,奥巴马政府的"亚太再平衡"战略于2011年秋季逐渐明朗,其对东亚的政治、经济进程以及中美关系的塑造影响是非常显著的,从2011年秋季开始直至2012年中美两国领导层换届,这一时期内中美关系发展的核心内容均围绕美国"亚太再平衡"战略展开。

2011年11月,奥巴马外交团队的核心成员借助美国举行APEC

---

① 2011年夏季,美国国会两党经过激烈政治博弈,最终达成了预算控制法案,国防预算未来10年可能削减4500亿美元。当时美国国会在预算和赤字问题上尖锐对立,但似乎形成了一个默契,即如果两党无法在其他方面达成协议,则全面削减军事预算。当年年末,奥巴马召集参谋长联席会议主席和其他战斗部队司令官,向他们介绍新拟定的军事预算削减计划和加大关注亚洲以及特种部队计划。对于任何重大的外交军事战略,奥巴马均首先奉行"能够支付得起"的原则。David E. Sanger, *Confront and Conceal*: *Obama's Secret Wars and Surprising Use of American Power*, p. 375。

② 奥巴马一位中国政策顾问表示:"奥巴马团队进行了三年多的广泛争论,如何采取方法引导中国让其采取更积极的行动来迎合我们的关切。中国一直在行动,当他们觉得完全符合其利益时,行动会非常迅速。但如果他们虽然同情和理解我们的诉求,其内部却有很大争论时,就只会谨慎行事。"2011年在动身前往亚洲访问、宣布美国"重返亚"太战略前的几个月,奥巴马告诉身边的助手:"我需要影响力!"David E. Sanger, *Confront and Conceal*: *Obama's Secret Wars and Surprising Use of American Power*, p. 375。

会议的契机,利用各种渠道全面阐述其亚太再平衡战略,掀起一场宣传攻势,向亚太国家发出强烈的政策信号。首先,总统奥巴马访问澳大利亚并在议会发表演讲,提出其"再平衡"战略的目标为"确保美国在塑造亚太地区及其未来的进程中扮演更重要、更长远的角色"。① 其次,国家安全事务助理多尼伦在英国《金融时报》发表文章,解释该战略最终目标为:"通过协助塑造亚太地区的规范与规则来促进美国利益,确保国际法与国际规范被遵守、商业与航行自由不受妨碍、新兴强国与邻国建立互信,以及和平解决分歧而不使用威胁或胁迫。"② 再有,国务卿希拉里在美国《外交政策》杂志发表题为"美国的太平洋世纪"文章,着重强调了再平衡战略的经济意义。③ 在 APEC 会议前夕,希拉里还就同一主题在夏威夷东西方中心发表演讲。④

"亚太再平衡战略"的内容涉及安全、外交与经济三个维度。首先,安全维度。这是起步最早、内容最具体、亚太国家最看重、也是对中国利益影响最直接的方面。2012 年 1 月,美国

---

① 奥巴马在演讲中还强调美国军费削减不会影响到"亚太再平衡"战略。他表示:"当考虑美国军力的未来时,我们已经开始一项评估以确定美国最重要的战略利益并指引影响未来 10 年的国防优先事项。亚太地区应该知晓的是,在美国即将结束两场战争之际,我已命令国家安全团队将美国在亚太的军事存在和任务置于最高优先级。因此,美国军费的削减不会——我重复一遍,不会——以亚太地区为代价。"The White House Office of the Press Secretary, "Remarks By President Obama to the Australian Parliament," November 17, 2011, http://www.whitehouse.gov/the-press-office/2011/11/17/remarks-president-obama-australian-parliament.

② Tom Donilon, "America is Back in the Pacific and will Uphold the Rules", *Financial Times*, November 27, 2011, http://www.ftchinese.com/story/001041974/en.

③ Hillary Clinton, "America's Pacific Century," *Foreign Policy*, November 2011, http://www.foreignpolicy.com/articles/2011/10/11/americas_pacific_century.

④ HillaryClinton, "America's Pacific Century," East-West Center, Honolulu, HI, November 10, 2011.

国防部公布新版国防战略大纲，列举了亚太再平衡战略的军事动向。① 尽管美军军费总体面临大幅削减，但在东亚部署的美军特别是海军和空军力量将得到强化②，达到"分布更广泛、机动更灵活、政治上更可持续"。美国随后宣布同澳大利亚、新加坡和菲律宾进行了一系列军事合作。③ 其次，外交维度。美国开始更广泛参与东南亚地区组织之中。美国同东盟十国开启定期对话机制，并加入东亚峰会。最后，在经济维度上，美国在扩展与亚太国家双边自贸协定的同时投入极大精力推动TPP谈判进程。亚洲迅猛的区域经济一体化进程让美国既看到了机遇④，也感受到了被排除

---

① 大纲计划强化美国与同盟及与新兴伙伴的合作关系，确保捍卫共同利益的能力。关于中国，大纲保证美国将与同盟协作促进以规则为基础的国际秩序，保障地区稳定并鼓励新兴大国和平崛起。U. S. Department of Defense, "Sustaining U. S. Global Leadership: Priorities for 21st CenturyDefense", Washington, DC, January 2012, http://www.cfr.org/defense-strategy/sustaining-us-global-leadership-priorities-21st-century-defense/p26976.

② 美国国防部支持继续在全球部署11艘航母的意见，并强调应对区域拒止/反介入（Area Denial/Anti-Access）战略的反制措施，此战略被美国视为中国军事战略的核心，主要是指敌对方试图削弱美方向靠近其边界的美方远距离区域投射能力。值得注意的是，美国海军对亚太再平衡战略响应非常积极，一些美军方人士认为，这表面上是因为担心中国越发强硬，实际上可能是因为担心军费预算被削减。David E. Sanger, *Confront and Conceal: Obama's Secret Wars and Surprising Use of American Power*, p. 393。

③ 澳大利亚：从2012年4月开始，美国将派200—250人的海军陆战队士兵在澳大利亚达尔文军事基地轮流部署，每期6个月。部署规模将在未来数年中逐渐扩展，最终达到约2500人规模。澳大利亚还同意美国使用其部分海军和空军基地设施。新加坡：美国计划在新加坡部署4艘濒海战斗舰。菲律宾：美菲两国讨论新军事合作计划，包括轮流部署侦察机，更频繁部署美国军队以及进行更多联合演习。

④ 若TPP得以实施，美国将主导亚太经济一体化进程，并确立21世纪自贸区建设新标准。美国企业将获得进入亚洲市场的机会与公平竞争待遇，利于美国出口，增加就业岗位，支撑经济复苏以及保护知识产权。外交上，TPP协议可以证明美国承诺深入参与地区事务承诺的效力。战略上，可以确保印度洋与太平洋货物航运安全，保障区域成员共同利益。

在外的风险①，特别是担心中国强烈支持的区域一体化与人民币国际化路径。②

亚太再平衡战略作为奥巴马政府具有深远影响意义的重大战略，充分反映了奥巴马的战略观与外交风格。有人对奥巴马的安全战略思维进行了概括，总结出所谓的"奥巴马主义"：一方面，当美国面临直接安全威胁时，奥巴马希望采取单边、有针对性、速战速决的方式解决问题，避免不惜一切代价的大规模地面战争与长期滞留消耗美国的资源与精力。另一方面，当美国面临非直接安全威胁时，奥巴马会谨慎行事，除非盟友面临严重威胁且主动投入较大资源协助美国的行动，否则美国不会轻举妄动。③ 奥巴马试图利用更少的全球军事部署，更多依赖盟友解决全球问题，行使"幕后领导"（Leading from behind）作用。

这种"奥巴马主义"与一些学者提倡的"离岸制衡战略"颇为吻合。学者沃尔特认为，离岸制衡战略的关键在于减缓了美国军力的总体"步伐"，在处理不同区域力量时施展"欲擒故纵"的方法。离岸制衡战略寻求的是利用美国在西半球的霸权地位及其与世界其他权力中心的距离，而非坚持美国有责任解决全球各种安全问题或肩负管理世界大多数区域的职责。……美国将准备部署其力量来应

---

① 有专家认为，美国推动 TPP 谈判是因为担心自己被排除在逐步兴起、高度整合且快速发展中的亚洲经济一体化进程之外。根据一项研究，亚洲地区的 FTA 从 2000 的 3 项增加至 2010 年的 61 项，还有 79 项处于谈判或者讨论中。除 TPP 外，亚太经济一体化路径还包括 APEC、东盟 10＋3、东盟 10＋6 等，另外东盟准备在 2015 年建成东盟经济共同体。Masahiro Kawai and Ganeshan Wignaraja, "Asian FTAs: Trends, Prospects and Challenges," *Journal of AsianEconomics*, 22 (2011), pp. 1–22.

② 中国对美国推动 TPP 相当关切，因为中国强烈支持东盟 10＋3 或东盟 10＋6 的区域一体化路径，中国还同日韩展开了三国间的自贸区谈判。另外，中国希望人民币在一体化中发挥重要作用，推动其进一步国际化。

③ David E. Sanger, *Confront and Conceal: Obama's Secret Wars and Surprising Use of American Power*, pp. xiv–xv.

对针对自己关键利益的特别威胁,然而要避免在海外使用大规模、准永久性军事接触。在战略实施方面沃尔特认为:首先,美国将继续保持北约的成员国身份,但在欧洲的军事存在将大幅减少。其次,美国将在亚洲维持相当的军事存在(主要是空军和海军),并继续和其现有的亚洲盟友建立合作性的安全伙伴关系。[1] 第三,对于世界的其他区域,美国将会回归到"均势"政策,尤其是在中东和波斯湾地区。[2]

奥巴马亚太再平衡战略的核心是要解决美国如何塑造中国崛起下的亚太安全与政治秩序。有学者提出,中美两国是一种广义形式的"亚洲超级复合安全体"的核心成员。中国面临的核心问题是权力增长的速度及其姿态和政策在邻国中引起恐惧感的程度。美国面临的主要问题是作为外部行为体在东亚地区安全态势中保持多高的参与度,以及中美对抗是否会发展到全球层次。美国从亚太退出是不可能的,因为其在亚洲存在经济利益,且退出意味着美国超级大国地位的终结。美国在亚太的角色更可能从冷战期间更为积极的地区保护者,转向不太积极的平衡者。保护者必须做出牺牲以保护和加强其盟友的实力以反对更大的外部威胁,平衡者则可以期待盟友做出牺牲以获得其支持。[3] 总体来看,奥巴马政府执行的亚太再平衡战略恰如上述学者理论推演的现实版本。

在实践中,奥巴马大力推行的亚太再平衡战略引发了多方的质疑和批评。首先,这一战略似乎没有充分征询国会的意见,为该战

---

[1] 沃尔特认为美国除了在一些亚洲国家内协助针对"基地"组织的反恐行动,要在亚洲维持军事存在,还能为在将来遏制中国打下基础,以防中国日益增长的力量最终导致其建立东亚地区霸权地位的野心。

[2] 斯蒂芬·沃尔特:《驯服美国权力:对美国首要地位的全球回应》,郭盛、王颖译,上海人民出版社,2008年版,第214—215页。

[3] 巴里·布赞、奥利·维夫:《地区安全复合体与国际安全结构》,潘忠岐等译,上海人民出版社,2010年版,第166—170页。

略后续深入埋下隐患,特别是在涉及军事部署调整和 TPP 协定批准方面。① 其次,该战略本身似乎无法实现美国在全球的安全承诺与投入资源的平衡,尤其是在美国无法脱身且具有核心利益的中东地区。② 再有,也是最为关键的是,该战略凸显了美国在对华政策上的策略双重性与目标矛盾性,其战略实施总体效果与美国希望维持地区稳定与繁荣的承诺背道而驰,更引发中美深度不互信。③

奥巴马的再平衡战略反映了美国的双重政策目标,即既要同中国维持一种积极的合作关系,同时又要维持美国在亚太国家中的领导威信。这种政策目标的实施就需要在加强中美对话接触的同时,以美国全方位的亚太存在形成对中国崛起力量的缓冲,以强化对盟友和伙伴国家的承诺使亚太地区国家有受美国保护之感。奥巴马政府一直试图证明这种双重政策目标可以兼顾,其"双管齐下"的对

---

① Mark E. Manyin et al., "Pivot to the Pacific? The ObamaAdministration's 'Rebalancing' Toward Asia", *CRS Report for Congress*, March 28, 2012, p. 10.

② 即使美国结束阿富汗与伊拉克两场战争,中东地区仍有持续动荡的风险,这可能迫使美国增加在该地区的军事投入。当亚太与中东两地区同时需要美国加强军事部署时,美国将面临严重困难。考虑到美国军费削减的规模,大幅增加这两个地区的投入将削弱美国捍卫本土安全以及应对网络、太空等新兴威胁的能力。Mark E. Manyin et al., "Pivot to the Pacific? The ObamaAdministration's 'Rebalancing' Toward Asia", *CRS Report for Congress*, March 28, 2012, p. 19. 也有学者基于美国决策者面临的军事部署难题,提出美国应该采取一种"转向结合对冲"的战略,即将海空军主要部署在亚太战区,将陆军主要部署在中东战区,充分发挥各军种对各战区的主要需求的适应性,最大限度发挥削减军费后的美军战斗力。David W. Barno et al., "Pivot but Hedge: A Strategy for Pivoting to AsiaWhile Hedging in the Middle East", *Orbis*, spring, 2012, pp. 158 – 176.

③ 中美两国学者对于中美"互信赤字"进行了深入研究。学者王缉思和李侃如合写的报告《中美战略互疑:分析与应对》引起了美国的关注,尤其是中国领导人如何看待美国和中美关系。但是奥巴马团队成员似乎并不太重视这一报告中的观点,他们更加倾向于认同戴秉国的观点,即中国领导人不会变得更加民族主义,和平崛起是中国唯一的路径。David E. Sanger, *Confront and Conceal: Obama's Secret Wars and Surprising Use of American Power*, pp. 393 – 394.

华战略具有可操作性，并不矛盾，但中美决策者在这一点上的观念认知有着非常明显的分歧。中国官员与学者一直不断质疑美国的真实意图①，认为奥巴马的亚太战略和对华政策是引发地区更加不稳定和中美关系表面积极实质冲突加剧的根本原因。

亚太地区地缘安全与经济秩序，属于中美具有重合利益的领域。随着中国实力和影响力的不断上升，中国逐渐将此类问题视为核心利益或重要关切，与台湾等问题归于一类，而向亚太地区的战略转向使得这类问题同样在美国的利益优先级中地位大幅提升，因而亚太地区安全和经济一体化议题在中美关系中的竞争性和冲突性日益显著。这也意味着奥巴马的双重政策目标的实现可能性更低。

在中国看来，美国似乎更加强调其盟友与伙伴的安全免受中国崛起的冲击，试图加深中国外交的孤立感②，美国高调介入东海、南海的海洋争端以及推动与中国思路相左的 TPP 谈判便是例证。也许美国是出于条约义务，被迫卷入这类主权争端之中，在并不牵涉美国重大利益的情况下给予日本、菲律宾等盟友不必要的支持，但在

---

① 2012 年 7 月，中国外交部副部长崔天凯参与撰文，就中美关系发表看法。文章中对美国重返亚太的真实意图进行了质疑。"在'重返'亚太过程中，美大力强化同盟体系、推进亚太反导体系、推行'海空一体战'、插手中国与周边有关国家分歧等，背后的真实意图是什么，想借此向中国和地区发出什么样的信号？不仅中方有疑问，地区国家也感到不安。如何让中方、地区国家和国际社会相信美国对华政策表述与真实意图之间并不存在'鸿沟'，是美国必须要面对和解决的问题。"崔天凯、庞含兆：《新时期中国外交全局中的中美关系——兼论中美共建新型大国关系》，载北京大学国际关系学院编：《中国国际战略评论 2012》，北京：世界知识出版社，2012 年版。另外，在 2013 年 6 月举行的香格里拉对话会上，中国解放军军事科学学院姚芸竹将军也质问美国国防部长哈格尔如何解释同中国建立积极关系与增加亚太军事部署之间的矛盾关系。Department of Defense, "Remarks by Secretary Hagel at the IISS Asia Security-Summit, Shangri-La Hotel, Singapore," June 1, 2013, http://www.defense.gov/transcripts/transcript.aspx? transcriptid = 5251.

② 奥巴马团队中协助谋划"亚太再平衡"战略的一位顾问 2011 年底观察认为，中国最不希望看到的就是被孤立，这是中国的薄弱之处。David E. Sanger, *Confront and Conceal: Obama's Secret Wars and Surprising Use of American Power*, pp. 412–413.

中国看来这是一改美国历任政府对华政策主线，放弃接触政策而更多地遏制中国，属于主动干涉中国周边安全与主权利益的改变现状行为。中国政府持续批评美国没能保持应有的中立立场，而偏向某些国家导致了争端加剧。在美国看来，中国的强硬，特别是军力现代化与国内政治需要是诱发冲突的主要原因。[1] 中美彼此累积了越来越深的错误认知，并均判断对方有改变现状的意图，在敌意螺旋边缘徘徊甚至一度进入其中，冲突张力时有增加。若奥巴马真的希望维持亚洲的稳定繁荣，并同中国保持建设性的合作关系，就应该修正其目前被证明为事与愿违的战略。[2]

五、新型大国关系与建设性管控分歧

中美两国越来越多的学者争论认为，战略互信的缺失是当前中美关系发展的瓶颈，但是这一观点的可信度却遭到挑战。质疑主要

---

[1] 美国前国务院高级官员理查德·哈斯（Richard Haass）在2011年年末观察认为，非常有讽刺意义的一种矛盾状态是，美国和一些亚洲政治领导人在忙着争论如何更好面对他们认为来自中国的威胁，同时中国领导人们也在争论如何最好面对他们认为中国感知到的威胁，但大多数中国认为的威胁来源于其内部。David E. Sanger, *Confront and Conceal: Obama's Secret Wars and Surprising Use of American Power*, p. 402.

[2] 有学者强调，美国目前采取的策略既不正确也不必要，只会助涨中国的强硬。"再平衡"战略目前已经伤害到美国的利益，中美之间的冲突日益增多，在关键问题上的合作会越来越困难，敌意演变为重大冲突的可能性不断升高。正确的对华政策应该是平息中国的焦虑，而非将其放大。美国应该降低在亚太的军事存在，只保持地区秩序和稳定，不应该卷入地区复杂的主权冲突之中。Robert S. Ross, "The Problem with the Pivot: Obama's New Asia Policy Is Unnecessary and Counterproductive", *Foreign Affairs*, November/December 2012, http://www.foreignaffairs.com/articles/138211/robert-s-ross/the-problem-with-the-pivot.

源于两个方面：第一，战略互信缺失的范围。互信缺失不仅在中美关系中存在，在亚太许多双边关系中均存在，甚至在美国的东亚同盟日本与韩国之间也如此。中美两国必须从更广泛的战略视野看待战略互信问题，两国的互信水平不仅取决于双边关系的发展，同时取决于多重三边关系和多边关系互信水平的变化。① 第二，战略互信的效力。即使中美之间存在战略互信，东亚地区的整体互信水平也显著提升，是否就意味着该地区更加稳定？答案很可能是否定的。有学者认为，亚洲主权至上的体系导致互信对决策者的影响并不显著。②

对于中国而言，需要清醒地面对和平崛起进程的外部形势：一个战略互信并不充分，无法弥合分歧普遍存在的东亚地缘环境。中国决策者面临的任务，是如何确保中美之间战略分歧不至于上升至战略冲突的水平，以及如何在中国周边继续维持稳定的和平战略环境。如布赞所言："就像俄罗斯、印度和早先的德国一样，中国无法

---

① 对中美关系影响最显著的第三方因素，当属中日关系与朝核问题。以日本、菲律宾为代表的美国东亚同盟在海洋主权争端方面与中国近年来发生尖锐冲突，2011年以来中日因钓鱼岛事件关系骤降，2012年中菲因黄岩岛对峙同样剑拔弩张，美国在这两个问题上的介入均使得中美关系遭受明显冲击。朝核问题一直以来都是中美双方无法摆脱、对东北亚地缘政治最具冲击力的因素，中美互信常常因在朝核问题上的目标与立场不同而受影响。2011年末朝鲜内部政权更迭、2012年朝美协议的失败以及2013年朝鲜第三次核试验的进行，甚至很大程度上影响了中朝之间的互信水平。

② 基辛格对此提出了一个有针对性的问题："战略互信能够取代一个战略威胁体系吗？"他表示："许多人认为战略互信一词本身即相互矛盾。战略家只有在有限范围内依赖假想敌的意图，因为意图是可以改变的，主权的本质是不受另一权威影响而作出决策的权利。……亚洲国家认为与邻国处在潜在对抗状态。它们不一定在策划战争，只是不能完全排除战争的可能。如果无力自卫，它们便力求加入联盟体系，获得额外保护。……在这样一个国家体系中，外交的目的是寻求维持均势的关键因素。如果成员所需的安全保障可通过外交获得，国际体系就相对稳定。当外交失去作用，国家间关系就会日益着重于军事战略，先是军备竞赛，继而冒着对抗风险获取战略优势，最终走向战争。"亨利·基辛格：《论中国》，北京：中信出版社，2012年版，第502—504页。

回避地区政治,它的全球地位决定性地取决于它与周边是何种关系。""如果这种和平崛起将是一种长远的成功,那么,中国必须采取所有必要的做法,将它与周边的关系建立在一种和平的基础上。这样做不是一种不光彩的屈服,而是一种思想解放的攀登,一种超越历史的崛起,一种展示中国实现当代伟大的强有力方式。"①

经历了 2012 年末至 2013 年初的政府换届之后,新一届中国政府履新上任,奥巴马外交团队也再一次大幅进行调整,中美关系再次迎来确立互动轨道的机遇。中美关系的发展要实现"思想解放的攀登",中国要继续"超越历史的崛起",两国就必须在发展双边关系上有创造性思维,"新型大国关系"应运而生。在 2012 年时任国家副主席习近平访美时提出这一概念,中美两国领导人达成一个基本共识为:两国应开创一条以和谐共存、良性互动与合作共赢为特征的全新合作道路。② 随后,新型大国关系成为中国政策与学术界的主流话语,中方迫切希望美国能就这一概念做出积极回应。在 2013 年中美两国元首加州安德伯格庄园会晤中,再次就"新型大国关系"概念进行了讨论③,随后在 2013 年 7 月举行的中美战略与经济对话会上,"新型大国关系"被视为两国元首的共识。但是实际上,美国

---

① 巴里·布赞:《美国和诸大国:21 世纪的世界政治》,第 ii 页、第 viii 页。

② The White House, "Remarks by Vice President Biden and Chinese Vice President Xi at the State DepartmentLuncheon," February 14, 2012, http://www.whitehouse.gov/photos-and-video/video/2012/02/14/president-obama-s-bilateral-meeting-vice-president-xi-china # transcript.

③ 习近平主席提出中美双边应该紧密合作,建设一种以相互尊重、合作共赢为基础的新型大国关系。奥巴马总统回应称,此次会晤是讨论两国间如何构建基于共同利益和相互尊重的新型合作关系的重要契机,外界视此为对中国领导人提议的一种较积极的回应。The White House Office of the Press Secretary, "Remarks by President Obama and President Xi Jinping of thePeople's Republic of China After Bilateral Meeting," June 8, 2013, http://www.whitehouse.gov/the-pressoffice/2013/06/08/remarks-president-obama-and-president-xi-jinping-peoples-republic-china-.

对此还存有很多疑虑①,两国就是否以此作为未来两国关系发展的基础在预期和认知上还存在明显差异。

可以看出,不仅中美新型大国关系的建设任重道远,就连这一概念被双方真正认同和接受也还需要长期的磨合。中美必须在当今的历史节点上做出一种明确的道路选择,而新型大国关系是一种可以值得憧憬的预期。再结合罗杰斯的错误认知理论,可以看出中美新型大国关系三项内涵的深意:

首先,不冲突、不对抗。这是一种公开表达的意愿,表明了拒绝冲突的倾向,这是中美关系未来发展道路的一种原则化信念。只有双方不断强化不冲突的意愿,不被现实主义理论和新保守主义哲学影响,才不会陷入"自我实现的预言",成为"历史性宿敌",避免冷战式对抗的历史悲剧。②另外需要意识到,中美两国国内在决策者、媒体、学术界、公众等不同位置上,对中美关系的原则化信念和因果信念有很大差异。媒介有塑造公众观念认知的巨大影响,形成的错误认知引发的冲突倾向将对决策者的决策空间造成约束,甚至影响决策者的认知意象,这是中美要避免冲突特别值得注意的。

其次,合作共赢。这是一种对中美两大国共同参与世界治理的

---

① 对于中方提出的新型大国关系"不冲突不对抗、相互尊重、合作共赢"的阐释,美方对相互尊重一项涉及的尊重彼此核心利益与重要关切所持立场与中国有很大的差距。在美国看来,如果美国做到尊重中国的核心利益,就意味着长期以来坚持的民主人权政策必须放弃,如在台湾、西藏、新疆等影响中国领土完整的问题上支持中国的立场,那么在涉及钓鱼岛、黄岩岛等中国东海、南海主权争端中就要放弃对军事同盟的条约义务,这些显然是美国非常不愿做出的极大让步。并且,美国从未明确宣示其核心利益,担心相互尊重变为单向尊重。

② 如同基辛格所言:"美国公开把亚洲组织起来遏制中国,或者建立民主国家集团发动意识形态进攻,这些举动均不可能成功,因为中国是多数邻国不可或缺的贸易伙伴。同理,中国试图把美国排除在亚洲经济和安全事务之外,也会遭遇几乎所有其他国家的抵制,因为它们害怕单一国家主导该地区可能带来的后果。"亨利·基辛格:《论中国》,第514—515页。

正面预期。双方应该对彼此的合作意愿和共同利益空间有正确的判断与认知,任何一方都不可能认同对方的全部目标,也无法假定所有利益均完全一致,应该在具有共同或重合利益的部分寻求"增量合作",用一种"中美共同进化"的思维看待中国崛起后的世界。

最后,也是最重要的,相互尊重。这是一种对中美建设性管控分歧的指导性原则。如何管控分歧,特别是在存在竞争性利益和严重分歧的领域有效合作,是困扰中美关系向前发展的症结所在。[①] 中国崛起的直接效应是美国感受到中国快速提升的国防实力可能产生的威胁。错误认知的一个重要的发生机制在于诱发定势,如果中美两国形成了某种固定思维,专注于对方的军事动向和防务政策与部署变化,将会视对方的所有举动均与此关联,为某种敌对大战略的一部分,随着两国感受到的"崛起压强"越来越明显,当局部压强超过双方忍耐的极限时,任何一方的举动都可能被视为改变现状,难免不会诱发冲突。相互尊重的意义就在于促使双方形成一种观念,避免敌对思维的诱发定势,将"崛起压强"始终控制在安全限度内。

六、结语

著名学者费正清在其《中国回忆录》中有这样的一段反思,强

[①] 在中美元首加州峰会前的新闻发布会上,奥巴马的一位高级顾问表示,新型大国关系的关键在于双方是否能在某些竞争性以及存在严重分歧的领域进行有效合作。另一官员表示,中美需要双边机制以处理大量可导致两国关系走向敌对的不稳定根源。The White House Office of the Press Secretary, "Background Conference Call by Senior Administration Officials onthe President's Meetings with President Xi Jinping of China," June 4, 2013, http://www.whitehouse.gov/thepress-office/2013/06/04/background-conference-call-senior-administration-officials-presidents-me。

调了中美改善对彼此认知的重要性:"美国的冷战使我们难以接受被我们感情用事地称之为把中国'丢失'给共产主义阵营这样一个现实,它使我们轻率地刺激中国介入1950年的朝鲜战争。于是在朝鲜发生的这场战争最终促使我们与中国台湾结盟,并对中华人民共和国采取'我希望你完蛋'的'遏制'政策,整整20年的时间对其采取不予承认和封锁的政策。……事情本来不必走到如此极端的地步。与大多数历史灾难一样,这些灾难原本可以通过人为的努力在一定程度上得到缓解。首先,我们不需要以如此自诩为公正的、激烈的、全力以赴的方式来反对中国的革命。如果我们能够对中国有更多的了解,同时对我们自身的恐惧认识更客观一点,那么我们应该可以更好地应对局势,并进行相关的调整。"①

费正清先生的话对如今的中美关系有着非常重要的启示意义,即使在冷战那种尖锐对立的格局下,如果中美能改善对彼此的认知,两国关系的命运走向则完全可能被以另一种全然不同的历史笔触所书写。如今中美再次面临类似的历史结点,美国面临着两种风险,都可以在历史中找到相似的例子。第一种,未来的世界有可能如同冷战一样,最终划分为以美国和中国为首的两大阵营,形成类似美苏对峙的局面。第二种,如学者格拉汉姆·艾利森所言,中美未来可能陷入到"修昔底德陷阱"中,重复雅典与斯巴达的安全困境。②这些担忧基于中美目前针对对方的恐惧和忧虑。一方面,美国对中国崛起的恐惧和忧虑,被中国长期经济的走势所助涨;另一方面,中国对美国决定遏制其之前从未遇到的竞争者感到忧虑。这些恐惧本身并不一定导致冲突不可避免,但是恐惧可以驱使大国在历史上做出糟糕的决策,不能仅仅因为美国和中国都熟悉这段历史就保证

---

① 费正清:《费正清中国回忆录》,闫雅婷等译,北京:中信出版社,2013年版,第397页。

② David E. Sanger, p. 416.

此类错误不会重演。中美实力对比的变化令两国无法回避对彼此意图忧虑的现实，但是改善彼此的观念，最大限度地抑制错误认知的发生，将会为中美建设性管控分歧，避免冲突带来契机，这也是历史给予中美决策者最重要的经验教训之一。

第四章

打造国家安全体系：奥巴马政府国家安全体制改革

"国家安全体制"是一个描述性的术语，而非法律术语，它包括个人、组织、结构和过程，是国家政治体制的重要组成部分。实际上，它的关键要素包括行政机构、负责协调和整合的正式与非正式机制、支持领导人进行国家安全战略决策的过程以及立法部门的监督等。[1] 美国现行的国家安全体制是世界上规模最为庞大、结构最为完备的国家安全体制。它基本上是依据 1947 年颁布的《国家安全法》所确立的，主要包括国务院、国防部、国家安全委员会、情报团体、国土安全部以及国土安全委员会。此外还有能源部、商务部、财政部等内阁部门。该体制除了包括近 400 万的联邦政府雇员外，还包括数量日益增长的私人部门的人员。[2] 自 1947 年以来，差不多每一届美国

---

[1] Catherine Dale, Nina M. Serafino and Pat Towell, *Organizing the U. S. Government for National Security: Overview of the Interagency Reform Debates*, CRS Report, December 16, 2008. http://www.loc.gov/crsinfo/about/.

[2] Edward F. Bruner, "MilitaryForces: What Is the Appropriate Size for the United States?" CRSReportforCongress, available at: http://www.au.af.mil/au/awc/awcgate/crs/rs21754.pdf.

总统都依据自己的偏好和时局的变化对它进行与时俱进的改革。经过 60 余年的改革，这套于 1947 年确立的体制不断完善。然而，不管后来经历了怎样的修补，这套 1947 年确立的美国国家安全体制依然保留当初设计师们的骨架。60 年来，这套国家安全体制虽然总体上运作比较成功，但也不断暴露出其在应对安全环境变化挑战时的局限性。

一、"9·11"后美国面临的安全挑战与美国国家安全体制的弊端

进入 21 世纪以来，美国面临的安全挑战较冷战时期及 20 世纪 90 年代更加复杂多样，表现在：

首先，新世纪的安全威胁日益多样化。美国不仅面临着大规模杀伤性武器的扩散、领土争端引发的地区冲突等方面的传统威胁，而且面临着恐怖主义、经济动荡、气候变化、传染病流行等非传统安全方面的严峻挑战。[1] 其次，非传统安全与传统安全呈现出复合交织的发展趋势，进一步加深了美国安全环境的复杂性。再次，新世纪的安全威胁不仅分散、多样，而且还呈现出不确定性。这使"美国较以前面临更大的不确定性和更广泛的安全挑战"。[2] 次贷危机、全球金融危机暴露了美国在经济方面的脆弱性；黑客攻击也使得美国的网络安全问题凸显。最后，新兴大国的崛起给美国安全带来了前所未有的挑战。美国从未遇到过像中国这样在政治制度、价值观上与美国迥异，却在经济上与美国高度相互依存的竞争对手。总之，

---

[1] National Security Strategy Report, May 27, 2010.

[2] *Organizing the U.S. Government for National Security: Overview of the Interagency Reform Debates*, CRS Report.

虽然1947年确立的国家安全体制对美国赢得冷战起了重大作用，但其"越来越不适应一个快速发展的全球安全环境变化的挑战"。源于1947年创立的、"运行了60多年的国家安全体制的结构与过程再也不能帮助美国领导人形成连贯的国家战略"，它"不能整合美国的软硬实力来实现政策目标"。[1]

此外，"9·11"后美国国家安全政策实践屡屡失败，刺激了美国战略界对体制改革的思考和呼吁。布什政府时期经历的"自由伊拉克行动"、"持久自由行动"和对"卡特琳娜"风灾的反应，加深了许多美国防务和外交学者对1947年的国家安全体制能否充分应对21世纪挑战的怀疑。2001年开始的阿富汗战争虽然很快推翻了塔利班政权，但是塔利班并没有被彻底消灭。与此同时，美军的伤亡人数直线攀升，军费开支连年增加。2003年开始的伊拉克战争在发动时就备受争议，美国国际形象也因此受损。战争开始后，虽然推翻了萨达姆政权，但是在后续的战后重建中，美军却付出了惨重的代价。这都显示了在新世纪，美国超强的军事实力并不能转化为掌控地缘政治结果的能力。此外，美国政府在应对"卡特琳娜"风灾方面，也显得十分迟钝。这些行动的失败，凸显了旧体制在及时决策、制定优先战略和计划以及执行复杂使命等方面的严重缺陷。

基于1947年的国家安全法建立的美国家安全体制存在着如下几个方面的主要问题：

（一）体制设计与管理方面的问题

1. 体制总体失衡，忽视综合机制的能力，突出强权部门的能力

1947年的《美国国家安全法》是在冷战环境下制定的，当时的

---

[1] PNSR, *Forging a New Shield*, November 2008, p. i. http：//www.pnsr.org/.

威胁相对集中、明确，且主要集中在军事安全领域，这就使得国防部以及情报部门的能力较强、权限较大。例如，在阿富汗战场上，美军驻阿富汗司令几乎主导一切军事和民政事务，隶属于国务院的大使馆仅仅扮演着助手的角色。更为重要的是，当时的威胁往往是分散在各个单一领域，使得体制在设计时往往是功能性的，而不是一体化和综合性的。① 而"我们今天所面临的威胁是分散的、模糊的、且以多种可能形式表现自己的"。②

2. 忽视了机构间协调与整合机制的建设

旧体制在设计时，各部门之间往往是相互独立的，彼此之间的交流与沟通很少，协调基本上全靠总统和白宫。虽然总统经常会设立不同层级的跨部门委员会，如部门首长委员会、副首长委员会、部际间工作小组等，但是，这些机构基本上是总统临时设立的，而且这些跨部门机构的政策往往也是由各个部门独立制定的，整合程度严重不足。③ 例如，国家安全委员会（NSC）往往被认为是美国国家安全体制的协调中心，但是其内部充满了各个部门间的竞争或争斗，决策往往是各个部门利益的"最小公分母"。④ 即使如此，历届总统也很少召开正式的 NSC 会议，他们往往认为这只会使决策效率低下。图 4-1 是对历届美国总统任期内召开的 NSC 正式会议次数的统计：

---

① Douglas T. Stuart, *Creating the National Security State*: *A History of the Law That Transformed America* (N. J.: Princeton University Press, 2008).

② PNSR, *Forging a New Shield*, p. i.

③ John Norton Moore and Robert F. Turner, *National Security Law*, 2nd ed., (N. C.: Carolina Academic Press, 2005), p. 921.

④ Henry. M. Jackson, "Organizing for National Security", *Inquiry of the Subcommittee on National Policy Machinery*, 1961.

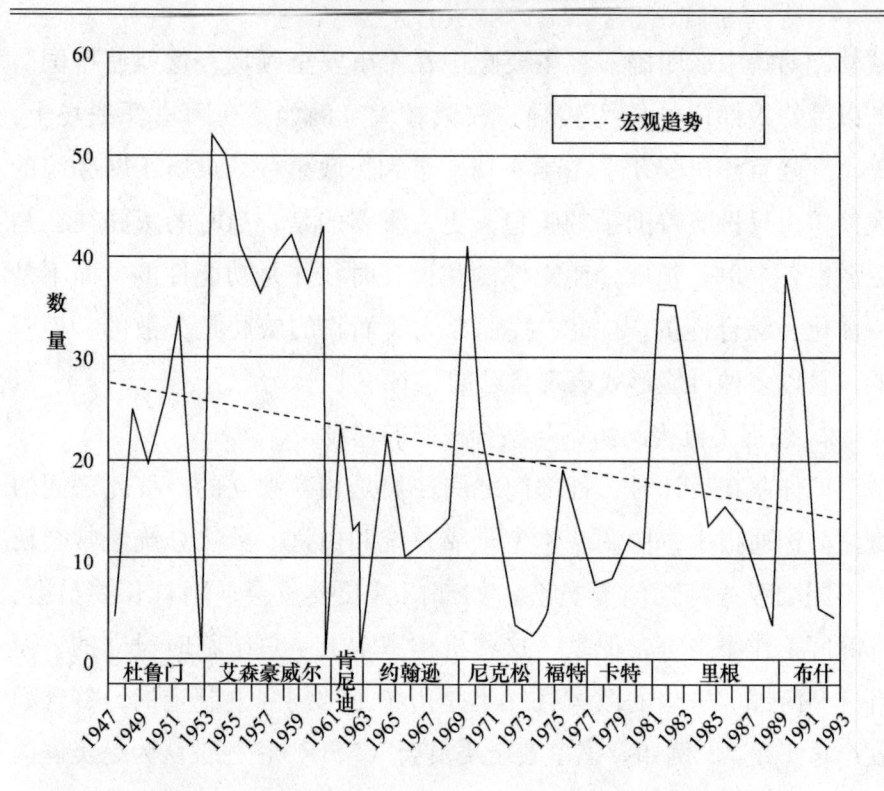

图 4-1　历届美国总统任期内召开的 NSC 正式会议次数

资料来源：http://clinton4.nara.gov/WH/EOP/NSC/html/historical/Meetings.html.

3. 管理与协调过度集中于白宫，长期规划缺失

1947 年的美国国家安全体制将总统和白宫置于国家安全体制的中心地位，最高决策权、协调权全部集中在白宫。每天各种信息铺天盖地、问题层出不穷，这都需要以总统为首的 NSC 亲自去协调，从而使白宫常常淹没在日常琐事之中，由此导致长期规划缺失。正如前国家安全事务助理斯考克罗夫特所说，"NSC 往往缺乏应有的长期规划功能，这令我很沮丧"。① 由于任何问题都要上报到白宫，往往使得很多问题不能得到及时解决，而等到总统解决时，问题已经

---

① Brent Scowcroft, "The Role of the National Security Adviser," *Oral History Roundtables*, 25 October 1999.

演变为危机。这一切都使得美国国家安全体制更像一个危机处理机制而不能进行长远规划。

（二）国家安全体制中关键行为体方面的问题

1. 民事机构的能力相对有限

美国国家安全体制包含着众多的民事机构，例如商务部、美国国际开发署、司法部和农业部等，其中以美国国务院为主要代表。但是，现存体制下，民事机构执行国家安全任务的能力却是相对有限的。民事机构资源普遍不足、人手不够且缺乏专业训练。[1] 例如作为民事机构的国务院在阿富汗和伊拉克的战后重建工作中的表现就令人沮丧。将本属于民事部门的任务交由军方的国防部一家独揽，"增加了本已部署战线过长的军队的负担，降低了它们应对其他需求的训练和准备"。[2]

2. 国防部的权力过大

美国国防部在国家安全体制中居于核心地位，不仅完全控制着军事安全政策，而且在诸如战后经济重建、外国警察训练、人道主义救助等方面也扮演着重要的角色，国防部正在渐渐地侵蚀民事机构的权限。[3] 更重要的是，国防部缺少从事民事工作的专家，在战后

---

[1] CRS, "Organizing the U. S. Government for National Security: Overview of the Interagency Reform Debates", p. 6.

[2] General Richard Cody, Statement for the Record, *House Armed Services Committee*, April 10, 2008, which notes: Today's Army is out of banlance. The current demand for our forces in Iraq and Afganistan exceeds the sustainable supply and limits our ability to provide ready forces for other ontingencies," How broadly to define the range of missions for which U. S. should prepare, and whether to dedicate forces to non-traditional missions, anrcurrent topics of debate within the Office of the Secretary of Defense and the Services.

[3] CRS, *Organizing the U. S. Government for National Security: Overview of the Interagency Reform Debates*, p. 7.

重建中浪费了很多资金，而且效率低下。

3. 国会监督虚弱

国会在国家安全体制中扮演着一种十分重要的监督与反馈角色。大多数监督通过国会的相关委员会来进行，这些委员会大致与行政部门中的那些关键的国家安全部门相对应。

但是旧有的国会监督机制在设计上存在严重缺陷，不能整体考虑和监督涉及众多机构的国家安全议题。[1] 例如预算往往是按机构而非按功能或议题拨给。这些都使得国会的监督机制难以应对跨部门的挑战和日益复杂的安全环境。

（三）体制资源及人员管理方面的问题

1. 资源的分配深受各部门权限的影响，很少依据整体使命分配资源

每年的国家预算基本上都是按部门划拨，各部门享有的资源多少往往与其自身功能相关，部门的资源都是独有的，很少共享，这就导致整体上的国家使命很难完成。例如在美国 2006 年度的政府预算中，单个强权部门占有了预算的绝大部分，国防部预算为 4193 亿美元，国务院预算仅为 318 亿美元，而负责国家整体安全协调和决策的总统行政办公室（包括国家安全委员会和国土安全委员会）的预算却只有区区 0.719 亿美元。[2]

2. 人力资源方面的问题

旧有的国家安全体制在人员管理方面也存在着很大的问题，整体呈现出人数不断膨胀，但质量却不断下降的趋势。首先，旧有的

---

[1] CRS, Organizing the U. S. Government for National Security: Overview of the Interagency Reform Debates, p. 11.

[2] PNSR, Forging a New Shield, p. 191.

国家安全管理体制在录用与选拔人员方面依然受1949年《人才管理法案》的影响，很难招录到新的安全环境所急需的专业人才。其次，在人才的具体分配方面，往往深受严格的等级制与官僚习气的影响，使得大量专业人才没有分配到合适的岗位，人才浪费现象严重。

总之，"现存国家安全体制的基本缺陷在于：甚至当多样的、快速变化的、复杂的紧急安全问题阻碍白宫有效控制该体系时，由国会加强的狭隘的部门和机构利益瘫痪了机构间合作。这样的瓶颈使得将人力和物力整合起来以形成一个连贯的可操作的政策生产线变得不可能"。[1]

二、奥巴马上台前夕美国国内对国家安全体制改革的共识

奥巴马上台前夕，包括思想库、国会、行政部门在内的美国战略界对国家安全体制改革形成了共识。国会、联邦政府和学术界的国家安全专家们大都认同美国不能有效地整合外交、军事、经济和国家权力中的其他资源，主要是因为美国各种国家安全机构缺少激励去开展安全协作。

思想库（think tank），亦称智囊团（brain trust）或智库，在美国外交政策的酝酿、形成、决策、实施和评估过程中起着举足轻重的影响。思想库对政府决策的影响如此之大，以致被称为"影子政府"（theshadow government）或"第四权力部门"（fourth branch）[2]。

---

[1] PNSR, *Forging a New Shield*.
[2] Paul Dickson, *Think Tank*s, Atheneum, 1971, p. 45.

思想库通过人员安排、出版刊物和著作、承揽研究项目、举办研讨会或政策论坛等方式影响政府的外交政策，起着为美国政府的外交生产思想、提供专业性人才、教育公众以凝聚共识等作用。自"9·11"事件，特别是阿富汗、伊拉克战争发生以来，众多思想库一直是美国国家安全体制机制改革的积极倡导者。它们提出了改革部分或整个1947年美国国安体制机制的建议。下表是进入21世纪以来参与研究美国国家安全体制机制改革的主要思想库及其研究报告。

表4-1 参与研究美国国家安全体制机制改革的思想库

思想库	研究报告	研究目的
"国家安全改革项目"委员会（PNSR）	《铸造新盾》（2008）；《将理念转化为行动》（2009）；《走向跨部门复杂国家使命》（2010）	帮助起草一部适应新世纪复杂安全挑战的国家安全法，以代替1947年的国家安全法
战略研究所（SSI）	《跨部门与反叛乱战争》（2007）；《国家事务：跨部门与国家安全》（2008）；《重新思考领导与全政府的国家安全改革：问题、进展与前景》（2010）	研究如何对海外重建过程中遇到的反叛行动开展跨部门合作；探讨在安全问题上跨部门合作的理论与实践、问题与建议
国会研究局（CRS）	《为了国家安全将政府组织起来：跨部门改革争论的评估》（2008）；《国家安全委员会：一种组织评估》（2011）	评估围绕跨部门改革存在的争论，评析国家安全委员会（NSC）的演变史、阐述NSC与国际经济议题的关系、国家安全顾问的角色定位，以及NSC在政策执行上的作用
IBM政府事务中心	《国家安全委员会：给新总统的建议》（2008）	分析NSC在政策制定、执行和监督中的作用，就如何改革和使用NSC向新总统提建议
美国国防大学（NDU）军事工业学院	《国家安全政策进程：国家安全委员会与跨部门体系》（2006）；更新报告（2007）	研究美国国家安全政策形成过程中NSC的作用及跨部门体系，探讨存在的问题并提出改革建议

续表

思想库	研究报告	研究目的
普林斯顿大学威尔逊公共与国际事务学院	《为美国国家安全进行战略策划：21世纪的"日暮"工程》（2006）	探讨政府在战略策划中存在的体制障碍问题，主张以艾森豪威尔总统的"日暮"工程为蓝本加强NSC战略策划能力
战略与国际问题研究中心（CSIS）	《超越戈德华特-尼克尔斯》第一阶段报告（2004）；第二阶段报告（2005）	分析美国政府在复杂的跨部门行动上存在的问题，并提出改革建议
希克斯合伙人公司（H&AI）	《重新思考跨部门体系》（2005）	研究新的安全环境下国家权力部门整合的新方式和跨部门体系发生的新变化
"9·11"委员会	《"9·11"委员会报告》（2004）	分析跨部门协调失败的原因，探究有效开展跨部门行动的新途径
国防安全委员会（DSB）	2004年夏季报告	探究国防部在重建过程中机构间功能失调问题，并提出改革建议

资料来源：作者根据从美国相关思想库网站收集的资料整理。

表4-1所列思想库中对美国国家安全体制进行深刻、系统反思与研究的当属"国家安全改革项目"委员会（PNSR）、战略研究所（SSI）、美国国防大学（NDU）、国会研究局（CRS）、IBM政府事务中心，等等。这些思想库较早致力于改革美国国家安全体系的研究，并发布了相关研究成果。以下简要介绍这些思想库及其关于美国国安全体制改革的研究报告。

（一）"国家安全改革项目"委员会（PNSR）

PNSR是由曾在上世纪80年代担任参议院军事委员会成员、"戈德华特-尼克尔斯"（Goldwater-Nichols）法案起草人之一的詹姆斯·洛克三世（James Locker III）牵头组建的思想库①。它集中了 300 多名来自政界、情报界、军方、思想库、高校和商界等各领域的专家，如已退休的斯考克罗夫特将军是该智库的领导小组成员之一。PNSR 与国会、行政部门和机构、非营利的政策组织、大学、企业和私人基金密切合作。其宗旨是"改善政府有效应对 21 世纪国家安全挑战的能力"②，更明确地讲，就是旨在帮助美国起草一份新的国家安全法。PNSR 于 2005 年 12 月启动，2008 年 11 月向总统、总统竞选获胜者、国会提交了其所撰写为期两年的国家安全体系研究报告——《铸造新盾》（Forging a New Shield）。该报告指出"美国需要一项大胆而又审慎的全面改革，来打造一个能够管理和克服我们时代挑战的国家安全体制"。③ 2009 年又出台了新的研究报告《将理念转化为行动》（Turning Idea into Action），对 2008 年的报告进行了修改和更新。2010 年 7 月 PNSR 的"构想工作组"（Vision Working Group）出版了一部研究论文集——《构想工作组报告和场景》，建议美国必须建立一套能使行政部门、尤其是国家安全体系更有远见的机制，并详细介绍了"战略分析与评估中心"的结构和运作④。2010 年 2 月，PNSR 出台了《复杂的国家使命：来自国家反恐中心战略行动计划指挥部的教训》的报告，该报告分析了反恐领域存在的跨部门协调的问题，提出了若干改进建议。⑤

---

① "2008 财年国防授权法"（H. R. 4986；P. L, 110 - 181）授权国防部与一家独立的、非党派的、非盈利的组织签订资助额为 300 万美元的合同来研究国家安全机构改革，PNSR 赢得了这项合同，并按照合同规定的期限完成了研究报告。PNSR 还得到了几家私人企业和智库的专业性支持。
② PNSR, *Forging a New Shield*, 2008, http: //www. pnsr. org/.
③ Ibid.
④ Sheila R. Ronis, Edit, *Vision Working Group Report and Scenarios*, July 2010, http: //www. StrategicStudiesInstitute. army. mil/.
⑤ PNSR, *Complex National Missions: Lessons From The National Counterterrorism Center's Directorate of Strategic Operational Planning*, February 2010.

（二）战略研究所（SSI）

以战略问题为研究重点的 SSI 多年来全方位跟踪美国国内和国际安全面临的新挑战。进入 21 世纪后，SSI 十分关注美国国家安全体制改革。它经常与其他大学和研究机构举办关于国家安全体制改革议题的研讨会。第一次是 2006 年举办的"跨大西洋安全关系的未来"研讨会；第二次是 2007 年举办的"跨部门与反叛乱战争"年会，研究如何在应对伊拉克、阿富汗重建中出现的"叛乱"行动进行跨部门合作。第三次是 2008 年 3 月聚焦"改革与下一届总统的议程"主题，以此展望 11 月举行的总统大选，出版了《国家事务：跨部门与国家安全》的研究论文集。[1] 同年，该所研究员伯恩·巴索罗米（Boone Bartholomees）还编撰了《美国陆军战争学院对国家安全议题的指导，第二卷：国家安全政策与战略》的研究论文集[2]，收录了有关重组美国安全机构以加强跨部门整合的文章。第四次是 2009 年 6 月 24 日，它与布什公共事务和政府学院、德克萨斯 A&M 大学思考克罗夫特国际事务研究所、美国陆军战争学院在华盛顿共同举办了一场主题为"领导和政府改革"的研讨会，专题讨论了"领导、国家安全和全政府"（the whole of government）改革，并出版了《重新思考领导和'全政府'国家安全改革：问题、进步和前景》研究论文集。在该论文集中，专家们思考了对美国安全的外部、

---

[1] Gabriel Marcella, ed., *Affairs of State: The Interagency and National Security*, Strategic Studies Institute, U. S. Army War College, 2008, http://www.strategicstudiesinstitute.army.mil/Pubs/display.cfm? pubid = 896.

[2] J. Boone Bartholomees, Jr., ed., *U. S. Army War College Guide to National Security Issues, Volume II: National Security Policy and Strategy*, 3rd Edition (U. S. Army War College, 2008), http://www.strategicstudiesinstitute.army.mil/pdffiles/pub871.pdf.

内部和跨国的威胁以及对动员民众、组织和机构更有效、充分地改进美国政府应对变化能力的需要①，建议改革现有的美国国家安全体系以应对 21 世纪的威胁。

（三）美国国防大学（NDU）

美国国防大学军事工业学院于 2007 年发表了由 Whittaker, Alan G, Smith, Frederick C., & McKune, Elizabeth 合撰的报告：《国家安全政策进程：国家安全委员会和机构间体系》②。这份年度更新报告描述了美国政府的国家安全决策过程，概述了自杜鲁门总统以来美国国家安全政策过程的演进史。报告阐述了现存的 NSC 组织结构和过程，界定了包括 NSC 工作班子在内的关键部门和机构的角色，有助于读者从中了解到美国国家安全机构间体系的运作。最后，报告评论了机构间进程是如何将与国土防御和国土安全相关的新组织结构整合起来的。

（四）国会研究局（CRS）

旨在为美国国会提供咨询服务的 CRS 也在众多议员的呼吁下，对美国国家安全体制进行了独立的研究。2008 年 CRS 发布了题为

---

① Joseph R. Cerami, Jeffrey A. Engel, Editors, Rethinking Leadership and "Whole of Government" National Security Reform: Problems, *Progress, and Prospects*, May 2010, http://www.StrategicStudiesInstitute.army.mil/.

② Alan G. Whittaker, Frederick C. Smith and Ambassador Elizabeth McKune, *The National Security Policy Process: The National Security Council and Interagency System*, November 15, 2008 Update (Washington, DC: Industrial College of the Armed Forces, National Defense University, 2008), http://www.ndu.edu/icaf/publication/nsc/docs/icaf-nsc-policy-process-report-11-2008.pdf.

《为了国家安全将政府组织起来：机构间改革争论的评估》的研究报告。[1] 报告详细介绍了美国国内就现存的国家安全体制存在的问题、原因及其改革方面的争论。2011年12月28日，CRS正式对外发布了其第二份研究报告——《国家安全委员会：一种组织评估》[2]，内容主要是NSC创立的历史、1947—2009年期间NSC的变化以及NSC的几大作用。

（五）IBM政府事务中心

IBM政府事务中心成立于1998年，是致力于提高政府部门工作效率的学术研究机构。它是一个非营利性的独立研究机构，至今出台的研究报告已达200多份。其有关国家安全体制的研究主要集中在NSC的运作与改革方面。2008年，该机构发布了研究报告《国家安全委员会：给新总统的建议》。[3] 报告主要分析了NSC在政策制定、政策执行、政策监督等方面的作用，并就新总统如何运用NSC提出了建议。

（六）战略与国际问题研究中心（CSIS）

CSIS多年来一直从事美国国家安全战略的研究。CSIS"超越戈德华特－尼克尔斯"项目是一项关于"将美国军事和国家安全装置

---

[1] Catherine Dale, Nina M. Serafino and Pat Towell, *Organizing the U. S. Government for National Security: Overview of the Interagency Reform Debates*.

[2] Richard A. Best Jr., "The National Security Council: AnOrganizational Assessment", *CRS Report for Congress*, December 28, 2011.

[3] IBM Center for the Business of Government, *The National Security Council: Recommendation for the New President*, available at: http://www.businessofgovernment.org/.

组织起来以应对21世纪挑战"的四阶段研究项目①。美国国会资助了其中的三个阶段研究。到2004年,CSIS完成了《超越戈德华特-尼克尔斯:新战略机遇期的美国政府与防务改革》第一阶段研究报告;2005年完成了第二阶段报告。两份报告分析了美国政府在复杂的跨部门行动上存在的问题,并提出改革建议。

其他一些涉及美国国家安全体制机制研究的思想库,如普林斯顿大学威尔逊公共与国际事务学院、希克斯合伙人公司②、"9·11委员会"、国防安全委员会、"起点工程"(Project Horizon)美国外交学院、史汀生研究中心、新美国基金会,等等。这些思想库在自己的项目研究中专题或涉足研究美国国家安全体制的改革。如普林斯顿大学威尔逊公共与国际事务学院的"国家安全项目"是一个为期三年的、两党支持的倡议,旨在为美国制定可持续的和有效的国家安全战略。在舒尔茨和莱克的共同领导下,普林斯顿项目召集了来自政界、学术界、商界和非营利部门在国家安全方面的领军人物分析关键性问题,提出改进国家战略计划体制的建议以应对广泛的安全威胁。③ 设在美国政府内的"起点工程"于2005年就开始旨在培育"现实的机构间战略"和确认"能力"的研究,以此为下一个20年美国将面临的不可预见的威胁与机遇做准备。④ 美国在伊拉克、阿富汗进行的战争催生了大量关于战后重建和维稳研究。如"2006

---

① CSIS Website, 30 September 2008, http://www.csis.org/isp/bgn.

② Michael Donley, *Rethinking the Interagency System* (Hicks & Associates Occasional Paper #05-01, 2005), available at http://www.ndu.edu/ITEA/storage/642/Rethinking%20the%20IA%20System.pdf.

③ 普林斯顿"国家安全项目"的研究成果如 Michele Flournoy and Shawn Brimley, "Strategic Planning for National Security: A New Project Solarium," *Joint Forces Quarterly* 41, Spring 2006, pp. 80 – 86; Aaron Friedberg, "Strengthening U. S. Strategic Planning," *The Washington Quarterly* 31, no. 1, Winter 2007/2008, pp. 47 – 60.

④ U. S. Environmental Protection Agency, *Environmental Futures*, Office of Science Policy, U. S. EPA, 30 September 2008. http://www.epa.gov/OSP/efuture.htm.

年伊拉克研究小组"发表其研究报告，建议从组织上改变美国国家安全体制，比如创立一个监督经济重建、提升使命领导人的预算权限、在安全项目上采取灵活和整合美国及国际捐资、人员教育和训练的机构。[1] 美国外交学院和史汀生研究中心为期两年的合作研究产生的报告"为未来进行外交预算"[2]；跨党派的、国会授权成立的、审查外援的"HELP"委员会等。[3] 新美国基金会（New American Foundation）的年轻研究员帕拉格·康纳（Parag Khanna）在题为"告别霸权"（Waving Goodbye to Hegemony）的文章中提出用国务院代替国防部，负责美国安全的最前线任务；美国的驻外大使要经常交流安全信息；将和平服务团、英语教师等派遣到海外积极支援等建议[4]，等等。

总之，包括斯考克罗夫特和布热津斯基在内的美国国际和公共事务专家圈子内存在一个普遍的信念，即"世界正在发生根本的变化，我们传统的理解美国角色的模式越来越不起作用。需要进行改革以适应新时代安全形势的变化"[5]。

除思想库外，美国府会也加入到对美国国家安全体制改革的辩论与推动中。

国会方面，参议员约翰沃勒（John Warner）在一封致白宫主管安德鲁·卡德（Andrew Card）的信中表达了对1947年国家安全体制

---

[1] James Addison Baker, Lee Hamilton, and Lawrence S. Eagleburger, *The Iraq Study Group Report*, (New York: Vintage Books, 2006), p. 61.

[2] Thomas Boytt, "*A Foreign Affairs Budget for the Future: Fixing the Crisis in Diplomatic Readiness*", *American Academy of Diplomacy and Stimson Center*, October 2008.

[3] "*Beyond Assistance*", December 7, 2007, http://www.helpcommission.gov/portals/o/Beyond%20Assistance_HELP_Commission_Report.pdf.

[4] Parag Khanna, "Wavin g Goodbye to Hegemony", T*he New York Times*, Thursday, March 6, 2008.

[5] Zbigniew Brzezinski and Brent Scowcroft, America and the World: Conversations on the Future of American Foreign Policy (New York: Basic Books, 2008), p. viii.

的愤慨,他写道:"我们在伊拉克和阿富汗的使命需要协调和整合我们政府所有联邦部门和机构的行动。可是在伊、阿的使命行动暴露了我们的政府不能充分组织起来开展机构间跨部门行动。"① 在议员的推动下,国会参众两院均在2008年举行了一系列听证会。例如参议院外交委员会(SFRC)就整合国家权力中的军事和非军事要素举行了一系列听证会。在2008年3月5日举行的听证会上,SFRC主席拜登公开表示对"2009年国家安全法"感兴趣。② 4月24日,SFRC举行了题为"行使巧实力:为国家安全改革设定议程"的听证会。7月31日,该委员会还举行了题为"界定军事在外交政策中的角色"的听证会。

2008年3月,众议院军事委员会(HASC)的"角色与使命专家组"发布了其关于保护美国安全的最终工作报告。该报告着重阐述了"机构间协调"存在的问题及对策建议,邀请国会山的同事和公民"加入我们重新思考国家安全"。③

行政部门方面,国防部长盖茨首先倡导改革美国原有的国家安全体制,认为美国国防部不能单独应对国家安全挑战。"如果我们要应对未来数十年世界各地多样化的挑战,这个国家必须从制度和资金两方面加强国家权力的其他重要因素,建立起整合和运用国家权力的所有要素去解决海外问题和挑战的能力……,21世纪需要新的机制和新的组织。"2008年4月15日,盖茨敦促思考"如何用长远观点重建国家安全结构"。④ 2009年9月,在国防大学演讲时他说:

---

① John Warner, *Letter to White House Chief of Staff Andrew Card*, 15 March 2006.
② Senate Foreign Relations Committee, "Strengthening National Security through Smart Power-a Military Perspective", March 5, 2008.
③ See House Armed Services Committee, Panel on Roles and Missions, "*Initial Perspectives*," January 2008, p. 7.
④ House Armed Services Committee, "Building Partnership Capacity and Development of the Interagency Process", hearing transcript, April 15, 2008.

"对于我来讲，似乎需要为应对 21 世纪挑战进行新的国家安全立法，升级帮助我们进行和打赢冷战的机制和框架。"[1] 其观点反映了一些五角大楼官员对国家安全体制改革的长远看法。韦恩·唐宁将军同样呼吁对现存体制的不充分性予以注意：

"这些年来，机构间体制已变得如此没有生气和功能失调，以至于它抑制了运用美国政府广泛的权力资源解决问题的能力。你们看到这种无能同时发生在我们在伊拉克和阿富汗的行动、我们外交政策所有领域和我们对卡特琳娜风灾的应对。"[2]

以前担任过大使，现在兰德公司的杜宾（James Dobbins）和"总统研究中心"的戴维·艾布夏尔（David Abshire）及许多其他国家安全学者和政府官员都同意这种评估。[3]

众多呼吁改革者倡导类似于 1986 年《戈德华特－尼克尔斯法》的立法，《戈德华特－尼克尔斯法》要求不同的军事部门更有效地合作。当前的兴趣集中在改进对大多数国家安全机构（像国务院、国防部、国土安全部和其他机构）的整合上。许多现任和前任高级军事官员尤其倾向于拿戈德华特－尼克尔斯类比。海军上将埃德·蒙吉巴斯提尼（Edmund Giambastiani）、新上任的参联会副主席总结了他的观点：

"《戈德华特－尼克尔斯法》……证明了其作为一个在分散的但关联的分享同一目标的组织中改进整合的模式。当我们谋求将这种

---

[1] See Secretary of Defense Robert Gates, *Question and Answer Session following remarks at National Defense University's Distinguished Lecturer Program*, Ft. Leslie J. McNair, Washington, D. C., September 29, 2008.

[2] Wayne Downing as quoted by Joseph Nye in — Leaders and Managers, ‖ Project Syndicate, 1 May 2008, 30 September 2008（http://www.project-syndicate.org/commentary/nye56）.

[3] Center for the Study of the Presidency, *Comprehensive Strategic Reform: A Panel Report for the President and Congress*, (Washington: Center for the Study of the Presidency, 2001).

成功扩展到整个联邦政府时，国防部在执行《戈德华特－尼克尔斯法》的经验给我们提供了对未来挑战的特别洞见。"①

包括"伊拉克重建"特别检察长斯图尔特·博恩（Stuart Bowen）、2008年总统候选人、前参联会主席皮特．佩斯（Peter Pace）在内的其他人士发表同样声明支持类似《戈德华特－尼克尔斯法》的国家安全改革。②

当然，也有少数重量级的官员如赖斯质疑戈德华特－尼克尔斯类型的国家安全改革的必要性和充分性，建议增量的改革或许就够了。③ 尽管美国各领域专家们在改革的可行性、范围和适当的方法上各执一词，但几乎所有参与辩论的专业人员都同意改革势在必行。

三、奥巴马政府对美国国家安全体制的改革

打着"改革"旗号上台的奥巴马对旧有的国家安全体制进行了大刀阔斧的改革或调整，具体的调整措施主要包括以下几个方面：

---

① Admiral Edmund Giambastiani, Testimony, Admiral Edmund Giambastiani's Testimony Before House Armed Services Committee, Washington: testimony before the House Armed Services Committee, 4 April 2006.

② United States, Iraq Reconstruction: Lessons in Program and Project Management, (Arlington, Va: Special Inspector General for Iraq Reconstruction, 2007); John McCain, Speech, John McCain's Address to the Hudson Institute, Washington: Hudson Institute, 27 September 2007, 30 September 2008 (http://www.johnmccain.com/informing/news/speeches/e59e471a-5c46-4682-9f28-e6e40e6dc1c0.htm).

③ Condoleezza Rice, Testimony, Secretary Rice's Testimony Before House Armed Services Committee, Washington: testimony before the House Armed Services Committee, 15 April 2008, 30 September 2008 (http://www.america.gov/st/texttrans-english/2008/April/20080415171000eaifas0.7060358.html).

第四章　打造国家安全体系：奥巴马政府国家安全体制改革

（一）革新安全概念，更加注重非传统安全

2010年2月，美国发布了新一期的《四年防务评估》报告，明确指出了美国当今面临的全球复杂安全环境，并着重强调了非传统安全对美国人民所造成的威胁。[1]

例如，在网络安全方面，奥巴马政府认为，美国全国计算机系统是美国的战略资产，保护这些设施是维护国家安全的首要任务。2009年5月，《网络空间政策评估》发表，认为美国国家经济和安全受到网络攻击的威胁很大，并拟设立网络安全事务官员；2010年3月24日，美国通过了《网络安全法案》，以帮助美国政府机构和企业更好地应对日趋频繁的网络攻击；2010年5月，美国"网络司令部"建立。

（二）重组国家安全委员会

2009年5月26日，奥巴马发布总统令，对白宫安全体制进行了半个世纪以来最大的一次改革。"9·11"之后建立的国土安全委员会（HSC）得以保留，但该委员会的工作人员与国家安全委员会（NSC）的工作人员联署办公，以期减少重叠，提高效率。合并后的工作班子被称为"国家安全参谋部"（NSS）。国土安全/反恐事务助理将同时向总统和国家安全事务助理负责。[2]

---

[1] The Department of Defense, 2010 *Quadrennial Defense Review*, March 11, 2010.
[2] Spencer S. Hsu, *Washington Post Staff Writer*, Wednesday, May 27, 2009.

（三）重视国家安全委员会在安全决策中的作用

奥巴马上台以后，积极吸纳了"IBM 政府事务中心"等思想库的研究建议，从总体上对国家安全委员会进行了调整，留任了小布什政府时期的一些高官，比如国防部长盖茨；进一步明确了 NSC 的三大功能，即政策形成、政策执行监督和政策执行本身。① 具体内容主要体现在以下两个方面：

1. 高度重视 NSC 机制，充分发挥 NSC 在外交安全决策中的作用

奥巴马总统上任以来，经常使用 NSC 机制进行外交决策和国家安全问题决策。在 NSC 体制内召开了上百次内阁部长级和副部级机构间会议，很多次都是由奥巴马亲自主持。这表明奥巴马总统十分看重 NSC 团队为其提供的信息、建议和论坛。②

2. 重视但又不完全被 NSC 左右，使 NSA 成为自己"诚实的掮客"

国家安全顾问（NSA）不仅需要接受来自不同领域的信息与建议，而且还必须很好地平衡与筛选这些信息与建议。作为一名"诚实的掮客"，国家安全顾问"不仅仅是一位政策建议者"，他也必须做好准备，能够向总统及其他顾问提供"公平和平衡"的信息。③ 奥巴马的第一任 NSA 琼斯将军由于不能很好地扮演这种"诚实的掮客"的角色，无法有效地推动国家安全议题和很好地领导国家安全

---

① IBM Center for the Business of Government, The National Security Council: Recommendation for the New President, 2008.

② Michael Gordon Jackson, "A Dramatically Different NSC? President Obama's Use of the National Security Council", March22 – 24, 2012.

③ James. P. Heffner, "Decision-making in the Obama White House", Presidential Studies Quarterly 41 (2), June 2011, p. 44.

委员会工作班子，受到了《时代》杂志和《华盛顿邮报》等主流媒体的批评。① 奥巴马总统于是调整了 NSA 人选，由协调与整合能力更强的多尼伦接任。

（四）调整、改组国防部

针对国防部权力过大、功能错位的问题，奥巴马上台以后，对国家安全体制的核心部门——国防部，进行了重大调整，具体主要体现在 2010 年发表的《四年防务评估报告》和《核态势评估报告》中。《四年防务评估报告》指出了国防部改革的两个基点：一是实现当今的作战能力与未来军事能力的平衡，实现短期目标与长期目标的有机结合，加强战略性与前瞻性；二是进一步改革国防机构与具体的工作程序，提高工作效率与灵活性。

具体的改革措施有：改革各军种，优化各军种的指挥系统；增强电子网络空间有效作战的能力，成立网络司令部；加强国务院和情报部门的分工与合作，将国防部的作用主要集中在军事领域。

四、对中国的启示

中国如今所面临的安全环境需要中国对现有的国家安全体制进行大刀阔斧的改革，奥巴马政府对美国国家安全体制的改革对中国

---

① Helene Cooper, "National Security Adviser Takes Less Visible Approach to His Job," *New York Times*, May 7, 2009; Karen De Young, "In Frenetic White House, A Low-Key Outsider," *Washington Post*, May 7, 2009.

不无启示。

（一）21世纪中国的安全环境分析

前文论述了美国所面临的复杂安全环境，其实，中国也面临着与美国相似、甚至更为复杂和严峻的安全环境。

与美国相似，21世纪的中国同样面临着恐怖主义、大规模杀伤性武器扩散、海外利益保护、网络黑客攻击等问题。但与美国不同的是，新世纪的中国还有着自身独特的安全难题。例如，持续存在的台独、藏独、疆独问题，与周边国家此起彼伏的海洋领土争端，多年来追求GDP发展所导致的国内生态环境恶化，层出不穷的食品安全、生产安全问题，以群体性暴力事件为表征的社会安全问题，等等。此外，中国在金融经济安全方面也显脆弱，面临着国有资产流失、热钱流入和国外各种形式的保护主义等问题。2013年上半年爆发的H7N9更是凸显了我国在公共卫生安全方面面临的严峻挑战。

总之，传统安全与非传统安全相互交织、国内安全与国际安全彼此联动，安全问题呈现并发、多发等特征，对以强国富民为核心的"中国梦"的实现构成了严峻的挑战。

（二）中国现今的国家安全体制分析

中国的国家安全体制与美国的相比存在着很大的不同，主要在于中国缺乏一部专门的《国家安全法》来具体规划国家安全体制。这就使得中国的国家安全体制在外界看起来十分神秘，但是，学界

的一个主流的观点便是"一元主导下的复合体制"①,具体设置详见图 4-2:

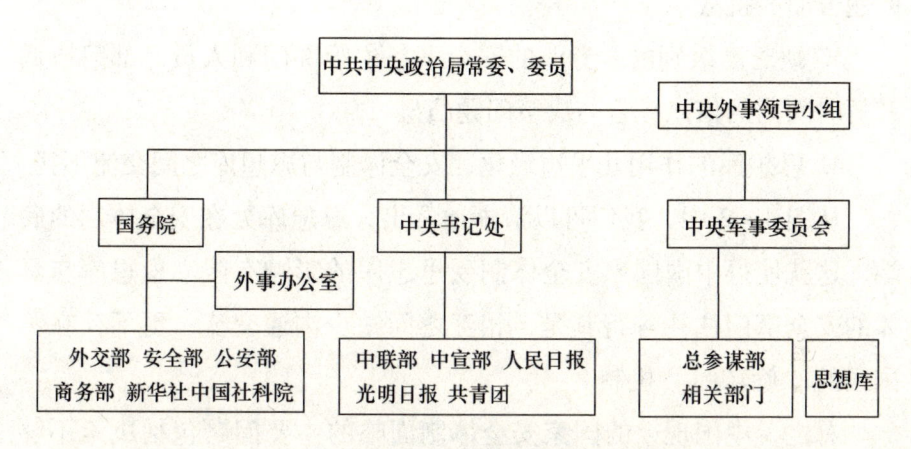

图 4-2 "一元主导下的复合体制"具体设置

从图 4-2 中我们不难看出,中国现在的国家安全体制存在以下几方面的缺陷:

1. 相关部门职能划分不够科学,安全真空地带与职能重叠现象比较严重

首先,各个部门之间的职能重叠现象比较严重。比如在海洋安全管理方面,一度被外界戏称为"九龙治海",指的是我国的海洋管理权分散在海监、渔政、海关、海事、边防武警等 9 个部门,拥有 9 支海上执法队伍。其次,各个部门往往相互干扰,存在着严重的越权行为。

2. 制度化程度不高,缺乏战略规划,多是被动的应急反应

由于没有明确的立法规范和相关的组织法存在,中国的国家安全体制呈现出比较明显的非制度化或半制度化特征,例如参与人员

---

① 牛军:"社会变迁与中国外交",《国际政治研究》2006 年第 1 期,第 1—2 页。

不固定，缺乏常设机构支持，决策程序也不甚透明。这种非制度化、半制度化导致整个国家安全体制缺乏战略规划，难以应对长期安全问题方面的挑战。

3. 缺乏高级别的、专业的安全事务主管部门和人员，部门协调和短时间内的信息综合与决策问题凸显

4. 思想库的作用几乎边缘化，安全体制与思想库之间交流不畅

从图4-2中，我们可以清晰地看出，思想库处在安全体制的底端，这就使得中国国家安全体制受思想库的影响有限。思想库与具体的安全部门往往各行其是，相互之间缺少沟通交流，更不存在美国式的"旋转门"机制。

总之，中国现今的国家安全体制面临的主要问题包括决策不够灵活、等级体系过重、缺乏战略规范和横向协调、创新动力不足、与外界的沟通不够等等，这就导致中国在21世纪的安全与外交实践中，很难及时有效地进行长远规范和危机管理。

（三）对构建新世纪中国国家安全体制的几点建议

针对现今中国国家安全体制存在的以上几个方面的问题，本文结合美国国家安全体制改革的具体经验，提出以下几点改革建议：

1. 成立专业化的研究团队，对国家安全体制进行全面深入的专项研究

在这方面，中国可参照美国PNSR模式，汇聚全国各个领域的安全问题专家参与研究，并在具体的项目设置、人员配置、经费保障、具体分工等方面进行科学规划。设立关于此议题的国家社会科学基金重大攻关项目，交由大型专业团队进行专题、专项研究。

2. 尽快推动安全体制立法，加快安全体制制度化建设

纵观美国国家安全体制改革史，我们发现国会在推进美国国家

安全体制改革中起到了重要作用。国会的作用表现为制定《国家安全法修正案》，设立专家委员会调查国家安全体制存在的问题并提出解决建议，资助智库对国家安全体制开展研究，等等。作为我国立法机构的全国人大常委会在这方面可向美国国会取经。人大常委会应当就国家安全体制立法问题向全社会征求意见或者召开相应的专家听证会，尽快出台一部中国自己的《国家安全法》，从法律上规定国家安全体制的结构和职能划分，推动国家安全体制不断制度化。相应的国家安全主管部门还可以具体出台各自的"组织法"，细化各部门任务及职能。此外还应当充分发挥人大和政协的监督与参议职能，不断加强全国人大外事委员会和全国政协外事委员会的作用。

3. 组建中国式的"NSC"，统领安全事务的决策与协调

目前，中国已组建中国版的"国家安全委员会"，但很不完善。虽然中国的"国家安全委员会"结构与美国的 NSC 不同，但其功能基本相同，均着眼于在安全议题领域进行战略策划、政策协调和执行监督。目前，虽然中国国家安全委员会已挂牌成立，并召开了首次会议，但其结构需要进一步完善，功能需要进一步健全。在这方面可借鉴美国 NSC 的一些做法，如设立隶属于国家主席的 NSA 及其领导下的秘书班子。中国还可仿效美国设立 PCCs-DC-PC-NSC 会议的层级协调机制。

4. 加强跨部门协调与合作机制

如前所述，当今中国面临的安全问题日益复合交织，单一部门或手段都很难有效加以解决，因此对跨部门合作必须高度重视，特别是军队系统与外交部门的交流与合作。可以通过设置一种相互安插的定期轮换机制完成，同时也可以建立一些机制化的平台使得外交、经贸和军事方面的中高级官员能够进行沟通和合作。[1]

---

[1] 陈雅莉："美国的'再平衡'战略：现实评估和中国的应对"，《世界经济与政治》，2012 年第 11 期，第 17—18 页。

5. 加快发展中国的思想库，重视思想库在安全决策咨询中的作用

美国思想库历来都是推动美国国家体制改革的发动机。自 1947 年《国家安全法》实施以来，诸如"胡佛委员会"、"杰克逊小组委员会"、"墨菲委员会"、"托尔委员会"、"哈特－罗德曼委员会"、"9·11 委员会"等不同总统时期的调查委员会为改革美国国家安全体制献计献策。奥巴马上台前夕，以 PNSR 为代表的众多智库对美国国家安全体制展开了全面、深入的研究。很明显，没有思想库的分析及建议，美国国家安全体制改革将难以启动和开展。中国在这方面应向美国学习，发挥我国思想库在推动国家安全体制改革中的作用。

中国自改革开放以来虽然也设立了很多思想库，但是主要是官方设立的，民间思想库很少，这就使得思想库的研究、人员以及成果都比较单一，无法满足多元化的安全需要。因此，政府应当多鼓励民间思想库的发展。像经济安全、生态安全等领域都是民间思想库大有作为的领域。

与此同时，政府部门必须重视思想库的作用，提供其发展的人力、物力支持。同时做到在研究上不干扰其工作，在决策时多采纳其意见和建议。在政府与思想库之间还可以建立一种非正式的"旋转门"机制，加强相互了解与交流，充分做到理论与实践相结合。

此外，在资源配置方面和人员分配方面，国家也应当进行必要的调整，使资源根据整体的安全任务进行配置，优秀的专业人才能够参与到体制中来并发挥重大作用。

第五章

推进三大贸易谈判：奥巴马政府国际贸易战略走向

2013年奥巴马连任美国总统之后，在国际贸易战略上采取的一个新的重要政策举措就是，正式宣布启动由欧盟提出的"跨大西洋贸易与投资伙伴协议"（Transatlantic Trade and Investment Partnership，TTIP）的谈判。这是历史上最大的自由贸易协定（Free Trade Agreement，FTA）的谈判，美欧两大经济体覆盖了世界贸易量的1/3、全球GDP的一半。[①] 如果美欧能在预期两年内顺利谈成TTIP，将在很大程度上成为美国重塑世界贸易规则、标准和格局的一个有力杠杆。

奥巴马政府自从上任以来，就不断冷落WTO框架下的全球多边贸易谈判，而是赋予了区域贸易谈判在其国际经济战略乃至整个国际战略中的重要位置。2009年，美国正式加入"跨太平洋伙伴关系协议"（Trans-Pacific Partnership Agreement，TPP）谈判，并将其发展成为一个由12个亚太国家组成的强大区域谈判网络；2012年，美国和澳大利亚牵头，并联合欧盟等20多个国家在WTO框架之外，

[①] 本文原载于《国际关系研究》，2014年第2期，编入评论时略有改动。

启动了一项新的服务业贸易谈判（Trade in Services Agreement, TiSA）。至此，TPP、TTIP 和 TiSA 构成了美国国际贸易战略的三根核心支柱，外加美国近年来力推的双边投资协定（BIT），它们将重建美国在国际贸易体系中的主导地位，并有可能抑制新兴国家和发展中国家在新世纪的国际贸易谈判特别是多哈回合谈判中的攻势地位和强硬立场，从而再次将包括中国在内的新兴国家和发展中国家驱赶到国际贸易话语体系的边缘。这将对中国的国际经济和贸易环境构成新的挑战，值得高度关注。

鉴于此，本文试图对奥巴马政府第二任期的国际贸易战略走向进行详细分析，并在此基础上探讨中国的应对之道。

一、三大贸易谈判塑造全球贸易新格局

奥巴马政府大力推行的 TPP、TTIP 和 TiSA 三大贸易谈判勾勒出美国国际贸易战略的整体轮廓，这一国际贸易战略既重视区域也重视双边，其最终目的却是利用与众多国家形成的相对一致的贸易协定建立全球多边贸易新规则，以确保在 WTO 框架之下，多边贸易谈判止步不前的情况下，美国依然掌控着全球贸易规则的主导权，并为其经济霸权所服务。

"跨太平洋伙伴关系协议"（TPP）本来是由新加坡、新西兰、智利和文莱四小国发起的"跨太平洋战略经济伙伴关系协定"谈判，2009 年 11 月奥巴马政府高调宣布加入 TPP 谈判，使得 TPP 成为世界瞩目的焦点。加入 TPP 是美国"重返亚太"政策的具体体现，也是美国全球贸易战略的重要组成部分。东亚市场作为全球最为活跃的经济体聚集区之一，美国在此有重要的经济和战略核

心利益，美国不仅希望利用 TPP 扭转本国因金融危机而带来的经济颓势，更希望达成一项在货物贸易、服务贸易以及投资等多领域的经济自由化规则和标准，力图重掌全球贸易新规则、新秩序的制定权和塑造权。TPP 已经包含了亚太地区包括澳大利亚、日本等关键经济体，目前韩国也在积极谋划加入 TPP 谈判，这无疑会使其的规模更加庞大，不过这同时也会给 TPP 的谈判进程带来一定程度的影响。

TTIP 是美国在大西洋推动的与欧盟之间的多边贸易谈判，美欧自贸区的呼声由来已久，从 1995 年的"新跨大西洋市场"到 2005 年的"跨大西洋经济一体化和增长倡议"，美欧终于在 2013 年 6 月开始了首轮 TTIP 谈判。① TTIP 包含了世界上最大的两个经济体，不仅能使美欧经济焕发活力，还能打造更高规格的全球 FTA 新标准。同 TPP 一样，TTIP 对于美国来说已经超越了单纯的经济意义，更具有维持经济秩序、维护经济霸主地位以及应对新兴国家崛起带来的外部压力的战略意义。目前，美欧已经进行了 3 轮谈判，这一雄心勃勃的 FTA 谈判前景光明，但是谈判也面临着重重阻力。

除了 TTP 和 TTIP 之外，TiSA 谈判是奥巴马上任以来推出的另一个重要的多边服务贸易谈判机制，它于 2012 年底正式宣布启动，并于 2013 年 3 月正式开始首轮谈判，主张用列"负面清单"的谈判模式，推动达成更高标准的服务贸易协议。20 年前达成的《服务贸易总协定》（GATS）已经无法满足目前蒸蒸日上的服务贸易，而多哈回合服务贸易谈判又停滞不前，因此作为世界上最大的服务贸易国家，美国积极推动新的服务贸易谈判。目前已经有 23 个国家参与到 TiSA 谈判中，TiSA 成员国同意谈成一个高质量、综合性的且与服务贸易总协定（GATS）兼容的服务贸易协定。TiSA 谈判将覆盖所

---

① 崔洪建："欧美 TTIP：由来、目标与影响"，《国际问题研究》，2013 年第 5 期，第 60—72 页。

有的服务业领域，涉及到金融服务业、信息和通信服务（包括电信和电子商务）、海上运输服务、能源服务、政府采购、国内监管新规则等多方面。除了提高市场准入标准，谈判还会将乌拉圭回合上达成的标准发展出新的贸易规则。TiSA 谈判虽然仍处在初期阶段，但它却反映了服务贸易协定未来的发展方向。[1]

综合来看，通过 TPP、TTIP 和 TiSA 的联合推进，美国就形成了以北美自由贸易区（NAFTA）为躯干，以 TPP 和 TTIP 为两翼，以 TiSA 为辅助的战略格局，它将继续稳固美国在全球贸易版图上的中心位置而不受经济崛起国特别是中国的挑战。这三大贸易谈判齐头并进，对中国的影响巨大。继 2010 年中国 GDP 总量超过日本成为世界第二之后，2013 年中国进出口贸易总额超过美国，成为世界第一大贸易国。尽管中国对外贸易的质量不高，但美国不得不向中国让出其持续了 100 多年之久的头号贸易大国地位，这种心理冲击效应不可低估，美国战略界不会对此无动于衷。随着中国在国际贸易和国际金融体系中的影响力与日俱增，如何遏制中国经济影响力的扩张，已经成为美国战略界的重要问题之一。对中国在非洲的投资进行"新殖民主义"的宣传，对中国在美高端投资和并购以安全为由进行打压，都是美国应对战略的重要组成部分。[2] 美国重塑全球贸易规则、遏制中国崛起的行动值得中国高度重视并积极应对。

---

[1] 参见：http://www.dfat.gov.au/trade/negotiations/services/trade-in-services-agreement.html，访问日期：2013 年 12 月 15 日。
[2] 详细分析参见李巍："霸权护持：奥巴马政府的国际经济战略"，载《外交评论》，2013 年第 3 期，第 51—66 页。

二、TTIP：动因与进程

对于 TPP 谈判的动因、进程及对中国所可能产生的影响，已经有比较充分的分析研究。[①] 相比之下，对于美国在 2013 年刚刚启动的 TTIP 谈判，现有的研究还比较匮乏，而这一谈判对国际贸易格局和中国贸易环境的影响并不亚于 TTIP，因此，我们需要重点关注这一在地缘上似乎比较"遥远"的区域贸易谈判。

（一）TTIP 谈判发起的动因

2013 年 2 月 12 日，奥巴马在其第二个任期的首次国情咨文中宣布，美国将积极响应欧盟多年来寻求与美国建立自贸区的呼吁，正式与欧盟启动自贸区谈判工作。[②] 2 月 13 日，美欧双方分别在华盛顿和布鲁塞尔发表联合声明，宣布在该年 6 月正式启动 TTIP 谈判，

---

① 关于 TPP 的研究文献已有很多，参见：Bernard K. Gordon, "Trading Up in Asia: Why the United States Needs the Trans-Pacific Partnership," *Foreign Affairs*, Vol. 91, No. 4, 2012, pp. 17-22; Meredith Kolsky Lewis, "The Trans-Pacific Partnership: New Paradigm or Wolf in Sheep's Clothing?", Boston *College International and Comparative Law Review*, Vol. 34, Issue1, pp. 27 - 52; 樊勇明："TPP 与新一轮全球贸易规则制定"，载《国际关系研究》，2013 年第 5 期，第 3—15 页；刘中伟、沈家文："跨太平洋伙伴关系协议（TPP）：研究前沿与架构"，载《当代亚太》，2012 年第 1 期，第 36—59 页；蔡鸿鹏："TPP 横向议题与下一代贸易规则及其对中国的影响"，载《世界经济研究》，2013 年第 7 期，第 41—51 页；沈铭辉："跨太平洋伙伴关系协议（TPP）的成本收益分析：中国的视角"，载《当代亚太》，2012 年第 1 期，第 6—34 页等等。

② Obama, "The 2013 State of Union", http://www.whitehouse.gov/the-press-office/2013/02/12/remarks-president-state-union-address, 访问日期：2013 年 11 月 20 日。

以最终建立美欧自由贸易区。① 根据圈定的时间表,美欧自由贸易区谈判将在两年之内完成。这一政策行为是奥巴马政府在第二任期所推出的又一项重大的对外经济战略,它将构成美国国际战略中的重要一环,并产生广泛而深远的国际影响。

从 1995 年双方提出建立"新跨大西洋市场"(New Transatlantic Marketplace, NTM)到 1998 年欧委会重提构建欧美自由贸易区的设想,美欧建设自由贸易区的想法可谓经过了长时间的酝酿。但是由于欧美之间存在着巨大的利益分歧,这些设想还未实行就已夭折。

自从奥巴马从 2009 年上任伊始,美国就开始奉行所谓"战略再平衡"以及"重返亚太"的外交新战略,对欧洲采取了有意忽略的态度。2010 年欧债危机开始蔓延之后,美国并没有采取任何实质性的国际倡议帮助欧盟解决债务危机问题,在很大程度上,欧债危机帮助了美国度过金融危机的难关。过去 10 年来,欧元一直被认为是对美元地位最大的挑战,欧债危机的爆发使美国确信欧元已经很难对美元构成实质性挑战。美国对欧债危机采取作壁上观的态度,而且其评级机构在欧债危机中浑水摸鱼,甚至为危机推波助澜,这使得美国度过了最艰难的时期,也使美国重拾信心。②

如今随着美国经济全面向好和复苏,美国对欧盟投出的橄榄枝进行热情回应,美欧政治和经济关系开始回暖,虽然美国"战略再平衡"的大方向不会发生根本改变,但美国将采取一种亚欧协调、"两面下注"的新战略,而不是一味将战略重心转向东亚。亚欧战略齐头并进,标志着奥巴马政府的外交战略在不断调适中走向成熟。

---

① "Statement from United States President Barack Obama, European Council President Herman Van Rompuy and European Commission President José Manuel Barroso", http://europa.eu/rapid/press-release_ MEMO-13-94_ en.htm, 访问日期:2013 年 11 月 20 日。

② 我们目前没有确切证据表明评级机构与美国政府的关联性,以及评级机构的决策是否具有政治意义。

奥巴马在第一任期后期，就逐渐开始回应欧盟提出的欧美自由贸易区的想法，美欧双方成立了"就业与增长高级工作小组"（High Level Working Group on Jobs and Growth），用以评估双方建设自由贸易区的可行性。奥巴马第二任期伊始，TTIP便成为美国全球贸易战略的重头戏，这与美欧所处的经济形势以及双方企图垄断国际贸易新规则的全球战略密不可分。

奥巴马从2013年开始积极推动TTIP，主要出于扭转美国目前所处的经济颓势以及试图重塑未来全球贸易新规则两个动机。

第一，美欧自贸区谈判在经济上有利于美国和欧洲经济的复苏。无论历经金融危机打击的美国还是被债务危机折磨的欧盟，它们都有动力和意愿通过取消关税或降低非关税壁垒来扩大市场准入，进而提升处于颓势状态的经济。

总体而言，美欧自贸区对欧洲一方更加有利。欧盟认为，新兴国家之所以能实现经济快速崛起，关键在于它们有效地利用了美国市场。欧盟有识之士认为，过去数十年，欧盟专注于内部共同市场的建设，其在美国的市场份额都被新兴国家给瓜分了，为此，欧盟需要发起一场大规模运动，重新夺回在美国的市场份额。

欧方称，在自贸协定完全执行后，欧洲每年将从中获益1190亿欧元，欧盟将有1/4的家庭因此每年增加545欧元的可支配收入，同时也将为世界其他地方带来1000亿欧元的GDP增长。欧盟对美国出口总体将增长28%，相当于1870亿欧元的货物和服务贸易。在行业上，最大的贸易增长将在汽车行业，欧盟汽车出口到美国将增加149%，向其他地区出口将增加约42%，进口扩大43%。该协议一旦达成，欧盟和美国年GDP将会分别增长0.5%和0.4%。[1]

---

[1] Joseph Francois, "Reducing Transatlantic Barriers to Trade and Investment: An Economic Assessment," March, 2013, Centre for Economic Policy Research, London, http://trade.ec.europa.eu/doclib/html/150737.htm, 访问日期：2013年11月30日。

对美国而言，欧盟近年来一直在走向内向化，对美国产品和服务存在多种歧视，借助 TTIP 的谈判，美国认为可以借此全面打开欧洲市场，实现美国的"五年出口倍增计划"。美国之所以现在接受欧盟伸出的橄榄枝，也是美国恢复自信心的表现。

受多方面政策刺激的影响，美国的制造业已经有明显回流的迹象，产业空心化的趋势得到逆转，未来美国在高端制造业方面的优势将更加突出。① 2010 年、2011 年美国在矿物燃料、汽车及零配件、发动机、通用机械、塑料、有机化工、光学仪器与医疗设备、钢铁等重要制造业出口上比重超过 70%。美国对欧盟出口一半以上都是制造业，多于服务业出口，10 倍于农业和燃料出口。TTIP 一旦达成协议，双方的年产量将会增加 1%，这无疑会刺激双方扭转目前的经济颓势，同时也有利于全球贸易的发展。② 另外，根据美国智库威尔逊中心在 2012 年 3 月发布的《全球先进制造业趋势报告》，美国研发投资量仍然居世界第一，其中 3/4 投向制造业，在航天、医药、军工等领域竞争优势突出，在合成生物、先进材料和快速成型制造等先进制造业领域优势明显。美国有可能出现以无线网络技术全覆盖、云计算大量运用和智能制造大规模发展的新一轮技术创新浪潮。③ 这些技术突破使得美国相信，一旦 TTIP 谈判达成协议，美国对欧出口将会大增。

第二，美欧希望重新夺回全球贸易的主导权。二战以后，全球贸易体系基本上由美欧主导，但近十多年来国际贸易格局发生了许

---

① Harold L. Sirkin, "Made in America, Again", August, 2011, http://www.bcg.com/documents/file84471.pdf，访问日期：2013 年 11 月 30 日。

② Stephen V. Gold, "The Manufacturers' Case for TTIP", August 5, 2013, https://www.mapi.net/manufacturers-case-ttip，访问日期：2013 年 12 月 10 日。

③ Stephanie S. Shipp, "Emerging Global Trends in Advanced Manufacturing", March, 2012, 2012, http://www.wilsoncenter.org/event/report-launch-emerging-global-trends-advanced-manufacturing，访问日期：2013 年 11 月 20 日。

多重大的变化，随着中国等新兴国家经济体的逐步崛起，新兴国家在国际贸易谈判中的地位逐渐上升，而美欧受全球金融危机以及债务危机的影响，实力相对衰落，新兴国家要求改革国际贸易规则的呼声日益高涨，美欧对于全球贸易的影响力日渐减小，由美欧主导的全球贸易体系不断受到冲击。多哈回合谈判停滞不前、气候减排谈判一直未见突破，美欧日等发达国家认为，无论是在贸易领域还是在气候减排领域，美欧与以中国、巴西等新兴国家在诸多关键领域存在分歧，新兴国家态度过于强硬，对发达国家提出过高要求，有时候甚至是为了反对而反对，这是导致多哈回合和气候减排谈判迟迟不能取得进展的重要原因。

与此同时，多哈回合谈判举步维艰使得各主要经济体对自由贸易协定寄予厚望，试图通过双边或区域层次的率先贸易自由化来应对各种新的挑战，各种贸易协定不断涌现，这促使美国改变战略，希望重新团结发达国家，率先就很多问题达成协议，以向新兴国家施加压力，并且在可能的情况下，对新兴国家各个击破。在这种情况下，美欧希望通过构建双边自由贸易关系，夺回在全球贸易体系中的领导者地位。

二战后的贸易自由化主要集中在降低关税领域，并取得了重大成就。新世纪的国际贸易谈判的焦点将由关税壁垒转向非关税壁垒。由于美欧之间的关税水平已然很低，因此 TTIP 谈判聚焦于非关税贸易壁垒，包括进口配额、管理和安全标准、检验程序以及对国内公司的倾斜。据估计，非关税壁垒、规则问题或是"边境后"措施相当于 10%—20% 的关税。消除这些壁垒将大大降低公司开展跨大西洋业务的成本。① 而更加重要的是，通过全面进行非关税壁垒削减的尝试，美欧将为今后在全球框架下进行削减非关税壁垒的谈判获得

---

① 王义桅："TTIP 对中国的三大影响"，http://www.yicai.com/news/2013/12/3271452.html，访问日期：2013 年 12 月 26 日。

主导权。

总之，世界上两个最大的经济体达成自由贸易协定，将继续确保他们在国际贸易规则的制定中保持主导角色。如果 TPP 也能谈成，这无疑相当于建立了一个缩小版本的 WTO，其他国家如果要进入这个体系，就必须接受美欧日等发达国家制定的新规则和新标准。美国副总统拜登也指出："我们正在磋商的这些协议与我们国家此前签订的协议有所不同，包括采取空前举措保护劳动力标准、环境和知识产权，同时做出新的承诺、反对偏袒国有企业的行为。这些举措要求那些可能试图通过低价与我们竞争的国家，达到我们的高标准。"[1] 通过 TTIP、TPP、TiSA 等协议的谈判，美欧日可以重新塑造世界贸易的新规则，为全球贸易规则设置新范本，进而再度在全球贸易体系中占据主导地位，这将全面削弱发展中国家在目前全球多边贸易谈判中日益增加的话语权。

（二）TTIP 谈判的进程评估

与 TPP 谈判成员国政治经济差异较大不同，TTIP 谈判双方共享基本的民主价值观，而且经济水平、经济制度都大体相似，双方都有长时间的谈判与合作的经验，对双方的谈判筹码甚至底线都比较熟悉。相反，TPP 的参与国有马来西亚、越南这样的发展中国家，也有日本这样保护主义比较严重的国家，想达成一个高水平的自贸区，无疑比较困难。从 TPP 的进程来看，不少谈判国在包括知识产权、环境、竞争、劳工和农业等方面分歧较大，但在经济乃至政治安全等方面对美国的依赖较高，讨价还价的能力较弱。奥巴马政府

---

[1] 乔·拜登："美国必须占据全球贸易主动"，http://www.ftchinese.com/story/001055056#adchannel = NP_ Economy，访问日期：2013 年 3 月 5 日。

现在面临两种选择,要么适当降低标准、放宽要求,以例外形式满足一些国家重大关切,进而加快谈判进程;要么继续维持高标准,不轻易让步,将 TPP 打造成为一个 FTA 的模版。目前来看,美国还没有妥协的计划。2013 年 12 月中旬于新加坡举行的部长级会议无果而终。根据日本媒体报道,TPP 谈判大概只完成了 65%。被迫拖延至 2014 年的内容包括关税、知识产权、竞争政策、政府采购及环保等至少 5 个领域。① 目前来看,TPP 在短期内达成协议的可能性越来越低。

相比之下,TTIP 的谈判有可能后发而先至。TTIP 要达到如下几个方面的目标:一是立即或在一定时间内,将产品关税从目前的平均 4% 降至零;二是在服务和采购上扩大市场准入,取消非关税壁垒;三是处理双方市场内部的监管和国内标准。② 目前,TTIP 已完成了三轮谈判,谈判涉及到投资规则、服务业贸易、能源和原材料以及监管问题,包括监管一致性、贸易技术壁垒等,同时还涉及政府采购等议题。不仅如此,美国还支持将海洋贸易、金融服务、国防、烟草、政府采购等美国的敏感行业全部纳入谈判。TTIP 谈判将 WTO 未涉及的新领域作为谈判内容,试图引领未来全球经济自由化包括金融自由化方向。

但是 TTIP 谈判涉及到多方利益,因此面临着一些阻力和障碍,一些领域成为美欧双方谈判的焦点和关键。

一是欧盟内部在一些领域存在异议。由 28 个成员国组成的欧盟必须保证所有成员国的批准才可获得与美国进行自由贸易区谈判的授权,所以,协调各成员国的立场使之保持一致对于欧盟来说非常重要。然而面对持不同意见的成员国,欧盟不得不做出相应的妥协

---

① 江玮:"TPP:一场未如期完成的'21 世纪的谈判'",《21 世纪经济报道》2014 年 1 月 1 日,第 22 版。

② Final Report High Level Working Group on Jobs and Growth, February 11, 2013.

以保证各成员国的团结一致。例如,在文化产业上,法国一直主张积极保护本国的文化产业,以配额或补贴支持他们自己的文化产业,特别是音像行业,因此法国坚持不将电影、电视和其他音像产业列入 TTIP 的谈判议题。最后,欧盟其他 26 个国家不得不做出让步,同意将法国的文化产业获得"例外保护",尽管欧盟委员会以及其他成员国甚至美国都对法国的做法感到不满。[1]

二是美欧双方之间存在许多利益分歧。首先,统一标准和规则是美欧谈判的最关键的领域,但是其谈判面临着重重阻力。可以说,在 TTIP 谈判中,美国和欧盟更关注的并不是如何取消关税壁垒,而统一标准和规则成为双方谈判的重点,如果双方最后能够达成协议,那么 80% 的收益将会来自统一规则、服务业贸易自由化以及政府采购项目。[2] 美国贸易代表办公室也表示 TTIP 的目标之一便是制定出关系到全球贸易的原则和规则。[3] 美欧双方希望能够实现统一标准和规则,如果能采用一致的监管标准,美欧可以真正形成一个跨大西洋统一市场,通过调整国内标准进而发展成为国际标准,这对于掌握全球贸易的规则制定权无疑具有重要意义。但是美欧双方在农业、食品安全检测、汽车等领域存在着不同的标准和规则,如果美欧双方想要实现统一的监管标准,必须要应对欧盟各成员国以及美国国内的反对势力,在调整内部监管标准政策上获得广泛的国内政治支

---

[1] 张兴慧:"欧美自贸区谈判打响了发令枪",《中国青年报》2013 年 6 月 21 日,第 4 版。

[2] European Commission, "EU and US conclude second round of TTIP negotiations in Brussels", November 15, 2013, http://europa.eu/rapid/press-release_IP-13-1091_en.htm, 访问日期:2013 年 12 月 30 日。

[3] The White House, "Fact Sheet: Transatlantic Trade and Investment Partnership (T-TIP)", June 17, 2013, http://www.ustr.gov/about-us/press-office/fact-sheets/2013/june/wh-ttip, 访问日期:2013 年 12 月 30 日。

持必不可少。①

三是 TTIP 谈判的另一大难点是农业、服务业、航空等领域的开放，这些领域涉及到各方的核心利益，双方在竭力保护这些领域。尤其是欧洲的农业补贴问题，一直是 WTO 多哈谈判的关键症结，而欧洲共同农业政策的最大受惠国法国则是主要反对者之一。美国也对农业进行了大量补贴，因此，能否在农业补贴问题上达成一致并全面实现农业贸易的自由化也是美欧谈判的一个难题。农业领域还涉及到食品安全检测标准以及转基因食品问题等，这也是美欧双边关系中的敏感问题。目前，TTIP 有可能回避农业问题，而重点在服务业、能源、政府采购以及国内标准等领域取得突破，包括双方都减少对空客和波音的补贴。②

另外，投资争端解决机制（ISDS）属于市场监管中的内容，这也是美欧双方一大分歧所在。投资争端解决机制是双边投资协议中常见的投资保护措施，允许外国投资者根据投资协议的规定，在投资利益受到所谓"侵害"时，对投资所在国提起仲裁。虽然欧盟在 TTIP 谈判中对建立 ISDS 机制持开放态度，但美国对建立这种"公司起诉国家"的超主权机制却存在很大的怀疑。

四是数据业务也是双方谈判要啃的一块硬骨头。美国公司寄望于 TTIP 的谈判能够降低欧洲的数据保护等级，而欧洲尤其是德国公司则是呼吁加强欧盟数据监管的急先锋。可以确定的是，双方企业界的立场分歧将影响 TTIP 在数据业务上的谈判结果。

五是美国和欧盟内部的社会力量也对美欧自贸区的谈判形成某种阻力，为维护自身利益而提出诸多要求。例如欧美跨大西洋消费

---

① Jeffery Schott, "Obama's Trade Pivot to Europe and Asia", http://www.piie.com/publications/interviews/pp20121112schott.pdf，访问日期：2013 年 12 月 30 日。

② Jeffery Schott, "US-European Trade Talks Start: Part I", http://www.piie.com/publications/interviews/pp20130701schott.pdf，访问日期：2013 年 12 月 30 日。

者保护组织（TACD）坚持欧美双方必须将消费者的健康和利益放在首位，并且向谈判者提出诸多具体建议来保护消费者的安全和健康权益，诸如要特别注意美国对于致病性病菌的检测标准，欧洲商品要贴有是否是转基因食品的标签等。①

TTIP 无非有两种命运，如果双方政治意志不坚决，或者国内阻力过大，如期完成协议的难度就会非常大，甚至会久拖不决。但另一方面也要看到，美欧是自由化程度最高的发达经济体，它们之间的融合度也是最高的。只要美欧有足够的政治意愿，在目标期限内完成谈判也并非全无可能。如果 TTIP 达成协议，有可能在服务业贸易和国内标准（包括环境和劳工标准）这两大领域为全球贸易制定一个全新的贸易规则，而这两大领域一直是 WTO 的弱项，所以该双边谈判对 WTO 多边谈判的冲击是非常巨大的。总之，TTIP 和 TPP 有可能成为美国牵动两岸的两根绳索，两者相互促进，一旦其中一个受阻，马上牵动另一个，达到相互施压的效果。

三、美国三大贸易谈判对中国可能产生的影响

在奥巴马政府的第二任期，鉴于美元的国际地位并没有动摇，美国金融产业仍然无以匹敌，美国国际经济战略的重心将会放在贸易和能源领域。美国将通过 TPP、TTIP 和 TiSA 这三位一体的贸易战

---

① Trans Atlantic Consumer Dialogue, "Resolution on the approach to food and nutrition related issues in the Transatlantic Trade and Investment Partnership," October, 2013, http://www.consumersinternational.org/media/1402104/tacd-food-resolution-on-the-approach-to-food-and-nutrition-related-issues-in-the-ttip.pdf，访问日期：2013 年 12 月 30 日。

略,来重塑国际贸易格局,这将对中国的国际贸易环境构成重要影响。

第一,美国积极致力于区域和诸边贸易谈判,将分散国际社会对WTO多边贸易谈判的资源投入,从而削弱WTO在现行国际贸易谈判中的权威地位。自从2001年加入WTO以来,中国的国际贸易迅速发展,成为既有国际贸易体系的重要受益者。不仅如此,WTO的决策规则虽然在效率上有先天弱势,但却具有高度的平等性,有利于保障发展中国家的利益,中国也因此极力捍卫WTO的权威性与合法性。

尽管WTO的规则并不反对区域贸易谈判,但是美国联合世界主要经济体进行区域谈判,而不是全球多边谈判,这势必削弱WTO的权威性。美国和澳大利亚最早决定在WTO框架之外发起TiSA谈判时,中国政府就对此明确表达了反对立场,认为这"将是世界贸易组织这个多边系统的丧钟"。[①] 美国带头进行区域贸易谈判,并将欧盟、日本等主要经济体纳入其中,这将进一步促成区域贸易协定的盛行,不少国家会更加优先于区域谈判而非多哈回合的谈判,甚至将区域贸易谈判所达成的规则置于WTO既有规则之上,这势必将削弱WTO的效力,从而进一步加剧全球贸易体系的碎片化。而对于一个经济正在快速成长的后发国家而言,中国更加需要一个以WTO为核心的稳定和统一的全球市场,而WTO的边缘化将是对中国贸易环境的重大挑战。

第二,美国的国际贸易战略使中国在国际贸易谈判中处于相对孤立态势,将削弱中国的谈判力量。发达经济体在美国的牵动下,通过TPP、TTIP、TiSA建立了一个新的经济和贸易联盟。这三大贸易谈判目前都没有邀请中国加入,从而使中国处于相对孤立的局面。

---

① 参见 http://finance.qq.com/a/20130924/001568.htm,访问日期:2014年1月3日。

在日内瓦，TiSA 的谈判不在 WTO 总部进行，而是在各参加国驻日内瓦的外交机构内"秘密"展开；非谈判国不能列席旁听，而且也不向 WTO 秘书处通报谈判进展。[①] 包括中国在内的非谈判成员在了解国际贸易业贸易谈判的相关信息上比较被动。

2013 年 8 月，中国商务部部长高虎城首次向美国贸易代表迈克尔·弗罗曼（Michael Froman）表达了加入 TiSA 谈判的意愿，但弗罗曼于 10 月 29 日隔空喊话，向中方开出了加入 TiSA 谈判的 5 个前提条件，中方随后严词拒绝了美国设置的这些评估关口，这意味着中国继续被排除在这一谈判进程之外。

在亚太地区，美国积极推动 TPP，以实现在经济上"重返亚太"的战略意图。东亚作为世界经济最为活跃的地区之一，将会有助于美国实现出口倍增计划，进一步增强经济活力。另外，美国还希望通过加强与东亚地区的经济合作进一步强化政治联系，使既有的联盟体系得到巩固，对亚太权力关系重新分化组合，最大限度地维护美国的政治安全利益。而 TPP 将直接影响中国的亚太经济战略，削弱中国在亚太范围内进行自贸谈判的号召力和话语权。

在大西洋地区，TTIP 则是美国全球贸易战略布局上另一重要组成部分，在美欧之间特殊的政治与军事联盟的关系上，美国通过 TTIP 进一步夯实和提升美欧的经济纽带。美国不仅试图利用 TTIP 增加就业、扩大出口，重塑世界贸易规则，更希望加深与欧洲的战略伙伴关系，共同抑制新兴经济体的经济崛起，削弱它们在 WTO 等全球框架下的反对力度。

美国领导的这三大贸易谈判能起到使参与者相互熟悉彼此政策立场，更好地协调彼此政策，在针对第三方时，可以在已有共识的基础上采取集体施压。而中国的缺席意味着中国作为世界上第二大

---

① 陆振华："起底 TiSA 秘密谈判：中国加入服务贸易立规新游戏"，《21 世纪经济报道》，2014 年 1 月 1 日，第 20 版，访问日期：2014 年 1 月 3 日。

经济体，在区域和诸边贸易谈判中，将被第一大（美国）、第三大（日本）经济体所彻底孤立。

第三，在贸易规则上迫使中国强行接受，中国面临着严峻的"二次入世"的危险。从规则和标准看，TPP、TTIP 和 TiSA 执行的是大大超越 WTO 的新一代贸易规则，WTO 规则可能不得不随之作出调整，实际上被三大自贸谈判所绑架。美国通过三大自由贸易协定，建立了一个独立于 WTO 之外的规则体系，美国可能以该规则体系为蓝本，然后重塑整个国际贸易的游戏规则。美所谓的"高质量"，是以一系列不同以往的贸易投资新规则作支撑的，其实质是尽可能固化和放大美国在服务业中的竞争优势，最大限度弱化新兴经济体特别是中国的优势。

美国在服务业贸易领域所发起的谈判也旨在服务业贸易领域设置新规则和新标准。这一组谈判覆盖了 70% 的全球性服务业贸易，年度贸易达到 4 万亿美元。美国在 TiSA 谈判中立场激进，主张用"负面清单"的方式来确定各方服务业的市场准入，这对中国构成了极大挑战。而美国之所以对中国的加入设置了很高的谈判条件，是因为它担心，如果中国加入了谈判，可能降低服务业贸易谈判所坚持的高标准，从而稀释服务业协议的影响力。

无论是 TTIP 还是 TPP，抑或是 TiSA，竞争政策都是其中的重要内容，美欧在谈判中推动补贴、反垄断和并购有关条款，正是试图将这些问题重新带回全球贸易舞台。政府补贴和其他对国有企业的优惠措施是如何扭曲竞争并损害美欧企业，也是两大谈判的重要内容。此举被普遍认为明显针对中国国有企业。美国人认为中国的国家资本主义模式使中国的工业更有竞争力，中国并不完全遵守世界贸易规则，忽视知识产权、严格限制原材料的出口、较低的环境和劳工标准都成为中国经济发展的竞争优势之一。如果上述三大谈判能够顺利达成协议，美国、欧盟、日本等将会形成对中国的更为强大的制衡能力,通过联手合作强制中国接受由它们制定的自由贸易规则。①

由美国主导的 TPP、TTIP 以及 TiSA 如果都能顺利谈成,那么全球贸易秩序以及国际贸易格局势必发生不小变化。美国将继续主导着国际经济秩序的演进,在金融领域依旧占有优势地位,而在贸易领域也将重拾主导地位。

总之,随着中国成为世界第二大经济体,美国已深刻感受到中国崛起给自身带来的巨大挑战,TiSA、TPP 和 TTIP 完全把中国排除在外,其针对中国的目的十分明显。即便它们在短期内不能达成协议,其谈判架构和谈判进程也对中国影响巨大,这种影响除了在心理上对中国构成孤立之外,还可能加剧中国在战略上的手忙脚乱。中国则应该更为警醒,深思熟虑从容应对这场全球贸易体系的重构运动。

四、中国的应对战略

针对 TTIP、TPP 和 TiSA 所带来的国际贸易体系的大变局,中国必须加快自身的区域贸易协定的战略布局,以积极有为的姿态来加以应对,而不是被动等待谈判邀请。目前中国的 FTA 战略仍显保守,虽然中国已经和 12 个国家及地区签订了自贸协定,但是除了在 2010 年和东盟全面建成中国—东盟自贸区外,中国与其他重大经济体还没有达成任何自贸协定。目前,中国正在谈判的自贸协定有 6 个,

---

① Tyson Barker, "For Transatlantic Trade, This Time Is Different," February 26, 2013, http://www.bfna.org/in_the_news/for-transatlantic-trade-this-time-is-different,访问日期:2014 年 1 月 3 日。

涉及到22个国家。① 中国应该加快这些正在谈判的自贸协定，以我为主，不受美国的干扰，以足够的定力和决心搭建自己的自贸协定网络。

第一，中国近期的重点应该是全面加强中韩自由贸易协定和中澳自由贸易协定，同时把现有中国—东盟自贸区和其他国家的自贸区升级，在市场准入、服务贸易及投资等相关标准方面加大开放力度。

韩国是东亚国家中唯一同时与美国和欧盟达成了FTA的国家，因此，韩国富有与美欧进行贸易谈判的经验，熟悉美欧的游戏规则和谈判底线。鉴于中日关系的恶化有可能长期化，以及韩国朴槿惠政权对中国比较友好，中国应该果断放弃在中日韩三方机制上达成协议的期望，转而采取双边战略，加快推进建设与韩国的全面政治经济关系。通过韩国，撬动中国与美国和欧盟的经济关系。中国应在中韩自贸协定谈判中投入大量精力，促进中韩自贸谈判取得实质性进展。韩国上下各方对于中韩FTA持非常积极的态度。时值朝鲜半岛危机，韩国在安全问题上有求于中国的帮助。中国可以承诺在安全问题上给予韩国更大帮助，来换取韩国在FTA问题上的灵活态度，而中韩FTA也确实标志着两国政治关系上了一个新台阶。这可以达到一箭双雕的目的：第一，给日本带来压力，如果日本不尽快加入到这一进程中来，日本有可能在东北亚经济圈中被孤立，何况日本和韩国本来就存在激烈的经济竞争关系。第二，通过与韩国的谈判，可以熟悉美韩、美欧自贸区的一些基本规则，进而知己知彼。在东北亚、东亚乃至整个全球格局中，韩国对于中国具有重要的经济战略意义，中国应当对此有清晰的认识。

另外，中澳自贸协定对于中国构建自贸协定网络也具有重要意

---

① 详情参见中国自由贸易区服务网，http://fta.mofcom.gov.cn/，访问日期：2014年1月3日。

义。澳大利亚是中国日益重要的经济伙伴,目前,中澳自贸谈判已经进行了19轮,在原产地规则、服务贸易、投资等议题上进行了深入的讨论,且两国货币已实现可直接兑换,中国应该抓住这一有利时机,加紧与澳大利亚进行FTA谈判。中澳两国经济具有很强的互补性,双方互为重要的贸易和投资伙伴,澳大利亚的经济增长已经高度依赖于中国,而且澳大利亚也是TPP谈判的成员,深化与澳大利亚的经济联系有利于改善中国在美国主导的FTA谈判网络中的被动局面。

总之,目前是中国与韩国和澳大利亚展开FTA谈判并取得实质成效的最好时机,中国应该抓住这一有利机会,切不可放过。

除此之外,中国应该加快推动与东盟的自贸区升级谈判,打造中国和东盟经济关系的"钻石十年",让中国—东盟自贸区成为中国今后加入或进行高水平自贸区谈判的样本。东盟在中国对外经济战略版图上依然具有重要的战略地位。2012年,中国与东盟的双边贸易额达到4001亿美元,为10年前的7.3倍。目前,中国已是东盟的最大贸易伙伴,东盟则是中国的第二大贸易伙伴。而且双方也是重要的投资伙伴。中国商务部长高虎城曾表示:"10年前启动的自贸区协定现在看来水平相对比较低,贸易投资自由化、便利化水平已明显滞后于双边经贸关系快速发展的需要。同时,自贸区协定所涵盖的范围和内容已经不能适应经济全球化和区域经济一体化所发展的新趋势和新要求。"[①] 由于东盟国家总体而言对我国的竞争压力相对较小,因此,中国—东盟自贸区的升级版建设可以谋求在农产品市场准入、知识产权保护、金融服务业开放、降低投资壁垒等传统比较敏感的领域进行更大程度的开放,以提前进行高水平自贸区

---

① 江玮:"'钻石十年':打造升级版中国—东盟自贸区",《21世纪经济报道》2014年1月1日,第19版。

的练兵。[①]

第二，全力支持东盟推进"区域全面经济伙伴关系"（RCEP）谈判。2012年11月，在第七届东亚峰会上，东盟十国与中国、日本、韩国、印度、澳大利亚和新西兰正式启动RCEP谈判，目前谈判已经举行了三轮，分别于2013年5月在文莱、9月在澳大利亚以及2014年1月在马来西亚举行。RCEP的目标是消除内部贸易壁垒、创造和完善自由的投资环境、扩大服务贸易，它还将涉及知识产权保护、竞争政策等多项领域，其自由化程度将高于目前东盟与另外6个国家已经达成的自贸协议。

美国主导的TPP谈判目前只包括马来西亚、文莱、新加坡、越南四个东盟国家，因此，其他东盟国家对被排除在TPP谈判之外颇有不满，所以东盟发起RCEP谈判的目的也是防止自身在美国的TPP攻势中被边缘化。RCEP不包含参加东亚峰会的美国和俄罗斯，因为这两个国家都与东盟没有贸易协定。因此RCEP有可能是中国应对TTIP和TPP的一柄利器，而且冲在最前线的并不是中国，而是东盟在主导推动RCEP。

面对美国的TPP，东盟国家的态度极为复杂。一方面，被纳入TPP谈判的国家希望搭上美国经济的快车，防止在经济上过于依赖中国，而且还可以加强与美国的政治关系；另一方面，这些国家又担心TPP所设置的高标准难以承受，面对美国的强大压力十分被动；而那些未被纳入TPP谈判的国家，则不满东盟在东亚经济合作中的"驾驶员"地位受到威胁。美国加入并主导TPP谈判，将TPP作为"重返亚太"战略的重要工具，试图重新整合亚太资源主导东亚经济合作，确保其在亚太地区的核心领导地位，这对东盟来说无疑是一

[①] 相似的观点参见金中夏："我国应尽早提出加入TPP谈判"，《21世纪经济报道》2013年12月14日，http://jingji.21cbh.com/2013/12-14/wONjUxXzk4MzEwOA.html，访问日期：2014年1月3日。

个巨大的挑战。为此，东盟的 RCEP 战略，是重塑东盟在亚太经济版图中主导地位的重大努力。这一努力，有利于分散和削弱美国 TPP 的攻势，符合中国的经济及战略利益。中国应该顺势对 RCEP 采取坚定支持态度，并且使东盟继续在推动 RCEP 中发挥主导作用，以此缓解 TPP 带给中国的压力。TPP 的谈判并非一帆风顺，相对来说，RCEP 更加符合东盟国家的切身利益，如果 RCEP 能够率先谈成，那么不仅可以给美国的 TPP 谈判制造障碍，还可以保障东盟在东亚经济合作中的主导地位，同时可以与 TPP 相抗衡，避免美国在全球贸易新规则的制定上占据主导地位。

第三，中国应密切关注 TiSA 谈判进程，积极争取参与这一谈判，并努力推动中美投资协定谈判取得进展，进而在关于服务贸易和投资开放的谈判中获得更多话语权和规则制定权。中国不仅一方面要仔细评估 TiSA 对国内相关服务产业的冲击，另一方面应该团结其他新兴国家对 TiSA 谈判施加压力，促使其更加开放和包容。TiSA 仍是在 WTO 框架下进行的服务业贸易谈判，对于中国来说，要求 TiSA 谈判对所有 WTO 成员国持一种开放态度，并且促使欧美国家将谈判过程透明化，也是维护 WTO 现行地位的需要。

另外，中美两国已经举行了十轮双边投资协定谈判，2013 年 10 月份结束的第十轮谈判也是中国接受"准入前国民待遇"加"负面清单"的模式之后首轮实质性谈判。中美双边投资协定谈判也包含着未来美国想要确立的全球投资规则。中国虽然未能在 TPP 和 TTIP 谈判中占有一席之地，但是在目前准备参与的 TiSA 谈判以及中美双边投资协定谈判中，中国理应积极参与这场重塑全球规则的活动，与之相伴随的应该是国内相关服务业领域的进一步改革。

最后，"金砖"机制仍然是中国不可忽视的重要战略武器，中国要用好这一武器。德班峰会的"金砖国家"外汇储备库和开发银行对西方国家震动强烈，将可能加快 IMF 和世界银行改革的步伐。由于金砖国家的贸易保护主义比较严重，其合作主要集中在金融和投资领域，贸易领域想取得进展比较困难。为了应对来自 TPP 和 TTIP 对新兴国家所带来的群体性挑战，中国可以通过金砖机制进行造势，逼迫美国将中国纳入其谈判体系中。其主要手段就是，建立稳定的金砖机制贸易谈判机制，公开宣布展开金砖机制 FTA 谈判，这一谈判的目标可能没有 TPP 和 TTIP 那么高，但政治意义不可低估，必要时，将墨西哥、阿根廷和印度尼西亚三个国家纳入到金砖贸易谈判的对话国中，从而形成 5+3 的谈判格局，甚至可以直接考虑将上述三国纳入到金砖框架。但中国必须认识到，金砖机制只是中国对外经济战略的一个手段，不可对金砖机制的合作报以过高期望，尤其是贸易上。俄罗斯以贸易环境恶劣而闻名，印度则以贸易保护程度高而闻名。金砖贸易谈判能不能最终达成协议，并不是特别重要，重要的是对西方发达国家造成一种威慑效果，迫使它们接受中国加入谈判。

总的来说，中国应该充分利用现有的或即将谈成的双边自由贸易协定以及区域自贸协定，关注自身发展，以我为主，多管齐下，积极构建以自身为中心的自由贸易协定网络，成为未来贸易体系的规则制定者并从中受益。当然，中国还需加快国内改革，进一步提高对外开放水平，包括进一步加快中国（上海）自贸区建设步伐。中国正处于改革的关键时刻，美国推动 TPP、TTIP 和 TiSA 带来的外部压力有可能"倒逼"中国改革，如能逐渐实现结构性改革，对于中国经济的再增长无疑大有裨益。

五、结语

随着 2013 年美国正式启动 TTIP 谈判，美国国际贸易战略走向完善。TPP、TTIP 和 TiSA 构成了奥巴马政府国际贸易战略的三个关键环节，缺一不可，相互促进。虽然这三大的贸易谈判都可能并非一帆风顺，但是一旦谈判成功，将会使全球贸易的面貌焕然一新。经历过金融危机创伤的美国目前的经济正处于缓慢恢复时期，美国一方面在国内实行制造业复兴、"页岩气革命"等具体的经济政策，寻找新的经济增长点，另一方面又在国际层面重塑贸易体系格局，这很有可能使美国的经济霸主地位依然难以撼动。

美国的三大国际谈判将会对中国的国际贸易环境构成多面夹击的严峻挑战。因此，中国不应该再满足于 2001 年加入 WTO 之后的贸易增长红利，而是应该主动出击，通过外交手段，对外开拓新的贸易空间。一方面，中国应该加快建立以本国为中心的 FTA 网络，在未来两年里，和几个主要国家谈成与中国有重大利益关系的 FTA 协定，以确保自身在国际贸易体系中的中心位置不被动摇；另一方面，中国也应该积极加快自身改革的步伐，特别是加快在国有企业、知识产权保护、服务业等关键领域的改革，这对于参与新一轮的国际竞争具有十分重要的意义。

第六章

治理网络安全问题：中美战略竞合的新疆域

当前，网络安全已成为国际社会面临的又一全球性公共问题，引发中美两国政府的高度关注。美国不断提升网络安全在国家安全战略中的地位，2013年《情报界安全威胁评估报告》将网络威胁置于美国面临的各类国家安全威胁之首。[1] 中国也将网络空间安全与海洋、太空安全并重，提出要从战略高度予以重视。[2]

网络安全已扩展到中美关系的经济与贸易、政治与外交、军事与国防等各领域。美国指责中国的互联网访问限制及内容审查政策，认为美国企业在华业务因此受阻，美国还以国家安全为由限制中国信息技术企业在美销售和投资活动。中国对美国通过互联网途径传播价值观、干预中国内部事务、影响中国社会政治进程等问题保持警惕。双方都指责对方进行网络攻击、发展网络武器和推动网络空间军事化。

在国际层面，中美各自倡导的网络空间安全行为规则也已形成

---

[1] 本文原载于《美国研究》，2013年第3期，编入评论时略有修改。
[2] 《中国共产党第十八次全国代表大会文件汇编》，北京：人民出版社，2012年版，第39页。

竞争态势。中俄等国在联合国发起的"信息安全国际行为准则"被美方拒绝。美日欧强调不受限的网络空间开放、信息自由流通等主张被中国及其他发展中国家视为对互联网主权的干涉,将对本国政治安全和社会稳定形成威胁。国际社会在网络安全问题上跟随中美而"立场分野"的现象已经显现。

这些都对中美发展以"不冲突不对抗、相互尊重、合作共赢"为核心的新型大国关系构成挑战。那么,网络安全如何发展为中美关系中的重要议题?网络安全问题在中美关系中哪些领域引发矛盾和冲突?网络安全问题对中美关系产生了怎样的影响?本文拟对这几个问题予以分析。

一、概念界定及网络安全问题的由来

网络安全问题源于网络空间的迅速成长及其对社会各领域的全面渗透,网络空间不断增长的财富价值、世界经济社会运行与网络空间的相互依赖、网络空间整体安全的防护需求是网络安全问题产生的主要根源。

(一) 网络安全的概念

分析网络安全,首先面临的问题就是如何界定这个概念。[①] 由于研究领域、观察角度和追求目标的不同,对于网络安全的含义会有

---

① 本文所指网络安全对应的英文表述是 Cybersecurity 或 Cyberspace Security,指涉对象是网络空间。

不同理解。国际电信联盟曾推荐了一个工作定义："网络安全是用以保护网络环境和机构及用户资产的各种工具、政策、安全理念、安全保障、指导原则、风险管理方式、行动、培训、最佳做法、保证和技术的总和。"[1] 这一表述侧重技术和管理需求，其目标主体是网络整体环境，包括各类信息基础设施、机构及用户资产。美国 1999 年国家安全战略报告中首次使用"网络安全"一词，之后陆续发布多份关于或包含网络安全的战略和政策文件，但都没有明确界定这一概念。[2] 这表明美国决策层对网络安全的认识仍不统一，或者有意保持战略模糊，以便在具体政策上采取有利的解释。

网络空间迅速发展带来的一个直接挑战即如何维持其有效运转。这种有效性既包括整个网络环境的连通、稳定和安全，也包括数据处理、存储和传递的完整、保密和安全。这个意义上的网络安全重点是降低网络环境存在的各种风险、防范网络活动带来的各种威胁，其目标一般被归纳为信息系统安全三原则：保密性（Confidentiality）、完整性（Integrity）和可用性（Availability）。[3] 网络环境和网络

---

[1] Telecommunication Standardization Sector of ITU, *Recommendation X.1205: Overview of Cybersecurity, Data Networks, Open System Communications and Security/Telecommunication Security*, Apr. 2008, p. 2, available at: http://www.itu.int/rec/T-REC-X.1205-200804-I.

[2] 克林顿政府 1999 年发布的《新世纪国家安全战略》(*A National Security Strategy for A New Century*) 首次使用网络安全的概念。小布什政府主要将网络安全看作国土安全问题，两份《国家安全战略报告》(2002 年和 2006 年) 均未提及网络安全，而是通过《国土安全战略》(2002 年和 2007 年)、《保护网络空间国家战略》(2003 年) 中阐述网络安全政策。奥巴马政府的《国家安全战略报告》(2010 年) 又将网络安全纳入国家安全范畴，《网络空间的国际战略》(2010 年) 全面阐述了美国在网络空间的内外政策。美国国防部《军事及相关术语词典》(*Dictionary of Military and Associated Terms*) 2011 年 1 月修订版没有收录"网络安全"词条。

[3] 这三个基本原则是信息系统安全的经典表述，通常被称为"CIA 三元体"(CIA-Triad)，保密性是指未经授权无法访问系统或取得数据的特性；完整性是指未经授权无法改变数据内容的特性；可用性是指经授权可访问系统并在授权范围内使用数据的特性。

活动面临的各种风险或威胁都可划分为对应类别，如保密性涉及国家机密、知识产权、商业机密、帐户信息等。而可用性威胁既有如地震、海啸等自然灾害对通讯电缆的破坏，也有分布式拒绝服务（Distributed Denial of Service，DDoS）等人为攻击，一些国家设置的网络防火墙有时也被视为可用性威胁。[①]

一般而言，对于技术层面共同面临的风险或威胁，各国政府、互联网企业、国际和非政府组织等利益攸关方较易达成共识，形成共同遵守的规则，采取一致的应对措施，各种政策协调也比较容易展开。而各国政府更关注技术变革在政治层面的影响、网络空间的发展及其与各领域的融合为国家安全增加了新的不确定因素。保证网络环境的可信、安全与稳定，网络活动的合法、有序与可控，成为国家安全的重要目标，防止源于网络空间的安全威胁或通过网络空间发起的攻击影响经济、政治、军事等其他领域的稳定，也成为国家安全的重要关注。因此，各国政府运用各种国家资源，维护有利于经济发展繁荣、社会政治稳定和军事国防安全的网络环境，防止国内和跨国网络活动对国家安全造成威胁，便构成了国家网络安全的主要内容。

（二）网络安全问题的产生

互联网发端于冷战时期美国应对苏联核威慑的军事指挥和控制系统，兴起于20世纪90年代美国推动的互联网商业应用，如今基于互联网的网络空间连接着世界几乎每一个角落、运行着亿万个应

[①] 美国《网络空间国际战略》（2011年）认为"国家级的过滤网和防火墙对互联网的开放、互通、安全和可靠是一种破坏和威胁"。见 U. S. White House, "International Strategy for Cyberspace: Prosperity, Security, and Openness in a Networked World," May 2011.

用，已经成为世界经济社会运行的基础平台，成为大国博弈和争夺国际事务主导权的重要领域，也成为高价值的攻击目标和各国的防御重点。

1. 大数据时代：网络空间不断增长的数据资源成为国家安全的高价值目标

网络空间的发展不仅是一个数字化（Digitalization）的过程，更是一个数据化（Datafication）的进程。① 数字化将文字、图像、音频、视频等内容换为二进制代码，提高了计算和处理的效率，也扩展了传输的速度和范围。数据化则是人类生活各个方面转化为可量化分析的数据以及网络活动直接产生数据的进程。美国调查机构的一份报告指出，互联网上的数据每年将增长50%，每两年便翻一番，目前世界上90%以上的数据是最近几年才产生的。② 近年来云计算、社交媒体等互联网应用快速发展，更是促使网络数据以惊人速度增长，网络空间逐渐成为一个储量巨大并持续自我增值的数据矿藏，蕴含着人类生产要素新变革的"大数据"（Big Data）时代已经到来。③ 2008年9月，《自然》（Nature）刊出了一组探讨"大数据"的文章。④ 时隔5年，《外交》（Foreign Affairs）首次刊载一篇关于

---

① Kenneth Neil Cukier and Viktor Mayer-Schoenberger, "The Rise of Big Data: How It's Changing the Way We Think about the World," *Foreign Affairs*, May/Jun, 2013, p. 28.
② 张意轩、于洋：《大数据时代的大媒体》，《人民日报》2013年1月17日。
③ "大数据"是需要新处理模式才能具有更强的决策力、洞察发现力和流程优化能力的海量、高增长和多样化的信息资产。参阅网页：http://www.gartner.com/it-glossary/big-data.
④ 这组文章包括Joi Ito, "Big Data, The next Google;" Cory Doctorow, "Big data: Welcome to the Petacentre;" Mitch Waldrop, "Big data: Wikiomics;" Clifford Lynch, "Big data: How do Your Data Grow?" Felice Frankel, "Big data: Distilling Meaning from Data;" Sue Nelson, "Big data: The Harvard Computers;" Doug Howe, Maria Costanzo, "Big data: The future of Biocuration;" *Nature*, Vol. 455, No. 7209, Sept. 4, 2008.

大数据的论文,认为"大数据的管理可能成为国家间新的角斗场"。① 这表明信息化变革已从自然科学领域向社会科学领域扩展。特别是那些包含金融、能源、商贸、国防等高价值数据的应用平台,或对国家经济社会运行意义重大的网络系统,各国政府已逐渐从战略高度和国家安全角度予以重点关注。

2. 复合相互依赖:世界经济社会运行与网络空间日益密不可分

罗伯特·基欧汉和小约瑟夫·奈曾指出,信息革命极大地扩展了社会联系渠道,使国际体系更接近于复合相互依赖。② 作为信息革命最重要的成果之一,以互联网为代表的网络技术和应用最近20年来迅速发展,全面渗透到世界经济、政治、军事等各个领域,进一步加强了人类社会的相互依赖。自美国政府1993年推出国家信息基础设施计划、③ 1994年发出全球信息基础设施倡议以来,持续20年的全球信息基础设施建设已经铺设了超过10亿公里的光纤网络,连接数以百亿计的固定和移动终端设备。1990年只有25万人使用互联网,2013年全球互联网用户将达27亿④。2012年全球电子商务销售额已超过1万亿美元。⑤ 世界范围的生产、贸易、金融、商业、交流等已经与网络空间高度融合,全球信息基础设施的互联互通已经成

---

① Kenneth Neil Cukier and Viktor Mayer-Schoenberger, "The Rise of Big Data: How It's Changing the Way We Think about the World," p. 35.

② Robert O. Keohane, Joseph S. Nye, Jr., "Power and Interdependence in the Information Age," *Foreign Affairs*, Vol. 77 Issue 5, Sept/Oct 1998, p. 82.

③ 1993年克林顿政府宣布实施国家信息基础设施(National Information Infrastructure, NII)计划,计划用20年时间、耗资2000—4000亿美元,作为美国发展政策的重点和产业发展的基础。

④ International Telecommunication Union, "The World in 2013: ICT Facts and Figures," Feb. 27, 2013, available at: http://www.itu.int/en/ITU-D/Statistics/Documents/facts/ICTFactsFigures2013.pdf, p. 2.

⑤ "Ecommerce Sales Topped $1 Trillion for First Time in 2012," Feb. 5, 2013, available at: http://www.emarketer.com/Article/Ecommerce-Sales-Topped-1-Trillion-First-Time-2012/1009649.

为世界经济社会运行的重要基础,一旦发生故障或中断运行,整个国际社会的正常运转都会受影响。从这个意义上讲,网络安全已经成为绝大多数国家、私营部门以及个人必须面对的一个全球性公共问题。

3. 从冗余到安全:网络空间的整体安全和综合防护需求

这主要是指以互联网为核心的网络空间安全设计上的缺失,以及国家和社会管理能力的不足。冷战时期美国国防部高级研究计划署(Advanced Research Projects Agency)设计"阿帕网"(ARPA-NET)时重点考虑的是以"冗余"(Redundancy)保证连通性,是确保指挥和控制命令能够到达目标而非其具体路径,是整个系统的正常运转而非单个节点的安危。当以阿帕网为雏形的互联网发展成为各国经济社会运行重要基础的网络空间时,单个节点已经不再是可以忽视的因素,一些节点甚至事关国家重大利益。由于开放和匿名的设计理念,网络安全一直是伴随网络空间发展而日益增长的难题。美国情报界的一份报告曾指出美国决策者面临两大难题:"一是如何明确网络攻击的实时归属,即知道谁实施了攻击以及实施者的位置;二是如何管理网络信息技术供应链中的大量漏洞。"[1] 因此,美国、欧盟和中国在规划下一代互联网时,都将安全保障列为首要考虑因素。如中国强调在商用部署阶段要确保安全可信,"在公众网络中建立网络与信息安全防护体系,完善国家数字证书管理体系,提升网络安全可信水平",[2] 美国国家标准与技术局在一份未来互联网发展

---

[1] "Current and Projected National Security Threats to the United States," Hearing before the Select Committee on Intelligence of the United States Senate One Hundred Twelfth Congress Second Session, Jan. 31, 2012, available at: http://www.gpo.gov/fdsys/pkg/CHRG-112shrg74790/pdf/CHRG-112shrg74790.pdf, p. 14.

[2] 中国国家发展与改革委员会:"关于下一代互联网'十二五'发展建设的意见",2012 年 3 月 27 日,详情参见网址:http://www.sdpc.gov.cn/zcfb/zcfbtz/2012tz/W020120329402141091330.pdf,第 8 页。

的指导意见中着重强调网络行为归属的问题,并考虑在下一代网络的基础协议中加入身份识别功能。[1]

二、中美双边关系中的网络安全问题

目前,中美双边关系中的网络安全问题主要体现在围绕经贸关系中的市场准入和窃取商业机密、政治外交关系中的信息传播和网络控制、军事安全关系中的网络进攻与防御能力建设等一系列政策和事件而产生的争议和冲突。

(一)嵌入与窃取:中美经济贸易关系中的网络安全问题

1. 市场准入问题

对中国而言,20世纪90年代以来中国互联网的发展吸引了许多美国知名信息技术公司来华投资,开展硬件设备制造、软件产品研发、电子商务运营等业务,其中有"八大金刚"之称的思科、IBM、谷歌、高通、英特尔、苹果、甲骨文、微软等一度占据网络设备、操作系统、数据平台、个人终端、搜索引擎等产品和服务市场的主要份额。近年来中国市场和政策的变化对美国企业形成了挑战:一方面,随着中国本土企业的崛起,市场竞争日趋激烈,2010年谷歌

---

[1] Tanya Brewer, "Proceedings of the Cybersecurity in Cyber-Physical Systems Workshop," *U. S. National Institute of Standard and Technology*, Feb. 2013, available at: http://nvlpubs.nist.gov/nistpubs/ir/2013/NIST.IR.7916.pdf.

第六章 治理网络安全问题：中美战略竞合的新疆域

将其搜索业务退出中国，很大程度包含竞争失利的因素。① 然而谷歌却归咎于中国的网络审查政策，美中经济与安全评估委员会认为："中国的网络审查实际上是一种贸易壁垒，削弱了美国企业开展业务的能力。"② 美国政府多次就谷歌事件指责中国，还向世界贸易组织起诉，称中国的互联网政策违反贸易规则。③ 另一方面，随着思科网络设备、微软操作系统等被发现存在产品漏洞及后门问题，以及谷歌和微软等企业被披露依据《爱国者法案》（USA PATRIOT Act）向美国政府提供用户信息，④ 这引起了中国对关键基础设施过于依赖国外产品的警觉和对发展自主知识产权及本土信息技术产品的重视，并明确提出未来中国信息基础设施建设要以本土企业和产品为主导。⑤ 2013年6月美国中央情报局前雇员爱德华·斯诺登（Edward Snowden）曝光美国国家安全局通过"棱镜计划"接入一些美国互

---

① 2009年7月，中国搜索引擎市场上，各搜索品牌的首选份额百度占77.2%，谷歌占12.7%（同比下降3.9%）。同期全球搜索引擎市场上，谷歌的市场份额为67.5%，百度为7.0%。数字对比清晰显示了谷歌在中国市场上的失利。见中国互联网络信息中心：《2009年中国搜索引擎用户行为研究报告》，2009年9月，第16、30—31页。应当指出，谷歌仅是将其搜索引擎业务退出中国，迄今仍在中国市场开展诸如地图、翻译、工具栏、移动操作系统等业务，因此，笼统地说"谷歌退出中国"并不严谨。

② USCC, "2010 Report to Congress of the U. S. -China Economic and Security Review Commission," Oct. 29, 2010, available at: http://origin.www.uscc.gov/sites/default/files/annual_reports/2010-Report-to-Congress.pdf.

③ "Promoting Global Internet Freedom," Hearing before U. S. House Committee on Foreign Affairs, Dec. 8, 2011, available at: http://www.gpo.gov/fdsys/pkg/CHRG-112hhrg71621/pdf/CHRG-112hhrg71621.pdf, p. 18.

④ Zack Whittaker, "Google Admits Patriot Act Requests," *ZDNet*, Aug. 11, 2011, available at: http://www.zdnet.com/blog/igeneration/google-admits-patriot-act-requests-handed-over-european-data-to-u-s-authorities/12191.

⑤ 苗圩："我国互联网行业的发展与管理——在互联网行业发展与管理研讨班上的讲话"，2012年11月22日，参见网页http://www.miit.gov.cn/n11293472/n11294464/n14835886/15025545.html.

· 173 ·

联网公司的数据服务器，对全球网络空间进行长期和系统性的网络监控和入侵活动，而中国是其重点目标。这进一步显示了中国建立自主可控的网络基础设施和发展有效管辖的信息网络平台的必要性和紧迫性。

美国政府则以网络安全为由，认定中国企业的产品有代码嵌入风险，并通过立法或行政措施，限制中国企业在美国市场的经营活动。如联想集团、华为、中兴在个人电脑市场、通信设备、网络设备等产品与服务市场与IBM、思科等美国公司展开竞争，扩展了市场份额。美国众议院情报委员会竟认为中兴和华为进入美国市场的意图可疑，这些公司与中国政府联系过于紧密，可能为中国政府从事间谍活动和网络窃取提供帮助，从而对美国国家安全产生威胁，故建议美国政府禁止这两家公司获得任何美国敏感网络的接入权，并禁止其收购美国资产。[1] 奥巴马政府《2013财年综合继续拨款法案》(Consolidated and Further Continuing Appropriations Act, 2013) 第516条款规定："未经联邦调查局或相应机构许可，美国航天局、司法部、商务部、国家科学基金会等部门不得购买中国相关企业生产、制造或组装的信息技术设备。"[2] 尽管世界贸易组织政府采购协议允许缔约方出于国家安全需要采取特定的针对供应商的限制条件，但该条款把矛头指向所有中国企业，美国对中国企业的疑虑和担忧可见一斑。

---

[1] U. S. House Permanent Select Committee on Intelligence, "Investigative Report on the U. S. National Security Issues Posed by Chinese Telecommunications Companies Huawei and ZTE," Oct. 8, 2012, available at: http://intelligence.house.gov/press-release/investigative-report-us-national-security-issues-posed-chinese-telecommunications.

[2] "U. S. Public Law 113 – 6: Consolidated and Further Continuing Appropriations Act, 2013," Mar. 26, 2013, available at: http://www.gpo.gov/fdsys/pkg/PLAW-113publ6/pdf/PLAW-113publ6.pdf, p. 273.

2. 商业窃密问题

近年来美国频频指责中国政府参与或支持针对美国企业的网络攻击和窃密活动，并将获取的商业机密和知识产权资料交给中国企业，提高了中国企业的竞争能力，由此造成美国巨大的经济损失。根据网络司令部的估算，美国企业每年因网络窃密造成的损失达3000亿美元，[1] 而"中国是最积极和顽固的网络入侵者"[2]。2013年2月，美国网络安全公司曼迪昂特（Mandiant）的一份报告详尽描述了中国黑客发起针对美国100多家企业的网络入侵和窃密行动，并断定中国军方参与了这些行动。[3] 在美国政府和公众看来，曼迪昂特报告包含比较完整的证据链，有较高可信度。其后，美国政府公开指责中国政府参与和支持针对美国企业的网络窃密活动。美国贸易代表办公室《特别301报告》（*Special 301 Report*, 2013）引用曼迪昂特报告，称中国入侵美国的商业系统的主要目标是窃取工业秘密。[4] 在指责中国的同时，美国坦承自己也在从事广泛的网络间谍和网络攻击活动，但并不认为有何不妥，因为"美国从不窃取商业或

---

[1] Dutch Ruppersberger, "Opening Statement at Hearing on Chinese Telecommunications Investigation," U. S. House of representatives Permanent Select Committee on Intelligence, Sept. 13, 2012, available at: http://intelligence.house.gov/sites/intelligence.house.gov/files/documents/09122012DutchOpening.pdf, p. 2.

[2] U. S. Office of National Counterintelligence Executive, *Foreign Spies Stealing U. S. Economic Secrets in Cyberspace*: Report to Congress on Foreign Economic Collection and Industrial Espionage, 2009 – 2011, Oct. 2011, available at: http://www.ncix.gov/publications/reports/fecie_all/Foreign_Economic_Collection_2011.pdf, p. 5.

[3] Mandiant, "APT1: Exposing One of China's Cyber Espionage Units," Feb. 19, 2013, available at: http://intelreport.mandiant.com/Mandiant_APT1_Report.pdf.

[4] Office of the United States Trade Representative, "2013 *Special 301 Report*," May 1, 2013, available at: http://www.ustr.gov/about-us/press-office/reports-and-publications/2013/2013-special-301-report.

技术秘密"。①

经贸关系一向被喻为中美关系的"压舱石"和"稳定器"，近年来随着中国经济规模的发展和结构的变化，中美经贸关系的互补性逐渐下降，而在汇率、知识产权保护、市场壁垒等方面的竞争性正在上升。网络安全问题增加了中美在经贸领域发生摩擦的机率，"已经成为对两国经济关系日益严重的挑战"②，这一定程度上侵蚀了经贸关系在中美关系中的"稳定器"作用。

（二）塑造与控制：中美政治外交关系中的网络安全问题

中国实行安全与自由相平衡的网络空间管理政策，坚持境内互联网的主权管辖。而美国指责中国限制互联网自由，试图通过互联网途径影响中国社会政治进程，并支持用技术手段突破中国对互联网访问的限制。

1. 网络自由与政治安全

美国向来强调"开放社会"对于塑造有利国际环境的作用，"作为一个最主要的民主国家，美国一直在努力打开各个封闭社会"。③ 互联网兴起之初，约瑟夫·奈（Joseph Nye）就认为信息网络在为民主国家间开展安全对话提供有效工具的同时，也为与非民

---

① Richard McGregor, "U. S. says China is Stepping up Cyber War," *The Financial Times*, May 7, 2013.

② Tom Donilon, "The United States and the Asia-Pacific in 2013," *Remarks at The Asia Society*, Mar. 11, 2013, available at: http://iipdigital.usembassy.gov/st/chinese/texttrans/2013/03/20130314144171.html.

③ John Arquilla, David Ronfeldt, *In Athena's Camp: Preparing for Conflict in the Information Age*, RAND, 1998, p. 472.

主国家和地区的民众进行直接沟通以培养民主意识提供了有力工具。[1] 冷战结束后，意识形态差异不再是中美关系发展的主要障碍。但美国坚持中国尽管不再是一个封闭社会，但仍是一个信息不自由及须以美国价值观"塑造"的社会，故试图通过信息传播来改变中国社会的价值观。互联网可以提供多样化、快捷、低成本的信息传播功能，自然成为美国"塑造"中国社会的重要途经。美国将其倡导的开放社会、自由表达等理念引入网络空间，指责中国的互联网管理政策，并通过支持网络技术公司开发突破网络防火墙的软件并分发给中国网络用户。当社交媒体显示其在引导和塑造舆论、参与和吸引互动等方面的公共外交价值时，美国国务院及其驻华使领馆加入中国主要社交媒体，积极发布信息及与网民互动，展开各种形式的网络公共外交活动。这些行为引起了中国的警觉，尤其是2010年在西亚北非的"颜色革命"中，社交媒体等互联网途径在引导公众舆论、组织政治参与和反政府运动中的巨大影响力，形成对社会稳定和政治制度的威胁，中国进一步加强了对网络内容的管理。

2. 互联网主权与网络的可连通性

中国政府认为境内互联网属于主权管辖范围，中国的互联网主权应受到尊重和维护。中国实行互联网信息安全流动基础上的自由流动，主张"合理运用技术手段遏制互联网上违法信息的传播，发挥技术手段的防范作用，遏制违法信息对国家信息安全、社会公共利益和未成年人的危害"。[2] 基于这些认识，中国制定了一系列有关

---

[1] Joseph Nye and William Owens, "America's Information Edge," *Foreign Affairs*, Mar/Apr, 1996, pp. 20–36.

[2] 国务院新闻办：《中国互联网状况》，北京：人民出版社，2010年版，第16、20页。

互联网内容发布和管理的政策,① 设置了内容审查及防火墙系统,对非法信息进行过滤,限制访问一些国际网站。对此美国从互联网自由和网络空间的可互通性两方面加以指责,并认为这实质上损害了美国在网络空间自由行动的权利。如为加强提供互联网信息发布平台企业的主动性,中国实行严格的行业自律政策,② 对此,尽管美国也承认各国有独立制定互联网公共政策的主权,但仍然认为中国"扩大政府权力,由政府为互联网制定条例规范,不仅会损害人权和信息自由流通,而且会破坏网络的互通性"。③

(三)拒止与威慑:中美军事安全关系中的网络安全问题

中美都在认真考虑网络空间发生冲突及战争的可能性,发展网络空间作战和防御能力,但均表示要避免网络空间军事化。

1. 发展网络空间作战能力

根据美国国防部《军事及相关术语词典》的定义,"网络空间作战"(Cyberspace Operations)是"在网络空间或通过网络空间运用网络能力达成军事目的,包括运行和保护全球信息网格的计算机网络作战和行动"。④ 早在克林顿政府时期,隶属军方的情报机构就

---

① 这些法规如《全国人大常委会关于维护互联网安全的决定》(2000年)、《中华人民共和国电信条例》(2000年)、《全国人大常委会关于加强网络信息保护的决定》(2012年)等。

② 如2002年10月,131家互联网企业签署《中国互联网行业自律公约》。2011年11月,39家网站和互联网企业负责人一致同意加强"自我管理、自我约束、严格自律",华春雨:"发展健康向上的网络文化",载《人民日报》2011年11月7日。

③ Hillary Rodham Clinton, "Remarks at Freedom Online Conference," Dec. 8, 2011, available at: http://www.state.gov/secretary/rm/2011/12/178511.htm.

④ U. S. Department of Defense, *Dictionary of Military and Associated Terms*, Nov. 8, 2010, p. 93.

第六章 治理网络安全问题：中美战略竞合的新疆域

开始筹划网络攻击能力。① 小布什政府时期美军又将网络空间列为与陆、海、空、太空同等重要的战略空间，② 并在"先发制人"军事战略指导下，开发网络作战武器，加强网络进攻能力。奥巴马政府进一步将网络空间纳入作战领域，在此基础上加强军事力量的组织、训练和装备，以确保国防部充分运用网络空间的潜力，并采取有效军事行动的能力。③ 迄今，美军各军种都建立了各自的网络空间作战力量，并由网络司令部统一负责协调。④ 美军网络司令部行政上隶属于战略司令部，表明美军将网络空间视作全球性的作战行动领域。但美国仍没有在网络空间作战对象的界定和作战方式的选择方面取得实质性突破，迄今可见到的最主要进展是美国空军正式将6类网络工具列为武器。⑤ 而是否将对电力、供水、电信等基础设施的网络攻击视作战争行为仍存在争议。

中国总体上是以信息化和网络化促进军队训练水平和作战能力。自1998年迄今中国共发布了7份国防白皮书，1998年首份白皮书未出现信息网络相关内容，2000—2008年5份白皮书主要强调依托国家信息基础设施、综合运用各种信息技术手段，加强网络化训练水平，提升军事训练科技含量。2010年白皮书首次提出要密切关注其

---

① Jeffrey T. Richelson, Malcolm Byrne, "When America Became A Cyberwarrior: A Secret Document Shows the NSA Has Been Planning Attacks Since the Clinton Years," *Foreign Policy* Website, Apr. 26, 2013, available at: http://www.foreignpolicy.com/articles/2013/04/26/when_America_became_a_cyberwarrior_nsa_declassified.

② U.S. Department of Defense, *The National Defense Strategy of the United States of America*, Mar. 2005.

③ U.S. Department of Defense, *Strategy for Operating in Cyberspace*, Jul. 2011.

④ 美军各军兵种的网络部队包括陆军网络司令部、海军第十舰队、空军第二十四航空队、海军陆战队网络司令部、海岸警卫队网络司令部。

⑤ Andrea Shalal-Esa, "Six U.S. Air Force Cyber Capabilities Designated 'Weapons'," Apr. 8, 2013, *Reuters*, available at: http://www.reuters.com/article/2013/04/09/net-us-cyber-airforce-weapons-idUSBRE93801B20130409.

他大国的网络作战能力。这几份白皮书都没有发展网络空间作战能力的表述,是否表明中国军事发展规划中不包含网络作战内容?由于外界对中国军事透明化的疑虑,以及美国对中国发展网络作战能力的渲染,如曼迪昂特报告指中国军方参与或支持多项网络黑客行动,[1] 其后美国政府多份正式文件引用该报告中对中国军队涉及网络攻击的内容,显然美国确信中国是在大力发展网络空间作战能力。从另一个角度看,中国军方学者自20世纪90年代以来对信息战、心理战、网络战等非对称作战进行了大量深入研究,包括从网络空间打击敌方的脆弱性等,也说明中国军方重视网络空间作战的研究和运用。

2. 发展网络空间防御能力

美军网络空间的防御范围涵盖了整个网络空间。美军强大的作战和指挥能力很大程度上依赖于全球信息基础设施的稳定、连通和自由进入。美军在全球几十个国家运行着1.5万个网络和700万台计算机,[2] 利用网络空间开展军事、情报、商务活动以及各种军事行动的指挥控制。《网络空间行动战略》(2011年)着重指出美军负有保护军事网络、国家信息基础设施和全球信息基础设施的职责,该战略将网络空间界定为作战领域,国防部以此为基础进行组织、培训和装备,以应对网络空间的复杂挑战和巨大机遇。美军将变被动防御为主动防御,更加有效地阻止、击败针对美军网络系统的入侵和其他敌对行为。加强与其他政府部门及私人部门的合作,在保护军事网络安全的同时,加强国家重要基础设施的网络安全防护。同

---

[1] Mandiant Intelligence Center, "APT1: Exposing One of China's Cyber Espionage Units," Feb. 19, 2013, available at: http://intelreport.mandiant.com/Mandiant_APT1_Report.pdf.

[2] U. S. Department of Defense, *Strategy for Operating in Cyberspace*, Jul. 14, 2011, available at: http://www.defense.gov/news/d20110714cyber.pdf, p. 7.

第六章　治理网络安全问题：中美战略竞合的新疆域

时还要加强与美国的盟友及伙伴在网络空间领域的国际合作。① 美国国防部常务副部长威廉·林恩（William J. Lynn III）称美军在网络空间的任务重在防御而非进攻，目的是打掉因攻击获得的利益，而前参谋长联席会议副主席詹姆斯·卡特赖特（James Cartwright）则批评该战略"过于防御性，过于可预知性"。②

中国认识到网络空间的国际军事竞争正在形成，因此将发展网络空间防御作为军队建设的重要任务。2010年国防白皮书指出，一些大国制定网络空间战略，发展包括网络空间在内的全球快速打击能力，增强网络作战能力，抢占新的战略制高点。中国应将网络空间安全利益纳入新时期中国国防的目标和任务，以全面维护国家主权、安全、发展利益。③ 2013年《中国武装力量的多样化运用》白皮书再次重申上述主张。④ 这显示中国军方着重发展网络防御能力，而美国军方认为信息封锁（Information Blockade）和信息控制（Information Dominance）是中国网络防御能力的核心。⑤ 但中国军方并没有将公共网络安全纳入军事保障任务，这是与美军一个很大的区别。

军事关系是中美关系中最敏感和最脆弱的环节。近年来中国军力的持续增长引发了美国的担忧，如何继续维持总体军力和各领域的绝对优势是未来美国军事战略的重点。在网络空间，美军认为并没有绝对优势，因而以防范、威慑及规制等方式限制中国网络空间

---

① U. S. Department of Defense, *Strategy for Operating in Cyberspace*, pp. 5–9.
② Ellen Nakashima, "U. S. Cyber Approach 'Too Predictable' for One Top General," *Washington Post*, Jul. 15, 2011.
③ 国务院新闻办公室：《2010年中国的国防》白皮书，2011年3月。
④ 国务院新闻办公室：《中国武装力量的多样化运用》白皮书，2013年4月。
⑤ U. S. Office of the Secretary of Defense, *Military and Security Developments Involving the People's Republic of China of* 2013, May 2013, available at: http://www.defense.gov/pubs/2013_china_report_final.pdf, p. 32.

· 181 ·

作战能力的增长就成为其重要目标。然而美国并不愿意通过平等对话解决网络空间军事化的共同担忧,有观点认为,中美网络空间的竞争和冲突可能导致中美网络空间安全困境的产生,并可能会引发网络军备竞赛,美国网络战研究专家约翰·阿奎拉(John Arquilla)甚至断言中美已进入所谓"凉战"(Cool War)网络冲突状态。[1]

三、网络安全国际治理与中美竞争

国际上,中美围绕网络安全国际治理的多边互动角力正在展开,包括网络空间基础资源的控制和分配、网络安全治理规则的制定等。中美原则立场的差异和国际社会的阵营分化将对网络安全治理的未来走向产生决定性影响。

(一)资源与控制权之争

当前网络安全国际治理的制度化水平较低。基本原则和准则存在分歧、在权力分配高度不均的领域难以形成国际制度,这是国际机制研究的一个基本判断。[2] 网络空间正是利益主体多元化、权力分布高度不均的国际共享领域。美国控制了根服务器、地址资源等最重要的网络空间资源。如IPv4架构下可分配约43亿个IP地址,美

---

[1] John Arquilla, "Cool War: Could the Age of Cyber Warfare Lead Us to A Brighter Future?" *Foreign Policy*, Jun. 15, 2012, available at: http://www.foreignpolicy.com/articles/2012/06/15/cool_war.

[2] Stephen D. Krasner, "Global Communications and National Power: Life on the Pareto Frontier," *World Politics*, Vol. 43 Issue 3, Apr. 1991, p. 337.

国有 15.67 亿个，中国仅有 3.3 亿个。① 美国不仅拥有最多的基础资源，还掌握关键资源的分配权。目前整个互联网域名及地址分配由"互联网名称与数字地址分配机构"（ICANN）管理，"互联网名称与数字地址分配机构"名义上是一个由全球商业、技术及学术专家组成的国际组织，各国政府可委派人员参与政府咨询委员会，但关键性权力如域名控制和否决权仍由美国商务部通过与"互联网名称与数字地址分配机构"的协议保持，"从某种意义上而言，'互联网名称与数字地址分配机构'就是美国对互联网实施控制的工具"。②

美国占有网络空间基础资源和控制分配权、经济收益之外，还能够获得广泛的安全收益：其一，作为网络空间的全球枢纽，美国可以在其境内通过国内立法监控全球数据流动，获取情报信息，应对通过网络途径发起的敌对行动，美国还可以将这些情报与同盟和伙伴分享，加强其在网络安全和其他安全领域的主导权；其二，拥有域名解析的控制权，美国可以令对其国家安全构成威胁的机构、组织的网站甚至整个国家的网络无法访问，如伊拉克战争期间，美国以伊拉克局势动荡为由，敦促"互联网名称与数字地址分配机构"终止其国家顶级域名的解析，伊拉克因此从网络空间消失。③ 其三，美国还可以通过操作根服务器，封锁特定 IP 地址，对抗网络攻击。如 2008 年俄罗斯和格鲁吉亚冲突期间，技术专家通过瑞典的根服务器有效阻截了针对格鲁吉亚互联网的大规模拒绝服务式攻击。

中国认为各国都有平等参与国际互联网基础资源管理的权利，

---

① 中国互联网信息中心："互联网发展信息与动态"，2013 年 3 月。参见网页 http://www.cnnic.org.cn/hlwfzyj/hlwfzxx/qwfb/201304/W020130424624101060588.pdf，第 4 页。

② Kenneth Neil Cukier, "Who Will Control the Internet?" *Foreign Affairs*, Vol. 84, No. 6, Nov/Dec 2006, p. 7.

③ 朱伟、王珏："域名解析：一个需要破解的安全瓶颈"，《解放军报》2006 年 4 月 4 日。

应在现有管理模式的基础上，建立一个多边透明的国际分配体系，合理分配互联网基础资源。① 国际社会对美国独揽互联网控制权也多有不满，要求美国将部分控制权移交国际机构。美国国内则要求政府继续维持控制权，2005 年 11 月信息社会世界峰会期间，国会以 423 票对 0 票通过决议要求总统反对任何将互联网控制权移交给联合国或其他国际组织的举措。② 2012 年 12 月国际电信世界大会期间，美国国会再以 397 票对 0 票通过决议反对由外国或国际组织管理互联网。③ 面对内外压力，美国政府在保持实质控制的基础上做出有限让步，如赋予 ICANN 更多自主权。

（二）治理模式之争：多利益攸关方与政府间合作

美国一直强调理想的网络安全治理模式是维持现有基本架构不变，即"多利益攸关方"（Multi-Stakeholder）模式，这些利益攸关方包括各国政府、私营部门和国际组织。美国认为，互联网天生具有国际特性，不能由各国政府控制，政府的权威限于其边界，政府的作用应限于国内公共政策的制定。互联网发展的主要动力来自全世界私营部门，包括服务器和网络的所有者和操作者、域名注册商、地区 IP 地址分配组织、标准制定组织、互联网服务提供商和互联网用户，这些私营部门理当在互联网治理方面发挥主要作用。而政府

---

① 国务院新闻办公室：《中国互联网状况》，第 25 页。

② U. S. Senate, 109th Congress, "S. Res. 316 -A Resolution Expressing the Sense of the Senate that the United Nations and Other International Organizations Shall Not Be Allowed to Exercise Control Over the Internet," Nov. 18, 2005, available at: http://beta.congress.gov/bill/109th-congress/senate-resolution/316.

③ U. S. Senate, 112th Congress, "S. Res. 446 -Bill Aimed at Preventing Foreign Regulation of Internet," Dec. 5, 2012, available at: http://beta.congress.gov/bill/112th-congress/senate-resolution/446.

间组织,如"互联网名称与数字地址分配机构"政府咨询委员会、互联网治理论坛(Internet Governance Forum, IGF)、国际电信联盟、世界知识产权组织、经济合作与发展组织(OECD),并没有直接管理或控制互联网的权力,只能对未来互联网的国际政策方面发挥影响。[1] 可见美国的多利益攸关方模式中发挥核心作用的是私营部门,而互联网领域最有影响力的私营部门主要来自美国,所以本质上仍然是要维持美国对互联网的有效控制。

中国对于治理主体的多元化并无异议,但希望国际组织获得更多的主导权,即将网络空间的资源分配和政策协调置于一个或多个政府间机构之下,从而为国家在网络安全治理中谋求更大的作用。中国认为各国网络空间彼此相连,分属不同的主权管辖范围,没有一国可以独善其身,更不能靠一国之力确保本国的信息和网络空间安全,需要通过加强国际交流与合作共同应对。制定信息和网络空间国际规则,是当前维护各国信息和网络空间安全的紧迫课题,而"作为最具普遍性和权威性的国际组织,联合国是制定上述规则的最合适平台"。[2] 联合国也认为"互联网已发展成为一个全球性公共设施,互联网的国际管理应是多变、透明和民主的,由政府、私营部门、民间团体和国际组织的全面参与",[3] 并积极推动国际电信联盟获得互联网治理的主导权。但无论是联合国还是中国的主张,都遭到了美国政府的坚决反对。

---

[1] Lennard G. Kruger, "Internet Governance and the Domain Name System: Issues for Congress," Jan. 2, 2013, p. 6, available at: http://www.fas.org/sgp/crs/misc/R42351.pdf, p. 3.

[2] 王群:"中国特命全权大使在联大一委关于信息和网络空间安全问题的讲话",2011年10月20日,参见中国外交部网页 http://www.fmprc.gov.cn/mfa_chn/wjdt_611265/zwbd_611281/t869443.shtml。

[3] WSIS, "Building the Information Society: A Global Challenge in the New Millennium," Dec. 12, 2003, available at: http://www.itu.int/dms_pub/itu-s/md/03/wsis/doc/S03-WSIS-DOC-0004!!PDF-C.pdf, p. 6.

2011年9月，中国、俄罗斯、塔吉克斯坦、乌兹别克斯坦四国共同向联合国大会提交了一份《信息安全国际行为准则》议案，中国提出互联网治理应遵循"和平、主权、统筹协调信息自由流动与安全流动、合作、公平发展"五大原则，强调"主权国家是有效实施国际信息和网络空间治理的主体"，"充分尊重各利益攸关方在信息和网络空间的权利和自由"，[①] 希望联合国大会就此展开讨论。美国对该议案反应冷淡，国会众议院甚至要求美国直接予以否决，因为"该行为准则为政府排他性地控制互联网资源寻求国际合法性，并反对当前确保互联网繁荣的多利益攸关方模式，对互联网信息自由流动构成威胁，将损害自由表达的权利，有利于政府控制互联网内容，试图在违反国际法的情况下保持政治稳定"，"美国常驻联合国代表应当反对该议案"。[②] 可见虽然中美都强调多利益攸关方的网络安全治理模式，但对各利益攸关方作用和地位的认识存在根本差异。

（三）国际阵营的分化

由于美国坚持控制网络空间基础资源，对多利益攸关方模式的理解与各国政府及国际组织存在差异，其在网络空间安全上的政策主张也面临获取国际支持的压力。为此，美国提出要建立网络空间国际战略上的"志同道合"（Like-minded）的伙伴关系，团结传统盟国、联合在基础资源分配、信息内容管理、网络空间安全等议题上立场一致的伙伴、胁迫或诱使利益诉求不明的中小国家。"美国需

---

① 王群，前引文。

② U. S. House, 112th Congress, "H. RES. 628 -Expressing the Sense of the House of Representatives That the United States Should Preserve, Enhance, and Increase Access to An Open, Global Internet," Apr. 19, 2012.

第六章 治理网络安全问题：中美战略竞合的新疆域

要制定一项战略，以塑造有利的国际环境，聚集在领土管辖权、主权责任及武力使用规则等问题上持有共同立场的国家。"[1] 美国"将与'志同道合'的国家一起，努力建立一个人们所期望的环境或相关行为准则，这种环境将符合我们的外交与国防政策并能指导我们的国际伙伴关系"。"我们将通过外交和联盟关系，寻求将尽可能多的利益攸关者纳入这一网络空间构想，因为这将产生巨大的经济、社会、政治和安全效益。与国内外的私营部门开展富有成效的合作，将对我们的努力起到支撑作用。"[2] 在互联网基础资源的分配上，美国得到了英国、日本和瑞典三家拥有根服务器的国家的支持。美国还与日本举行网络安全综合对话，商谈应对网络入侵问题，并建立网络空间行为准则，以争夺有关网络空间安全的国际规则的主动权。

中国则以握有较大发言权和主动权的国际平台为主展开凝聚共识的努力。迄今中国已在东南亚国家联盟（ASEAN）、上海合作组织（SCO）、金砖国家（BRICS）等国际组织框架内就网络安全问题进行多边磋商，协调政策，签署了《中国—东盟电信监管理事会关于网络安全问题的合作框架》（2009年）、《上合组织成员国保障国际信息安全政府间合作协定》（2009年）。2012年9月，中国、俄罗斯、巴西、南非四国互联网主管部门共同举办首届新兴国家互联网圆桌会议，议题涉及"互联网发展及治理"、"网络空间安全"、"新兴国家互联网领域的交流与合作"。2012年12月还举办了中韩互联网圆桌会议，双方表示要加强国际互联网治理立场协调。中国在这些双边和多边的渠道中逐渐积累了一些政策共识，同时以这些共识为依托，在更广泛的国际平台如联合国大会、国际电信联盟、世界

---

[1] U. S. White House, "Cyberspace Policy Review: Assuring a Trusted and Resilient Information and Communications Infrastructure," May 29, 2009.

[2] U. S. White House, "International Strategy for Cyberspace: Prosperity, Security, and Openness in a Networked World," May 2011.

知识产权组织等政府间国际组织中寻求国际支持。

2012年12月,国际电信世界大会就国际电信联盟新电信规则进行讨论,网络安全和互联网治理也在议题之列。会议之前,美国即表示反对任何对互联网带来更大监管的提案,反对新电信规则包含任何有关互联网的条款,不支持任何有利于内容审查或阻止信息和思想自由流动而拓宽电信规则范围的努力。[①] 中俄等国希望推动国际电信联盟获得互联网治理更大的权力,为各国政府管理互联网内容争取合法性。突尼斯代表则提请增加保护在线言论自由的内容。在国际电信联盟提供讨论的初稿中,包含了互联网、信息安全、网络犯罪等条款。由于美国坚决反对,新电信规则条约文本未出现互联网条款,并强调"条约并不针对电信涉及内容的方面",大会另通过决议案表示,"各国政府都应该在国际互联网管理中发挥同等作用、承担同等责任"。也由于一些国家反对,新电信规则未包含保护网络言论自由的内容。尽管如此,新电信规则出台后,中俄等89个主要发展中国家予以签署,而美、加、英、澳等55个西方国家拒绝签署。这次大会可谓中美在网络安全等议题上所持立场的一次国际对决,国际阵营的分化也得到充分展现。

四、网络安全问题对中美关系的影响

网络安全问题在中美关系中快速升温,其潜在影响将不亚于"9·11"事件对中美关系的影响。不同的是,"9·11"之后美国因

[①] Terry Kramer, "on International Telecommunications Conference," Nov. 29, 2012, available at: http://translations.state.gov/st/english/texttrans/2012/11/20121129139303.html.

反恐需求重新定位其全球战略,促使中美关系合作的一面占据主导,而网络安全问题凸显了中美关系竞争和冲突的一面,将对中美发展"新型大国关系"形成新的障碍。

(一) 对中美关系的影响

目前网络安全问题对中美关系的影响仍然是有限的和局部的,但由于国家利益和原则立场的差异,网络安全问题有可能产生全面和深远的影响。

1. 网络安全问题将冲击当前中美关系的战略基础

美国的政治领导人往往愿意强调甚至夸大国家安全威胁,以获取公众支持,这种现实主义偏好在美国决策圈中长期存在。历史上美国国家安全战略的重大转折都是基于对战略威胁改变的判断,换言之,美国国家安全战略转变的过程即是发现新威胁和新敌人的过程。冷战后传统大国的军事威胁减弱,国际经济竞争及分配性冲突增加,国家安全概念的模糊性越发明显。[1] 美国也不断更新国家安全的涵盖范围,经济、环境、恐怖主义等非传统领域纷纷进入其国家安全战略考虑,将网络安全上升到国家安全高度正是这种趋势和思维的结合,也隐含了美国重新定义核心利益和战略威胁的可能性。近年来,"美国对网络安全忧患已经到了白热化的程度"。[2]

网络安全问题加深了美国对本土安全的担忧。珍珠港事件、"9·11"事件都是外部力量对美国本土的直接打击,造成了重大人员伤亡和经济损失。"正如第二次世界大战将美国从孤立主义中唤醒,

---

[1] 罗伯特·基欧汉、约瑟夫·奈:《权力与相互依赖》(第三版,门洪华译),北京大学出版社,2001年版,第6—8页。
[2] Kenneth Lieberthal and Peter W. Singer, *Cybersecurity and U.S.-China Relations* (Brookings Institute, 2012), p. 3.

'9·11'恐怖袭击再次打碎了美国本土无懈可击的想法。"[1] 美国国内迅速形成共识,促成国家安全战略的重大转变。"9·11"事件后,美国的战略重心迅速转移至应对国际恐怖主义威胁,对中国实力增长的担忧和改变中国的意愿都降低了,从而加大了中美的合作空间。中美关系的后续发展也印证了这一点,双方务实地看待双边争议和矛盾,妥善地处理台湾、西藏、人权、贸易等敏感问题。但网络安全问题与珍珠港事件、"9·11"事件的最大差异在于美国对威胁来源的判断。一个严峻的现实是:美国政府和社会公众已经形成一个印象,网络安全是美国国土安全的严重威胁,而中国的网络攻击是这些威胁的主要来源。如前所述,网络安全问题对中美经贸、外交和军事关系都产生了重要的负面影响,这势将冲击当前中美关系稳定发展的战略基础。

2. 网络安全问题将促使美国调整对华政策的优先次序

近年来,中美战略竞争态势日趋明显,各领域矛盾和冲突不断增多。随着网络安全问题越来越受关注,美国行政部门将出台一系列网络安全相关政策,国会也将通过一些网络安全相关立法,这些政策和立法很可能从技术、贸易、政治和安全等方面添加"中国网络威胁"内容。美国情报界《安全威胁评估报告》每年都会对美国国家安全的威胁进行分类排序,2011 年该报告列出的威胁来源榜首为恐怖主义和大规模杀伤性武器的扩散,[2] 2012 年该报告中的前三

---

[1] Paul R. Viotti, Michael A. Opheim, Nicholas Bowen eds., *Terrorism and Homeland Security: Thinking Strategically about Policy* (New York: CRC Press, 2008), p. 69.

[2] U. S. Intelligence Community, *Worldwide Threat Assessment of the U. S. Intelligence Community*, Feb. 16, 2011, available at: http://www.dni.gov/files/documents/Newsroom/Testimonies/20110216_ testimony_ sfr. pdf.

位为恐怖主义、武器扩散、网络威胁,① 2013 年报告中的前三位为网络威胁、恐怖主义与跨国有组织犯罪、武器扩散。② 这种次序的变化必将在中美双边对话机制和议程中得到体现。

近年来,中美处理双边关系的机制不断发展,中美关系正常化以来陆续建立各种层级和形式的双边对话机制已达 90 多个,涉及经贸、防务、安全、人权等多个方面。可以预料,随着网络安全热度不断升高,网络安全议题将"嵌入"多个重要的双边对话机制,如中美商贸联委会、战略与经济对话、防务磋商、人权对话等。中美国家元首会晤、官员互访也都回避不了网络安全问题。特别是作为最高层级的双边对话机制,中美战略与经济对话已将网络安全问题纳入议程,并专设中美网络事务磋商小组,③ 这意味着网络安全问题已上升到双边关系的战略高度。

(二) 对中国的启示

网络安全问题已经与中国国内经济社会运行和中美关系发展密不可分,中国为阐释原则立场进行了大量的努力,但外界对中国的意图和政策仍有很多疑虑。反观美国,全方位的网络安全战略清晰可见,各项政策稳步推进。中国可从中获得有益的启示。

---

① U. S. Intelligence Community, *Worldwide Threat Assessment of the U. S. Intelligence Community*, Feb. 2, 2012, available at: http://www.dni.gov/files/documents/Newsroom/Testimonies/20120202_ testimony_ wta. pdf.

② U. S. Intelligence Community, *Worldwide Threat Assessment of the U. S. Intelligence Community*, Apr. 18, 2013, available at: http://www.intelligence.senate.gov/130312/clapper. pdf.

③ John Kerry, "Solo Press Availability in Beijing," Apr. 13, 2013, available at: http://www.state.gov/secretary/remarks/2013/04/207469. htm.

1. 重视国内政策的公共支持

在网络安全问题上，中国偏重于国内经济发展和社会政治稳定的需求，对争取国内和国际共识的关注度不够。网络空间与太空、海洋等全球公共空间相比，一个重要的区别是参与主体的多样性，太空及海洋秩序国际治理的主体是各国政府和专业机构，协调国际公共政策涉及面相对较窄。而迄今推动网络空间迅速发展的主体是私营部门，它们在技术、规则和应用方面保持持续创新能力，与网络空间可提供一个政府干预较少的宽松环境密切相关，广大网络用户的参与也是网络空间发展不可或缺的推动力。美国政府强调私营部门的主体地位、反对政府或政府间国际组织管理互联网、坚持互联网的自由访问、保护个人隐私，这些原则立场在美国国内和国际上都有着较高的支持度。如奥巴马政府虽然认为网络盗版对企业造成了巨大损失，但仍反对国会通过旨在保护网络知识产权的《禁止网络盗版法案》和《保护知识产权法案》，因为这两个法案可能伤害更为重要的个人隐私和整个互联网行业的发展。[①] 中国拥有最大的互联网和移动通讯用户群体，中国企业的应用创新和竞争能力已开始展现，如电子商务领域的阿里巴巴、社交网络与移动网络相结合的微信、微博等。因此，中国政府要鼓励企业和个人参与网络安全治理的非政府组织，并从培育网络空间国际竞争力的角度给中国信息技术企业和产品以更坚定的支持。

2. 有效应对美国的施压与指责

一方面要善于利用美国在网络安全问题上的内外矛盾和政企矛

[①]《禁止网络盗版法案》(Stop Online Piracy Act, SOPA) 和《保护知识产权法案》(Preventing Real Online Threats to Economic Creativity and Theft of Intellectual Property Act, PIPA) 得到美国众多知识产权组织和国会议员的支持，但多数互联网企业和网民坚决反对。2012年国会讨论期间，维基、谷歌、脸谱、优兔、美国在线等互联网企业进行了各种形式的抗议活动，奥巴马也明确表态不支持这两个法案。

第六章 治理网络安全问题：中美战略竞合的新疆域

盾。如美国惯常指责中国政府参与或支持攻击其政府、企业和机构的网络系统，窃取技术和商业机密、军事和战略情报等。然而，2013年6月曝光的"棱镜计划"显示美国对世界各国进行长期和系统的网络监控和情报获取活动，不论是敌对国家、竞争对手还是联盟伙伴概莫能外，面对国际社会的指责，美国以反恐需要、符合国内法律和范围可控等理由加以辩解，还特别强调其网络监控性质不同于中国的技术和商业机密窃取活动。对此，中国可从国际社会的共同关切入手，就"棱镜计划"的国际合法性对美提出交涉，同时将在华美企将属于中国管辖范围的网络数据提供给美国政府界定为侵权行为。[1] 再如美国政府以网络安全为由对中国企业加以市场准入限制，从而在实质上对本国企业予以支持。2012年美国国会众议院情报委员会发布了有关华为和中兴通讯威胁美国国家安全的报告，[2] 有评论认为思科参与了游说国会对华为展开审查的活动，思科随即发表声明，声称自己并未游说国会，还称与另一家中国企业中兴通讯是合作伙伴而非对手。[3] 这反映了美国企业的矛盾心理：既期待中国的市场机会，又希望政府帮忙打压竞争对手，还害怕遭致中国的报复。这种矛盾心理在谷歌、微软、雅虎及未能进入中国市场的脸

---

[1] 根据已披露的信息，美国国家安全局"棱镜计划"的依据是《爱国者法案》和《外国情报监视法案》（The Foreign Intelligence Surveillance Act，FISA），情报部门向外国情报监视法庭提出调查申请，获得许可后，再要求相关互联网公司开放数据服务器访问接口或直接提供数据。因此美国政府一再强调该计划的目标、程序和结果都合法。但如果美国公司将从其他国家获得的用户信息和运行数据交给美国政府，就存在侵犯个人财产权甚至他国主权的问题。

[2] U. S. House Permanent Select Committee on Intelligence, "Investigative Report on the U. S. National Security Issues Posed by Chinese Telecommunications Companies Huawei and ZTE," Oct. 8, 2011.

[3] Cisco, "What Cisco Did Was Not Lobbying," *Washington Post*, Oct. 10, 2012, available at: http://articles.washingtonpost.com/2012-10-20/opinions/35500947_1_huawei-cisco-house-intelligence-committee.

谱、推特等公司那里都有所体现。

另一方面要寻找并积累中美之间的共识。中美不仅是世界两大经济体，也是两个最大的互联网国家。中美之间就网络安全治理的原则达成共识，建立共同遵守的网络行为规范是实现网络安全国际治理最重要的基础，一个不包含中美共识的网络安全制度安排必定是不完整的，必将破坏网络空间的统一性并造成国际分裂。应当看到，中美都表示要建立共同遵守的网络空间行为规范，应从双方已形成共识的原则或领域着手，推动更广泛的政策协调。目前中美在共同应对网络安全问题上已经有一些机制，取得了一定成效，如2012年国际电信世界大会召开之前，美国代表团团长泰里·克雷默（Terry Kramer）到北京与中国工信部协调立场，着重在网络安全与网络流量管理等问题上交换意见。再如共同打击网络犯罪方面，2012年10月，中国国家互联网应急中心接美国国家互联网应急中心通报，称中国境内一些主机被恶意程序控制正在参与针对美国一家银行和一家大型公司的拒绝服务攻击，中国方面对位于中国境内的IP地址进行了及时处理。[1]这些合作对于积累中美在网络安全问题上的共同利益和合作共识，有着长期和积极的意义。

五、结语

总之，美国提升网络安全问题层级，并以此对中国进行指责和施压，有其国内政治的因素，也有夸大的成分。但毫无疑问，美国

---

[1] 中国国家互联网应急中心："2012年中国互联网网络安全态势综述"，2013年3月20日，http://www.cert.org.cn/publish/main/upload/File/201303212012 CNCERTreport.pdf，第12页。

第六章 治理网络安全问题：中美战略竞合的新疆域

有着无可匹敌的国际影响力和强大的问题塑造能力，正如"9·11"以来，美国迅速将反恐规划成整个国际社会的议程，中美的经贸、军事、外交关系也都增添了反恐内容。美国对网络安全问题的高度关注也将改变国际关系和中美关系的运行轨迹。"世界上没有哪个双边关系比美中关系更能深刻影响未来国际政治。而在这个双边关系中，没有哪个议题像网络安全一样快速升温，并且在很短的时间内造成了种种摩擦。"[①] 因此，中国应从战略高度认识和定位网络安全问题，重视其对中美关系的长期影响。2013年6月中美元首加州会晤就网络安全问题达成重要共识，即要在合作共赢的新型大国关系的目标框架下构建国与国之间新的合作模式，共同应对包括网络安全在内的各种全球性挑战。[②] 这就将中美网络安全问题上的利益差异和政策分歧纳入共同管控范畴，为避免中美在网络空间的对抗和冲突奠定了战略基础。

[①] Kenneth Lieberthal and Peter W. Singer, *Cybersecurity and U. S. -China Relations*, p. vi.

[②] "跨越太平洋的合作——国务委员杨洁篪谈习近平主席与奥巴马总统安纳伯格庄园会晤成果"，2013年6月9日，参阅外交部网站 http://www.fmprc.gov.cn/mfa_chn/wjdt_611265/gjldrhd_611267/t1048973.shtm。

第七章

推动双边直接投资：中美经贸互动的新挑战

回顾2013—2014年中美双边直接投资情况，一个较为明显的整体性特点是双边投资规模保持增长态势，特别是中国企业对美直接投资，但两国的外资政策和其他相关政策却出现较大变化调整。一方面是中美双边直接投资的动力，另一方面是国内经济政治的阶段性特点和改革需求，而投资动力和政策调整之间产生的矛盾，某种程度上也成为两国推进双边投资协定谈判的压力。

一、2013年中美双边直接投资概况

根据中国商务部对外投资和经济合作司公布的数据，2013年中国非金融类对外直接投资901.7亿美元，同比增长16.8%。[1] 另外，

---

[1] 中华人民共和国商务部网站，http://www.fdi.gov.cn/1800000121_10000079_8.html.

根据荣鼎咨询公司（Rhodium Group）的统计，2013年中国对美直接投资仍然强势增长，投资流量增长1倍，总额达到创纪录的140亿美元，其中，逾七成的投资额和近九成的投资项目都来自私营企业。[1] 另外，2013年中国企业对美直接投资还呈现出这样几个特点和变化：（1）交易量增长，交易额更大；（2）大额交易主要集中在食品、能源和房地产领域；（3）以往中国对美直接投资以国有企业对能源和公共设施等资本密集型产业的投资为主，但在过去两年里，这一比重有所下降，私营企业直接投资的比重过半，2013年中国企业对美直接投资中，私营企业的投资占交易量的87%，交易总额的76%；（4）中国企业成为美国当地经济的重要贡献者，截至2013年底，中国企业在美国提供了超过7万个全职工作岗位，相比2007年增长了8倍；（5）虽然中海油—尼克森，万象-A123，北京卓越航空工业—豪客比奇等收购案受到国家安全因素的影响，但大多数失败的交易都是由于商业原因，如联想收购IBMx86服务器，东风和吉利放弃收购美国电动汽车厂商Fisker Automotive，以及中国国家开发银行收购美国房产商Lennar。

相比中国企业对美直接投资规模增长和投资主体与领域等方面呈现的新特点，美国对华投资规模和模式并没有出现显著变化。根据美国商务部经济分析局（BEA）公布的数据，2013年美国对外直接投资流量为3383.02亿美元，同比下降7.8%。其中，美国对华直接投资83.57亿美元，占美国2013年对外直接投资总额的2.47%。[2] 但是，随着中国经济结构的调整和政治改革的推进，跨国公司在中

---

[1] Thilo Hanemann and Cassie Gao, "Chinese FDI in the US: 2013 Recap and 2014 Outlook," January 7, 2014, http://rhg.com/notes/chinese-fdi-in-the-us-2013-recap-and-2014-outlook.

[2] 美国商务部经济分析局网站 http://www.fdi.gov.cn/1800000121_10000079_8.html.

国也将面临政策环境的变化,其在中国的投资方式和运营策略势必要作出相应调整。

二、中美外资政策调整:机遇与困境

(一)奥巴马政府积极的引资政策

2013年10月31日,美国总统奥巴马在华盛顿出席"选择美国2013年投资峰会"(Select USA 2013 Investment Summit)时说,美国正在扩大和夯实"选择美国"计划,将前所未有地全面协调联邦政府部门招商引资。[①] 奥巴马政府于2011年创立了"选择美国"计划,但受美国经济复苏缓慢、财政和监管政策的不确定性等因素影响,近年来,美国吸引的外国直接投资有所下降。美国商务部与总统经济顾问委员会当天联合发布的报告显示,2012年美国吸收外国直接投资1660亿美元,与前一年相比下降28%。[②] 为此,奥巴马从联邦政府层面提出四项新举措,包括将吸引外商投资作为美国驻外大使的重点工作之一;联邦政府将为在美投资的企业提供简化投资手续等便捷服务,并帮助企业了解联邦和地方政府的监管政策;联邦政府也将为州和地方政府招商引资提供帮助,包括提供投资方面的最新研究分析,以及组织活动加强与潜在投资者的直接联系。美国财政部长雅各布·卢(Jacob J. Lew)当天也在投资峰会上敦促国会将工作重点转向促进经济增长、创造就业和吸引投资。

---

① 新华网 http://news.xinhuanet.com/2013-11/01/c_117967460.htm.

② http://www.commerce.gov/news/press-releases/2013/10/31/us-commerce-department-and-presidents-council-economic-advisors-relea.

第七章　推动双边直接投资：中美经贸互动的新挑战

为提振经济和扭转外资下降趋势，奥巴马政府从联邦政府层面提出吸引外资的新举措，比以往各届联邦政府表现出更加积极主动欢迎外商在美直接投资的姿态，但其政策立场与以往政府并无实质性差异，美国联邦政府的外资政策的立场和原则长期保持一致性和连贯性。从 1977 年卡特总统在针对外商直接投资的宣言中强调联邦政府的中立原则，到 1983 年里根总统《国际投资政策声明》（Statement on International Investment Policy）中强调对外资的欢迎，再到 2008 年小布什总统强调美国对外资一贯的开放政策，长久以来，美国联邦政府都秉持建立在中立原则哲学上的自由开放的外资政策。[①]即使在 20 世纪 80 年代至 90 年代，美国面临经常账户收支失衡和贸易导向的外国直接投资涌入的巨大压力时，国会也没有通过一项放弃开放和中立原则的法案，老布什政府和克林顿政府也没有改变美国外资政策自由开放的立场。[②]

联邦政府的这种政策态度主要是由物质利益和价值利益两大因素塑造。就物质利益来看，外国资本流入在美国经济建设和走向繁荣的过程中发挥了重要作用。尤其是一战前当美国还是债务国时，对资本的渴求使美国国内普遍认为外商对美直接投资有助于美国经济发展，这种基本认知一直持续到今天。根据联合国贸发会议报告，外国直接投资存量在美国 GDP 占比从 20 世纪 80 年代的 2%—6% 到 90 年代上升至 6%—9%，从 1999—2005 年保持在 10% 以上，并在

---

① "President Bush's Statement on Open Economies," May 10, 2007. http://georgewbush-whitehouse.archives.gov/news/releases/2007/05/20070510-3.html; "President Reagan's Statement on International Investment Policy," September 9, 1983, http://www.presidency.ucsb.edu/ws/?pid=41814.

② 面对收支失衡压力，克林顿政府更关心的是美国的跨国公司在海外的利益，主要是通过双边和多边谈判，通过互惠原则（reciprocity）向别国施加压力，签订投资条约，为美国企业的海外经营争取更多的机会、更好的政策待遇和更有利的竞争优势。

2005年达到近15%。① 有对1981—2007年美国经济增长动力的实证研究表明，外国直接投资存量对美国GDP增长的贡献率（23.28%）大于国内资本的贡献率（19.68%）。② 美国前商务部副部长富兰克林·拉文（Franklin L. Lavin）指出，从提供新的工作机会、增加税收、支付工资、研发经费支出、增加产出、扩大出口、提高美国制造业和服务业全球竞争力等指标来看，外国直接投资对美国经济和国民福利有直接的贡献。③ 另一方面，美国本身是全球对外直接投资最多、拥有跨国公司数量和资产最多的国家，因而，基于互惠原则，为外国投资者提供公平开放的投资环境，也有利于保证美国企业在他国享受有利的政策待遇，维护美国自己庞大的海外商业利益。

在价值利益层面，自由市场理念不仅是美国支撑国内资本主义经济的根基、捍卫本国庞大的跨国公司组织海外利益的政策工具，更是二战后美国领导资本主义阵营建立世界霸权的意识形态旗帜。1989年的"华盛顿共识"提出的减少政府干预、实施贸易自由化、放松对外资的限制等政策主张，恰恰是建立在新自由主义的理论学说和这种自由开放市场理念基础上的。

为鼓励外商投资，美国领导并加入了一系列国际投资协定，包括双边投资条约（Bilateral Investment Treaty，BIT）和避免双重征税条约（Double Taxation Treaty，DTT）。到2012年6月1日，美国签

---

① UNCTAD World Investment Report 2006.
② Lucyna Kornecki and Vladislav Borodulin, "FDI Contributes to Output Growth in the U. S. Economy", *Journal of US-China Public Administration*, January 2011, Vol. 8, No. 1, pp. 104 – 109.
③ "Role of Foreign Investment in U. S. Economic Growth", Remarks by Franklin L. Lavin, *Peterson Institute for International Economics*, Washington D. C., March7, 2007, http://www.trade.gov/press/speeches/lavin030707.asp.

订的双边投资条约共 48 个。① 到 2011 年 6 月 1 日，美国签订的避免双重征税条约共 164 个。② 在 70 多年中，美国与贸易伙伴就双边税务条约进行谈判，以促进和条约伙伴之间的经济流量（economic flows）和投资，消除双重征税，并就税务管辖权重复引起的困惑之处，为纳税人提供确定性。对于在美国和条约谈判国的实体和个人都有联系的收入，哪个税务机关有权征收所得税，这些条约主要集中在对这一提问制定明确的规定。这些条约的其他一些重要内容包括：防止逃避所得税、避免双重征税、降低跨境投资壁垒，以及避免歧视性税收待遇。③

（二）中国改革进程影响外企在华境遇

改革开放初期，中国经济和科技非常薄弱落后，急需外国资本和先进技术，因而跨国公司长期以来在中国享有诸多优惠政策和"红地毯"待遇。但如今，外国企业在中国的"超国民待遇"正在消失，这种变化表现在三个方面：

一是以往的优惠政策和待遇逐渐消失，中国国内资本积累已相当充足，资本缺口和外汇缺口问题已解决，甚至还面临如何为国家资产保值增值、合理利用外汇储备的问题，已基本形成购买美国国债，通过中投公司、国家开发银行和汇金公司等收购海外企业股权或项目的投资组合策略。

---

① UNCTAD, "Country-Specific Lists of Bilateral Investment Treaties (BITs)", http://unctad.org/en/Pages/DIAE/International%20Investment%20Agreements%20(IIA)/Country specific-Lists-of-BITs. aspx.

② Ibid.

③ Organization or International Investment, The Purpose and Scope of U. S. Income Tax Treaties, 2012, http://www.ofii.org/docs/Background_on_Tax_Treaties.pdf.

二是在华外企面临着中国市场日益完善的监管政策和措施,如中国政府有关部门针对英国制药企业葛兰素史克行贿案展开的行动,近期对总部在美国的食品加工企业福喜上海公司的食品卫生与安全问题披露和罚款,以及2014年夏中国国家发改委主导的大范围反垄断调查,波及外国企业包括从微软到奔驰,从高通到苹果等知名外国企业。另外,由于我国外资准入制度中的审批标准、审批程序、审批行为不具体、不明确,大量的外资污染企业、落后技术设备转移到了我国。[①] 因此,未来无论是反垄断、食品安全,还是环境保护、金融安全,外资企业在中国宽松的监管环境将逐渐消失。

三是在华美国企业时而被牵扯入中美外交和国家安全政策摩擦。2014年5月,美国司法部以所谓"网络窃密"为由起诉5名中国军官,随后,中国政府对美国司法部的指控作出快速回应,除了外交部表示不满和谴责之外,针对中国政府部门、企业、大学和电信网络不断受到"美国黑客帝国"的攻击,并质疑一些外国政府利用咨询公司探取中国国有企业相关信息,禁止国企与西方咨询公司进行合作,特别是断绝与美国咨询公司之间的联系。与中国企业有广泛联系的麦肯锡、波士顿咨询、贝恩咨询、博思公司等管理咨询公司都受到波及。不过,在这些西方管理咨询公司的中国客户名单中,民营企业和跨国公司占有相当大的份额。因此,禁令虽然会暂时对这些咨询公司造成利益损失,但可能不会阻断它们在中国市场的业务拓展。

外资包括对东道国有利的资本,也包括可能损害东道国利益的资本。跨国公司的影响好坏参半,就某一具体国家而言,显然存在

---

① 康京涛:"污染转移视阈下我国外资准入制度反思",《辽宁行政学院学报》,2013年第3期,第11页。

着如何控制外国直接投资的"度"的问题。① 外资政策及配套的监管机制本身就是一种筛选和鉴别手段。不论美国对外资多么开放，也逐步建立起外资监管机制，以过滤掉对国家安全和竞争优势构成威胁的外商直接投资。美国政府在吸引外国企业时，有几个战略性的优先考虑，包括对贸易、税收和监管政策不断地进行审视，以及通过立法确保本国在快速变化的全球市场中的竞争力，除此之外，技术、创新、教育和配套基础设施的战略也要得以落实，帮助美国在日益激烈的竞争中确保自己的地位。中国企业的国际竞争力和产业优势还相当薄弱，而经过改革开放几十年的发展和培育，中国企业和产业现在正处于关键的成长时期，适时调整外资政策、保护本国经济长远发展，对规范中国市场秩序、提高中国企业的国际竞争力是非常必要的。比塑造产业优势更紧迫的是维护产业安全。中国实行国有企业改革以来，很多大型国有企业都引进国外战略投资者，水泥行业和造船行业被外国企业通吃，机械行业龙头企业被收购，一些我们自己研制成的高技术被一并拿走，而重型机械与国防工业又紧密相连，因此，这不仅涉及产业安全和经济安全，还连带到国防安全。②

在加强对外资监管的同时，中国政府也在拓展外资在华发展空间，这突出表现在上海自由贸易区的成立。在这个面积不到 29 平方公里的试验区内，将进行涉及投资、贸易、金融、行政法制等四个重点领域的改革；试点成功后再向全国推广。另外，为了给外资企业提供更好的环境，将在上海自贸区内开放外汇及利率管制，从而

---

① 马杰："跨国公司：和平的福音，还是安全的魔障？"，《世界经济与政治》，1998 年第 12 期，第 34 页。

② 李炳炎："外资并购与我国产业安全"，《探索》，2007 年第 6 期，第 78 页。

促进跨境商品和资本的流动。① 这样，在一方面强化打击外资违法行为的同时，另一方面，让从事合法经营的外资企业受到越来越少的限制。

基于我国国内经济和政治新阶段的特点及改革目标，以及国际经济、金融、安全格局的变化，我国必须适时适当调整外资政策，并使其与产业政策和国家安全战略相匹配，有软有硬，这样才能同时实现利用资本全球化的机遇更好地在全球产业链定位，又审慎妥当地保护好经济安全和国防安全，规避不必要的风险。

三、案例分析：中国企业面临的机遇与挑战

（一）案例一："三一诉奥巴马案"

1. 风场项目与美国选举政治

三一集团关联企业罗尔斯公司在俄勒冈州的风场项目在美国总统大选如火如荼之际遭受总统令禁止，无疑是反映当下选举政治对美国外资政策导向影响的生动案例。2013年3月份，罗尔斯公司从希腊电网公司Terna US收购了美国俄勒冈州Butter Creek风场项目，并取得了该项目建设的所有审批和许可。5月份，根据美国海军西北舰队以Butter Creek项目中一个风场可能影响其空军训练为由敦促风场迁址的要求，Ralls公司将其风场南移了1.5英里，对此该海军舰队表示满意。尽管如此，奥巴马总统依然根据外资委员会的调查

---

① 柯荆民："上海自贸区开启利用外资新阶段"，《金融博览》，2013年第11期，第17页。

和决定签发总统令，以涉嫌威胁美国国家安全为由中止 Butter Creek 风场项目。在其断然的决定背后的政治考量中，赢得大选恐怕比维护国家安全占更大比重。

批评对手的对华政策和主张而显示对华强硬是美国总统候选人拉选票的惯用策略。此前，奥巴马曾攻击罗姆尼任职贝恩资本时投资中国公司，将就业机会"外包"给中国，奥巴马认为如果自己在对中国企业的态度上不够强硬而被对手反击，在此大选关头是非常危险以至没有时间再去扭转局势。以维护国家安全这一国家整体利益的名义阻止中国企业的投资项目，可谓封喉罗姆尼，虽然实质上减少了就业岗位，却可以肯定罗姆尼不会反对维护国家安全，也不会替中国企业说话。因此，宁可牺牲一家中国企业的利益也不能予以对手把柄，宁可暂时透支美国投资环境的信誉也不肯容忍对自己成功连任的丝毫威胁，是奥巴马竞选班子在这个案子上利益权衡的标准。

2. 裁决结果的启示

根据《华盛顿邮报》当地时间 7 月 15 日的报道，美国一家巡回法院裁定，奥巴马政府禁止三一重工子公司——罗尔斯控股公司（Ralls Corp.）的一宗在美并购案，这一行为侵犯了对方的合法权益。罗尔斯公司应当被允许质证。罗尔斯控股公司是中国大陆三一重工集团的子公司。

三一重工官方网站 16 日也发布消息称，美国东部时间 2014 年 7 月 15 日早上 10 时许，美国哥伦比亚特区联邦上诉法院由汉得逊大法官、布朗大法官和维金斯大法官组成的合议庭，就三一集团在美关联公司罗尔斯因俄勒冈州风电项目被禁止诉美国外资委员会和奥巴马总统案做出判决。[1] 在一份长达 47 页的判决中，合议庭推翻相

---

[1] 三一集团官网，http://www.sanyhi.com/company/hi/zh-cn/media/671_for_special_list_text.htm.

应地方分区法院杰克逊法官批准美国政府相关动议的判决，一致认定：

（1）三一集团在美关联公司罗尔斯公司在 Butter Creek 项目中具有受宪法程序正义保护的财产权。

（2）奥巴马总统下达的禁止罗尔斯公司俄勒冈州 Butter Creek 风电项目的总统令违反程序正义，剥夺了罗尔斯公司在 Butter Creek 项目中受宪法保护的财产权。美国政府需要向罗尔斯公司提供相应的程序正义，包括美国外资委员会和总统做出相关决定所依赖的非保密信息和在了解相关信息后回应的机会。

（3）美国外资委员会就 Butter Creek 项目针对三一各公司下达的各项命令，不因奥巴马总统令的下达而自动规避法院的审查。初审法院应就罗尔斯公司对外资委员会各项命令的挑战和诉求立案并进行实质审查。

三一集团和罗尔斯公司表示，欢迎华盛顿联邦巡回上诉法院的上述判决，并为三一集团和其关联公司在美维权取得的历史性重大胜利而高兴。他们还坚信其合法权益终将得到公平正义的保护。

这一判决结果还是比较合理的，因为当时总统令的（d）条规定：三一集团员工不得进入项目区域，这意味着包括旁边两条高速公路也不得穿行，三一集团也不得将该项目转移给其他公司，或者自行拆除混凝土设施。[①] 就安全和政治意义上来看，确实可以以该设施上安装了某些监控或情报设备为由，马上进行完全隔离，尤其是在中美政治安全互信赤字加剧的情形下；但是从法律意义上讲，特别是根据美国的"无罪推定"原则，总统和美国外资委员会的这种决定应该是在程序上破坏了外国企业的正当权益。

但是，根据国会通过的有关外资监管法案，总统和美国外资委

[①] 据三一集团副总经理、Ralls 公司首席执行官吴佳梁先生于 2012 年 10 月 18 日在三一集团美国风电项目诉讼案媒体沟通会上对整个事件的介绍。

员会也确实是被授予了自由裁量权来判定一项外商投资交易是否损害了或可能威胁美国的国家安全，所以这项判决或这一阶段的法院审理没有质疑总统的决定及其对外资的监管权，而是认定一项投资交易可能威胁国家安全后，后续如何处理，这一技术性问题也就是法院所说的"程序正义"。

美国外资委员会经过对一项交易深入调查后，若认为该交易会威胁国家安全，可以提交总统做出最后决定，但历史上总统只亲自否决过两次，上次是1991年老布什否决中国航空技术进出口总公司收购美国曼可公司（飞机零部件制造商）。老布什当时面临中国1989年春夏之交发生的政治风波影响造成政治压力，不能对中国太"友好"，但其实共和党本来是不愿意过多干预市场的。罗尔斯公司在俄勒冈州的风场项目被奥巴马否决时，也恰恰是奥巴马与罗姆尼选战正酣之际，而且罗姆尼因其创立的"贝恩资本"投资中国企业而饱受诟病。在这种情况下，奥巴马在罗尔斯公司的建厂位置靠近美国海军基地这一问题上必须非常严厉，才可能避免受到任何怀疑和指责，他即使反应过度或侵犯到中国企业的权益也无所谓，因为在大选期间都"拿中国说事儿"的情况下，没有人会去同情中国企业。

"三一事件"与以往案例相比有两个不同之处：第一是纯增加就业的绿地投资；第二是私营企业。但这一事件并不会产生太大影响或改变多少事情，欧洲等西方国家企业还是会一如既往在美国投资，而作为中国企业，不管判决结果如何，即使再有利于"三一"，都不应对投资的政治风险放松警惕，甚至应该更加小心，特别是在中美国防安全、网络安全不信任加剧的情况下。

3. 中国企业海外公关的误区

随着"万达"收购美国AMC影院和"双汇"收购美国史密斯菲尔德食品公司两大投资交易的顺利完成，屡屡被美国外资审查触痛神经的中国投资者和观望者似乎终于松了一口气，认为这次美国外国投资委员会（美国外资委员会）总算没有在"国家安全"问题上大做文章。然而，我们的神经真的可以放松了吗？中国企业是否真正把握了美国外资监管的逻辑？

就赴美投资的中国企业的在美公关工作来看，情况并不乐观，重视行政部门，忽视立法部门，导致公关工作存在重大误区。

纵观历史，国会议员才是美国外资监管体制的建立和演变的真正主导者。1975 年，福特总统迫于国会压力宣布建立外国投资委员会；1986 年，国会众议员约翰·布莱恩特（John Bryant）提交《外国投资披露与互惠法案》，遭到里根总统强烈反对；1988 年，众议员詹姆斯·弗洛里奥（James Florio）和参议员詹姆斯·埃克森（James Exon）提出《埃克森—弗洛里奥修正案》，与《1988 年综合贸易与竞争法》一起获得通过，美国外资委员会首次拥有了采取监管行动的权力，其职责从监视转变为政策执行；1992 年，国会通过了《1993 财年国防授权法第 837（a）条》，即《伯德修正案》，外国国有企业投资者在美投资被纳入强制审查范畴；2007 年，民主党众议员卡罗琳·马隆尼（Carolyn Maloney）提交众议院 H. R. 556 号法案《2007 年国家安全外国投资改革与提高透明度法案》，在众议院全票通过，随后，民主党参议员克里斯托弗·多德（Christopher Dodd）提交参议院 S. 1610 号法案《2007 年外国投资与国家安全法》，参众两院均投票同意以后者代替前者，外资审查范畴扩大到"关键基础设施"，其中的"常青条款"（evergreen provision）使外资委员会可以随时对已通过审查的交易案重新进行审查，增加了不确定性。[①]

此外，即使国会已经将外资审查的权力授予总统和执行机构美

---

① 历部外资监管法案的具体内容，参见美国国会图书馆立法纪录网站：http://thomas.loc.gov 提供的资料。

国外资委员会,在正常的审查程序之外,国会还是可以发挥强大的,甚至是决定性的影响力,主要有以下几种方式:

第一,发表公开声明,影响舆论导向。2005年,联想收购IBM的个人电脑业务时,美国伊利诺伊州的共和党议员唐纳德·曼祖洛就对媒体表示:"联想很有可能通过收购IBM PC进军并垄断美国PC市场……联想进入美国市场后,将在很多方面对美国企业构成威胁。因此,批准这笔交易将是一个错误的决定。"[1]

第二,致信白宫,影响行政部门决策。2010年,中国鞍山钢铁公司准备收购美国密西西比州钢铁发展公司14%的股份,遭到50名国会议员联名致信时任财政部长盖特纳,要求阻止该交易。

第三,举行听证会,介入调查。2012年,美国众议院就中国通信企业华为和中兴两家公司所谓"威胁美国国家安全"问题,质询企业的性质及其商业活动是否涉及国家安全领域。

除用以上方式影响全国舆论和行政部门决策外,国会议员还可以通过不予拨款、推动新的更严格的立法等方式,表达其立场,实现其意志。

由于中美两国政治体制的差异,对美国国会政治的认识不足,中国企业在美国开展公关活动时存在以下三大误区:

第一,只看整体,不见局部。中国企业往往只关注行政部门决策,无视立法部门的干预动机和影响力;如果只公关投资地的州政府,就会被那些选区没有从该投资中受益的国会议员以"威胁国家安全"等理由攻击得措手不及;甚至投资就在某国会议员的选区,但他代表该州本土企业的利益,为减少外来企业的竞争,该议员也很有可能反对外商投资。

第二,着重公关上层,脱离"群众路线"。聘请华盛顿的律师事

---

[1] "美议员称联想试图收购IBM PC垄断美PC市场"搜狐财经,http://news.sohu.Com/20050125/n224091695.shtml.

务所、游说组织、公关机构，是当前中国企业在美投资公关工作的"投资重点"。且不说昂贵的费用增加了投资成本，这些公关代理人都是在走"上层路线"，以合规、引荐为主，不屑于"下到基层、深入群众"。然而，除被总统任命的官员外，总统和国会议员都是以服务于选民利益、照顾好选民情绪为安身立命之本，几次办公室里的接见和宴会上交谈是不会从根本上影响其最终决策的。只有改变公众的态度，让美国民众从心里觉得中国企业为其带来了福利，才能最终决定决策者的立场。此外，面对众多遭遇政策障碍和政治阻挠的中国投资者和潜在投资者，华盛顿的这些律师事务所、游说组织、公关机构早已形成一种受益集团，如果政府审查得更严格，岂不是可以长期坐拥这些大客户？

第三，只有短期策略，缺乏长期战略。不管是只关注审查结果，还是只盯着高层官员，都反映出中国企业公关的短视和急功近利，聘请个律所，打点下官员，临时抱佛脚，花钱不少，效果了了，至今我们没有看到这些企业为顺利在美国投资而真正把在美公关当作一项长期事业来做，没有任何战略部署可循。

由于产业升级的需要，在发达国家的直接投资依然是我国企业海外直接投资的主要部分，如何在法制健全、实行选举政治的国家有效地进行公关，基于以上分析，要实质性地、积极地影响客体对主体的印象和认知，企业公关部门要做好这样几方面功课：第一，健全公关部门，提升专业性，细分工作内容，并列设立政府事务办公室和市场公关部，深入了解当地政治生态、政策逻辑、民生议题与文化风俗。第二，欲要取之，必先予之，可以通过融入当地社区生活、开展公益活动、设立奖学金等形式，让企业品牌和理念深入人心，淡化外籍身份。第三，制定长期公关战略，构建公关联盟，依托和发展中国商会等组织的影响力，整合公关资源，改善"中国投资"的概念和印象。

（二）中国房地产进军美国与中国企业面临的机遇

2012 年下半年以来，在国内房地产市场过热以及政府管控房价的背景下，万科、中海、碧桂园等中国房地产企业掀起一股海外投资热潮。其中，上海绿地集团的海外扩张尤其引人注目。

绿地集团在香港借壳上市之后，加快了进军海外的步伐，先后在韩国、美国、泰国、澳大利亚、西班牙及英国洽谈地产项目，海外项目总投资额已超过国内投资的三倍。[①] 继 2012 年 6 月 SOHO 中国 CEO 张欣联手巴西银行巨头 Safra，以 14 亿美元购得纽约通用大厦 40% 的股份之后，2013 年 7 月，绿地集团宣布就收购加州教师退休基金持有的美国洛杉矶中心区大都会项目签署合作协议。该项目位于洛杉矶市中心核心区，连接洛杉矶金融区及会展区，毗邻洛杉矶湖人队主场斯台普斯球馆及格莱美奖颁奖典礼所在的诺基亚中心，与洛杉矶市中心最高档的酒店及酒店公寓丽兹卡尔顿酒店为邻。"绿地"称，该项目将开发的业态包括酒店、办公、服务式公寓及高档住宅，项目将在开工后 6—9 个月内开工建设。

2013 年 10 月，绿地集团海外拓展再下一城，宣布与森林城公司（Forest City Ratner Companies）成立合资公司，并收购后者拥有的布鲁克林大西洋广场地产项目，总投资将超过 50 亿美元。绿地集团将持有该合资公司 70% 的股权。该项目位于巴克莱中心球馆所在的大西洋调车场，规划建设以中高档公寓住宅为主的综合社区，住宅产品租售各半。这是纽约 20 年来最大规模的房地产单体项目，同时也是中国房地产企业迄今为止在美最大投资。

----

① "绿地集团海外投资破百亿美元，为国内三倍"，网易财经，2013 年 12 月 2 日，http://money.163.com/13/1202/16/9F3PSG9I00254TFQ.html。

除了 SOHO 中国和绿地集团在美国地产的大手笔外,"中国最大开发商"万科也与史拜尔房地产公司（Tishman Speyer Properties）合作,在旧金山兴建两座共有公寓。中国企业已成为美国许多重大建设项目的开发商。根据房地产市场研究机构不动产资本分析公司（Real Capital Analytics Inc.）的数据,2013 年中国企业在美国房地产的投资达 17 亿美元,大大超过 2011 年的 11 亿美元,更与 2008 年的 2200 万美元不可同日而语。

正如中国政府鼓励企业海外投资,从而有助于中国外汇储备多元化一样,中国企业进行海外投资也是为了实现企业自身投资组合的多元化。特别是对房地产开发商来说,国内经济放缓和房地产市场降温,促使其向海外寻找优质资产和高回报项目。

对美国房地产来说,中国资本的流入也有助于美国房地产开发计划的推进。例如,布鲁克林项目自 10 年前制定以来,因施工延误及成本高于预期,使森林城公司陷入困境,而绿地集团的注资可以解决资金问题,并帮助当地发展。其中,最直接的就是提供就业。2002—2012 年 10 年中,外国公司控股的美国子公司雇用了 500 万—600 万员工,并支撑了 200 万个制造业工作岗位。在经济衰退期间,外资支撑的制造业工作比本土制造业工作更趋向于稳定,外国公司控股的美国子公司的员工比那些非外资支撑的工作薪水高 30%。[1]房地产建设项目的开展需要大量劳动力,以及相关材料和服务的消费,对美国就业和经济的促进作用是非常明显的。因此,至今美国外资委员会没有调查或阻止任何中国企业在美国房地产领域的投资。

然而,对中国经济来说,大量资本流向海外房地产市场是否是一件好事仍有待评估。中国经济自身很多领域和地域都需要资本投

---

[1] David Payne and Fewick Yu, "Foreign Direct Investment in the United States," Department of Comm1erce, Economics and Statistics Administration, June 2011, http://www.esa.doc.gov/sites/default/files/reports/documents/fdiesaissuebriefno2061411final.pdf.

入，房地产开发商这些年赚得盆满钵满后却将资本转向海外。20世纪60年代，美国跨国公司的数量和势力在全球占有绝对优势地位的情况下，美国政府战略性和针对性地支持本国跨国公司进行海外投资和扩张，但同时也限制资本出口，并通过干预在本国的母公司来影响其海外子公司的经营，以确保本国经常帐户收支平衡。[1] 任何政策都不应该是片面的，中国政府在鼓励企业"走出去"的同时，也应规划企业研究如何"走出去"，走向何方？在发达国家投资，倘若是高科技产业，可以有助于学习和掌握有关现今技术。若都流向国外的房地产市场，除了开发商赚钱外，中国经济整体上可能受益很小，并且还存在风险，因为不动产是不能移动的，一旦投资国与东道国发生冲突，这些"不能动的"资产只能是留在东道国，是拿不回来的。

四、政策互动及展望

2014年7月举办的第六轮中美战略与经济对话就"中美双边投资协定"（BIT）谈判达成"时间表"，同意争取在2014年就BIT文本的核心问题和主要条款达成一致，承诺从2015年初起，将以各自的负面清单出价为基础启动负面清单谈判。中国财政部副部长朱光耀称之为"历史性进展"，但也表示，中国正面临全面深化改革的艰巨任务，在这一前提下，中美以准入前国民待遇和负面清单的方式进行谈判，对双方都是重大挑战，特别是，中方关切美国对外资的

---

[1] 参见 Raymond Vernon, Sovereignty at Bay: The Multinational Spread of U.S. Enterprises, (New York: Basic Books, INC., 1971)；彼得·林德特、查尔斯·金德尔伯格：《国际经济学》谢树森等译，上海译文出版社，1984年版，第235页。

安全审查制度，而中方也面临由正面清单变为负面清单，这是涉及到整个投资体制的根本性变革的压力。美国财政部长雅各布·卢表示，中国需要进一步开放在服务领域——包括金融领域的市场准入，加快修改外商投资目录。

中美双边投资协定谈判于2008年启动，至今已进行13轮，实质性谈判都在围绕文本条款进行，尚未涉及负面清单部分。负面清单最早由美国、加拿大和墨西哥于1992年签订的北美自由贸易协定中引入，是指一国在引进外资的过程中以清单形式公开列明某些与国民待遇不符的管理措施。中国已经开始提出负面清单的尝试。在2013年出台上海自由贸易区的第一份负面清单之后，2014年7月，新版上海自贸区负面清单由原来的190条调整为139条，这是在国内进行的压力测试，对改革投资管理体制有重要意义。

布鲁金斯学会中国研究专家李侃如（Kenneth Lieberthal）认为，中国把双边投资协定纳入战略与经济对话，表明中国依然希望推进经济改革。美国驻华大使鲍卡斯（Max Baucus）表示中国目前正面临着新的"WTO时刻"，并认为中国向外资开放更多市场，尤其是服务业，将有助于中国经济平衡。目前，中国吸收国外的直接投资只有3%来自美国，而流入美国的外国直接投资只有不到1%来自中国，相比中美双边贸易规模，两国双边直接投资确实还有很大的发展空间。

然而，比投资协定谈判本身更重要的是，中国决策者必须明确应如何开放市场，应该以什么样的节奏、在什么样的时间和条件下开放市场。美国是玩转资本的高手，在国际资本市场呼风唤雨多年，而中国在跨国资本的利用和运作方面还是一个非常稚嫩的玩家，特别是我们的金融等高端服务行业还相对落后，而且自身也积累了很多问题和弊病，开放带来的是资本还是冲击，亟待审慎论证。除了金融风险问题，跨国直接投资带来的经济安全和国家安全问题，在中美双边关系复杂性的背景下,也成为难以逾越的障碍。这也突出表现在美国对华出口管制政策上。1998年12月,以共和党参议院克里斯托弗考克斯为首的调查委员会向国会递交了长达700多页的报告,指责中国"偷窃"美国某些最机密的军事技术,并提出限制对华出口的38项措施,致使美国政府重新收紧对华出口管制。① 至今,出口管制政策依然是横在中美经贸发展上的一道坎,并且,随着中国经济日益需要高新技术提升竞争力,这一问题对中国来说变得愈加迫切,而对美国来说却愈加难以松口。

政治互信不足和新兴市场的竞争压力虽然对中美双边经贸关系有消极影响,政策协调空间还是存在的。这种可能性基于两点:第一,利益上双方互有所需。美国希望中国进一步开放金融市场,让来自华尔街的利益集团银行和保险公司等金融服务业进入中国市场,分享中国经济发展的红利,而这一政策目标极有可能以"议题挂钩"的方式实现,抬高中国企业进入美国市场的门槛,作为与中国政府谈判的筹码,获取中国金融市场准入。另外,在页岩气开发等新能源发展上,中美两个能源消耗大国也有诸多合作的机会。第二,双方谈判已有机制框架。中美双边政治、安全和经贸关系已经交织在一起,互相影响,这是两国建立"战略与经济对话"(U. S.-China Strategic and Economic Dialogue)机制的需要,也是条件。对于中国而言,美国是中国出口的巨大市场、科技产品进口的主要来源地,以及海外投资的重要来源国;美国还正在成为中国重要的进口国和海外投资的主要目的地。② 双边投资已经在该对话议程中占据重要位置,通过交易和妥协的"一揽子解决方案",才是应对中美双边综合和复杂的谈判议题的战略性思路。但是,最终达成协议并不是谈判

---

① 王勇:《中美经贸关系》,北京:中国市场出版社,2007年版,第237页。
② 贾庆国:"秉持'只争朝夕'精神:积极构建中美新型大国关系",《国际政治研究》,2014年第1期,第13页。

的目的，达成符合中国利益的协议才是我们进行谈判的根本目的，在自身抗风险能力尚弱的情况下，疏于管制，草率地过度开放或暴露自己，难免会沦为美国这一资本巨头的俘虏。

第八章

发展清洁能源战略：中美两国的政策与障碍

为了应对气候变化、加快清洁能源发展，中美两国根据各自的不同国情、以及经济和社会发展所处的不同阶段，均制定了系统而详尽的清洁能源发展战略和政策：主要包括宏观层面的战略目标、中观层面的优先发展领域、以及微观层面的具体政策等。两国清洁能源发展政策存在一定程度的共性。由于各自的国情不同，在推动加快清洁能源发展方面，中美两国国内均面临着政治博弈牺牲、经济发展取舍、法制建设滞后、以及社会文化意识尚未到位等方面的障碍。

一、具体政策

根据清洁能源发展的战略目标和优先方向，中美两国分别进一步制定了清洁能源发展的具体政策。这些政策措施涉及到水能、风能、太阳能、生物质能、地热能、海洋能、核能等清洁能源发展的方方面面，涵盖电力、制冷制热、交通、建筑等多个部门，政策的实施范围则跨越超国家层面的国际合作政策、国家政策（中央政府/联邦政府）、地区政策（省自治区直辖市/州）、以及地方政策（市）等。

以可再生能源为例，在中美两国推动可再生能源发展的政策措施中，既有通过市场机制发挥作用的经济手段，也有政府管制、政策支持、提供信息及培训教育、研发推广等，还有两个国家地方政府的自发政策举措。①

表 8–1 中美两国可再生能源发展的主要政策措施

	中国	美国
水能	加强抽水蓄能电站运行管理工作的通知（2013）/调整可再生能源电价附加征收标准的通知（2013）/能源发展"十二五"规划（2013）/水电发展"十二五"规划（2012）/可再生能源发展"十二五"规划（2012）/中国的能源政策（2012）白皮书/水利发展规划（2011—2015年）/可再生能源电价补贴和配额交易方案的通知（2012）/可再生能源发电工程质量监督体系方案（2012）/国家能源科技"十二五"规划（2011）/可再生能源发展基金征收使用管理暂行办法（2011）/河流水电规划报告及规划环境影响报告书审查暂行办法（2011）/加强水电建设管理的通知（2011）/水能风能关键技术装备进口免税（2010）/关于规范水能（水电）资源有偿开发使用管理有关问题的通知（2010）/免征国家重大水利工程建设基金的城市维护建设税和教育费附加的通知（2010）/可再生能源法（修正案）（2009）/风电水电计划（2008）/可再生能源中长期发展规划（2007）/可再生能源的税收优惠政策（2003）/降低可再生能源增值税（2001）/光明工程（1996）	2009年复兴及再投资法案：计税基数条款/风电水电计划（2008）/2008年食物、环保和能源法案/可再生能源比例标准——内华达州（2005）—伊利诺伊州（2007）

---

① IEA/IRENA Joint Policies and Measures Database：Global Renewable Energy. http://www.iea.org/policiesandmeasures/renewableenergy/.

第八章 发展清洁能源战略：中美两国的政策与障碍

续表

	中国	美国
风能	加强风电产业检测和评价体系建设的通知（2013）/做好2013年风电并网和消纳相关工作的通知（2013）/做好风能资源详查和评价资料共享使用的通知（2013）/调整可再生能源电价附加征收标准的通知（2013）/能源发展"十二五"规划（2013）/中国的能源政策（2012）白皮书/风力发电科技发展"十二五"专项规划（2012）/可再生能源发电工程质量监督体系方案（2012）/风电发展"十二五"规划（2012）/"十二五"国家战略性新型产业发展规划（2012）/可再生能源发展"十二五"规划（2012）/可再生能源电价补贴和配额交易方案的通知（2012）/可再生能源电价附加补助资金管理暂行办法（2012）/国家能源科技"十二五"规划（2011）/促进战略性新兴产业国际化发展的指导意见（2011）/鼓励和引导民营企业发展战略性新兴产业的实施意见（2011）/可再生能源发展基金征收使用管理暂行办法（2011）/离岸风电场管理暂行办法（2010）/免除风力及水力技术设备的进口关税（2010）/风电设备制造业的市场准入标准（2010）/可再生能源法（修正案）（2009）/离岸风能发展规划（2009）/陆上风电上网电价（2009）/取消风电工程项目采购设备国产化率要求的通知（2009）/可再生能源中长期发展规划（2007）/风电设备产业化专项资金（2007）/海南风电场建设计划（2007）/可再生能源的税收优惠政策（2003）/降低可再生能源增值税（2001）/光明工程（1996）	2009年复兴及再投资法案：计税基数条款/外大陆架可再生能源及既有设施交替使用的最后规定（2009）/2009年复兴及再投资法案：清洁能源拨款/离岸风能及海洋能测试（2008）/风电水电计划（2008）/2008年能源改善及推广法案—税收优惠/2008年食物、环保和能源法案/2009财政年度国防授权法案—能源条款/可再生能源及能效比例标准—伊利诺伊州（2007）/住宅可再生能源税收抵免（2006）/可再生能源比例标准—内华达州（2005）/绿色能源伙伴（2001）/美国风能计划（1999）/部落能源计划（1994）/修正的加速成本回收制（1986）/1980年风能系统法案/1978年能源税法案

· 219 ·

续表

	中国	美国
太阳能	对分布式光伏发电自发自用电量免征政府性基金有关问题的通知（2013）/分布式光伏发电项目管理暂行办法（2013）/光伏发电运营监管暂行办法（2013）/调整可再生能源电价附加征收标准的通知（2013）/关于光伏发电增值税政策的通知（2013）/能源发展"十二五"规划（2013）/申报分布式光伏发电规模化应用示范区的通知（2012）/做好分布式光伏发电并网服务工作的意见（2012）/中国的能源政策（2012）白皮书/太阳能发电发展"十二五"规划（2012）/太阳能发电科技发展"十二五"专项规划（2012）/"十二五"国家战略性新型产业发展规划（2012）/太阳能光伏产业"十二五"发展规划（2012）/可再生能源发展"十二五"规划（2012）/可再生能源电价补贴和配额交易方案的通知（2012）/可再生能源电价附加补助资金管理暂行办法（2012）/可再生能源发电工程质量监督体系方案（2012）/促进战略性新兴产业国际化发展的指导意见（2011）/鼓励和引导民营企业发展战略性新兴产业的实施意见（2011）/可再生能源发展基金征收使用管理暂行办法（2011）/国家能源科技"十二五"规划（2011）/完善太阳能光伏发电上网电价政策的通知（2011）/宁夏四个太阳能光伏电站临时上网电价的批复（2010）/组织实施太阳能光电建筑应用一体化示范的通知（2011）/可再生能源法（修正案）（2009）/实施金太阳示范工程（2009）/山东百万太阳能屋顶工程（2008）/可再生能源中长期发展规划（2007）/山东省能源基金/（2007）/开展大型并网光伏示范电站建设有关要求的通知（2007）可再生能源的税收优惠政策（2003）/光明工程（1996）	2009年复兴及再投资法案：计税基数条款/2009年复兴及再投资法案：清洁能源拨款/2009财政年度国防授权法案—能源条款/2008年能源改善及推广法案—税收优惠/美国太阳能城市项目（2007）/美国太阳能展示项目（2007）/美国太阳能规范和标准委员会（2007）/加州太阳能行动计划（2007/可再生能源及能效比例标准—伊利诺伊州（2007）/住宅可再生能源税收抵免（2006）/美国太阳能行动计划（2006）/可再生能源比例标准—内华达州（2005）/国际太阳能十项全能竞赛（2002）/旧金山太阳能激励计划（2001）/绿色能源伙伴（2001）/部落能源计划（1994）/联邦商业投资税收抵免（1992）/修正的加速成本回收制（1986）/1986年税收改革法案/1978年能源税法案/太阳能光伏能源研发及展示法案（1978）/太阳能制冷制热示范法案（1974）

续表

	中国	美国
生物质能	调整可再生能源电价附加征收标准的通知（2013）/能源发展"十二五"规划（2013）/中国的能源政策（2012）白皮书/生物质能发展"十二五"规划（2012）/"十二五"国家战略性新兴产业发展规划（2012）/可再生能源发展"十二五"规划（2012）/能源行业非粮生物质原料标准化技术委员会成立（2012）/能源行业生物液体燃料加工转化标准化技术委员会成立（2012）/"十二五"节能环保产业发展规划（2012）/可再生能源电价补贴和配额交易方案的通知（2012）/可再生能源电价附加补助资金管理暂行办法（2012）/可再生能源发电工程质量监督体系方案（2012）/"十二五"农作物秸秆综合利用实施方案（2011）/国家能源科技"十二五"规划（2011）/可再生能源发展基金征收使用管理暂行办法（2011）/促进战略性新兴产业国际化发展的指导意见（2011）/鼓励和引导民营企业发展战略性新兴产业的实施意见（2011）/减少乙醇进口关税的通知（2010）/完善农林生物质发电价格政策的通知（2010）/生物质能发电上网电价补贴（2010）/对利用废弃的动植物油生产纯生物柴油免征消费税的通知（2010）/可再生能源法（修正案）（2009）/广西—百万亩生物燃料项目（2008）/可再生能源中长期发展规划（2007）/中美加强生物质资源转化燃料领域合作的谅解备忘录（2007）/沼气项目支持计划（2006）/可再生能源的税收优惠政策（2003）/对于燃料乙醇生产的支持办法（2002）/降低可再生能源增值税（2001）	2009年复兴及再投资法案：清洁能源拨款/2009年复兴及再投资法案：计税基数条款/纤维素生物燃料生产者税收抵免（2009）/可再生能源条例—温室气体减排最低标准（2008）/2008年能源改善及推广法案—税收优惠/2007年能源独立和安全法案/2009财政年度国防授权法案—能源条款/高级生物燃料生产基金（2008）/2008年食物、环保和能源法案/可再生燃料基础设施基金（2008）/生物质能研究中心（2007）/10年减20计划（2007）/生物质项目：整合生物建炼厂子项目（2007）/可再燃料标准计划（2007）/可再生能源及能效比例标准—伊利诺伊州（2007）/绿色采购扶持获取计划（2006）/2005年能源政策法法案/可再生能源比例标准—内华达州（2005）/甲烷市场化伙伴关系（2004）/国家生物柴油教育计划（2002）/生物质研发行动计划（2002）/Bio—based Products and Bioenergy Coordination Council (BBCC) (2002)/2002年农场安全与农村投资法案/绿色能源伙伴（2001）/生物质项目（2000）/生物质研发法（2000）/清洁城市(1993)/汽车技术项目（1992）/

续表

	中国	美国
生物质能		州及规定（1992）/小规模乙醇生产者税收抵免（1991）/替代汽车燃料法案（1988）/1980年生物质能源及乙醇燃料法案1978年能源税收法案
地热能	燃料供应者替代调整可再生能源电价附加征收标准的通知（2013）/能源发展"十二五"规划（2013）/中国的能源政策（2012）白皮书/可再生能源电价附加补助资金管理暂行办法（2012）/"十二五"国家战略性新型产业发展规划（2012）/可再生能源发展"十二五"规划（2012）/可再生能源电价补贴和配额交易方案的通知（2012）/可再生能源电价附加补助资金管理暂行办法（2012）/可再生能源发电工程质量监督体系方案（2012）/可再生能源发展基金征收使用管理暂行办法（2011）/促进战略性新兴产业国际化发展的指导意见（2011）/鼓励和引导民营企业发展战略性新兴产业的实施意见（2011）/可再生能源法（修正案）（2009）/可再生能源中长期发展规划（2007）/可再生能源的税收优惠政策（2003）/降低可再生能源增值税（2001）/光明工程（1996）	国家级可再生能源组合标准/2009年复兴及再投资法案：清洁能源拨款/2008年能源改善及推广法案—税收优惠/技术商业化基金（2008）/2007年能源独立和安全法案/地热技术转移中心（2008）/西部可再生能源区项目（2008）/2008年食物、环保和能源法案/2008年能源改善及推广法案—税收优惠/地热资源租赁及地热资源单位协议（2007）/能源部贷款担保计划（2007）/增强联邦环境、能源，以及交通管理（2007）/可再生能源及能效比例标准—伊利诺伊州（2007）/住宅可再生能源税收抵免（2006）/马里兰州清洁能源生产税收抵免（2006）/清洁能源—环境州伙伴关系计划（2005）/州公共事业委员会援助（2005）/可再生能源比例标准—内华达州（2005）/小型机组的并网标准（2005）/可再生能源比例标准—科罗拉多州（2004）/纽约州能源计划（2002；2009）/可再生能源比例标准—

第八章 发展清洁能源战略：中美两国的政策与障碍

续表

	中国	美国
地热能		加州（2002）/美国农村能源计划（2002）/绿色能源伙伴（2001）/1999年减税延期法案/可再生能源比例标准—马萨诸塞州/州能源计划（1996）/联邦公共事业伙伴关系工作小组（1994）/联邦商业投资税收抵免（1992）/修正的加速成本回收制（1986）/1986年税收改革法案/公共事业管理政策法案（1978）/1978年能源税法案/地热能研发及示范法案（1974）
海洋能	能源发展"十二五"规划（2013）/可再生能源发展"十二五"规划（2012）/中国的能源政策（2012）白皮书/"十二五"国家战略性新型产业发展规划（2012）/可再生能源电价补贴和配额交易方案的通知（2012）/可再生能源电价附加补助资金管理暂行办法（2012）/可再生能源发电工程质量监督体系方案（2012）/促进战略性新兴产业国际化发展的指导意见（2011）/鼓励和引导民营企业发展战略性新兴产业的实施意见（2011）/可再生能源法（修正案）（2009）/可再生能源中长期发展规划（2007）/可再生能源的税收优惠政策（2003）/降低可再生能源增值税（2001）	关于可再生能源与大陆架外缘既有设施交替使用的最终规定（2009）/2009年复兴及再投资法案：计税基数条款/2009年复兴及再投资法案：清洁能源拨款/离岸风能及海洋能测试（2008）/2008年食物、环保和能源法案/地热技术转移中心（2008）/2008年能源改善及推广法案—税收优惠/住宅可再生能源税收抵免（2006）/绿色能源伙伴（2001）/联邦商业投资税收抵免（1992）/修正的加速成本回收制（1986）/1986年税收改革法案/1978年能源税法案

资料来源：IEA/IRENA Joint Policies and Measures Database；Global Renewable Energy. http://www.iea.org/policiesandmeasures/renewableenergy/.

二、政策特点

在推动清洁能源发展方面，中美两国政策层面存在一定程度的共性：

首先，两国均通过制定中长期发展规划、或者通过颁布法案、出台指导意见的形式，明确鼓励清洁能源发展的宏观政策导向。

例如，中国政府颁布了《能源发展"十二五"规划》（2013）、《可再生能源发展"十二五"规划》（2012）、《中国的能源政策白皮书》（2012）、《水电发展"十二五"规划》（2012）、《水利发展规划》（2012）、《风力发电科技发展"十二五"专项规划》（2012）、《风电发展"十二五"规划》（2012）、《太阳能发电发展"十二五"规划》（2012）、《太阳能发电科技发展"十二五"专项规划》（2012）、《太阳能光伏产业"十二五"发展规划》（2012）、《生物质能发展"十二五"规划》（2012）、《"十二五"国家战略性新兴产业发展规划》（2012）、《"十二五"节能环保产业发展规划》（2012）、《促进战略性新兴产业国际化发展的指导意见》（2011）、《鼓励和引导民营企业发展战略性新兴产业的实施意见》（2011）、《国家能源科技"十二五"规划》（2011）、《可再生能源法（修正案）》（2009）、《离岸风能发展规划》（2009）、《风电水电计划》（2008）、《可再生能源中长期发展规划》（2007）等一系列规划法案。

而美国政府则颁布实施了《2009年复兴及再投资法案：计税基数条款》、《风电水电计划》（2008）、《2008年食物、环保和能源法案》、《2009年复兴及再投资法案：清洁能源拨款/税收优惠》、

《2008年能源改善及推广法案—技术商业化基金》、《2008年食物、环保和能源法案》、《2009财政年度国防授权法案—能源条款》、《美国风能计划》（1999）、《部落能源计划》（1994）、《1980年风能系统法案》、《太阳能光伏能源研发及展示法案》（1978）、《太阳能制冷制热示范法案》（1974）、《可再生能源条例—温室气体减排最低标准》（2008）、《2007年能源独立和安全法案》、《10年减20计划》（2007）、《绿色采购扶持获取计划》（2006）、《2005年能源政策法法案》、《国家生物柴油教育计划》（2002）、《绿色能源伙伴》（2001）、《生物质研发行动计划》（2002）、《2002年农场安全与农村投资法案》、《生物质研发法》（2000）、《替代汽车燃料法案》（1988）、《1980年生物质能源及乙醇燃料法案》、《1978年能源税收法案地热能研发及示范法案》（1974）等。

其次，充分利用税收杠杆鼓励清洁能源发展是中美两国政策的共同显著特征。

为了加快清洁能源发展，中国政府出台一系列税收优惠政策。例如，2013年发布《关于光伏发电增值税政策的通知》、2010年对水能风能关键技术装备的进口实施免税政策、对国家重大水利工程建设基金免征城市维护建设税和教育费附加、免除风力及水力技术设备的进口关税、降低乙醇进口关税、对利用废弃的动植物油生产纯生物柴油免征消费税、2003年颁布实施《可再生能源税收优惠》、2001年减少可再生能源增值税等。

美国政府通过税收优惠支持清洁能源发展的主要政策有：《2008年能源改善及推广法案—税收优惠》、《2009年复兴及再投资法案：计税基数条款》、对住宅可再生能源进行税收抵免（2006）、对联邦商业投资实行税收抵免（1992）、《1986年税收改革法案》、《1978年能源税法案》、对纤维素生物燃料生产者进行税收抵免（2009）、对小规模乙醇生产者进行税收抵免（1991）等。

第三，通过建立专项基金、政府拨款、政府补贴、贷款担保等形式为清洁能源企业提供资金和融资支持。

例如，中国政府设立了可再生能源发展基金（2011）、风电设备产业化专项资金（2007）。此外，还对可再生能源电价进行财政补贴（2012）、对可再生能源电价附加提供补助资金（2012）、对生物质能发电上网电价进行补贴（2010）等。

美国政府通过《2009年复兴及再投资法案：清洁能源拨款》、《2009财政年度国防授权法案—能源条款》等对清洁能源发展给予直接的财政支持。此外，还设立了高级生物燃料生产基金（2008）、可再生燃料基础设施基金（2008）、技术商业化基金（2008）等以扶持清洁能源产业的发展。另外，美国能源部还通过实施贷款担保计划，对相关的美国清洁能源企业提供金融贷款便利和支持（2007），并通过实施修正的加速成本回收制（1986），降低美国清洁能源企业的生产经营成本。

第四，中美两国政策涵盖清洁能源生产的整个链条：从最初的研发及示范、技术转移，到标准制定、贷款融资、工程建设、设备购买，以及最终的生产运营、产品销售等，政策支持措施涵盖清洁能源产业链的全部环节。

中国政府建立了分布式光伏发电规模化应用示范区（2012）、进行太阳能光电建筑应用一体化示范（2011）、出台了《可再生能源发电工程质量监督体系方案》（2012）、建立了《风电产业检测和评价体系》（2013）、设立了《风电设备制造业的市场准入标准》（2010）、取消了对风电工程项目采购设备的国产化率要求（2009）、颁布实施《离岸风电场管理暂行办法》（2010）、《分布式光伏发电项目管理暂行办法》（2013）、以及《光伏发电运营监管暂行办法》（2013）等。此外，还逐步改善分布式光伏发电并网服务、制定了《太阳能光伏发电上网电价政策》、以及《农林生物质发电价格政策》(2010) 等，并进一步加强对燃料乙醇生产的政策支持(2002) 等。

美国政府颁布了《地热能研发及示范法案》(1974)、《生物质研发法》(2000)、《太阳能光伏能源研发及展示法案》(1978)、《太阳能制冷制热示范法案》(1974)、《生物质能源及乙醇燃料法案》(1980)。实施生物质研发行动计划(2002)，建立了太阳能展示项目(2007) 和地热技术转移中心(2008)。此外，还制定了《可再生能源及能效比例标准—伊利诺伊州》(2007)、《国家级可再生能源组合标准》、《小型机组的并网标准》(2005)、《可再生能源条例—温室气体减排最低标准》(2008)、《可再生燃料标准》(2007)、《替代燃料供应者规定》(1992)。并且，还通过建立"甲烷市场化伙伴关系"(2004)、实施"国家生物柴油教育计划"(2002)、签署《地热资源租赁及地热资源单位协议》(2007) 等促进相关清洁能源的市场化发展。

三、政策障碍

第一，在美国的政治和经济生活中，国会扮演着重要角色，在应对气候变化和推动清洁能源替代的决策方面，其重要性尤为突出。以《清洁能源安全法案》为例，美国总统奥巴马一直认为，立法手段是控制温室气体排放的最佳方式，2009 年美国《清洁能源安全法案》立法的背后虽然有相当强劲的推动力，得到了总统、环保界人士、部分国会议员以及部分大公司的支持，但另一方面，该法案在立法过程中始终面临着巨大障碍。虽然美国众议院在 2009 年 6 月以微弱多数通过了该法案，但由于大部分共和党议员和民主党中间派议员持坚决的反对态度,导致该法案最终并未在参议院获得通过。由此可见,政党政治和利益集团等因素在相当程度上左右着美国政府的气候变化和清洁能源政策,并随之决定了美国在国际气候谈判中的立场和底线。[1]

第二,奥巴马任期内,应对经济危机、走出经济衰退是美国社会的优先考虑,其他议题都要服从这一核心问题。美国的许多大公司,包括某些水电供应和制造商都对气候立法可能影响企业利润感到担心。美国众议员弗兰克·卢卡斯认为,气候立法将会抬高美国的能源成本和食品价格,引发失业,会"毁掉我们的生活标准和生活质量","是几十年来对美国农场主和牧场主最大的单一经济威胁"。而另一名共和党议员迈克·彭斯则认为,《清洁能源安全法案》"以气候变化为幌子,相当于美国历史上最大一次加税"。而根据美国国会预算局发布的报告称,预计每个美国家庭每年将会为《清洁能源安全法案》平均支出175美元,美国环境保护署的预测是80—110美元。在经济危机的背景下,美国政府不得不考虑减排行动的企业成本、就业形势,以及社会承受力等各种因素。

第三,美国民众对气候变化和清洁能源替代问题的关注度虽然近年来有所上升,但仍远远低于西欧、北欧等国家。有民调显示,只有38%的美国人愿为气候变化调整自己的生活方式,19%的人愿意为此付出经济代价,[2] 公众意识的滞后必然会影响、制约美国政府的相关政策决策。

对于中国而言,在应对气候变化和清洁能源发展方面,则面临着经济障碍、政治障碍、法制障碍、以及社会文化障碍等四个方面

---

[1] Kenneth Lieberthal and David Sandalow, "*Overcoming Obstacles to U. S. -China Cooperation on Climate Change*", January 2009.
[2] 杨洁勉主编:《世界气候外交和中国的应对》,北京:时事出版社,2009年版,第20页。

的挑战。

经济障碍(1)通过经济稳定快速增长以保持社会稳定仍然是中国政府的首要考虑。改革开放以来的30余年间，中国经济一直保持高速发展势头，其中的GDP增量和财富福利主要通过三个渠道流出：一是惠及普通民众，提高民众生活水平；二是国家财富的非正常侵蚀；三是用于支付政治稳定和社会稳定的额外消耗和成本。为了保持政治和社会稳定，中国政府一直将7%左右的GDP增长率作为最低标准，而环境则往往成为高经济增长率的牺牲品；(2)城市化进程。自1992年以来，约2亿人口从中国农村涌向城市，目前每年还有1500万农民工进城务工，并且这种趋势还要持续大约15—20年[1]。在这种大规模的城市化进程中，中国政府必须为新的城市移民提供更多的城市基础设施，而其建设离不开水泥、钢铁、铝、以及石化产业等高耗能产业的发展，实际上，在过去的50年间，这些为城市基础设施建设提供建筑材料和原材料的高耗能产业在中国高速发展，是中国温室气体排放的重要来源；(3)经济阶层两极分化。中国特殊的经济增长模式和收入分配机制，使得中国的贫富两极分化呈现出日益严重的趋势，造成目前中国缺乏真正的中产阶级。短期内在财富阶梯上快速攀升的富裕阶层，一方面缺乏环境保护的意识，财富角色的迅速转变使其往往盲目追随西方高耗能的生活方式，另一方面，在中国的特殊国情下，这些富裕阶层对已有财富的保障严重缺乏安全感，所有这些都使得中国目前大多数的财富保有者既无意识、也无多余的时间和精力去关注环境保护问题；而对于中国的普通工薪阶层来说，环境保护则更是一件奢侈的事情，因为对基本生活保障缺乏安全感完全压倒了他们对环境保护的考虑；(4)对相关企业、民众以及家庭缺乏具体的利益激励和奖罚机制。目前国

---

[1] Kenneth Lieberthal and David Sandalow, "*Overcoming Obstacles to U. S. -China Cooperation on Climate Change*", January 2009.

际层面对中国碳排放硬性指标的缺失，在一定程度上降低了中国政府在国内采取相关奖惩措施的迫切性和原动力。当前中国政府在此方面的奖惩措施存在几方面问题：一是涵盖面和惠及面小，政策缺乏系统和全面规划；二是重制定轻执行，对政策实施后的种种执行漏洞缺乏相关的跟进监督措施；三是惩罚措施缺乏硬性的法律法规保障，从而大大削弱了实际执行的效果，加大了执行难度。

政治障碍（1）政府机构部门各自为政。在中国目前的政府机构架构中，涉及到环境保护和清洁能源发展的部门多达十余个，例如环境保护部、发改委、能源局、科技部、气象局、外交部、商务部、财政部、交通运输部、农业部、水利部、工业和信息化部、国土资源部、住房和城乡建设部等，对特定议题的处理并没有一个明确和固定的统率和协调机构，在这种情况下，部门利益的冲突和矛盾往往影响到相关议题的处理；（2）对地方官员以 GDP 为导向的政绩考核机制。改革开放以来的 30 余年来，中央政府追求高速经济增长的首要考虑使得在对地方官员的政绩考核中，往往以所辖地区的经济增长为导向，而忽略了经济高速增长背后巨大的环境代价，只是在最近几年，中央政府才意识到环境可持续发展的重要性，开始将"绿色 GDP"纳入地方官员的考核标准。

法制障碍（1）相关法律不健全。在应对气候变化和清洁能源发展方面，所有的宣传、引导、奖惩等软性措施和手段都必须以强制性的法制框架作为基础和依托，但是目前，中国在这一领域的强制性法律规定，只有 2005 年制定的《可再生能源法》和 2009 年颁布的《可再生能源法（修正案）》，除此之外，尚未制定其他具有强制约束力的法律法规；（2）碳排放交易机制发展滞后。由于中国在国际层面并没有碳排放硬性额度的限制，使得中国政府在国内制定类似"总量控制与排放交易"的温室气体排放权交易机制方面缺乏迫切性，碳排放交易机制在中国尚处于最初的起步阶段。在缺乏硬性排放额度约束的情况下，碳排放量不计入企业的生产成本，企业利润与碳排放量完全脱钩，导致中国高耗能企业很难将对利润的关注转向对碳排放的关注；（3）清洁能源发展的政府支持资金不足，并且没有市场化。目前，中国在应对气候变化和清洁能源发展方面的奖励资金主要来自财政拨款和补贴，这种资金支持方式存在两个问题，一是资金奖励数额有限，二是把本可以市场化的资金支持方式全部由政府财政承担，加大了政府的财政负担。在这方面，中国可以借鉴美国和欧洲部分国家已有的模式和机制，尽快建立起"总量控制和排放交易"机制，对排放额度进行市场化运作，将政府掌握的排放额度转化为实际货币，对所有的排放额度进行拍卖，拍卖所得资金用于支持清洁能源的发展，通过这种机制，可以在减少碳排放与发展清洁能源二者之间建立起持续的良性循环。

社会文化障碍 过去几十年间中国经济跳跃式发展造成的一个社会现实是：公民素质的提升滞后于社会财富的增长，保护环境的公众意识和社会意识尚未充分建立起来。当前在中国推动环境保护和发展清洁能源，更多依靠的是政府官方自上而下的政策和企业基于利益导向的市场行为，中国民众的自发和自觉意识还未到位。其中一个典型例子即，目前在中国致力于环境保护和清洁能源发展的民间非政府组织多数来自海外，纯粹本土成长起来的此类非政府组织的数量、规模和成熟度都相当有限。

四、结论

中国是当前世界碳排放最大和碳排放增加速度最快的国家，而美国则是历史累积碳排放最大和当前世界人均碳排放第二大国家。[①]在此背景下，中美两国均面临着相似的应对气候变化、发展清洁能源的推动因素：降低碳强度、减少温室气体排放；降低化石燃料依赖、增强国家能源安全；降低能源强度、发展低碳经济；掌握未来世界低碳经济国际规则的制定权和话语权。相似的清洁能源发展背景和推动因素为中美两国之间的清洁能源合作提供了有利的前提条件。自20世纪80年代以来，中美两国在中央政府层面、地方政府层面、企业层面、以及科研层面均展开了全方位的合作，而这些背景和合作则会在中美两国间未来的清洁能源技术研发、清洁能源的产业投资、清洁能源的产品贸易、以及两国之间的碳排放贸易方面发挥有力的推动作用。

[①] 该部分具体研究内容参见徐洪峰2011年度国家社科基金："低碳经济时代中美发展清洁能源的合作与冲突及我国对策研究"（批准号11CGJ026）和2011年度国家人社部留学人员科技活动项目择优资助重点项目："美国在应对气候变化和清洁能源领域对华施压的可能性及我国对策研究"研究成果第二章第一节。

第九章

品味"中国茶":美国国会茶党势力的对华态度*

2013年6月7日,正当中国国家主席习近平与美国总统奥巴马在加州展开"庄园会晤"之际,美国国会参议院对外关系委员会共和党籍成员马尔科·卢比奥(Marco Rubio)在《外交政策》杂志网站上撰文,蓄意曲解"中国梦",抨击中国人权,渲染所谓"中国威胁论"。[①] 自2010年当选以来,卢比奥始终是茶党阵营内最具代表性的政治人物之一,其如此言论无疑将当前茶党政治与美国对华政策这两个看似有些距离的议题联系在了一起。

事实上,随着奥巴马上台后推进经济刺激与全民医疗改革计划,一股具有保守主义色彩的"茶党"力量在美国社会中迅速崛起。仅2009年,全美就爆发了数千次规模不一的茶党抗议集会,波及全部

---

* 本文原载于《外交评论》,2013年第6期,编入评论时略有改动。

① Marco Rubio, "Do Two Dreams Equal a Nightmare? Why Xi Jinping's Vision of a Future China Cannot Coexist with the American Dream", Foreign Policy, June 7, 2013, http://www.foreignpolicy.com/articles/2013/06/07/do_two_dreams_equal_a_nightmare,访问日期:2013年6月15日。

50个联邦州以及哥伦比亚特区。① 正如其名称源于1773年反对课税的"波士顿倾茶事件",茶党运动最初的核心思想围绕财政议题展开,包括反对"进步主义"政府观、反对依靠"大政府"、坚持维护美国联邦宪法赋予的个人权力等。正是因此,茶党的政策立场集中表现为减少联邦开支与税收、削减国家债务与联邦预算赤字、反对奥巴马医疗改革以及反对碳减排等气候变化等内容。②

2010年1月,茶党运动支持的共和党候选人斯考特·布朗(Scott Brown)在马萨诸塞州国会参议员补选中的意外获胜,被视为是茶党从社会运动发展为政治势力的重要拐点,是茶党作为共和党内部的一个势力或派别在政治与政策过程中实现更大影响的明确标志。在同年11月的中期选举中,共和党借助茶党运动之势一举夺回了国会众议院多数席位。③ 在其后的第112届国会众议院内,具有茶党倾向的共和党籍议员组建了"茶党连线"(Tea Party Caucus),其成员最多时可达66人,占据了全部共和党众议员的27.3%,在预算拨款、债务上限等重大议题上所扮演的角色不可小觑。④ 在2012年国会选举周期中,与茶党联系密切的政治人物在坚守传统财经议题外,呈现出社会议题上的极端保守化倾向:多位颇具竞争力的候选人因在堕胎、妇女权益等议题上的过激表态而断送了竞选。⑤ 即便是

---

① 赵可金、林鹏飞:"美国新茶党运动及其政治动因",载黄平、倪峰 主编:《美国问题研究报告(2013)》,北京:社会科学文献出版社,2013年版,第263—264页。
② 赵敏:"美国'茶党'运动初探",《现代国际关系》,2010年第10期,第31—35页。
③ 徐步、张征:"美国中期选举及'茶党'兴起的影响",《南开学报(哲学社会科学版)》,2011年第1期,第45—52页。
④ "Tea Party Caucus," Wikipedia, http://en.wikipedia.org/wiki/Tea_Party_Caucus,访问日期:2013年5月16日。
⑤ 最具代表性的当属代表共和党分别竞选印第安纳州国会参议员的茶党人士理查德·默多克(Richard Mourdock)和竞选密苏里州国会参议员的茶党人士托德·埃金(Todd Akin)。两人在竞选初期的民调中均大幅领先,但皆因在堕胎与妇女权益议题上的过激言论触犯众怒,最终导致竞选惨败。

在茶党参政整体受挫的前提下，第113届国会众议院"茶党连线"仍旧保持了49位成员的规模，占全部共和党籍众议员的21.1%，基本延续了较强的政策影响力。特别是在2014财年拨款法案的审议过程中，正是由于茶党势力提出修正案将奥巴马医改议题与拨款挂钩，导致两院无法如期通过临时延续拨款决议案，最终造成了联邦政府部分机构关门的窘况。[1] 奥巴马第二任期伊始，关于2016年大选的猜想就已浮出水面，共和党阵营中如佛罗里达州国会参议员马尔科·卢比奥、肯塔基州国会参议员兰德·保罗（Rand Paul）、得克萨斯州国会参议员泰德·克鲁兹（Ted Cruz）等多位理想人选均为贴有茶党标签的"少壮派"政治人物。[2]

可以预见，茶党将持续在美国政治中扮演重要角色。特别是在2016年选举之前共和党将继续主导国会众议院的预期之下[3]，在共和党内举足轻重的茶党势力所能发挥的政策影响尤为凸显，其在内外重大议题上的立场也将日臻成型。相比于在财经和社会议题上的明确保守趋势的为人所知，其在外交政策上的立场仍不明朗。特别

---

[1] "United States federal government shutdown of 2013," *Wikipedia*, http://en.wikipedia.org/wiki/United_States_federal_government_shutdown_of_2013，访问时期：2013年10月22日。

[2] 参见 Jennifer Rubin, "Marco Rubio vs. Rand Paul," *The Washington Post*, March 15, 2013, http://www.washingtonpost.com/blogs/right-turn/wp/2013/03/15/marco-rubio-vs-rand-paul/，访问日期：2013年5月16日；以及 Tal Kopan, "Texas 2016 Poll: Ted Cruz is King," *The Politico*, http://www.politico.com/story/2013/07/2016-election-ted-cruz-republican-candidate-texas-poll-93707.html，访问日期：2013年7月4日。

[3] 历史经验显示，总统所在党往往在中期选举中丧失国会席位，众议院席位尤甚。自从1856年形成民主、共和两党竞逐的政党体系以来，只有4次中期选举总统所在政党获得了更多席位，即1902年（198席增至207席）、1934年（313席增至322席）、1998年（207席增至211席）及2002年（221席增至229席）。这4次选举均未改变国会众议院的两党对比，且总统党平均仅实现了7.5个席位增长，最多也只增长9席，低于目前民主党在国会众议院翻盘所需要的17席。据此可推断民主党在2014年获得国会众议院多数的可能性微弱，至少2016年前共和党预计将维持众议院多数，进而延续"府会分立"困局。

是针对与美国保有密切经贸、财政关系的中国，茶党将持有何种态度？能否出现在债务、经贸及人民币汇率等议题上对华消极的预期判断？① 又会否延续卢比奥文章中的负面偏见？其中的原因将如何解释？回答这些问题，无疑有助于我国进一步深入把握美国内政走向、做好相应涉外准备。从这个角度切入，本文旨在测量茶党势力的涉华态度，尝试解释其形成的内在机理，并针对性地提出一些对策建议。

一、茶党政治与外交政策

2009年以来茶党势力的迅速崛起，引起了美国学术界的广泛关注。最具代表性的研究当属哈佛大学教授西达·斯考切波（Theda Skocpol）等人从社会运动视角出发对茶党运动进行的阐释。关于茶党的民意基础，他们认同相关民调给出的分析：根据哥伦比亚广播公司和《纽约时报》在2010年4月公布的联合调查显示，茶党支持者中大概有55%—60%为男性、80%—89%为白人、70%—75%为年龄45岁以上者；而盖洛普的同期民调结果则指出，茶党支持者中有62%认同自己的政治主张属于共和党保守派。这样判断起来，茶党支持者的主体部分基本上是持有保守立场的家庭经济来源的主要负担者。② 因为背负着"养家糊口"的重担，他们自然关注经济与

---

① 孙哲、刁大明："2012年大选：美国政治的变数与走向"，载黄平、倪峰主编：《美国问题研究报告（2012）》，北京：社会科学文献出版社，2012年版，第1—28页。
② Vanessa Williamson, Theda Skocpol and John Coggin, "The Tea Party and the Remaking of Republican Conservatism," Perspectives on Politics, Vol. 9, No. 1, March 2011, pp. 27 – 28.

第九章 品味"中国茶":美国国会茶党势力的对华态度

就业议题,并且对民主党所谓"大政府"的政策素有不满。

斯考切波等人的研究指出,茶党势力作为社会运动具有某些意识形态上的共性。一般而言,茶党支持者极为看重工作或劳动的正当性(deservingness),严格区分"劳动者"与"不劳而获者",进而反对联邦政府的税收改革和社会福利项目,反对将财政等社会资源再分配。由于社会福利项目等联邦支出多惠及少数族裔,因而茶党阵营极为关切移民和边境安全议题,反对放宽移民政策。① 出于对"不劳而获者"的反感,部分茶党支持者在族裔议题上存在一定偏见,但他们仍旧崇尚所谓的"美国梦",认同美国多元族裔融合、共同奋斗的历史。② 此外,茶党强调对于联邦宪法的恪守,基本上回应着 1960 年代以巴里·戈德华特(Barry Goldwater)为代表的反对民权运动、反对"伟大社会"福利项目、强调限制政府权力的"新保守主义"思潮。③

关于茶党研究的另一个视角关注了步入华府决策层的茶党势力,即针对第 112 届国会众议院茶党连线成员(简称为"茶党议员")的构成进行了量化研究。④ 该研究指出,作为茶党运动参政机制化的组织,茶党连线基本上同时被意识形态与选区经济因素所驱动。在意识形态方面,茶党议员多为支持"有限政府"和"低税收"政策的共和党人,这完全与茶党运动的核心思想一致。在选区经济利益方面,茶党议员多来自失业率相对较低的选区或较为富裕的选区。此发现的可能解释为,茶党议员更多担心负面经济与财政状况对本

---

① Theda Skocpol and Vanessa Williamson, *The Tea Party and the Remaking of Republican Conservatism*, (NY: Oxford University Press, 2012), pp. 64 – 68.

② Skocpol and Williamson, pp. 69 – 70.

③ Williamson, Skocpol and Coggin, pp. 32 – 35.

④ Bryan T. Gervais and Irwin L. Morris, "Reading the Tea Leaves: Understanding Tea Party Caucus Membership in the US House of Representatives," *PS*, April 2012, pp. 245 – 250.

选区经济可能造成的拖累。同时，研究证明，茶党议员在资历和占据国会制度性职位上的总体水平并不一定低于非茶党共和党人。从国会连线组织成员动机的经典判断推论，这一发现说明茶党连线并未被普通议员视为是"攀升的阶梯"。[1] 此外，研究还提出，选区族裔分布因素并不会对议员参与茶党连线的可能性产生影响。这意味着有别于茶党运动支持者，茶党议员本身在族裔议题上并不存在明显偏见。

与茶党在内政议题上较为明确的立场相比，关于其外交政策倾向，美国学界也存在着一定争论。2010年中期选举前夕，美国政治批评家奥洛尔克（P. J. O'Rourke）在观察数场竞选后撰文指出，茶党并不存在明确的外交政策，甚至可以称得上是"海外无知"（innocence abroad）。按照他的解释，这种情况是由于"竞选者们大都极为关注地方，极少介入他们后院之外的事务"所致。[2] 但即便如此，奥洛尔克还是承认，一些茶党参选者不同程度地涉及到了反恐、移民政策、边境安全、能源安全等多个涉外领域，甚至提出了针对与中印两国对美贸易中所谓"不公平现象"加以制裁的主张。

事实上，奥洛尔克所谓的"无知"并非全然如是，茶党正在面临着宽泛的立场选择。外交政策专家沃尔特·拉塞尔·米德（Walter Russell Mead）按照具有代表性政治人物所持立场，将茶党的选择大致划分为两类，即德州前国会众议员罗恩·保罗（Ron Paul）所代表的"保罗派"（Paulite）和阿拉斯加州前州长萨拉·佩林（Sarah Palin）所代表的"佩林派"（Palinite）。依照米德的说法，"保罗派"是一种认同"杰斐逊主义"（Jeffersonianism）理念的新孤

---

[1] Susan Webb Hammond, *Congressional Caucus in National Policy Making*, Baltimore (MD: The Johns Hopkins University Press), 1998, p. 116.

[2] P. J. O'Rourke, "Innocence Abroad: The Tea Party's Search for Foreign Policy," *World Affairs*, September/October 2010, pp. 5 – 14.

立主义倾向，尽量避免美国对世界的过多介入，甚至主张与以色列保持距离。① 该派思想的代表人物罗恩·保罗也曾在书中写道："是重新评估我们对外干预、占领以及国家建设的政策的时候了。这关乎我们国家利益与世界和平。"② 不难看出，"保罗派"的外交主张与其在国内事务上的限制一脉相承，政府行为缩减，进而财政规模压缩，外交领域的限制或孤立同样能起到类似作用。但必须承认，这种孤立主义在国际政治现实中不太容易被致力于存续全球领导力的美国主流决策圈视为战略选项。

相比而言，"佩林派"不但基本延续了共和党的外交传统与军事安全议程，而且更倾向于是现代版的"杰克逊主义"（Jacksonianism）。虽然他们可能同样会说出"不必充当世界警察"之类的"豪言壮语"，但也一定会强调绝不给"坏蛋"任何空间。在米德看来，在中东乱局特别是美以特殊关系的前提下，又加之以中国为代表的新兴国家的崛起，"佩林派"将在茶党外交决策中占据更多话语权。③ 不过，这种"杰克逊主义"的外交倾向势必导致增加——至少不会削减——军费开支。这就意味着，"佩林派"茶党政治人物要坚持"有限政府"和"低税收"，只能依靠对社会项目等国内支出部分的削减方可实现，进而其与民主党甚至共和党温和派达成妥协的余地将极为局促，党争的裂度必将加剧。正是因此，罗恩·保罗之子兰德·保罗转而拥护略显积极的外交政策，但同时提醒公众这不仅是外交问题，也是财政问题。关于解决之道，兰德指出："美国需要强大的国防，但侵犯与占领的方式毫无帮助……我们需要一种

---

① Walter Russell Mead, "The Tea Party and American Foreign Policy: What Populism Means for Globalism," *Foreign Affairs*, March/April 2011, p. 40.
② Ron Paul, *The Revolution: A Manifesto* (NY: Grand Central Publishing, 2008), p. 39.
③ Mead, p. 41.

非常规的战争，一种回归常识的方式，一种旧有外交实践无法达到的认知。"① 依此逻辑，"非常规"的概念至少能够满足预算约束、宪法精神以及合法的利益防卫。

米德对茶党外交立场的理论阐释得到了基于民意问卷调查完成的定量研究的呼应。该研究指出，如果控制住财政保守主义等意识形态变量，茶党运动支持者在外交政策上持有的立场较为模糊。换言之，茶党本身并没有标新立异的外交政策，而是在延续着某种传统。定量研究判断，相比于"合作国际主义"（cooperation internationalism），"军事国际主义"（militant internationalism）得到了茶党支持者的更多认同，即米德所谓的"佩林派"占据了上风。②

二、测量茶党的涉华态度

金融危机以来，中国在国际舞台上发挥着愈发关键的作用，奥巴马政府也开启了针对亚太地区的"再平衡"战略调整。在被认为"杰克逊主义"色彩浓厚的茶党对外议程中，对华政策自然也是不可回避的重要组成部分。测量茶党的对华倾向至少可以通过两个方式实现：一是直接对茶党运动普通支持者的对华态度进行民意问卷调查；二是分析茶党政治人物的涉华行为记录。如前文所提及的那样，已有学者进行了针对茶党涉华态度的问卷研究。出于研究价值与现实操作的考虑，本文采取后者作为研究路径。

---

① Rand Paul, *The Tea Party Goes to Washington* (NY: Center Street,) 2011, p. 167.

② Brian Rathbun, "Steeped in International Affairs? The Foreign Policy Views of the Tea Party," *Foreign Policy Analysis*, Vol. 9, 2013, pp. 21—37.

第九章　品味"中国茶"：美国国会茶党势力的对华态度

在具体操作中，本文中的"茶党政治人物"即第112届国会众议院茶党连线成员或茶党议员。① 第112届国会（2011—2013）是茶党直接参与联邦政治与政策的首届完整国会，且茶党议员也必然在院会内就多个涉华议题表明某种立场。本文以第112届国会即将结束之际的国会众议院茶党连线成员名单为准，共61人，皆为共和党籍。

同时，"涉华行为记录"操作为第112届国会期间众议院涉华提案与联署行为。一般而言，议员涉华行为主要包括提出与联署涉华提案、参与涉华连线组织以及访问涉华地区等三个层面。② 其中提出与联署涉华提案行为将被纳入公开的国会记录、且具有涉及不同细化议题的内容，因而可以被视为是较为明确对某涉华议题进行明确表态的行为。③ 相比而言，参加连线组织可能抱有"搭便车"的动机，而访问涉华地区不但存在"寻租"的可能④，且次数不明、难以统计⑤。需要说明的是，这里使用的是涉华提案的提出与联署行为，而非投票行为。其原因为，在每届国会中涉及中国议题的非预

---

① 这里选取国会众议院内"茶党连线"成员的原因为：目前仅有国会众议院内建立有连线这样的茶党议员的非正式组织，且保持一定规模，适合统计研究；参议院内仅存在部分茶党代表人物，但因人数较少，统计意义较弱。

② 张光、刁大明：《解构国会山：美国国会政治与议员涉华行为》，北京：时事出版社，2013年版，第302—303页。

③ 这一变量的选取，是国会政治相关研究的一般做法。但必须承认的是，议员提出与联署涉华提案，在严格意义上属于某种政治行为，在现实政治中仍可能存在某些不可测量的影响因素，因而不能彻底断言其代表政治态度，这也为本研究增加了一定的局限性。

④ 相关研究参见 Glenn R. Parker and Stephen C. Powers, "Searching for Symptoms of Political Shirking: Congressional Foreign Travel," *Public Choice*, Vol. 110. No. 1/2, 2002, pp. 173 – 191.

⑤ 国会众议院书记处官方网站相关网页（http://clerk.house.gov/public_disc/foreign/index.aspx）公开了由联邦政府财政支持的议员出访行为的记录，但议员还具有大量其他经费支持的外访行为，完整统计这部分的情况具有较大难度。

算拨款法案①进入投票的几率较小，即便存在投票，要么采取"口头通过"方式而无明确记录，要么因为"政党划界"而失去分析意义，因而本文转而选择观察提出与联署行为，从而确保指标范围的可操作性。

本文借助美国国会图书馆国会法案记录查询系统，在第112届国会众议院会期范围内，以"China"为关键词搜索、整理到的非预算拨款类的涉华法案、决议案、共同决议案、修正案等共47件。②就提出者与联署者而言，全部435位具有投票权的众议员中共有385人次参与。就涉及议题而言，其中经贸议题18件、人权议题5件、安全议题19件、台湾问题5件③。就所持态度而言，仅有8件提案持有一定的积极态度，且均为经贸议题，内容包括扩大经贸合作、推进旅游商务等积极建议，其余39件皆持有消极态度。④换言之，关于人权、安全以及台湾议题的提案均持消极态度。据统计得出，全部61位茶党议员中有72人次参与了涉华议题的提出与联署，其中参与消极议题者为64人次。图9-1说明了国会众议院全体议员、共和党议员以及茶党议员在不同涉华议题上的提出与联署者占其整体的百分比分布，即在不同涉华议题上的参与程

---

① 近年来，预算拨款法案中多次出现了涉及中国事务的修正案条款，如2011财年拨款法案中禁止美国航空航天局与中国官方机构合作的所谓"沃尔夫条款"（Wolf Clause）、2013财年授权法案中要求对台军售和涉钓鱼岛问题的条款等。在投票中，这些附加涉华条款的预算拨款法案整体付诸表决，因而投票立场并不明确与涉华议题有关。在本研究中，这些附加修正案也被视为是独立专门的涉华提案，统计其提出者与联署者。

② 参见国会图书馆官方网站议案记录网页：http://thomas.loc.gov/home/LegislativeData.php?&n=BSS&c=112。

③ 在美国对华政策意义上，台湾议题往往并非是孤立存在的，其中也会涉及到人权、安全甚至经贸事务。在本研究中，通过文本的阅读分析，特别将表述上专门关注台湾和两岸具体事务的提案列为"台湾议题"。

④ 本研究中关于涉华态度"积极"与"消极"的表述，是基于中美关系持续稳定发展大局以及中国国家利益而言的。

度比较。

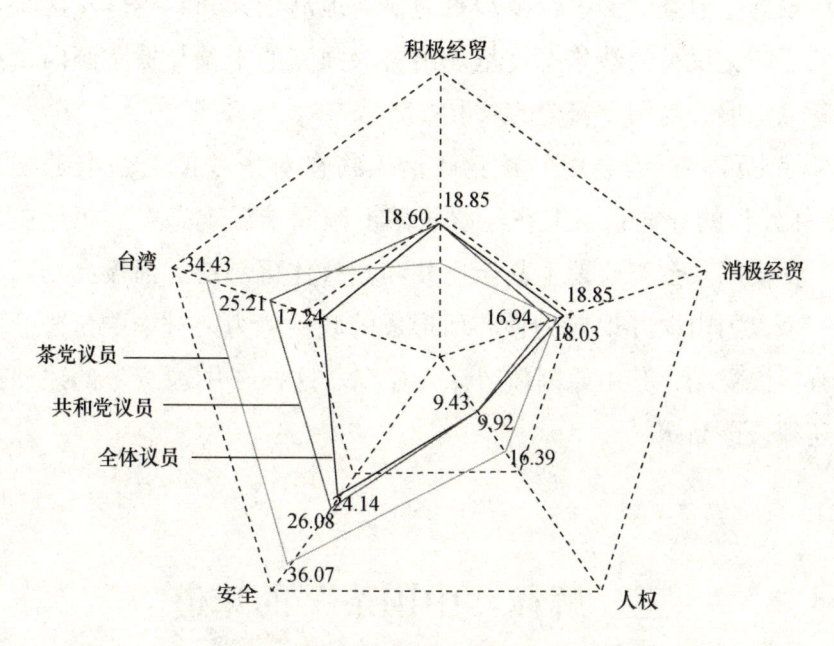

图 9-1 国会众议院不同议员群体在涉华议题上的参与程度 I（%）

依照图9-1中雷达线所覆盖范围大小排序，依次为茶党议员、共和党议员以及全体议员。这就意味着，茶党相对于全体议员甚至是共和党议员而言，对涉华提案的参与度更高。具体到各议题，首先，茶党议员在经贸议题上围绕共和党整体水平上下浮动：在消极立场的经贸议题上，茶党（18.03%）参与度略高于共和党（16.94%）；在积极经贸议题上茶党（13.11%）则低于共和党（18.60%）整体水平。这就说明，以财政议题为核心诉求的茶党议员在对华经贸议题上并没有超越共和党全体的负面倾向，但整体上明显不热衷于推进两国经贸往来。换言之，整体而言，茶党议员似乎对中美经贸关系有助于改善美国经济与财政预算困境的预期不持积极态度。与此同时，茶党议员在人权（16.39%）、安全（36.07%）以及台湾（34.43%）议题上展现出超过共和党平均水平（9.92%、26.03%、25.21%）的参与度，其中人权议题虽程度相比较低，但茶党的参与度却更为显著地高于共和党整体。这就意味着，茶党议员的涉华态度呈现出更为强烈的干预与提防倾向，夹杂着意识形态与国家安全的双重考量。

综上可知，国会中的茶党政治人物在对华政策上基本延续了"佩林派"的导向：不但在经贸领域不倾向于乐观态度，而且在人权、安全以及台湾议题上甚至比共和党整体更易持有消极立场。如此一个以国内财经议题为核心而形成的政治势力，对华更为普遍地持有消极立场，其中原因值得深入探究。这杯"中国茶"的浓烈滋味还须慢慢品味。

三、解释"中国茶"的味道

为什么茶党议员更易持有消极涉华态度呢？回答这个问题，即解释茶党议员消极涉华行为的动机。以往的国会研究已对议员行为作出了丰富解释，从"以连选连任为唯一动机"，[1] 到"连选连任、更具权势的院会职位与符合意识形态的公共政策等三个基本目标"，[2] 等等。概括而言，议员行为动机往往可以从三个层面加以梳理，即选区需求、意识形态以及制度环境。

从选区需求层次考量，即尝试判断茶党议员的涉华态度是否受到选区压力或利益诉求的驱动。在以往研究中，选区的地理位置、

---

[1] David Mayhew, *Congress: The Electoral Connection*, New Haven: Yale University Press, 1974, pp. 5—6.

[2] Richard Fenno Jr., *Congressmen in Committees*, Boston: Little Brown, 1973, p. 1.

人口结构以及经济状况得到普遍关注。有研究指出,南方各选区议员往往在意识形态上更为保守,在涉华态度上存在更为显著的偏见;① 所在选区亚裔比重较大的议员可能更具参与涉华议题的动机;选区对华贸易额的高增长率而非贸易额本身被证明会降低议员消极涉华行为的发生概率;失业率也会给议员带来更多选民压力,可能刺激其在对华议题上持有强硬立场。②

相对而言,议员个人的意识形态与制度环境则是两个略微简单的维度。前者,意识形态较为鲜明甚至极端的议员,如南方的极端保守者或新英格兰地区、西海岸地区的极端自由者,往往对社会主义中国存在偏见。后者则是指议员在院会内的制度性地位,比如是否为领袖、是否是某个特定委员会或连线成员等。以往研究证明,院会或党团领袖往往不易参与消极涉华行为,反而是资历较浅者将之视为是吸引眼球、扩展权势的噱头。③ 同时,作为外交事务委员会、军事委员会或者"人权连线"、"台湾连线"、"中国连线"等正式或非正式议员组织的成员,可能更多参与涉华议题、持有消极态度。④

基于以往文献的理论判断与研究发现,本文针对第 112 届国会众议院茶党议员更易持有涉华消极态度的解释提出如下假设:

1. 来自南方选区的茶党议员更易对华持有消极态度;

---

① 张光、刁大明:"美国国会台湾连线成员分布决定因素实证分析",《台湾研究集刊》,2009 年第 3 期,第 1—10 页。
② 刁大明:"美国选区对华出口与涉华态度:以国会众议院为例",《国际政治科学》,2012 年第 4 期,第 1—17 页。
③ 张光、刁大明:"美国国会台湾连线成员分布决定因素实证分析"。
④ Scott L. Kastner and Douglas B. Grob, "Legislative Foundations of U. S. – Taiwan Relations: A New Look at the Congressional Taiwan Caucus", *Foreign Policy Analysis*, No. 5, 2009, pp. 57—72.

2. 选区亚裔人口比重较大的茶党议员更易对华持有消极态度；

3. 选区金融危机之后对华出口增长率较低的茶党议员更易对华持有消极态度；

4. 选区失业率相对较高的茶党议员更易对华持有消极态度；

5. 意识形态相比而言极端化的茶党议员更易对华持有消极态度；

6. 在国会众议院内没有出任领袖或资历较浅的茶党议员更易对华持有消极态度；

7. 身为外事委员会或军事委员会成员的茶党议员更易对华持有消极态度；

8. 身为人权连线、台湾连线、中国连线等消极涉华连线成员的茶党议员更易对华持有消极态度。

在以上假设中所提及的变量多数可以直接从相关公开数据库中获取[①]，只有"对华出口增长率"和"意识形态"两项需要稍加说明。本文的"对华出口增长率"来源自美中贸易全国委员会（US-China Business Council）发布的《美国各州各选区对华出口数据》，这里测量2008年金融危机爆发到2011年第112届国会开幕期间的各选区对华出口增长率，期待以此解释茶党持有消极态度的原因。[②]

[①] 依照美国人口普查局（www.census.gov）关于区域分类，"南方"包括特拉华、马里兰、弗吉尼亚、西弗吉尼亚、北卡罗来纳、南卡罗来纳、佐治亚、佛罗里达、肯塔基、田纳西、密西西比、亚拉巴马、阿肯色、路易斯安那、俄克拉何马以及得克萨斯等16州。"亚裔"和"失业率"数据来自美国人口普查局网站公布的2010年人口普查数据。国会领袖、资历、外交事务委员会、军事委员会等变量根据《美国政治大全2012》（Michael Barone and Chuck McCutcheon, *The Almanac of American Politics* 2012, Washington, D. C.: National Journal Group, 2011.）中的相关记录。

[②] 参见美中贸易全国委员会官方网站相关网页：http://www.uschina.org/public/exports/2003_2012/files/US_Cong_Dist_Exports_2000-11.pdf。

"意识形态"在本文中延用了国会研究中最为常见的赋值,即美国学者凯斯·珀尔(Keith Poole)和霍华德·罗森塔尔(Howard Rosenthal)创立的反映每届国会两院议员意识形态立场的 DW 指数。①

本文采取逻辑回归方法对变量展开分析,在分析之前对所有变量进行相关性检验,发现多个变量之间存在一定相关性,因而将它们分别带入运行,形成了 8 个模型,如表 9-1 所示。

表 9-1 解释第 112 届国会众议院茶党议员消极涉华态度的逻辑回归

	模型 1	模型 2	模型 3	模型 4	模型 5	模型 6	模型 7	模型 8
南方	1.048*** (0.373)	1.051*** (0.373)	1.106*** (0.372)	1.017*** (0.369)	1.068*** (0.375)	1.010*** (0.368)	—	—
亚裔							0.001 (0.065)	0.001 (0.065)
对华出口增长率08—11	-0.007* (0.04)	-0.008* (0.004)	-0.006 (0.004)					
失业率	-0.188 (0.251)	-0.207 (0.254)					-0.254 (0.243)	
DW	—	—		2.156** (1.099)	2.520** (1.127)	2.181** (1.102)		2.292** (1.067)
国会领袖	-0.293 (0.590)	—	-0.550 (0.598)	-0.222 (0.588)	-0.465 (0.605)		-0.165 (0.577)	-0.112 (0.582)

---

① 该指数的区间大致为 1 到 -1,赋值越大越保守,越小越自由。目前,该指数已涵盖了第 1 届到第 112 届国会两院全部议员的赋值,并在网络上公开分享,是美国国会研究中最为通用的议员意识形态指标体系。参见珀尔教授个人网页:https://www.voteview.com。

续表

	模型1	模型2	模型3	模型4	模型5	模型6	模型7	模型8
资历	—	-0.011 (0.022)	—	—	—	0.000 (0.022)	—	—
外事委员会	0.749 (0.532)	0.804 (0.534)	—	0.598 (0.537)	—	0.619 (0.537)	0.610 (0.518)	0.596 (0.528)
军事委员会	0.887* (0.462)	0.885* (0.462)	0.803* (0.458)	0.897* (0.461)	0.880* (0.464)	0.908** (0.462)	0.772* (0.444)	0.915** (0.452)
消极涉华连线	—	—	0.787** (0.370)	—	0.914** (0.378)	—	—	—
常数	-0.998 (1.213)	-1.462 (1.115)	0.134 (0.737)	1.553 (1.128)	2.041 (0.737)	1.349 (1.019)	-0.153 (1.190)	2.083* (1.097)
卡方	17.097***	17.104***	19.515***	16.713**	21.500***	16.566***	5.381	8.863
对数拟然比	192.957	192.950	194.211	196.661	191.874	196.808	204.673	200.847
初始预测率	84.2	84.2	83.9	83.8	83.8	83.8	84.2	84.2
修正预测率	84.6	84.6	83.1	83.8	83.8	83.8	84.2	83.8
样本数	241	241	242	241	241	241	241	240

注：***、**、* 分别代表回归系数在0.01、0.05以及0.10的水平上通过显著性检验。

从统计结果观察，所有模型在预测率提高方面均未有较为显著的表现，仅有模型1和模型2实现了0.4%的提高；模型4、5、6、7基本没有提高，而模型3和模型8甚至反而导致了预测率的下降。换言之，只有模型1和模型2放入的变量有助于预测，进而具有一定解释力。在模型1和模型2中，通过显著性检验的变量为南方、2008—2011年的选区对华出口增长率以及军事委员会。具体而言，来自南方选区的茶党议员或身为军事委员会成员的茶党议员更易持有消极涉华态度，而茶党议员所在选区2008年金融危机以来对华出口增长率越低，其就越易持有消极涉华态度。这些发现，检验了前文中的假设1、3、7，而其他假设则没有得到足够支撑。

南方选区因素成为茶党议员对华消极的主要解释因素，应该能在两个角度上加以理解：一方面，南方共和党议员多为持有较为浓厚保守主义意识形态价值观者，对社会主义中国素有顽固偏见；另一方面，南方更多分布着传统种植业和制造业，这些行业受到中国出口产品的冲击较大，从而滋生了对华持有消极态度的动机。又如图9—2所示，来自南方的茶党议员在经贸、人权、安全及台湾问题上持有消极立场的程度均高于茶党议员整体以及共和党议员整体。

军事委员会因素也可以在两个角度上加以理解：其一，军事委员会成员多来自军事基地选区或军工产业密集选区，因而也就代表着军方和军工产业利益，可能对华存在更多戒备心态甚至敌意。其二，军事委员会成员掌管军事防务领域的立法与审查，关注国家安全议题，特别是在奥巴马所谓亚太"再平衡"战略调整以来，军事委员会成员更多关注中国的军力发展及在世界与区域舞台上所发挥的作用，其立场以军事提防为主，当然并非积极态度。如此逻辑也可解释军事委员会内的茶党议员在安全领域介入较多的态势。

值得一提的是，如图9-2所示，南方茶党议员和军事委员会内茶党议员在经贸议题的积极立场上较之共和党议员和茶党议员本身表现出更高的参与度。这一看似矛盾的现象或可解释为，这些议员虽然担心"中国制造"的冲击，但却从选区获益出发不否认中国作为巨大市场的国际经济地位，愿意在"不涉及国家安全利益"的领域内加强经济贸易往来，特别是对华出口、吸引中国投资或游客等，以满足选区经济诉求。

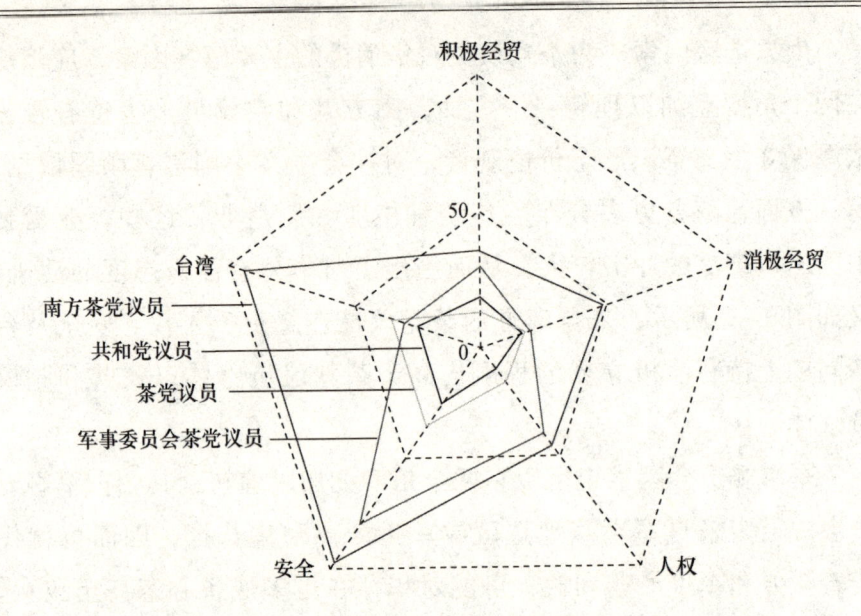

图9-2 国会众议院不同议员群体在涉华议题上的参与程度 II（%）

又如图9-3所示，南方议员、军事委员会成员在全体众议员、共和党议员以及茶党议员群体中所占的比例依次分别呈现出上升趋势，其中以南方议员的比例变化最为明显。这就意味着，茶党议员中更多分布着南方议员和军事委员会成员。这一事实，也可以回应茶党议员更易持有消极涉华态度的逻辑。

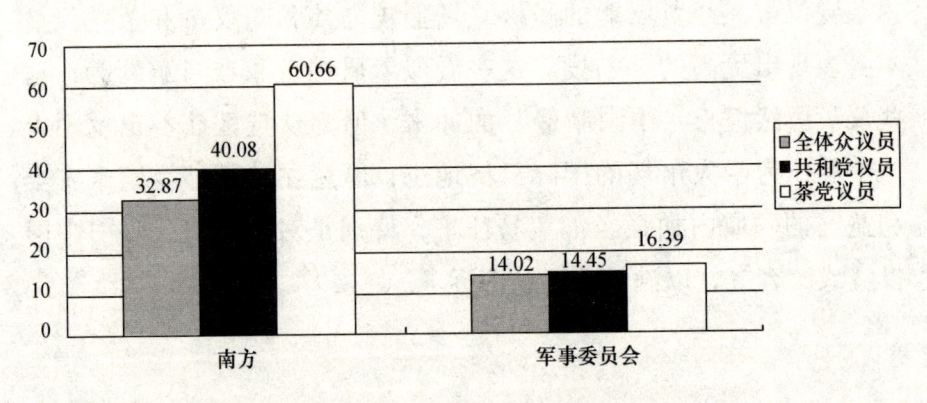

图9-3 国会众议院不同议员群体在南方和军事委员会内的比例分布（%）

比较南方和军事委员会因素，2008—2011 年的选区对华出口增长率变量的解释力较为微弱，其解释逻辑却相对明确：即选区对华出口增长率越低，议员受到涉华民意压力就越小，因而越可能持有消极涉华态度。但事实上，如图 9-4 中全部众议院选区、东北部选区、中西部选区、西部选区、南方选区、共和党议员选区以及茶党议员选区的对华出口增长率平均数的比较显示，南方选区对华出口增长率不但高于众议院平均水平，而且明显高于茶党议员各选区。这一对比所揭示的事实是：由于茶党议员各选区多位于南方，即茶党议员选区多为在对华出口增长率上低于其他南方选区者，这也基本呼应了图 9-2 中南方茶党议员在中美经贸往来上的矛盾心态，在担心"中国制造竞争"和"国家安全威胁"的同时，又存在在对华出口中谋求更多选区获益的务实期待。

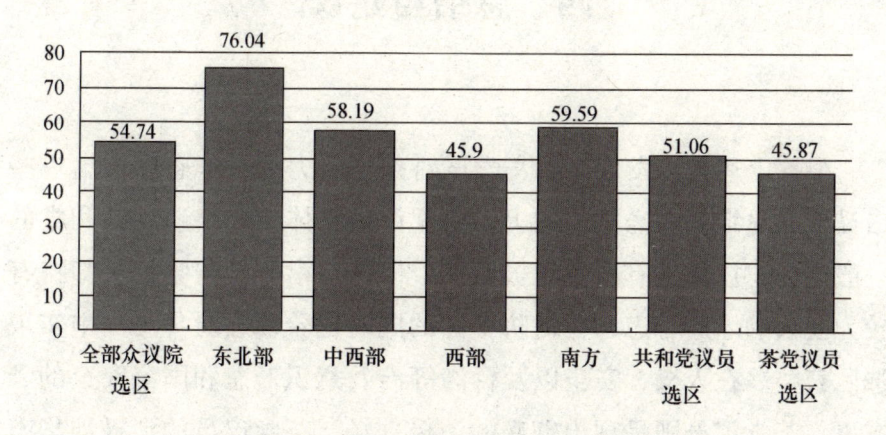

选区	比例
全部众议院选区	54.74
东北部	76.04
中西部	58.19
西部	45.9
南方	59.59
共和党议员选区	51.06
茶党议员选区	45.87

图 9—4 国会众议院不同议员群体所在选区对华出口增长率的平均数比较（%）

值得一提的是，2013 年 9 月初在可能就对叙利亚动武进行表决的预期下，多数国会议员纷纷表达了在该议题上的立场站位。依据《华盛顿邮报》相关数据进行的统计显示，全部众议员中的 37.4% 申明了坚决反对的立场，其中共和党议员的反对率为 54.9%，而茶党议员的反对率则达到了 69.4%。① 这就意味着，至少在对叙动武议题上，茶党的立场流露出某种"保罗派"的孤立意味，有别于在涉华议题上的"佩林派"强硬姿态。对于这一个案的可能解释有二：其一，对叙动武是由奥巴马提出的，茶党是出于对奥氏政策议程的彻底抵制才坚决反对该动议；其二，茶党在中东议题上的确存在一定程度上的"孤立"至少是"有限介入"倾向。在第二种解释的情形下，中国事务对于茶党而言，则并不仅仅是一个关乎维持美国全球领导力的外交议题，同时也是国内财经议题的外化和延伸，其所持的负面或矛盾的态度源自国际、国内不同维度的复杂利益诉求。

四、总结与建议

根据上述初步发现，本文尝试对茶党势力的对华态度做出一些白描式的总结。在经贸议题上，茶党议员整体上并未超越共和党的一般立场，往往少有乐观积极倾向，但来自南方的茶党议员却持有较为复杂的矛盾心态，在提防中国的同时也希冀在对华出口中实现选区获益。在人权、安全以及台湾等涉及意识形态和国家安全的领域里，茶党议员则呈现出彻底的消极立场。茶党议员的消极涉华态度，与其多来自南方选区、多参与军事委员会，以及其所在选区在 2008—2011 年对华出口增长率相对较低等因素有关。这些事实为我们把握美国政治发展，做好议会外交、经济外交以及公共外交，提

---

① 参见 Aaron Blake, "Where the Votes Stand on Syria," *The Washington Post*, September 10, 2013, http://www.washingtonpost.com/blogs/the-fix/wp/2013/09/02/where-the-votes-stand-on-syria/，访问日期：2013 年 10 月 20 日。

供了一些可能遵循的路径。

　　第一，在对美官方和非官方交往中急需注意区域之间的协调与平衡。就历史观察，无论是经贸合作还是文化交流，南方均处于中等水平，因而并未得到战略意义上的特别关注。① 这也就无助于改善南方某些地区的政治人物和公众民意在对华议题上持有的偏见与不理性。本文所验证的事实为，茶党势力因多以南方为根基，所以在对华议题上出现了更多消极操作。事实上，南方16州人口占据全美的36.61%，其政经影响力不可低估。面对这一难以扭转的客观事实，我国或应继续关注、扩展与南方等以往接触较少地区的交流与合作。只有迎难而上，才能切实为中美关系发展缩小政治成本、增加积极的合作空间。

　　第二，在应对美国亚太战略调整的政策布局时有必要纳入美国国内政治因素，特别是国会因素。在奥巴马政府所谓亚太"再平衡"战略调整中，国会扮演着"推波助澜"的角色，某些议员多次提出涉及南海、钓鱼岛、东北亚、网络安全、中国军力等涉华议题，所

---

① 经贸合作方面，以美中贸易全国委员会公布的各选区对华出口额情况为例，东北部、中西部、南方以及西部在2008—2011年各选区对华出口总额分别为224.9亿、273.2亿、576亿以及603.8亿美元，南方位居中上游；又如亚洲协会和威尔逊中心2011年联合公布的报告《美国门口开放?：最大化中国直接投资所带来的利益》(参见Daniel H. Rosen and Thilo Hanemann, "An American Open Door? Maximizing the Benefits of Chinese Foreign Direct Investment", Avaible at http：//asiasociety.org/policy/center-us-china-relations/american-open-door) 中的统计，2003年至2010年吸收中国直接投资数额前20名的州中，东北部3个、中西部4个、南方6个、西部7个，南方处于中下游水平。文化交流方面，以中国孔子学院在美国的分布情况为例（参见中国国家汉办/孔子学院总部官网网站相关信息，http：//www.hanban.edu.cn/confuciousinstitutes/node_10961.htm），据统计，截至2013年6月，全美共开设了73家孔子学院，平均每州1.43家。具体到东北部、中西部、南方以及西部分别有16家、19家、23家以及15家，但平均到各区域内每州则依次为1.78家、1.58家、1.35家以及1.15家。由此可见，南方处于略低于全美均值和其他地区的中下游水平。

· 253 ·

持立场均极为负面。① 这些议题在军事委员会、外交事务委员会等相关委员会进行听证、审议、投票，制造声势，阻碍中美关系发展。正是因此，军事委员会成为本文中茶党议员消极涉华行为的解释因素之一。从国会及其委员会、议员等角度审视美国的亚太战略，加强议会交流中双方关切议题的直接沟通，有助于深入理解本次战略调整的美国国内利益诉求与需要，眼睛向内，采取迂回方式加以化解。

第三，在中国外交逐步进入"次国家层次"的同时，需要关注次国家单元的利益诉求。随着中国快速和平发展，特别是在金融危机以来，中国的经济利益在国际舞台上持续扩展与深入，我们需要面对的不仅只有以国家为单位的国际行为体，还有其他国家内部的各级政府和多元利益。特别在联邦制国家组成形式的美国意义上，中美经贸合作已下沉到了各州、各县、各选区层次，其中各层次的政治逻辑急需理清。与此同时，各州各选区在中美经贸往来中的利益得失，直接影响到其选举的议员在华府立法中的对华态度，进而部分左右着国家外交政策层面上输出某些对华措施。本文关于对华出口增长率低导致茶党议员更易持有涉华消极态度的发现，进一步丰富了以往研究关于对华出口变化率与涉华态度互动的因果关系，也重申了通过与美国州和地方层次展开互利共赢的经贸往来、有助于改善美国对华政治氛围的政策建议。

第四，基于所持有的消极对华态度，茶党议员以及其代表的茶党势力已呈现出在财政议题、社会价值以及外交事务等诸领域上同步极端保守化趋势。换言之，以财政保守主义为最初核心诉求的茶党已发展为共和党党内最为保守的支脉之一。在2012年大选中，茶党势力虽然遭遇了一定挫折，但在可以预见的2014年和2016年竞

---

① 刁大明："2012年美国国会选举与新一届国会对华政策走向"，《美国研究》，2012年第4期，第68—90页。

选周期中，茶党极可能仍是共和党扩展席位、扩张权势的重要增长点，标志着美国政治右倾趋势的进一步深化。从这个意义上，把握美国国内政治与社会的整体走势，有助于预判其外交政策的可能方向，进而做出必要准备。

第三部分　第三方因素与中美关系

"中美在许多国际问题上保持'建设性关系',不是对抗中国,也不是遏制中国,美国欢迎中国的和平崛起,中国发展对亚太和世界来说是好事。……美国对相关国家的领土争端不持特定立场,有关国家应以谈判方式解决争端。"

——2014年4月28日,美国总统奥巴马抵达菲律宾、进行为期24小时的国事访问时这样表达。

第十章

朝核问题：中美新型大国关系的挑战

中美新型大国关系应该是一种"不冲突、不对抗，相互尊重，合作共赢"的合作型关系。[①] 原则虽已确立，但是在具体实践中，中美两国常常面临虽有共同利益但仍然难以展开真诚合作的困境。以东北亚安全事务为例，我们可以看到两国在处理朝核问题上因为政策差异而面临很多实际挑战。

朝核问题是冷战遗留的产物，也因当今中美矛盾的凸显而愈演愈烈。在冷战时期，中美两国由于朝鲜战争而发生全面冲突，形成敌意型的相互认知和冲突式的互动模式；冷战结束后，中美两国虽然在"朝鲜半岛无核化"根本立场上保持一致，但是这种"共同利益"底线并未保证双方政策的同步性。相反，经过一系列的事件发展和政策演变，中美之间在朝核问题处理上形成了一种非敌非友型

[①] "努力推进中美新型大国关系建设：外交部部长助理郑泽光就第五轮中美战略与经济对话框架下的战略对话向中外媒体吹风"，中华人民共和国外交部，2013年7月13日，http://www.fmprc.gov.cn/mfa_chn/zyxw_602251/t1058688.shtml，访问日期：2014年4月22日。

的相互认知和竞争合作式的互动模式。[①] 一方面,由于美国继续在韩国驻军并为其提供核保护伞,未得到任何安全保护的朝鲜走上"先军政治"道路,希望通过发展核武器来维护自己的国家安全;另一方面,随着中国对日韩经济影响逐渐增强,美国深感需要联合日韩维持自身在东北亚地区的主导权。因此,每当朝核危机爆发的时候,美国就采取军事演习或武力威胁的方式迫使朝鲜弃核,而中国出于减轻美国压力的考虑,不得不在一定程度上容忍朝鲜的行为,从而又增加了与美国的矛盾。

那么,中美朝核政策的差异何在?正在推进新型大国关系的中美两国是否能够在朝核问题上进行有效合作?如果合作,双方政策需要进行哪些调整?

一、有关朝核问题的争议

解决朝核问题的关键究竟是什么?在中美两国学术界和战略界相关争论中除了集中探讨朝鲜内部改革和开放的可能性之外,还将讨论的重点集中在以下三个问题上,即朝鲜南北是否能够缓和关系、朝美关系能否正常化以及中国到底应该扮演何种角色。

(一) 关于朝鲜半岛南北关系是否能够缓和的问题

对于朝鲜是否会进行新的核试验和导弹试验,反复运用战争边

[①] Elna A. Orlova, "Interaction Paradigms of Decision-Making," *International Political Science Review*, Vol. 3, No. 2, 1982, pp. 213 – 214.

缘政策（brinkmanship）将对韩敌意升级，国际社会普遍不乐观。考虑到朝鲜在外交上常常过度自信而倾向于在对外以军事冒险主义来宣示自己的国家利益和目标，加上朝鲜内部权力结构的不确定性和经济有可能恶化的后果，国际社会不得不担心朝鲜再度制造军事和外交危机的可能性。

在"延坪岛事件"发生后，韩国虽然中止了与朝鲜的既定交流，并停止了人道主义援助，但是并没有主动采取撤出在朝鲜工作或生活的韩国公民等手段。在朝鲜宣布关闭开城工业园区之前，在开城工业园区工作的近1000名韩国公民没有被要求撤回到南方。韩国统一部只是宣布了无限期推迟即将举行的韩朝红十字会会谈，限制韩方人员访问位于朝鲜的开城工业园区，并要求开城工业园管理委员会加强对滞留人员的人身安全保障力度，同时暂停对朝鲜的粮食、水泥和医疗物资的援助。

朴槿惠总统执政后，虽然双方关系有所缓和，但是南北关系改善进展不大。让人担心的是，朝鲜在心理上对韩国的军事实力没有任何的敬畏感，也无意把韩国当作自己势均力敌的对手。朝鲜认定，即使自己的反应烈度超出韩国的预期，在没有得到美国充分授权和援助的情况下，韩国并不敢贸然与北方大打出手。但是从韩国的角度看，韩国在2010年之后戒备心理和军事防范措施的不断强化让自己也遭遇到了一个巨大的结构性安全困境：韩国的实力、战略价值与试图追求的目标之间，存在一定的落差。在军事实力上，韩国不论情报监测或武器装备都比朝鲜先进，却无法事先防范朝鲜的"超限战"式的攻击。韩国政府的一系列举动，无论是启动国家危机管理组、提升防卫等级（DEFCON），还是提升对朝情报搜集等级，都可以看作是防范对方"先发制人"的努力，而不是促使危机早日缓和与解决的步骤。在外交决策上，韩国要求中国向朝鲜施压、与美国加强军事联盟、跟从对朝鲜的经济制裁，但结果却是韩国的政策选择变得越来越狭窄。依赖《美韩同盟条约》、追随美国俨然成为了唯一的道路。在这种相互猜忌的背景下,期待南北双方能够进行更高层次的对话是不现实的。

(二) 关于是否只有朝美关系正常化才能最终解决朝核问题的争论

国内一部分学者认为朝鲜发展核武器的根本目标是维护政权。[①]因此,对朝鲜而言,核武器是其维护国家安全的手段。只有美朝签订和平协议,美从韩国撤军并保证其安全,朝鲜才会放弃核武器。对美国而言,若朝鲜真正弃核,成为无核国家,其才会考虑给予朝鲜安全保证。只有美朝满足对方的利益诉求并达成和平协议时,朝核问题才能得到解决。

为此论点提供最好的事实支撑的就是发生在1992—1994年间的第一次朝核危机。当时,苏联解体,美国成为全球唯一超级大国。美因此试图乘势对朝施加压力,争取以"软着陆"方式将朝鲜纳入自己的战略轨道。[②] 以朝鲜发展核材料为导火索,美借机要求国际原子能机构对其进行检查,最初朝鲜对美国的要求颇为配合。后来,克林顿政府上台,对朝采取"先压后谈"的政策,于1993年与韩国举行了"协作精神"演习。朝鲜认为美韩军演对其造成威胁,因而宣布退出《不扩散核武器条约》,由此引发了第一次朝核危机,甚至"各方都坚信朝鲜半岛处于另一场战争的边缘"[③]。这说明,没有大

[①] 虞少华的"朝美关系与朝核问题",孙向丽的"朝核问题的实质与发展前景",张玉国的"核问题与美朝关系"等。

[②] 虞少华:"朝美关系与朝核问题",《国际问题研究》,2006年第6期,第53页。

[③] Kyung-Ae Park, "North Korea's Defensive Power and U. S.-North Korea Relations", *Pacific Affairs*, Vol. 73, No. 4, Winter 2000, p. 535.

国依靠的朝鲜试着用"核牌"保障自己的主权。最终美朝都保持了克制，于1994年签订《美朝核框架协议》，该协议明确规定"美国向朝鲜作出正式保证，不对朝鲜使用核武器"，以及"朝鲜承诺将采取措施，实现朝鲜半岛无核化"[①]。第一次朝核危机以美朝和解结束。之后，美朝虽并未完全按协议执行各自的义务，但半岛局势仍然趋于平缓。直到2001年"9·11"事件之后，小布什政府将朝鲜列入"邪恶轴心"名单之内。2002年10月，美国向全世界公布朝鲜正在开发核武器，随后又停止向朝鲜提供原油和经济援助。朝鲜感觉政权受到威胁，于2002年12月"宣布解除框架协议，开始解除核冻结措施"[②]。双方都指责对方"背信弃义"，矛盾再次升级。

从前两次朝核危机可以看出，美朝之间存在着深深的不信任。一方面，美国国内有一部分学者对朝鲜持消极立场，认为其根本就无意放弃核武器，因此只有改变朝鲜政权才能从根本上消除朝核问题。布鲁金斯协会高级研究员埃文斯·里维尔（Evans J. R. Revere）曾指出，"如果对话、协议、制裁、安全保证、食品援助以及各种双边协议都不能引诱朝鲜弃核，那就不得不承认其他措施也很难奏效。"[③] 因此，"只有朝鲜建立新的领导政权才能看见其与国际社会缓和关系的希望，半岛无核化才有可能"[④]。

[①] 参见 Wikipedia, "Agreed Framework between the US and DPRK," http://en.wikipedia.org/wiki/Agreed_ Framework_ between_ the_ United_ States_ of_ America_ and_ the_ DemocraticPeople%27s_ Republic_ of_ Korea, 访问日期：2014年3月20日。

[②] 李锡遇："朝鲜核开发的重新启动与朝美矛盾的加剧"，《国际政治研究》，2003年第3期，第37页。

[③] Evans J. R., "Facing the facts: Towards a New U.S. North Korea Policy," the Brookings Institution, October 2013, http://www.brookings.edu/research/papers/2013/10/16-north-korea-denuclearization-revere.

[④] Evans J. R., "Facing the facts: Towards a New U.S. North Korea Policy," the Brookings Institution, October 2013, http://www.brookings.edu/research/papers/2013/10/16-north-korea-denuclearization-revere.

中国主流意见认为，美韩军演是为了遏制朝鲜，但也让朝鲜的不安心理加深。要缓和朝鲜半岛局势，钥匙其实是在美国手里。

2000年，韩国总统金大中访朝后，南北之间有了停战协议，这基本上消除了朝韩两国战争的可能性，大大缓和了南北关系。但是，美朝之间不存在任何约定，这让朝鲜担心美国会不会对它发动像对伊拉克和阿富汗那样的战争。这种不安心态，正是它不愿在军事上对美国示弱的根本原因。朝鲜对美国态度的估计使朝鲜不断做出不利于美朝合作的行为。今后，朝鲜可能还会更加坚定发展核武器的步伐，而且还有可能再次玩弄战争边缘政策，包括炮击韩国的其他敏感地区。实际上，朝鲜取得了一系列战术胜利——其在炮轰延坪岛之后，并没有受到任何惩罚或者实质性损害。不仅如此，朝鲜的上千台离心机已经恢复运转，美国对此束手无策。这样一来，美韩和国际社会实际上已经默认朝鲜具有原子弹成为核国家的事实。同时，面对威慑，朝鲜还有可能在政策选择上采取"核扩散"方针，即向叙利亚、伊朗以及其他反美国家扩散核技术，进一步挑战美国核政策的真正底线。

尽管外界对朝鲜发展核武的动机存在不同观点，美国的敌对立场显然是其诱因之一。依照朝鲜行动的逻辑，从冷战期间以及冷战结束以来的基本历史经验来看，凡是取得了核国家地位，无论是美国的盟友还是美国敌视的国家，最终都同美国取得了良好的关系，并再无重大的安全顾虑。冷战后，美国尽管一度强烈反对印度和巴基斯坦成为核国家，却最终与两国结成了友好关系，近期甚至要与印度开展核能合作。美国一贯的盟友以色列也已经逐渐明确其核国家身份。与此相反，没有核国家地位的那些与美国敌视的国家，如南斯拉夫和伊拉克，都在美国的炮火之下走向分裂或者饱受煎熬。这也更加刺激朝鲜安全方面的敏感神经，促使朝鲜一意孤行走发展核武器成为核大国的道路，以求自保。如果朝鲜最终通过所谓的

"切香肠"战术而获得核国家的地位，拥有了可靠稳定的核技术和足够的核武器，东北亚地区的安全结构就将发生重大的变化。朝鲜升级为和中美一样的核国家不但会引发更大的安全隐患，更会刺激日本和韩国发展核武器。

朝鲜问题，或者说是朝核问题，归根结底最重要的是朝鲜在没有正常融入冷战后的东亚体系的情况下与美国的关系协调问题。目前的多边途径已难以化解朝鲜的核问题，或许最终还需要朝鲜同美国之间面对面的直接协商，打开朝美关系的僵局，才能使得朝鲜半岛目前的紧张态势有所缓解。

在传统上，朝鲜从来不是美国的首要外交问题，甚至美国有些人还认为朝鲜问题实际是中国的难题。这种心态，直接导致其对朝鲜一直采取冷处理的政策。奥巴马政府在执政初期设立了在朝鲜问题上的政策目标：要求朝鲜履行全面、不可逆、可验证的去核化承诺；终止朝鲜向外扩散核原料、弹道导弹及相关技术；冻结并逐渐削减朝鲜已有的核武器储备；使用外交渠道来实现同美国盟友，特别是同韩国之间的协调。在就职演说中，奥巴马向包括朝鲜等布什政府认为的"邪恶轴心"国家发出了进行对话与接触的信号，但朝鲜并未给予正面回应，反而接连用一系列具有挑衅性的举动测试国际社会的反应。正是美国对朝鲜的冷漠，间接导致了朝鲜半岛危机的不断升级。这次事件大大增加了朝鲜问题在美国东亚外交中的权重，奥巴马政府意识到了朝核问题的紧迫性。

"天安"舰事件以后，美国抓住了机遇，扭转了过去韩国跟美国若即若离的态势，纠正了韩国对美国的离心倾向。但是，美国高调宣布"重返亚洲"之后，过多依靠构建军事联盟来实现目的，用"炮舰外交"来展示强大。随之而来的问题是，美日韩同盟的加强，是否也会引发亚太地缘战略形势发生不利于美国的深刻转变？目前看，美国国内政治背景决定了美国无法改变对朝强硬政策。有种观点认为，对美国来说，东北亚地区保持一定程度的紧张关系特别是地区国家之间相互猜疑，正是美国发挥同盟领导作用、控制日韩盟友尤其是日本的天赐良机。按照这个逻辑，朝鲜半岛局势的紧张不仅是美国控制东亚盟国日韩的绝好借口，而且是瞄准大国竞争的战略需要。但如果美国不改变过去十多年来毫无成效的对朝政策，美国也会面对一个更加强硬的、可能拥核的朝鲜。

当年美国率领联军进击伊拉克的理由是萨达姆疑似拥有"大规模杀伤性武器"，那么面对一个可能拥有原子弹的朝鲜，美国的束手无策从某种程度上就成了一种讽刺。"延坪岛炮击"与黄海"航母秀"的无效，再次表明了一个冷酷的事实：未来朝鲜半岛一旦有事，美国唯一的政策选择就是要不要为使朝鲜"改朝换代"而动用武力。

（三）关于中国在朝核问题中扮演的角色问题

对于中国扮演的角色，已经存有很多争论。有一种观点认为，东亚地区主义的命运在很大程度上是掌握在中国的手中。[1] 中国虽然经济发展迅速，却还没有承担自己应该承担的义务，满足在多边机制过程中实现成功领导的要求。[2] 半岛出现多次危机之后，这种观点甚为流行。

有美国学者批判中国是朝鲜的坚定支持者，认为中国在朝核问题和地区安全问题上并不配合美国，这也正是美国难以改变朝鲜政权的重要原因。正是"因为中国自身的利益在于防止朝鲜政权被敌

---

[1] 韩国庆熙大学中国语学课长朱宰佑："东亚地区主义离不开中国的领导"，《中国社会科学报》，http://www.cass.net.cn/file/20100316261128.html。

[2] Dirk Nabers, China, Japan and the Quest for Leadership in East Asia, GIGA (German Institute of Global and Area Studies), Working Papers, 67/2008, p. 6.

对势力摧毁"①，中国还没有放弃对朝鲜的经济援助。有观点认为，中国若不转变对朝政策，朝鲜的核武器有可能扩散至全球，从长远来看，这对中国将是灾难性的后果。②

自2009年以来，中国在朝核问题上确实面临着"两面为难"的处境。一方面，中日韩三国在经济上的联系日益紧密，三国自由贸易区也处于协商之中。一个经济困难、政权需要得到巩固的朝鲜该如何应对这种变化？特别是作为朝鲜传统盟友的中国应该如何处理好与朝韩两国的关系？朝鲜在2009年之后不顾中国劝阻进行了两次核试验，中朝之间已经出现了间隙。另一方面，随着中国的崛起，美国在2009年提出"重返亚太"战略强化了其与日韩的军事同盟关系，这不仅在一定程度上给了朝鲜更大的压力，也使得中国改变原有的"维持该地区的和平与稳定以保证中国发展的和平环境"③的战略，重新审视朝鲜的"缓冲区"的作用。从这两点来看，在朝核问题上，中国不能仅限于扮演"调停者"的角色，更应该发挥强大的"杠杆"力量，提出建设性的方案。

相比在第一次朝核危机中采取了比较谨慎的态度，在第二次危机中中国则比较积极地向朝鲜施加了一定的压力，而且空前地与美国保持了相当程度的合作。中国在这次核危机中使出浑身解数大力"劝和促谈"，扮演的是一种"积极的斡旋者"或"诚实的调解人"的角色。④ 但是，中国并不愿意对朝鲜施加过大的压力，所以中国更

---

① Thomas Plant & Ben Rhode, "China, North Korea and the Spread of Nuclear Weapons", *Survival*: *Global Politics and Strategy*, Vol. 55, No. 2, April-May 2013, p. 75.

② Thomas Plant & Ben Rhode, "China, North Korea and the Spread of Nuclear Weapons", *Survival*: *Global Politics and Strategy*, Vol. 55, No. 2, April-May 2013, pp. 61 – 80.

③ Jia Hao & Zhuang Qubing, "China's Policy Toward the Korean Peninsula", *Asian Survey*, Vol. 32, No. 12, pp. 11 – 42.

④ 崔立如："朝鲜半岛安全问题：中国的作用"，《现代国际关系》，2006年第9期，第46页。

愿意扮演"积极的斡旋者"或"诚实的调解人"角色,不可能成为"严厉的施压者"和"局势的主导者"。

二、中美在朝核问题上的战略分歧

目前,中美对朝鲜政策的战略差异主要集中在以下几个方面。

(一)对朝鲜形势的判断异同

对中国而言,出于历史、意识形态等方面的纽带关系和地缘政治考虑,一般希望朝鲜国内形势向着积极的方向发展,更多着力发展经济、逐步实现开放,从而走上能够融入东北亚乃至国际社会的正常道路。当然,随着金正恩上台后朝鲜内政外交的多个举动,中国国内也有观点认为有必要对朝鲜政权的可能"崩溃"做出全面预案,其内容不但包括要应对所谓的"难民潮"给中国东三省带来的负面影响,而且还要充分考虑到整个东北亚区域的安全局势。对美国而言,始终对朝鲜政权前景抱有的期待为"最高领导人去世——国内政治危机——政权垮台——朝鲜问题自动解决"。这种前景预想决定了美国政府对朝经常是被动回应多于主动出击。1994年金日成去世时,美国曾不切实际地幻想朝鲜政局会发生颠覆性变化,但实际上情况南辕北辙。2011年金正日去世后,美国又产生了朝鲜有可能突变的念头。然而,2012年李英浩被解职、2013年张成泽被处决,彰显出金正恩政权基础逐步巩固,朝鲜新老交替的过渡体制已经终结。同时,金正恩曾表示"粮食比子弹更重要"。这释放出朝鲜革新开放的信号,对于美韩来说是一个良机。但是,奥巴马政府对朝"善意忽视"或"应付了事",不切实际地希望这一令其烦恼不断的"无赖政权"会自己消亡,认为时间在自己这一边。最后,美国发现,朝鲜"软硬不吃",既没有被压垮,也没有被和平演变,更没有自我崩溃。

(二)针对解决朝核问题的具体手段分歧

中美两国在朝鲜半岛的利益矛盾导致了双方在朝核问题上的不同态度,具体表现在朝鲜发射卫星、对朝经济制裁等问题上。

一方面,2009年4月朝鲜发射卫星后,中美之间在朝鲜发射的是运载火箭还是洲际弹道导弹问题上发生分歧。[1] 联合国安理会成员国就朝鲜是否违反了第1718号决议进行了激烈辩论,美日坚定地认为朝鲜"显然违反了联合国安理会第1718号决议,并对东北亚地区及国际和平与安全造成了威胁"[2];而中国承认朝鲜确实发射了卫星,但坚持认为朝鲜有和平使用核技术和火箭技术的权力。[3] 中国在"朝鲜是否发射导弹"这一问题上虽没有确切答复,但对于朝鲜在"发展核武器"与"和平利用核能"之间的界限上的认识却比美国宽松许多。中国持这一态度的原因是希望朝鲜能够保持政权稳定,通过和平、渐进改良的方式发展国内经济,而和平利用核能是其中的途径之一。

另一方面,2009年之后,在对朝经济制裁上中美的立场也多有

---

[1] 徐进:"朝鲜核问题:中国应强力介入还是中立斡旋?",《国际经济评论》,2011年第6期,第149页。

[2] "Statement by the President from Prague, Crech Republic", http://www.whitehouse.gov/the_press_office/statement-by-the-President-North-Korea-launch.,访问日期:2013年12月18日。

[3] "红色的差别:中国的朝鲜政策辩论",《危机组织亚洲报告》第179期,2009年11月2日,第2页。

分歧。中国认为朝鲜有"和平利用核能的权利",朝鲜顺势以美国妨碍其和平利用核技术为借口于一个多月之后进行了第二次核试验。此后,联合国安理会通过了对朝进行制裁的1874号决议,中国虽支持该协议的通过,但强调"朝鲜主权、领土完整和合理安全关切及发展利益应得到尊重。朝鲜在重返《不扩散核武器条约》后应享有一个缔约国和平利用核能的权利。安理会行动不应影响朝鲜的民生和发展,不应影响对朝人道援助"。① 这表达了中国政府不希望美国对朝进行过分的经济制裁,以防朝鲜国内因过度孤立和经济困难而陷入动乱的局面。②

与中国强调半岛稳定的立场相反,奥巴马政府吸取了前两届政府的教训,认为朝鲜的背信弃义使美国变得很被动。美国国防部长盖茨声称,"美国不会在同一个地方摔倒两次"。③ 2012年朝鲜发射卫星后,美宣布将"联合国际社会向朝鲜进行全方位的制裁,彻底孤立并遏制朝鲜"。④ 同时,"暂停对朝鲜的粮食援助,称不相信平壤能将粮食分配给真正需要的人"。⑤ 中美在朝鲜问题上的政策立场背道而驰。

---

① "张业遂就安理会第1874号决议向中文媒体发表讲话",新华网,2009年6月13日,http://news.xinhuanet.com/politics/2009-06/13/content_11534895.htm,访问日期:2013年12月18日。

② 联合国安理会1874号决议主要规定对朝进行武器、金融制裁,虽也强调该制裁旨在防止朝鲜发展核武器,但金融制裁、停止贷款是一个模糊的概念。有些国家既可以根据该条款对朝停止人道主义援助,也可以将人道主义援助排除在该制裁之外。

③ Robert Gates, "America's Security Role in the Asia Pacific", *Shangri-La Dialogue*, May 30, 2009, http://www.iiss.org/conferences/the-shangri-la-dialogue/2009/plenary-session-speeches2009/first-plenary-session/qa/.,2013年12月28日访问。

④ 刘俊波:"从'战略忍耐'看奥巴马的对朝政策",《国际问题研究》,2010年第6期,第61页。

⑤ "外媒:美宣布暂停对朝粮食援助",新华网,2012年3月30日,http://news.xinhuanet.com/world/2012-03-30/c_122907337.htm,访问日期:2013年12月28日。

第十章 朝核问题：中美新型大国关系的挑战

长期以来，中国对朝鲜的态度让美国觉得中国有偏袒朝鲜之嫌。在朝鲜第二次核试验之后，美国进一步强化了在东北亚的战略部署，于2009年6月与韩国达成《韩美同盟未来展望》，强调将两国军事同盟提升为全方位的战略同盟。同时，两国首脑还商定针对逐渐加剧的朝鲜军事威胁，在该声明中纳入提供核保护伞等扩大遏制力的条款。① 这表明美国试图通过拉拢日韩向朝鲜施压，虽然在前两次朝核危机中，美国也联合韩国进行了军事演习，但此次却是是更加正式地深化双方的同盟关系。特别是2010年"天安"舰事件之后，美韩在7月份举行了自1976年以来最大规模的军事演习，且几乎所有处理半岛关系的美国核心事务官员都前往参加。紧接着，美日举行规模更大的"利剑"联合演习，美军出动"乔治·华盛顿"号航母、B-52战略轰炸机等攻击性装备。② 同时，美日韩三国在外交上声明对朝鲜采取绝不妥协的立场。朝鲜也不甘示弱，在经历了2011年政权稳定交接之后，于2012年4月和12月分别进行了两次卫星试射以试探中美的立场。与前几次相似，美国重申朝鲜的此举将会受到惩罚。而中国外交部对朝鲜12月试射卫星"表示遗憾"。③ 这说明中国虽不赞成朝鲜的行为，但也表达出自身不能对朝鲜过分施压的无奈。

在"天安"号事件和此次危机之后，美国加紧"重返亚洲"的战略部署，美国与日本、韩国的同盟"内聚力"（cohesion）因为共

---

① "韩美两国关系从军事同盟提升为全面战略同盟"，环球网，2009年6月16日，http://world.huanqiu.com/roll/2009-06/489928.html，访问日期：2014年1月4日。

② 张威威："美日、美韩军事同盟的同步强化及其影响"，《世界经济与政治论坛》，2011年第3期，第5页。

③ "外交部：中方对朝鲜发射卫星表示遗憾"，人民网，2012年12月30日，http://world.people.com.cn/n/2012/1212/c1002-19876894.html，访问日期：2014年1月4日。

同的外在威胁而提升，三方军事联盟得以强化。但是，其间接后果是在很大程度上使中国加深了对美日韩的质疑，甚至把为制约朝鲜的军演行动看成是对中国的潜在危胁。

"天安"号事件发生后，美国的航空母舰是否参加韩美黄海军事演习一直是中美关系中一个争议的焦点。但是"炮击事件"后，美国航母出现在中国敏感海域，间接强化了其对东北亚地区的影响力。非但如此，美韩黄海联合军演后，美国又出动了强大的武力阵容，在逼近中国山东半岛 170 公里的地理范围与日本进行了联合军演。航母的打击能力涵盖了北京和中国诸多敏感地区。在中方民众和政策制定者看来，韩美、日美军演存在直接和间接目的：其一，军演确实旨在威慑惩罚朝鲜，但实际上此次黄海军演对朝鲜毫发无损，相反，美航母进入黄海的负面效果则显示了美国政府除了"炮舰外交"手段之外，并无其他办法。其二，军演间接羞辱和挑衅了目前还未公开谴责朝鲜的中国，通过军演对中国宣泄不满，其威慑中国的涵义也十分明显。在这种背景下，中国原本是可以"以军演对军演"的，但中国还是为和平付出了巨大的忍耐。但忍耐的背后是中国对美日韩是否会形成针对中朝的军事联盟的警觉。虽然美日韩三角军事同盟还没有以条约的形式固定下来，但已具备一个军事集团所有的条件和外形，并且正在实际运作当中。有人因此担心：中朝两国也可能在特定形势下被迫形成某种实质性的联盟。

朝鲜进行核试验之后，中美两国在是否对朝实施严厉制裁问题上的立场也不一样。美国一贯主张对朝鲜的挑衅进行坚决制裁，而中国则担心局势进一步恶化以及朝鲜可能崩溃，反对对朝进行过于严厉的制裁。在 2006 年朝鲜进行了多次导弹试射和第一次核试爆后，中国政府随即发表声明，使用了最激烈的"悍然"这一外交辞令，很快同意了联合国安理会对朝鲜的制裁决议。中国之所以如此，是因为朝鲜的行为已经突破了中国所能容忍的"底线"；而且，这两

第十章 朝核问题：中美新型大国关系的挑战

项制裁决议特别是朝鲜核试爆后的1718号决议，仅是对朝鲜进行了一定程度的经济制裁；在中国的反对下，决议明确排除了对朝鲜实施任何军事制裁和经济封锁的可能性。2009年朝鲜进行第二次核试验后，美国表示，如果封锁中朝两国物资交流的核心地区，朝鲜就会立刻面临石油和粮食缺乏的困境。但中国并没有这样做。可见这段时期，中国对朝一直在隐忍，在制裁朝鲜的问题上一贯谨慎。2013年1月22日，因朝鲜违背决议进行火箭发射，联合国安理会一致通过了关于朝鲜的第三个决议——第2087号决议，中国对此决议投了赞成票。① 该决议案谴责朝鲜2012年12月以远程火箭发射卫星，要求朝鲜遵守安理会有关决议规定，包括禁止朝鲜使用弹道导弹技术进行发射、进行核试爆以及进口与核项目相关的原料和技术；新决议并扩大对朝鲜的现有制裁，把朝鲜宇宙空间技术委员会等6家机构和4名相关人员也列为制裁对象，还指出如果朝鲜再次发射火箭或者进行核试爆，安理会"决心采取重大行动"；决议还呼吁重启六方会谈。2013年2月12日，朝鲜进行了第三次核试验，旨在使核武器小型化和轻型化。朝鲜声称此次核试是"应对美国的自卫措施"。中国对此表示"强烈不满和坚决反对"；美国认为这是"极具挑衅之举"，承诺将对朝采取"强有力行动"；安理会表示强烈谴责。可见，中国对朝政策的调门随着朝核问题的急剧恶化而显著升高，在制裁态度上有所变化。中美两国在是否对朝鲜实施严厉制裁这一问题上的合作性增强，冲突性减弱。

还有一个问题需要重视，即美韩内部就是否应对朝进行军事打

---

① 中国之所以赞成联合国对朝鲜发射远程导弹的制裁决议案，也是因为担心朝鲜的核武装会刺激日本拥核的野心。如果东北亚成为核军备竞赛的舞台，那么中国希望挤走美国重建中华秩序的战略必将成为海市蜃楼。见：金永熙："朝核问题的答案在北京"，韩国《中央日报》2013年1月30日，http://chinese.joins.com/gb/article.do?method=detail&art_id=99047。

击的争论。在两次核危机达到高潮的过程中，美国都威胁要对朝鲜进行军事行动。在第一次朝核危机爆发后，克林顿政府仍将200多枚"爱国者"和"毒刺"式导弹运抵韩国，佩里威胁说对朝鲜的先发制人打击仍是一种选择，奥尔布赖特则宣称：如果美国对朝鲜实施的制裁不起作用，美国将采取进一步行动。第二次核危机爆发的时候，美国加强了在韩国的军事力量。小布什表示："一旦外交方式不能解决核问题，就要用军事方式解决。"[①] 对于中国而言，任何对朝鲜进行军事行动的想法都是不可取的。解决朝核问题的前提是保证朝鲜政权的稳定，因此必须重视并适当满足朝鲜合理的安全关切，并给予朝鲜以根本的安全保证，主张通过和平对话而不是武力打击来解决朝核问题。中国积极参与朝核危机的解决其实是为了"双重阻止"：一为阻止朝鲜发展核武器；二为阻止美国对朝鲜施行武力打击的强硬政策。美国对朝鲜动武的意图尽管非常明显，但在中国的强烈反对下，没有正式付诸实行。在是否对朝鲜进行军事打击的问题上，中美之间的分歧是不可调和的结构性矛盾。

（三）中美两国在朝鲜半岛的利益分歧

中美两国在朝鲜半岛的战略矛盾主要集中表现为利益矛盾，不同利益会导致中美在解决朝核问题上的手段不同。

首先，自2009年以来，中国作为一个崛起的地区大国从客观上挑战了美国在东北亚地区的领导权。中日韩三国在经济上联系日益紧密，并有望建成自由贸易区，中韩关系也形成了良性互动。美国如何才能维持自身对日韩的影响力呢？奥巴马政府上台后，每当朝

[①] 李敦球：《战后朝韩关系与东北亚格局》，北京，新华出版社，2007年版，第258页。

核危机爆发时，美国就采取联合日韩的方式对朝鲜示威。同时，在外交上，美国拒绝与朝鲜进行任何公开的直接双边对话，并在2010年7月宣布了新的对朝金融和制裁措施。[1] 一方面，这有打压朝鲜之意，另一方面也加强同日韩的同盟关系，并"警示"中国不要纵容朝鲜挑战东北亚地区的安全秩序。

一旦美日韩加强军事部署，中国就会感受到东北亚的紧张局势对自身造成的不利影响。尽管北京政府严厉批评朝鲜发射导弹以及在2006年、2009年的两次核试验，但中朝关系里的每一次严峻形势都让位于两国战略结盟（strategic realignment）。[2] 因此，中国虽赞成联合国对朝鲜的历次制裁，但仍不会完全切断对朝鲜的援助。北京继续投资朝鲜的基础设施建设，以拉近中朝关系。[3] 由此分析，中国出于维护周边安全的考虑，通过维持与朝鲜的关系来反对美日韩联合对朝施压。

其次，若从遏制中国崛起的角度考量，美国仍会坚持将"核问题"与政权问题挂钩，希望通过改变朝鲜政权的方式解决核问题，这对中国是重大的利益冲击。因为，从最坏的情况来看，朝鲜政权的崩溃所引发的"难民潮"不仅会影响中国东北三省的稳定，还会涉及到半岛统一问题。从目前状况来看，韩国更有能力成为半岛统一的主导国。若美国坚持以武力更替朝鲜政权，并推动由韩国主导的朝鲜半岛统一，这将对中国的东北亚地区的安全造成不利影响。因此，中国一定会降低朝鲜半岛进行再一次战争的可能性。

---

[1] 朱锋："奥巴马政府的'重返东亚战略'与东亚地区安全形势"，《求知》2011年2月，第10页。

[2] Brendan Taylor, "Does China Still Back North Korea?," *Survival: Global Politics and Strategy*, Vol. 55, No. 5, October-November 2013, p. 89.

[3] Brendan Taylor, "Does China Still Back North Korea?," *Survival: Global Politics and Strategy*, Vol. 55, No. 5, October-November 2013, p. 86.

三、中美在朝核问题上合作的可能

（一）中美在朝核问题上的已有合作

前两次朝核危机爆发之后，中美基于防核扩散和地区安全的共识在朝核问题上已有过合作，其涵盖了政治、经济领域，包括中美高层会晤，对朝经济援助等等。

第一，由于冷战结束后中国奉行"韬光养晦"的外交政策，对周边地区事务更多地处于观望态度。在防核扩散问题上，中国尽量和美国保持一致。因此，第一次朝核危机爆发后，中国在中美之间的斡旋活动只是低层次的劝和，而非建设性的。[①] 时任中国驻联合国大使李肇星1993年发表声明："中国作为《不扩散核武器条约》的成员一直反对核扩散并支持半岛的非核化，中国不希望在朝鲜半岛无论是南北方看到核武器，或通过第三方引入核武器。"[②]

直到第二次朝核危机爆发后，中美两国才进行高层会晤，中国开始做美朝之间的"积极调停者"。从朝鲜2003年宣布退出《不扩散核武器条约》（NPT）到4月25日中美朝举行三方会谈期间，中美两国首脑通话5次，外长通话3次、会晤4次，其密度在中美关

[①] 陈扬："在利益与协调之间：朝核问题与中美关系"，《国际观察》，2005年第1期，第54页。

[②] 夏路："中国朝核政策中的美国因素"，《社会主义研究》，2006年第1期，第109页。

系中实为罕见。① 中国政府在六方会谈上所作出的努力反映了其截然不同于第一次朝核危机时的态度，中国已经通过减少对朝经济和政治支持对朝施压。② 2009 年六方会谈停滞后，在中国的协调下，美朝于 2012 年 2 月在北京举行了会晤，这次会晤是"金正恩时代"开启后的首次美朝会谈。③

第二，为维护东北亚地区的稳定，中美各自通过援助换取朝鲜弃核。1994 年的《美朝核框架协议》就规定美国每年向朝鲜提供 50 万吨重油以及粮食援助，除此之外美国还需筹集 40 多亿美元为朝鲜修建两座安全的核电站。为保证朝鲜国内政权和半岛局势的稳定，中国于 1996 年与朝鲜签订了加强对朝鲜援助的"经济技术合作协定"，该协定规定中国 5 年内每年向朝鲜提供 50 万吨粮食。除这些协议之外，中美两国还在朝鲜发生国内经济危机的情况下向其提供食品、物资等。1996 年 2 月，克林顿政府决定向陷入粮食危机的朝鲜提供 200 万美元的食品，并承认这是"利用援助来说服平壤摆脱孤立状态而采取的第一步"。④ 这些事实表明中美希望通过一定程度的对朝援助来达到稳定半岛局势的目的。

第三，在对朝援助并未取得朝鲜弃核的理想效果后，中美开始对朝进行制裁。在朝鲜于 2006 年 10 月进行第一次核试验之后，联合国通过 1718 号决议第一次对朝鲜进行制裁。中国对制裁投了赞成票。接下来，朝鲜于 2009 年、2013 年进行了两次核试验，联合国相

---

① 孙茹："中美在朝核问题上的合作与分歧"，《现代国际关系》，2007 年第 10 期，第 12 页。

② Elizabeth O'grady, "Changing Chinese Strategic Culture and North Korea relations: Will the Alliance Withstand North Korea's nuclear misbehavior?"

③ "美朝'北京对话'互相摸底"，环球网，2012 年 2 月 24 日，http://world.huanqiu.com/roll/2012-02/2467788.html，访问日期：2013 年 12 月 23 日。

④ 张琏瑰："三亿美元'购票参观'：美国对朝政策陷入困境"，《世界知识》，1996 年第 6 期，第 28 页。

继通过了 1874 号、2094 号决议，加大了对朝鲜的制裁力度，中国仍然投了赞成票。在这一点上，中美都认为一旦朝鲜做出过分的举动，需要采取强硬政策防止半岛局势失控。

尽管中美两国在解决朝核问题上做出了努力，但到现在为止朝核问题仍然陷入无法解决的困境。中美看似良性互动的背后存在着无法避免的矛盾，换句话说，中美两大国的实力对比在很大程度上决定着朝核问题的走向；而两国在朝核问题上的战略分歧也妨碍了中美的实质性合作。

若要解决朝核问题，中美必须认清自 2009 年以来两国在朝鲜半岛的战略利益、目标以及手段的冲突，从中审视各自政策并加以必要的调整，为解决朝核问题提供一条新的路径。

从目前的情况来看，朝核问题的关联性矛盾凸显在相关互动方面：美国若继续坚持联合日韩对朝施压的政策，则不仅不会促进朝韩双方对话，还会使中国更倾向于容忍朝鲜的挑衅行为。中国对朝鲜的容忍态度一方面可能会将朝鲜推向拥核道路，另一方面则不利于中韩关系的良好发展。中美两国目前采取的政策不利于朝核问题的解决，更不利于中韩、美朝、朝韩关系的良性互动。除此之外，即使韩国有意通过经济援助、政治对话劝说朝鲜弃核，其外交行动也会受制于美国和联合国相关决议。由此可见，解决朝核问题的关键不在于朝美对话，也不完全在于南北和解，更多地在于中美解开在半岛安全问题上的症结。

（二）中美能否继续在朝核问题上深入合作？

应当看到，中美两国在朝核问题上的利益并非完全背离，而是有所重合。中美韩都主张朝鲜弃核。中国和美国反对朝鲜发展核武器、进行核试验的理由，虽有所不同，但本质类似。中国认为，朝鲜执意发展核武乃至最终事实拥核，将加剧地区紧张局势，拖累中国战略机遇期的进程，甚至会刺激美日韩等盟国在本地区加强武力配备，恶化中国周边的战略环境，同时给中国国际形象带来难以挽回的逆向影响。这对一心构筑和平、稳定周边国际环境的中国是极为不利的，并且可能会受到致命核威胁。中国已向朝方明确释放了反对核试验的态度。但对美国来说，朝核问题却是有利有弊的双刃剑。不利之处是朝鲜的核武器会对驻韩美军和驻日美军以及美国亚太盟国日本和韩国造成威胁，并有可能成为核材料和技术向恐怖分子扩散的根源。好处则是这样一个挑衅的朝鲜为美国坚持其在东亚的军事存在提供了充分的理由，并由此强化了美韩同盟和美日同盟。正因为如此，美国虽然反对朝鲜拥核，但对于朝鲜提出的终结半岛战争状态、实现美朝关系正常化等弃核条件采取了敷衍的态度。尽管如此，一个无核化的朝鲜半岛符合中美两国的国家利益。并且，中美两国都不希望被拖入它们不想要的战争。中美保持战略协调是互利的。此外，朝核问题极其复杂，中美两国都没有力量单独解开这个死扣。两国不能全部指望对方单独解决朝核问题，只能携手合作。

即使每次朝鲜半岛处于紧张局势，也都没有爆发大规模的冲突。这表明，中美都明白若通过战争方式解决朝核问题，双方并不能从中获益。在朝鲜准备第三次核试验的躁动中，2013年1月27日，中国进行了第二次中段反导试验，获得成功。在当天稍早的时候，美国也又一次完成了反导试验。对此"巧合"，分析家们有各种猜测，有人说中美在向对方展示力量；有人不排除另一种可能——两国用相同的动作一起告诉朝鲜，它发射的核导弹将遭到有效拦截。（如果朝鲜在自己的边境地区引爆核弹，除了先发制人，就没有别的办法阻止了。）中美在朝核问题上取得"深度一致"的报道，大概不是空穴来风。①

由此推出，只有中美将"新型大国关系"的原则用到解决朝核问题上，目前的僵局才有可能被打破。双方都有必要打破陈规，从解决朝核问题入手，为两国树立新型大国关系提供典范。对于中国来说，若继续采取对朝忍让的政策会加剧中美之间的猜忌，而完全赞成美国对朝强硬政策则有可能面临朝鲜政权出现危机的局面。对于美国来说，若继续采取与日韩合作向朝鲜施压的政策，可能会将朝鲜推向"战争边缘"，中国可能会第二次"抗美援朝"，那样美国不会愿意为了保住朝鲜半岛而与中国打乱全方位的合作。因此，中美两国都需要重新评估其原有的对朝政策。

实际上，从2013年1月朝鲜第三次核试验后中美两国的态度就可以看出，双方确实都在重新审视自己的对朝政策。中国在2013年朝核试验之后，发布了《关于执行联合国安理会第2087号决议的通知》，表明将"履行我国承担的国际义务，有关部门采取措施严格执行上述决议"。② 且在2013年5月份，中国三大银行宣布停止对朝贷款等业务。③ 这都让朝鲜觉得中国开始采取强硬姿态，后来，金正恩特使崔龙海于5月22日访华。在有关媒体问到更多新情况时，外交部指出："崔海龙表示，此次访华的目的就是改善、巩固和发展朝中关系。朝鲜希望集中精力发展经济，改善民生，愿营造和平的外部

---

① 丁力："如何应对朝鲜核爆？"共识网，2013年2月17日，http://www.21ccom.net/articles/qqsw/zlwj/article_ 20130021777070.html。

② 中华人民共和国交通运输部国际合作司，该公告是在2013年2月21日发布的，在朝鲜第三次核试验之后。联合国安理会2987号决议是针对朝鲜2012年12月发射卫星进行的制裁协议。这说明朝鲜第三次核试验真正让中国意识到其问题的严重性，因此在新一轮的制裁决议（即后来的2094号决议）出来之前，中国开始执行前一次对朝制裁决议。http://www.moc.gov.cn/zizhan/siju/guojisi/duobianhezuo/guojiheyue/duobiantiaoyue/201302/t20130221_ 1369846.html。

③ Brendan Taylor, "Does China still Back North Korea?," *Survival: Global Politics and Strategy*, Vol. 55, No. 5, 2013, pp. 85–91.

环境。"① 这非常清楚地表明朝鲜一旦觉得中国坚定地表达无核化的立场,其立刻会缓和姿态,为之前的错误行为做出"检讨"。同样,在中国开始对朝实施金融制裁之后,美国也放出了缓和的信号。在朝鲜 5 月 18 日发射疑似短程导弹之后,五角大楼 20 日认定,"朝方发射活动虽然可能被解读为挑衅行为,但不一定违反国际义务",朝鲜半岛眼下局势与前段时间相比"不算紧张"。②

(三) 中美合作稳定朝鲜半岛的具体路径

解决朝核问题大致有这样几个目标定位:最低要求是朝鲜不再进行核试验;更高目标是朝鲜重返国际原子能机构,逐步销毁核设施,实现半岛无核化;最好结果则是朝韩真正实现和解,朝美关系正常化,朝鲜半岛实现和平与繁荣。中美合作的力度和时间会决定朝核问题的解决程度,中美两国都有各自的可选择方案。

对中国而言,可在以下几个方面调整对朝政策:

第一,东北亚地区稳定与否,直接影响着中国的国家安全与社会发展。因此,中国必须与韩国、日本、美国三大国进行协调,做好稳定半岛局势的心理准备及战略谋划。③ 中国应变"周边外交"为"亚洲外交"概念,融入亚洲经济体系,稳定亚洲区域安全,塑造在亚洲的领导角色。从这个角度来看,尽管中日、中美有冲突,

---

① "2013 年 5 月 24 日外交部发言人洪磊主持例行记者招待会",中华人民共和国外交部,http://www.fmprc.gov.cn/mfa_chn/fyrbt_602243/jzhsl_602247/t1043527.shtml, 2013 年 12 月 25 日访问。

② "金正恩视察军队,美称'不算紧张'将试射洲际导弹",新华网,2013 年 5 月 22 日,http://news.xinhuanet.com/world/2013-05/22/c_124744515.htm,访问日期:2014 年 4 月 22 日。

③ Christopher M. Dent, *China, Japan and Regional Leadership in East Asia*, Edward Elgar Publishing Limit, 2008, pp. 21–22.

但中国不妨考虑呼吁或者主导设立包括中、美、日、韩四国在内的关于朝核问题的秘密对话渠道，包括多层次二轨交流。美国有线电视新闻（CNN）资深记者扎卡里亚（Fareed Zakaria）称，解决朝韩冲突的长期办法就是需要相关方举行高层级的秘密对话，旨在向中国政府保证：如果朝韩南北统一，中国不会在其边境面临核武装备的美国盟军。

第二，中方对朝鲜发出明确信号，支持朝鲜的改革，不支持军事冒险政策。当前，中国要支持朝鲜迅速从"核危机国家"转型为"和平发展国家"。朝鲜的稳定是中国东北亚政策的基石。中国要通过对朝鲜经济项目的参与投资，促使朝鲜向中国一样进行经济改革，促使美日韩对朝鲜开放而不是封锁和制裁。

当然，这个信号应该有另外一层含义，也就是当朝鲜进行军事冒险的时候，中国将适当加强对朝制裁。从过去的经验来看，制裁措施起到了一定的作用。2003年对朝进行一个月的石油禁运措施就促使朝鲜参与了六方会谈的谈判，这与韩国的"阳光计划"效果截然不同。[1] 从当前局势来看，若中美致力于建立新型大国关系，"不冲突、不对抗"则是两国都应坚守的底线。在东北亚地区，美国希望中国作为一个不挑战其霸权的国家承担稳定东北亚地区的责任。落实到朝核问题上，中国可通过对朝进行经济制裁、加强两国政治互动等方式对朝施加影响。

第三，中国可通过对韩开展经济合作、政治对话拉近与韩国的关系。中韩关系的加强不仅可以减弱美国在东北亚的影响力，还能将朝鲜拉回到正常的轨道，让其既没有借口也没有机会通过核试验引发半岛紧张局势。同时，让朝鲜意识到如果中韩关系越走越近，自己则没有机会利用"核牌"从两方渔利。但从短期来看，对韩国

---

[1] Thomas Plant & Ben Rhode, "China, North Korea and the Spread of Nuclear Weapons," *Survival: Global Politics and Strategy*, Vol. 55, No. 2, 2013, p. 74.

来说，中韩关系的友好并不能让位于美韩同盟。2014年4月，奥巴马访韩，两国首脑发表了共同声明，主要内容是："韩美对完全、可验证、不可逆地和平实现朝鲜无核化拥有坚定意志，双方强烈要求朝鲜不要进行违反国际义务和公约的挑衅，中止一切危险行为。"[①] 解读这段声明，一方面，美韩已认识到通过武力的方式迫使朝鲜弃核已不太可能，另一方面，在中国对朝没有采取实质性施压措施之前，美韩需坚持对朝保持强硬态度。

第四，阻止朝鲜进行核试验仅是短期内的权宜之计，朝鲜对中国毕竟具有重要的地缘位置作用。从更长一段时间看，若想要朝鲜逐渐实现弃核，有关各方必须保证朝鲜的主权与安全，但美国视朝鲜为有威胁的"极权国家"。因此，这就需要中国在处理与朝鲜关系的时候更注重引导其实现国内经济逐步改良，使朝鲜逐渐融入国际社会。这不仅有利于朝鲜国内政局稳定，也有利于中国在未来的朝鲜半岛统一过程中发挥重要作用。

对美国而言，美国应该做一次整体对朝关系评估。奥巴马政府坚持"一揽子解决"方案，即只有在朝鲜弃核完成后再给予丰厚补偿，避免朝鲜"收钱不付货"；重提朝鲜必须"完全地、可核查地、不可逆转地"弃核，防止朝鲜"一女多嫁"；不与朝鲜进行双边实质性会谈，防止分化国际反核扩散统一战线。美国对朝鲜的担心是必要而且可以理解的。但是美国应该考虑如何把《朝鲜停战协定》转变为和平协定，实现朝美关系正常化，建立和平关系。朝鲜在乎的是美国对朝鲜自主权和尊严的尊重，作为放弃敌视政策的第一步，美国可以考虑在危机过后的某段时间里，效仿1970年代尼克松政府

[①] "Joint Fact Sheet: The United States-Republic of Korea Alliance: A Global Partnership", office of the secretary, the White House, April 25, 2014, http://www.whitehouse.gov/the-press-office/2014/04/25/joint-fact-sheet-united-states-republic-korea-alliance-global-partnershi，访问日期：2014年5月14日。

与中国交往的经验，在遏制朝鲜的同时释放部分积极信号，甚至可以考虑从解除对朝鲜制裁措施开始，逐步加大对朝鲜的经济援助，同时认真研究在朝鲜建立联络机构，协调政治对话的可行性。当然，这并不是鼓励朝鲜，而是两难选择之下代价最小的可行方案之一。

美国重新审视对朝政策的出发点应该在以下两个方面：

第一，美国应将加强与日、韩的军事同盟和解决朝核问题分开而论。对美国而言，这两者确实难以分开讨论，因为美与日、韩两国建立同盟的目的就是共同抵御威胁，而朝鲜进行核试验不仅对韩国安全造成威胁，对美国也是一种挑衅。但事实证明，联合日韩共同解决朝核问题，只会迫使朝鲜采取更加极端的反击措施。2014年4月26日，奥巴马访韩，两国探讨了美国向韩国移交战时作战指挥权的时间。韩国国防部指出，韩美决定再次推迟移交时间，主要考虑到了朝核与导弹威胁，以及金正恩政权对于美移交作战指挥权可能会做出的错误判断。① 从美韩的态度来看，奥巴马政府仍旧没有从联合韩国对朝施压的模式中转变过来。2014年3月25日，在美日韩三国首脑会晤中，奥巴马指出："在过去的5年里，三国的紧密合作给平壤了带来了这样的信号：它的挑衅和威胁将会得到这三国的一致反击，美国对韩国和日本的安全保护是坚定不移的。"② 这些举措并不利于中美在解决朝核问题上达成一致。

第二，"朝核问题"与"朝鲜问题"也是不同性质的问题。美国短期内优先解决的应该是"核问题"。因此，对朝制裁的目的应该

---

① "奥巴马访韩，重审作战权移交时间"，光明网，2014年4月26日，http://news.gmw.cn/newspaper/2014-04/26/content_ 3215370.htm，访问日期：2014年4月26日。

② "Remarks by President Obama, President Park of the Republic of Korea, and Prime Minister Abe of Japan", the White House, Office of the Press Secretary, Mar 25, 2014, http://www.whitehouse.gov/the-press-office/2014/03/25/remarks-president-obama-president-park-republic-south-korea-and-prime-mi.，访问日期：2014年5月14日。

是促使朝鲜放弃核武器,而非影响朝鲜国内正常的经济活动与人民生活稳定,也并非通过武力推翻朝鲜政权。奥巴马在2014年4月访问韩国时提出,支持朴槿惠总统在德累斯顿宣言中所提出的"以民主主义和自由市场经济原则为基础进行和平统一"的构想。① 美国政府这一表态,从某种程度上表明其开始将朝鲜"核问题"和"政权问题"分开解决:在对待朝鲜进行核试验方面,美国表明其坚定的反对态度;在对待朝鲜政权变更方面,美国支持由韩国主导的和平统一。从这点上看,中美两国之间有共同利益,双方都致力于实现朝鲜半岛无核化与和平统一。中美两国目前的分歧之处就在于以何种手段实现这一目标,这就需要两国在朝核问题上加强沟通,协调立场,实现合作共赢,间接促进中美新型大国关系的落实。

应当注意的是,韩国在中美政策调整中的角色非常重要。在中国对韩国经济影响日盛的情况下,美国希望通过签订美韩自由贸易协定来"加大在亚太地区的影响力,以平衡中国增长的影响力"。② 从这一点就可以看出美国对中国的竞争性心理。面对美国在朝鲜半岛持久的影响力和它继续留在韩国以抗衡中国的政策意图和相关行为,中国对美同样展现出竞争性的回应态势。中国通过与韩国频繁的政治互动、迅猛的经贸交往和直接的外交晤谈来发展中韩战略伙伴关系,增强对朝鲜半岛的影响力,抵消美国对韩国的影响力。展望未来,由于韩国需要美国的协助来应对来自朝鲜的军事威胁与解决朝鲜半岛的统一问题,再加上韩美之间密切的经贸关系和韩国对美国的技术依赖,美国会始终保持对韩国的强大影响力。而中国与

---

① "Press Conference with President Obama and President Park of the Republic of Korea, Blue House, Seoul, Republic of Korea, the White House, Office of the Press Secretary, Apr 25, 2014, http://www.whitehouse.gov/the-press-office/2014/04/25/press-conference-president-obama-and-president-park-republic-korea.,访问日期:2014年5月14日。

② 冯亦斐:《美韩自由贸易协定的亚洲意义》,《中国新闻周刊》,2007年第13期,第55页。

韩国密切的经济联系、中韩间的地缘关系和文化纽带、韩国国民对中国的亲近感、中国与朝鲜的传统关系，以及由此而来的对朝鲜半岛统一的发言权，使中国对韩国也拥有很大的影响力。总体而言，很难断定中美在争取韩国的竞赛中谁更占优，这可能决定了中美在韩国乃至整个朝鲜半岛上的竞争态势会一直进行下去。

四、总结

中美关系在跌宕起伏之中还是实现了总体向上的发展趋势。有学者将其归功于两条重要经验：一是"斗而不破"，即双方恪守底线，不因个别矛盾影响两国关系发展的大局；二是"和而不同"，即在和平相处的同时坚持本国的发展路线，不在持续合作中丧失自我。[1]

在战略角度，虽然朝鲜半岛硝烟弥漫，但南北双方还不至于马上兵戎相见，而中美之间的紧张气氛没有达到冷战状态。美国方面不会轻易发动军事攻击，这不符合美国的利益。同样，中国也不会和朝鲜"结盟"，"对抗"美日韩，重回"冷战"时代。

中美两国应该审视各自对朝政策的不足之处，借鉴两国在解决其他问题上的经验，将朝核问题置于中美关系的大框架视角下寻找新的解决方法。中美新型大国关系的原则为解决朝核问题提供了很好的方向。所以，中国应在对朝施加影响以及加强与韩国的关系上做出努力；美国应将朝核问题与日韩同盟、朝鲜政权问题分开对待。

---

[1] 袁鹏："关于构建中美新型大国关系的战略思考"，《现代国际关系》，2012年第5期。

这样，中美两国才能在既满足自身利益的同时，又能尊重对方在东北亚地区的诉求，实现两国的合作共赢。

总之，东北亚可以说是中美两国矛盾最集中的地区，其牵涉到美日、美韩同盟，中日、中朝、朝韩关系，每一对关系的变化都会引起中美关系发生改变。若中美两国以建立新型大国关系为目标，以解决朝核问题为突破口，则中美在朝核问题上的合作经验将会为中美建立新型大国关系树立好的典范，为中美解决其他矛盾提供可借鉴的经验。

第十一章

朝鲜半岛：美国对朝政策与中美对朝政策的战略互动

一、"战略忍耐"政策的出台背景

奥巴马政府的"亚太再平衡"（"rebalance to Asia-Pacific"）战略抵制单边军事干涉，偏好多边外交路线，强调对多种工具的"巧实力"运用，加强了美国对亚太的政治、经济和军事参与和承诺，来设法应对危机、促进地区稳定、遏制中国崛起。这显然妨碍了中美在对朝政策上的合作。

（一）朝鲜问题难以解决

自朝鲜核问题开始至今，朝鲜半岛危机频发，朝核危机不断升级，美朝对峙僵局再现。朝鲜的"战争边缘政策"与核讹诈战略屡试不爽，顽固坚持拥核立场，核试射星交替进行，屡次制造人质危机，一再挑衅逼迫国际社会一退再退：从朝核问题六方会谈，到退出《不扩散核武器条约》，再到朝鲜停战协定，几乎已经是无路可退。2010年"天安"舰沉没事件和延坪岛炮击事件的相继发生，更使得朝鲜半岛处于"有冲突、无战争"的战争临界状态。可见，朝鲜问题复杂难解，包括朝核问题、导弹问题、军事挑衅问题、人权问题、驻韩美军去留问题、半岛统一问题和美朝关系正常化等诸多难题。它们的解决将是一个缓慢并时有反复的长期过程。由于"朝鲜难题"过于棘手，朝核问题依然久拖不决，美朝之间的互不信任根深蒂固。朝鲜一意孤行走核武装道路，屡次进行核试爆以及数次表态拒绝重返六方会谈，奥巴马政府对改变朝鲜行为模式（发起挑衅→进入会谈→签署协议→获取好处→发起挑衅）缺乏信心，认为短时间内难有作为，对此采取了搁置解决、暂时回避的态度。

（二）朝鲜政局的可能变化

一直以来，美国对朝鲜抱有这样一种政治期待——"最高领导人去世→国内发生政治危机→政权垮台→朝鲜问题自动解决"。这种前景预想决定了奥巴马政府对朝经常是被动回应多于主动出击。1994年金日成去世时，美国曾不切实际地幻想朝鲜政局会发生颠覆性变化，但实际上并未如此。2011年金正日去世后，美国又产生了朝鲜发生突变的念头。然而，2012年李英浩被解职、2013年张成泽被处决，彰显出金正恩政权基础逐步巩固，朝鲜新老交替的过渡体制已经终结。并且，金正恩曾表示，"粮食比子弹更重要"。这释放出朝鲜革新开放的信号，对于美韩来说是一个良机。但是，奥巴马政府对朝"善意忽视"或"应付了事"，不切实际地希望这一令其烦恼不断的"无赖政权"会自己消亡，认为时间在他们这一边。最后，美国发现，朝鲜"软硬不吃"，既没有被压垮，也没有被和平演

(三) 美国外交议程的排定

变，更没有自我崩溃。

内政优先于外交，国内经济危机是奥巴马政府的首要重点，而阿富汗战事则占据其外交议程的头把交椅。为了加强阿富汗战场的美军力量以彻底剪除阿富汗的恐怖分子余党，美国甚至主动撤出了伊拉克战场。最近，叙利亚化武危机更是占据了奥巴马政府的对外政策视野。因此，对奥巴马政府来说，朝鲜问题并不是白宫需要解决的首要外交事务。这一从属地位决定了美国对朝鲜问题的战略重视相对不足且缺乏紧迫感，既不会投入过多精力，更难以做出任何实质性让步。因此，尽管防止大规模杀伤性武器及其运载工具的扩散是美国高度关注的优先议程[1]，但是，奥巴马政府仍在静待朝鲜内部发生有利于美的变化，不愿在近期就朝鲜问题做出战略决断。对此，朝鲜通过核导试验不断制造和激化危机，希望籍此打乱奥巴马政府既定外交议程的先后次序——阿富汗问题、伊拉克问题、伊朗核问题、朝鲜问题，提升美对朝核问题的关注。

此外，美国向东南亚倾斜的战略南进，会相应削减美国在东北亚的战略投入；在美国民众高度反战的情绪下，美国的军事战略由"同时打赢两场大规模地区性战争"调整为"同时打赢一个半战争"，阿富汗战事虽然接近尾声但仍在进行，美国无法在朝鲜半岛开辟第二战场；《中朝友好合作互助条约》看似有名无实，但实际上对美国却起着隐性威慑器的作用，美国军事解决朝鲜问题并不可行；"中国决定性作用说"有可能使奥巴马在朝核问题上对华产生依赖

---

[1] "Statement by the President from Prague", The White House, April 5, 2009, http://www.whitehouse.gov/the_press_office/Statement-by-the-President-North-Korea-launch. 访问日期：2010 年 2 月 24 日。

感,继续实施"战略忍耐"将延误解决朝核问题,还会把朝核问题未能解决的责任推给中国。由上可见,在美国对朝战略思维里,"朝鲜崩溃论"与"朝鲜威胁论"交相错杂,共同推动了奥巴马政府采行"战略忍耐"的对朝政策,即美国决意在朝鲜放弃军事挑衅行为、表明真诚弃核态度、做出实质性的让步前,一方面,进行非情愿接触、不得已对话、有条件补偿,以静制动,以拖待变;另一方面,采取强施压、固同盟、冷处理,以退为进策略,以压促变。

二、"战略忍耐"政策的目标

在美国看来,朝鲜仍是东北亚地区繁荣的局外人和不安全与不稳定根源。[①] 美国正在设法让朝鲜认识到,一味挑衅只会导致自我孤立。面对朝鲜的挑衅,奥巴马不肯轻易向朝鲜示弱。他认为,如果美国姑息朝鲜的挑衅行为,伊朗就会步其后尘。[②] 因此,奥巴马政府对朝采取全面性制裁和建设性接触的"综合措施",以赢得联合国安理会对朝制裁支持,解决朝鲜的核与导弹问题,实现朝鲜半岛的无核化,维护、重建和强化国际核不扩散机制。在此基础上,奥巴马政府力图更进一步窒息朝鲜,逼朝就范,颠覆朝政权、改变朝政体,改善朝人权。

[①] Kurt M. Campbell, Asia Overview: Protecting American Interests in China and Asia, Testimony before the House Committee on Foreign Affairs Subcommittee on Asia and the Pacific, Washington, DC, March 31, 2011, http://www.state.gov/p/eap/rls/rm/2011/03/159450.htm.

[②] 魏楚雄:"浅析奥巴马政府的对朝政策",《当代韩国》,2011年第3期,第15页。

（一）坚持朝鲜必须弃核

奥巴马政府将核扩散和核恐怖主义定位为首要威胁。无论从战略安全、地缘政治还是从安全认知、国家心理方面，美国都难以接受一个有核的朝鲜存在于东北亚。朝鲜核武能力的日益增长与导弹技术的不断升级、呈系列化发展趋势，已经对美国的亚太盟国、驻亚美军乃至美国本土安全构成了极大挑战。因此，在无核化和非扩散问题上，美国展现出强烈的一致性。从2003年8月起，美方就要求朝鲜必须实现"完全、可核查、不可逆转地弃核"（Complete, Verifiable, Irreversible Dismantlement, CVID），申报核计划、移交核材料、拆除核设施，不生产、不试验和不部署射程超过500公里的火箭，停止导弹出口，履行"防扩散安全倡议"（PSI），举行防扩散联合军演。奥巴马政府也是如此，对朝仍然持有不可妥协的强硬立场，继续坚持反恐、防扩散（防范核武器、核材料和核技术的扩散）、朝鲜弃核的基本立场，以阻止朝鲜发展能携带核弹头的远程导弹。美国对朝核政策的目标有固定化的趋势，即超脱党派纷争，皆坚持"弃核是前提"，决不承认朝鲜的核国家地位，严格遵守有关联合国对朝制裁的决议，以确保朝鲜不会扩散大规模杀伤性武器。朝鲜领导人不应幻想美国会与一个拥有核武器的朝鲜建立正常关系并解除对朝制裁。[①] 可见，弃核仍是一切的先决条件。

---

① "美国国务卿希拉里·克林顿在美国和平研究所发表讲话"，《美国参考》中文网，2009年10月21日，http://www.america.gov/st/peacesec-chinese/2009/October/20091022002155ihecuor3.258914e-02.html。

（二）颠覆朝鲜政权体制

鉴于朝鲜属于社会主义国家，美国一直尽其所能企图和平演变朝鲜，实现朝鲜政权更迭与半岛和平统一，从而收"不战而屈人之兵"之效。美国希望朝鲜内部不稳引发政权更迭，从而使得朝核问题可能不攻自破，以减少因朝鲜"先军政治"和行为反复无常所导致的安全忧虑，最终促使朝鲜变成国际社会中负责任的一员。金正日逝世后，两种论调大行其道。"朝鲜崩溃论"认为，政权交接时期的朝鲜政局暗潮汹涌、危机重重，将因内斗而崩溃，由此朝核问题自动得到解决；"朝鲜变化论"则认为，金正恩年轻且具有海外游学经历，上台后便一直在做出各种改革的举动，不断扩大改革范围。其主政下的朝鲜将推行革新开放，逐渐融入国际社会，其对外攻击性和威胁性必然大减。然而，事与愿违。金正恩上台后，朝鲜政局渐趋稳定，确立了"经济建设与核武发展并重"的国家路线，外交攻势不减，好战言论频出，以致朝鲜半岛局势跌宕起伏。

（三）促进朝鲜改善人权

美国认为平壤政权一贯漠视其人民的权利，美国将继续有力地公开谴责朝鲜大规模的人权践踏，并公然抗击其对地区与世界及本国和外国人民构成的威胁。[1] 据朝鲜人权委员会（the Committee for Human Rights in North Korea）的一份报告显示，作为金正恩巩固权

---

[1] Secretary of State Hillary Rodham Clinton, America's Pacific Century, Remarks at East-West Center, Honolulu, HI, November 10, 2011, http://www.state.gov/secretary/rm/2011/11/176999.htm.

力的一部分，朝鲜政权通过建立不合法拘禁的集中营，孤立、放逐、惩罚和处决了那些被怀疑对政权不忠的人。① 2013 年年末，朝鲜国防委员会副委员长兼劳动党行政部长张成泽及其亲信朝鲜行政部第一副部长李龙河（音）和副部长张秀吉（音），因涉嫌反党而被公开处决。② 奥巴马政府关注朝鲜人权问题，将人权改善与对朝援助结合起来，要求朝鲜遵守国际人权标准，主张六方会谈有必要就朝鲜人权问题进行讨论③，从而为朝核问题的解决增加新的难度。奥巴马政府还设置朝鲜人权特使职位，以使其与朝鲜问题特使斯蒂芬·博斯沃思（Stephen Bosworth）共同对朝展开活动。2014 年 2 月，根据 2013 年 3 月联合国人权理事会通过的朝鲜人权决议设立的朝鲜人权调查委员会发布《朝鲜人权报告》，为国际社会介入朝鲜人权问题提供了法律依据。报告称朝鲜在过去几十年中犯下了反人类罪行和"政治性屠杀"（political genocide），建议联合国将相关责任人交付国际刑事法院（ICC）或另设特别法庭进行处理。美国国务卿克里先是对这份报告予以肯定，然后说："那里正发生邪恶的事情，我们所有人都应当且正在严重关切。"但是，朝核问题本身的复杂性和紧迫性，不允许将绑架日本人质问题、朝鲜人权问题以及朝鲜的人道主义灾难（尤其粮食危机）等非核议题纳入六方会谈的框架之内。单单一个朝核问题尚且如此难解，加入其他问题只会是火上浇油。

---

① David Hawk, *North Korea's Hidden Gulag: Interpreting Reports of Changes in the Prison Camps*, http://www.hrnk.org/uploads/pdfs/NKHiddenGulag_DavidHawk.pdf.

② 郑镛洙、姜仁植、金京姬："朝鲜历史堪称血的肃清史 公开枪决和无条件服从"，韩国《中央日报》中文网，2013 年 12 月 5 日，http://chinese.joins.com/gb/article.do?method=detail&art_id=112645。

③ "美高官：六方会谈应讨论北韩人权问题"，《朝鲜日报》中文网，2009 年 10 月 28 日，http://chn.chosun.com/site/date/html_dir/2009/10/28/20091028000007.html.

三、"战略忍耐"政策的举措

美国继续坚信对朝鲜的两手方式——有意义的参与和全面、透明的制裁,为获得无核化和地区稳定提供了最好的前景。[1] 奥巴马政府综合运用多种政策工具,一方面继续寻求通过双边对话、多边磋商和六方会谈及美朝在联合国内会晤的"纽约渠道",建立持久和有效的执行、监督和核查机制,敦促朝鲜履行六方会谈共同文件所规定的弃核承诺,促进包括朝核问题在内的朝鲜问题的一揽子解决;另一方面试图通过施加实质性压力,保持高压态势,建立国际共识,促使朝鲜"完全、可核查、不可逆转地弃核",甚至要求朝鲜按"利比亚模式"无条件弃核。可见,美国对朝有斗有和、攻守兼备、软硬兼施。较之前任,奥巴马政府继承中有发展,对朝态度趋向更为坚决、强硬,无意改善朝美关系,拒绝与朝鲜展开实质性的对话与谈判,一再坚持改善朝美关系的前提是朝鲜首先弃核,"不再奖励朝鲜的好战和挑衅及虚假让步行为",不再纵容朝鲜肆意妄为,惩罚违约行为,抑制挑衅行为,力图打破朝鲜通过"好战"行为获得粮食、燃油、贷款等好处的模式。[2] 但这并不妨碍其运用柔性外交来达

---

[1] "Ambassador on Breaking Cycle of North Korean Provocations", U. S. Department of State Remarks by Stephen W. Bosworth, Special Representative for North Korea Policy, Senate Foreign Relations Committee, Washington, DC, March 1, 2011, http://www.america.gov/st/texttrans-english/2011/March/20110301124046su0.6456524.html.

[2] The White House Office of the Press Secretary, Remarks by President Obama and President Lee Myung-Bak of the Republic of Korea in Joint Press Availability, June 16, 2009, http://www.whitehouse.gov/the_press_office/Remarks-by-President-Obama-and-President-Lee-of-the-Republic-of-Korea-in-Joint-Press-Availability.

到美国对朝政策的目的，逐渐在六方会谈框架内形成美日韩三方协调一致的所谓"弃核路线图"。奥巴马政府对朝政策的核心策略就是软的更软、硬的更硬、以硬逼软。①

（一）有条件的双边对话

旨在打破核僵局的美朝"一对一"双边直接对话尤其是美朝高层直接会谈，并没有产生预期的实质性效果，反而给朝鲜发出错误信号，且会损害美国与东亚盟国的关系。因此，奥巴马政府坚持"北韩不经过首尔就无法到达华盛顿"的立场，即先朝韩对话、再朝美对话的对话原则。美国警告朝鲜，如果不恢复朝韩对话，就无法改善朝美关系。② 朝韩关系如果不能得到持续的改善，那么美朝关系就不能得到根本的提升。③ 奥巴马政府虽然表示支持与朝鲜进行"渐进接触"（incremental engagement）④，但"不会为会谈而会谈"，不会为朝鲜重返谈判桌提供好处，不接受朝鲜为有核国，不奖赏朝鲜的错误行为，不容忍朝鲜的挑衅行为，不在朝改善对韩关系和人权状况前改善朝美关系，朝鲜必须通过具体行动显示弃核诚意。这些具体行动包括遵守弃核承诺、履行诺言（"9·19"共同声明）、尊重国际法、改善朝韩关系、朝鲜公开承诺停止"挑衅"行为、中止铀浓缩活动、暂停核试、国际原子能机构（IAEA）核查人员重返

---

① 魏楚雄："浅析奥巴马政府的对朝政策"，《当代韩国》，2011年第3期，第9页。

② 魏楚雄："浅析奥巴马政府的对朝政策"，《当代韩国》，2011年第3期，第20页。

③ Glyn Davies, *Remarks by U. S. Envoy for North Korea Policy in Seoul*, January 24, 2013, http://iipdigital.usembassy.gov/st/english/texttrans/2013/01/20130124141415.html.

④ MATTHEW PENNINGTON, *Obama: North Korea has failed again*, May 7, 2013, http://news.yahoo.com/obama-north-korea-failed-again-175710167.html.

第十一章 朝鲜半岛：美国对朝政策与中美对朝政策的战略互动

宁边核设施。[①]

（二）双边同盟与联合军演

美国对朝外交是以强化与日韩紧密互助的双边同盟为基础，借口朝鲜问题伺机向日韩两国出售武器、提供装备、加强反导部署，继续承诺美国对日韩的核保护责任，对日韩提供包括"核保护伞"在内的核延伸威慑与战略再保证。奥巴马政府提升驻韩美军能力、强化美韩军事同盟、协调美韩军事行动，重申对韩国的"核保护伞"、在朝鲜挑衅时实施军事惩罚、共同对朝鲜崩溃前景进行军事干预，启动"2+2"防长和外长会议，同意将战时作战指挥权移交时间由2012年推迟至2015年，同意韩国将弹道导弹射程延长至800公里，以威慑朝鲜的军事挑衅行动。奥巴马政府把在朝鲜门口的军事演习当作一种向朝鲜施压的积极手段，决心"以硬碰硬"，用强大的联合军事演习来震慑朝鲜，展示团结以应对朝鲜挑衅。在过去几年里，除了"关键决心"、"鹞鹰"、"乙支自由卫士"等年度例行军演外，美国与韩国增加并提高了美联合演的规模和频率，开展了自朝鲜战争以来最大规模的联合军演，与韩国达成多项新的防务合作协议，令朝鲜半岛的力量对比进一步失衡，加剧了朝鲜核试射星、美韩联合军演交替进行的安全困境。此外，美国还以应对朝鲜威胁为借口与日本举行多次大型联合军事演习，部署"战区高空区域防御系统"（THAAD）和"海基X波段雷达系统"（SBX），保持对朝鲜高压态势，扩大了美国在东亚的军事存在。可见，奥巴马政府进一步巩固了与日韩等传统盟国关系和美国东北亚驻军的合法性，以美

[①] Thomas Donilon, "The United States and the Asia-Pacific in 2013", March 11, 2013, http://asiasociety.org/new-york/complete-transcript-thomas-donilon-asia-society-new-york.

日韩同盟作为其亚太战略的基石，推行美日韩军事一体化建设和导弹防御系统部署，努力排除日韩对美国在亚洲影响力下降的担心，加强美国在该地区的军事优势，确保美国的东亚霸主地位。

（三）多边联盟与联合制裁

为了构建更广泛的对朝多国制裁联盟，美国发展美日韩三边合作框架，推动美日韩对朝制裁协调，增进与中俄两国的协调，寻求中俄的支持，尤其是将中国视为对朝施压的重要伙伴，敦促中国采取更为强硬的对朝鲜政策，与东盟及印度、澳大利亚等国进行合作，共同应对来自朝鲜的核威胁和一系列挑衅行为，从而主导国际制裁和鼓励进程。六方会谈停摆以来，奥巴马政府强调盟友优先，密切磋商、统一步调、合作应对半岛事态，积极推进美韩日三边协调机制，启动了三边防长会晤机制并重启了三边外长会晤机制。美韩日三国将继续密切协作，发展一个以美国为领导的强有力的国际联盟，将美韩日三角同盟稳固化，首重强硬的多边外交，以向朝鲜表明它的好战行为将遭遇集体决心和团结一致的反应，构建针对朝鲜的联合阵线，推动安理会通过第1874号、2087号、2094号对朝制裁决议，对朝实施多边制裁措施，切断朝鲜核与导弹项目的资金来源，防止美国单枪匹马地陷入泥潭，促使朝鲜放弃挑衅行为，并向朝鲜表明，只有一条出路才能确保其获得与外界接触带来的所有好处，那就是以全面、可核查、不可逆转的方式完成去核化。[①]

[①] Secretary of State Hillary Rodham Clinton, *America's Engagement in the Asia-Pacific*, Remarks at Kahala Hotel, Honolulu, HI, October 28, 2010, http://www.state.gov/secretary/rm/2010/10/150141.htm.

(四)六方会谈与一揽子大交换

六方会谈一波三折、举步维艰,不仅未能满足朝鲜的根本安全关切和美国的真正弃核要求,反而其间朝核危机一再升级,美朝对立愈益严重,战略互信几近丧失。奥巴马在竞选期间和就职演讲中多次表示愿意无条件地与朝鲜领导人进行务实对话和弹性接触,承诺通过六方会谈和国际合作的方式处理朝核问题。这使得朝鲜对奥巴马政府的期望值陡升,对美朝关系的改善充满期待。然而,奥巴马主政后,不仅未能善加回应,兑现其竞选时的承诺,反而屡屡刺激朝鲜,致使朝鲜再度回归到"核边缘外交"的轨道上。朝鲜不仅进行了第三次核试验和多次导弹试射,试图引起美国的关注与重视,还宣布"永久退出六方会谈"。后来,奥巴马政府认为过去"循序渐进"的六方会谈使朝鲜占了便宜,为朝鲜发展核武赢得了时间。美国因此降低了对六方会谈的期望值,尽管奥巴马政府口头上一再希望重开六方会谈,而实际上却从"无条件对话"退回到"有条件复谈",以朝鲜并没有表现出真实可信的去核化决心、展现弃核行动以及就"天安"舰沉没事件承担责任、做出道歉为由,为六方会谈的重启不断设置障碍,无意重启六方会谈,以致复谈前景遥遥无期。奥巴马政府坚持美朝之间"一揽子交易解决全部问题",即只在朝鲜弃核完成后再给予丰厚报偿,避免朝鲜"收钱不付货";停止谈判以避免继续遭到平壤的纠缠和欺诈。在其条件和要求得到满足前,它宁愿等待与观望,而不急于重开六方会谈。[①] 可以预见,六方会谈成效不彰,美国对其渐失信心,六方会谈将长期休克。

---

① 刘俊波:"从'战略忍耐'看奥巴马的对朝政策",《国际问题研究》,2010年第6期,第60页。

四、"战略忍耐"政策的效果评估

美国对朝政策在极大程度上影响着朝鲜去核化的进程以及东亚安全局势的走向。奥巴马政府认识到无法在战场上摧毁对手朝鲜，便力图在谈判桌上拖垮对手朝鲜。美国被迫采取"战略忍耐"的摇摆政策，显示出奥巴马政府在朝鲜问题上的等待观望态度。从政策目的、实施手段以及政策风险来看，这似乎成为奥巴马政府对朝政策的最优选择。但它还是给了平壤可乘之机，至少又给平壤争取到更多的时间和空间，它才会有今天的成就，这可能导致对朝鲜核地位的事实默认。[1] 美国的"战略忍耐"令朝鲜得以掌控局势，稳步推进导弹与核武计划。朝鲜问题拖得越久，对美国反而越不利，朝鲜弃核的可能性就越微乎其微，朝鲜向失败国家或非政府行为体扩散核武器及其技术的可能就越大。[2] 鉴于美国无意解决朝核问题，朝鲜只能将核战略由"弃核换安全"转为"拥核以自保"。因此，美国应对朝鲜两次核试爆所致的实质性拥核负有不可推卸的主要责任。朝鲜问题和朝核危机成了美在后冷战时代最大的外交失败之一。

众所周知，美国对朝"战略忍耐"政策没有发挥预想作用，没有对朝产生影响，朝核问题毫无进展。不止于此，朝鲜的核导能力在日益增长且不受核查限制，朝核问题日益具有紧迫性，朝鲜对美

---

[1] 黄彬华："金正恩把核试验当王牌"，新加坡《联合早报》2013年1月29日，http://www.zaobao.com/yl/tx130129_002.shtml. Paul Stare and Joel Wit, Preparing for Sudden Change in North Korea, CPR Special Report No. 42, January 2009.

[2] Emma Chanlett-Avery, Ian E. Rinehart, "North Korea: U. S. Relations, Nuclear Diplomacy and Internal Situation", *CRS Report for Congress*, January 4, 2013.

第十一章　朝鲜半岛：美国对朝政策与中美对朝政策的战略互动

国构成的安全威胁也在不断增大。制裁而不伸手、谴责而不讨论、消极拖延而不主动示好，只会使问题变糟。一个专制政权除非能有大门向其敞开的选择，否则它就不能走向一条新路。[①] 如果美国对朝政策不愿做出战略性改变而继续局限于策略性调整，甚至坚守过去僵硬的路线，那么朝核问题与美朝关系就不可能有彻底告解、柳暗花明的那一天。美国作为解决朝核问题的关键力量，掌握着根本主动。对目前朝核问题久拖不决的局面，美国应负主要责任。朝核问题解决的关键在于美国的战略思维能否发生转换。美国应当拿出战略决断的勇气，革新自己的对朝战略思维，将"9·19"共同声明作为美对朝"全面接触"（comprehensive engagement）的原则框架，与朝建立有效沟通渠道，进行无限制的直接对话，鼓励朝鲜主动、善意的让步之举，而不是一味地施压来逼迫朝鲜就范，抛弃敌视朝鲜的社会制度和意识形态的冷战思维和绝对安全观，谋求提高互信，消除彼此互疑，从根本上消除朝鲜的不安全感和对美国的不信任感；引导韩国并与之一起超脱于当前一时一事之得失，才能给僵持不下的朝鲜半岛困局打开一个沟通与对话的通道，以互让态度和朝鲜接触，展现诚意，力促其与朝鲜重建关系，设置一个积极愿景，并重返六方会谈，方能解决朝核问题、改善美朝关系。

美国对朝正从轻视变为担心。朝鲜的大规模杀伤性武器和弹道导弹项目对美国所造成的威胁，比美国最大的麻烦制造国伊朗还要危险。[②] 未来美国对朝政策是峰回路转（积极有为）还是墨守成规

[①] "Full text of Obama's Nobel Peace Prize Speech, Remarks of the U. S. President in Oslo", http://www.msnbc.msn.com/id/34360743/ns/politics - white_ house/.

[②] "美国防部长提名人：朝鲜真正的核力量是美国最大威胁", 2013年2月2日, http://chinese.joins.com/gb/article.do?method=detail&art_id=99193。Secretary of State Hillary Rodham Clinton, *America's Engagement in the Asia - Pacific*, Remarks at Kahala Hotel, Honolulu, HI, October 28, 2010, http://www.state.gov/secretary/rm/2010/10/150141.htm.

(战略忍耐），仍是待解之谜。随着奥巴马政府第二届任期外交安全班子的组建，三大强硬的对话论者——国务卿约翰·克里（John Kerry）、国防部长查克·哈格尔（Chuck Hagel）及中央情报局局长约翰·布兰纳（John Brennan），皆主张更为积极地与朝对话，并认为"对话和外交并不是绥靖政策。伟大的国家都知道如何进行对话"。加快朝美对话，成为一时趋势。他们还希望中国发挥更大作用。美国国务卿约翰·克里近日访问东北亚期间强调他希望中国政府在遏制朝鲜核项目方面所扮演的角色，向中国领导人提到了解决朝鲜相关问题的迫切性。在与中国国家领导人会晤后，克里说，中国承诺将采取新措施引导朝鲜无核化。在一些朝鲜观察人士看来，在应对朝鲜问题方面美国明显依赖于中国，这说明美国敦促朝鲜改变"劳改营"和核建设现状的努力陷入了一个死胡同。鉴于"制裁无效、对话无果"的现实，未来奥巴马政府对朝政策可能继续"保持战略忍耐，同时与六方会谈盟友进行密切协调"，仍以软硬两手应对一个执意拥核的朝鲜。可见，"战略忍耐"实是因应时局的无奈之举。半岛局势的僵化、美朝的互不相让，并未给予奥巴马政府足够的对朝政策调整空间。奥巴马政府坚持美国永不可能与有核的朝鲜发展正常关系。[1] 朝鲜的多番挑衅令奥巴马政府疲于应付。并且，美国对朝鲜问题逐渐产生慢性症候群现象。此外，这种"可能时接触，必要时施压"的双轨政策（a dual-track policy of engagement when possible, pressure when necessary）[2] 兼有"大棒"与"胡萝卜"因素，一方面不愿过分刺激朝鲜，消极慢待朝鲜问题，另一方面也为六方会谈重启设置了前提条件，使得朝核问题迁延不决，借此巩固美国

---

[1] Hillary Rodham Clinton, *Remarks at the United States Institute of Peace*, October 21, 2009. http://www.state.gov/secretary/rm/2009a/10/130806.htm.

[2] Glyn Davies, *Remarks by U. S. Envoy for North Korea Policy in Seoul*, January 24, 2013, http://iipdigital.usembassy.gov/st/english/texttrans/2013/01/20130124141415.html.

与日韩的同盟关系,从而在某种程度上有利于其"亚太再平衡"战略的推进,进而制衡中国日益增长的实力及影响力。①

五、中美两国在对朝政策上的战略互动

朝鲜第三次核试验后,朝鲜接连玩弄战争边缘政策,大力营造战争恐怖氛围,致使半岛紧张局势持续升级。朝鲜此举旨在"火中取栗"——从烽烟四起的半岛紧张局势中博取自身最大利益。朝鲜核问题出现了长期化、显性化的走势。中国在此过程中承担着纷至沓来的国际指责——为朝鲜拥核"遮风挡雨"、"保驾护航"。对朝奉行"战略忍耐"政策的奥巴马政府,在国际社会大肆散播"中国决定性作用说",希望中国在朝鲜问题上有更大作为,在朝核问题的解决上对华产生依赖感,将朝核问题未能解决的责任推给中国。中国的利益和国威由此在朝鲜问题上受到了侵蚀和打击。中国国内学界和民间开始反思和检讨传统的中国对朝政策,"中国对朝政策失败论"、"中国弃朝论"以及中国对朝政策的"务实化"和"灵活化"变革呼声此起彼伏、蔚然成风,对朝鲜作为的强烈不满跃然纸上。

目前,在中国对朝战略上,中国学界主要分化为两派:以北京学者为主体的"战略派"和以东北学者为主体的"传统派",前者认为朝鲜已经变成中国的"战略负担"和"麻烦制造者",中国应该"弃朝";后者主张朝鲜依然是中国的"战略资产"和"战略缓冲区",中国应当"挺朝"。"中国弃朝论"的泛起,为中国对朝战

---

① *Remarks by U. S. Envoy for North Korea Policy in Seoul*, January 24, 2013, http://iipdigital.usembassy.gov/st/english/texttrans/2013/01/20130124141415.html.

略调整提供了可能性；而"中国挺朝论"的当道，则规定了中国对朝战略调整的空间。中国既不能一味"挺朝"，也不能全然"弃朝"。笔者持折中观点，朝鲜虽仍是中国的"战略资产"，但成为"战略负担"的一面也不容忽视，中国应当"管朝"和"变朝"，即近期管控朝鲜、远期改变朝鲜。具体来说，中国对朝战略应当在对中朝特殊关系的"再次正常化"的基础上，一方面既施展危机发生前的预防性外交，又实施危机发生后的危机管理外交；另一方面，诱导朝鲜走上改革开放之路，成为现存国际体系的建设者而非破坏者，从而从根本上改变朝鲜的国家战略导向。

不可否认，中国对朝鲜确实拥有着其他国家无法比拟的巨大影响力。进入21世纪以来，中朝贸易规模连年扩大，呈喷发式增长态势，2003年首次超过10亿美元，2012年则突破了60亿美元。2013年中朝贸易仍在增长，并未受到负责掌管朝中贸易的张成泽被处决这一政治事件的严重影响。在中朝贸易中，中国长期处于顺差地位，朝鲜对华贸易赤字逐年扩大。然而，这一对朝影响力只是一种权力资源而已。众所周知，潜在权力转化为实在权力需要一个权力转换机制。中国对朝拥有巨大的潜在权力，但却无法将其转化为实在权力。因为中国在朝鲜的利益——朝鲜半岛不生战、不生乱（即和平、稳定）超越了无核化及核不扩散的目标，这决定了中国权力运作的局限性。在朝鲜国内经济形势不振、倍受国际社会封锁的时期，中国如果斩断中朝贸易，朝鲜极有可能崩溃，由此可能诱发内乱乃至战乱。

近些年来，中国对朝政策更加积极：一方面，中国一直在为重启朝核问题六方会谈奔走斡旋；另一方面，2009年朝鲜第二次核试验后，经贸在中国对朝政策中的重要性上升，中国加大了与朝鲜的经济贸易合作力度。加大与朝鲜的经济贸易联系，不仅可以帮助中国东北省份获得经济利益，促进东北地区经济发展，塑造有利于己的朝鲜半岛战略环境；也可以帮助朝鲜解决其内部的一系列严重民

第十一章 朝鲜半岛：美国对朝政策与中美对朝政策的战略互动

生问题，从某种程度上说也有利于朝鲜维护政权稳定，避免国内局势出现动荡；此外还有助于帮助朝鲜重新融入世界，降低对核武器的需求。不过，尽管中国加大与朝鲜的经济贸易合作取得了一定效果，但是其脆弱性和缺陷也非常明显。中国也正在积极做出调整，力图使这一政策取得更好的效果。中国近期积极与国际社会合作，更加严格地执行联合国相关决议，实际上加大了制裁朝鲜的力度。中国的这一政策转变，显示出其已充分认识到朝鲜发展核武器的危害性，并决意在朝鲜核不扩散中发挥更重要的作用。①

美国总是要求中国在朝鲜问题上发挥更大作用、承担更大责任。那么，美国应当承担什么责任呢？众所周知，除了朝鲜之外，是美国导致朝核危机僵持至今、甚至有冲突或战争爆发的风险。目前，美国对朝缺乏诚意、推卸责任、不付代价，保持朝鲜问题的持续，以此拉住日本和韩国这两个盟友。美国无意将停战协定转化成和平条约，无意与朝鲜实现关系正常化，半岛冷战结构因此被不正常地延续下来，进一步激化了朝鲜的不安全感与孤立心态，在拥核进程上越走越远。并且，美国通过军演强化美韩同盟、部署反导系统等对应措施，在一定程度上刺激了朝鲜，促成了半岛局势的恶性循环。美国这样将朝鲜半岛危机保持在"引而不发"的可控但又不根除的状态，是源于其私心，即尽可能地利用朝核危机来实现美国在东北亚的安全利益、巩固其在东北亚的军事存在，并在中美博弈中获得更多的筹码，进一步巩固对中国的战略竞争优势。然而，美国利用半岛危机牟利的对朝政策导致了东北亚地区安全局势的持续动荡。国际社会应当督促美国正视自己的责任、承担相应的义务，停止美朝相互之间的言语攻击和挑衅行为，停止可能引起误解或刺激局势

---

① Mathieu Duchâtel and Phillip Schell, *China's Policy on North Korea: Economic Engagement and Nuclear Disarmament*, SIPRI Policy Paper No. 40, http://books.sipri.org/files/PP/SIPRIPP40.pdf.

紧张的军事动作，与朝鲜谈判，通过"纽约渠道"保持着非正式接触，不应当为重启六方会谈设置前提条件①，不再局限于六方会谈的对话形式，在恢复六方会谈的同时可以进行双边对话。并且，奥巴马政府曾经表示，如果朝鲜进行改革开放，带领国民走出饥饿和孤立状态，愿意为其提供帮助。美国应当继续向朝鲜释放善意，爬无核化的坡，迈过缺乏互信的坎，走对话解决的正道，推动朝鲜推行中国式改革开放的经济合作发展模式，进而实现战略大交换：美国签署和平条约、与朝鲜实现关系正常化。

由卜睿哲和波拉克共同完成的报告《朝鲜危机引发中美对抗》认为，如果朝鲜继续加强其核力量，将导致东北亚地区军备竞赛，中美两国将同时面临朝鲜的核挑战。如果朝鲜和韩国之间发生军事冲突，可能造成中美直接"迎头相撞"。中美建立成熟政治军事关系的可能性也就无从谈起。中美两国在朝鲜问题上产生对抗毫无疑问将成为美国的"噩梦"（Nightmare，可能发生的最为糟糕的事件）。因此，逆转朝鲜的核武进程，防止其采取进一步挑衅行为，是中美两国的共同利益所在，同时也是双方建立"新型大国关系"的重要抓手。双方在此问题上合作的空间和机会依然巨大。② 并且，金正恩政权"核经并重"战略的实行，也为中美合作提供了契机。金正恩

---

① 美国要求朝鲜为重启六方会谈采取的事前措施包括：停止包括铀浓缩在内的所有核项目；允许国际原子能机构（IAEA）核查组重返朝鲜并接受其核查；宣布推迟进行核、远程导弹等大规模杀伤性武器（WMD）试验；停止对韩国的挑衅威胁等。朝鲜方面则有意接受宣布推迟大规模杀伤性武器试验等部分措施，但对于停止铀浓缩开发的要求仍态度坚决。见："北美高层对话 美：略有进展但仍有问题"，《朝鲜日报》2011年10月26日，http://chn.chosun.com/site/data/html_dir/2011/10/26/20111026000005.html。

② Jonathan D. Pollack and Richard C. Bush III, "Korean Crisis Prompts Confrontation with China", in Brookings Institute, *Big Bets and Black Swans: A Presidential Briefing Book*, Policy Recommendations for President Obama in 2014, Jan 2014, pp. 41 - 43, http://www.brookings.edu/~/media/programs/foreign%20policy/bbbs/bigbets_blackswans_2014.pdf.

上台后，朝鲜的政权延续问题暂时得到了解决。经过李英浩被解职和张成泽被处决这两件大事后，金正恩政权基本稳固下来，他的施政重点将转移到搞活经济上来。

尽管中美都不承认朝鲜是"核拥有国"，但是中美对朝政策制定却要建基于朝鲜已经是"核拥有国"的事实上。中美两国应当尊重彼此的核心利益和重大关切，携手合作、共同构建中美新型大国关系，在督促朝鲜停止挑衅行为、抵制各种违约拆台行为的同时，采取软硬兼施、双管齐下的两手战略，合作解决朝鲜问题：硬的更硬（制裁、惩罚）、软的更软（援助、对话），共同致力于朝鲜半岛无核化的政策目标。但是，朝鲜多年来的一系列举动表明，拥核是其战略抉择，而非简单的交易筹码，朝鲜绝不会轻易放弃。那么，中美两国的朝核政策应当一方面坚持不承认朝鲜的有核国家的合法地位，另一方面目标选择从"弃核"转变为"止核"，即通过外交努力和制裁确保朝鲜核不扩散，并继续遏制其核技术发展。中美两国应该互相"交底"，让对方知道自己在朝鲜问题上的政策考虑。对于美国来说，应让中国了解到美国的对朝政策，本意并不是制造朝鲜的不稳定，更不是针对中国。此外，双方也应加强情报方面的务实合作，相互取长补短：美国监控技术先进，在了解朝鲜核导设施建设进展上优势明显；中国则对朝鲜内部动向有较好掌握。[1] 此外，在外交途径解决朝鲜核问题陷入僵局的情况下，经济途径的效果可能会更加明显。在朝鲜这类相对封闭的经济体系中，国际贸易的展开很可能会促进国内市场特别是私有经济的发展，进而引发经济和政

---

[1] Jonathan D. Pollack and Richard C. Bush III, "Korean Crisis Prompts Confrontation with China", in Brookings Institute, *Big Bets and Black Swans: A Presidential Briefing Book*, Policy Recommendations for President Obama in 2014, Jan 2014, pp. 41 - 43, http://www.brookings.edu/~/media/programs/foreign%20policy/bbbs/bigbets_blackswans_2014.pdf.

治改革的可能，有助于推进朝鲜无核化。中美两国应当加大对朝经贸联系，更好地平衡其开展对朝经贸合作和严格执行制裁决议的关系，促其改革开放。[①]

[①] Stephan Haggard and Marcus Noland, "Networks, Trust, and Trade: The Microeconomics of China-North Korea Integration," Peterson Institute for International Economics, May 2012, working paper series 12 – 8, http://www.iie.com/publications/wp/wp12 – 8.pdf.

第十二章

东海防空识别区：中美日三边关系

近年来中国的东海一直不平静，除了美日军机频繁地对中国抵近侦查外，还发生过中美撞机事件，除此之外，中国和日本在钓鱼岛群岛上的领土矛盾逐渐激化，近期更是不断受到日本右翼势力的挑衅。周边的不稳定使中国的安全受到威胁。2013年10月24日，中国国家主席习近平在北京召开了周边外交工作座谈会，会中谈到中国的周边外交方向将转为"奋发有为"，而在周边外交工作座谈会结束后的一个月，中国第一个最重要的举动就是发布了"东海防空识别区"。

一、防空识别区的历史与讨论

"防空识别区"是沿海国为了国家安全而自行设立的，并无国际法效力，其相关规定各国有所不同。最早的防空识别区是美国在1950年设立的，规定欲飞往美国领空的境外飞行器需对其身份及飞行计划进行通报①。其时正值冷战时代，来自苏联的轰炸机对北美的威胁与日俱增，于是美加两国围绕北美洲设立了北美防空识别区，除此之外，美国还在本土以外的阿拉斯加、夏威夷及关岛设立防空识别区，并向着俄罗斯、中国、朝鲜等国方向做出特别延伸。随着苏联解体，北美防空识别区的地位下降，直到2001年"9·11恐怖事件"后，美国又设立了华盛顿特区的防空识别区，防空识别区又开始得到重视。

日本作为美国在东亚的盟国也于1969年设立了防空识别区，并在1972年和2010年扩大其范围。1972年之前，美军将钓鱼岛附属岛屿中的赤尾屿及黄尾屿作为专用靶场，将该空域设为禁航区，而在1972年美国将冲绳群岛归还给日本后②，日本接收了美军在冲绳群岛的防空识别区，将钓鱼岛及其附属岛屿归入日本防空识别区内；2010年日本的防空识别区扩大到冲绳西南部的与那国岛，与台湾当局的防空识别区重合。日本防空识别区分北、中、西、西南四个区域，其中西南防空识别区范围最大，范围涵盖了冲绳、日本西南岛屿、钓鱼岛等，距离中国的浙江省最近仅有130公里（约72海里）。

20世纪50年代，美国单方面宣布划定防空识别区，此举无国际法支持，然而受到影响的各个国家并没有抗议反而默默地遵守，久而久之防空识别区成为各国默认的国际惯例。但防空识别区设置的规定和标准终究是没有国际法依据的，所以有许多国际法学者企图从现有的国际法中寻找解释防空识别区的合法性。国际法学者普遍

---

① 美国《航空信息手册》第5章第6节对防空识别区做出明确规定："任何来自境外的飞机在进入美国领空之前必须通报身份。"

② 刘江永："日本没有权利要求中国撤销东海防空识别区"，中文国际网，2013月12月1日，http://www.chinadaily.com.cn/hqgj/2013klxy70th/2013-12/01/content_17143398.htm. 访问日期：2014年4月14日。

认为空气与空间总是与其之下的地面具有一致的法律地位①，所以在防空识别区没有国际法明文规定的情况下，国际法学者就先从防空识别区覆盖下的海洋权利开始讨论。这部分讨论分为两个角度，第一，回归防空识别区的本意是为了国家安全而设，自古就有为了国家安全、预防走私、预防海盗等行为而划定领海的行为，有学者就从这个角度延伸防空识别区的划定②；第二，也有学者从沿海国家在专属经济海域的权利的角度讨论防空识别区的合法性③。

（一）从国家安全角度看防空识别区

根据领海延伸防空识别区的角度，国际法学者宾科肖克（Bynkershock）曾指出："领土主权的终点即武力的终点。"在宾科肖克所处的时代，普遍认为炮弹可及的范围是 3 海里，所以国际法学者也就将最初的领海界线认定为离海岸 3 海里处④。但用武力作为领海范围的原则是存在争议的，因为炮弹的最远射程不仅和当时的情况有关，而且也和射击地点有关。随着军事科技的进步，对射击距离的增长能否成为扩大领海范围的理由存在着很大的争议。此外，仅从打击的角度不足以支持防空识别区划定的理由，所以必须换一种方式寻求法律依据。这时需要找出一个更好的规范距离，有学者认为这个距离就是 12 海里⑤，这个距离传统上代表了一个小时所能航

---

① 黄解放："海洋法公约对海洋上空法律制度的影响"，《中国国际法年刊》1985年版，第 122 页。
② 伊万·L. 海德，金朝武："防空识别区、国际法与临接空间"，《中国法学》2001 年第 6 期，第 145—158 页。
③ 周忠海："论专属经济区上空的法律地位"，《河南省政法管理干部学院学报》，2009 年第 6 期（总第 117 期），第 51—58 页。
④ Moore, "International Law Digest," 1906, pp. 706 – 707.
⑤ Sörensen, "The Law of the Sea," INT'L CONC. No. 520, p. 195 (1958).

行到的距离，这表示了国家可以用最机动的速度对于在这个区域可能造成国家权力受损的任何行为进行快速且有效的反应。同样的，如果各国同意将领海基线向海洋延伸一个小时的船舶行驶距离，那么在空中将飞机飞行一个小时的距离作为国家预警的范围也显得很合理了，而这个距离大约是 300 海里的范围①。因而，美国的防空识别区最远的划定范围大约是离海 300 海里的距离。早年英国和美国都有为了打击走私而制定的禁止船舶逗留法，这些法规的设立并非干涉人们的无害通行或渔业活动，而是对于国家安全起了有效的防护作用，而这些禁止船舶停泊或反走私的法律就构成了防空识别区法规的先例。

（二）从专属经济海域看防空识别区

根据专属经济海域延伸到防空识别区的角度，专属经济海域是指沿海基线以外延伸 200 海里的距离。在这个区域内沿海国对其自然资源的开发与利用享有主权权利和专属管辖权，而其他国家享有航行、飞越自由的权利，但这种自由必须以遵守沿海国按照《联合国海洋法公约》的规定和其他国际法规定所制定的法律和规章为前提。由于自然资源除了海洋资源也包含海水、海流、风力生产能等②，所以各国也同意专属经济海域的权利适用于其上空。专属经济海域的概念是在 1982 年联合国大会通过《联合国海洋法公约》后正式确立的，《公约》至今已有超过 120 个国家批准，并因为各国的普遍实践而成为国际习惯法，就算是非缔约国也适用。美国不是《公

---

① "Legal Aspects of Reconnaissance in Airspace and Outer Space," *Columbia Law Review*, Vol. 61, No. 6 (Jun., 1961), pp. 1074 – 1102.
② 尹年长，"论专属经济区的国家主权权利"，《湛江海洋大学学报》2006 年 4 月第 26 卷第 2 期，第 7—10 页。

约》的缔约国，但在各国宣布200海里的专属经济海域时，包括美国等其他各国都没有表示抗议，因此，200海里的专属经济区已成为各国所认可的一般国际法。将专属经济海域和防空识别区放在一起讨论，是因为在《公约》中有许多对于专属经济区的规定，相当足以使防空识别区变得合理，例如第58条第2款指出："在专属经济区上空的飞越自由与公海的飞越自由有所不同，考察飞越自由的实际含意或可能的限制，必须要与各国在该区域的权益配置体系中的地位结合在一起考虑。"其他国家在一国的专属经济区上空进行军事活动可以被认为是对沿海国资源的探勘、开发、养护和管理构成某种干扰甚至威胁，而沿海国对这些行为是拥有专属管辖权的[①]。这样的规定与飞行器在他国的防空识别区内享有受限制的飞越自由有异曲同工之妙。

以往"航空法规中"飞行员报告飞行计划等这些规定旨在维护自身利益，例如飞机可以受到更好的调度、在空中不会相撞等，但防空识别区设立的目的是为了国家安全。从这个角度看，前者较好地诠释了从安全角度设立防空识别区的考量。防空识别区作为一个预警性的区域，该国可以对进入识别区中的飞机进行持续监视，以预防其对本土可能造成的危害。前者用飞行器一个小时可以到达的距离作为预警的范围，并合理地说明了为什么是这个距离，而且这样的预警方式虽然没有国际法明文规定，但却有历史经验做类比。而后者用专属经济海域解释防空识别区，在《公约》中有关专属经济海域的规定很容易用来说明防空识别区的原则，除了前面提到的第58条第2款外，如《公约》的第301条"沿海国在其专属经济区

---

① 相关内容参见：J. C. Phillips, "The Exclusive Economic Zone as a Concept in International Law," "The International and Comparative Law Quarterly," Vol. 26, No. 3 (Jul., 1977), pp. 589－594；丁成耀："从国际法角度看美国测量船闯入中国专属经济区事件"，《华东政法学院学报》，2003年第2期，第79—82页。

内的'其他权利'就包括其国家主权与领土完整不受侵犯及维护其国家安全及和平秩序等一般国际法上的权利"。这说明，他国飞行器进入另一国的专属经济海域上空行驶飞越自由时，必须尊重沿海国的国家主权和领土完整，不得危害沿海国的国家安全与和平秩序①，但专属经济海域的范围终究不等于防空识别区的范围，专属经济海域有国际法规定的最大界线，而防空识别区的范围则由当事国自行确定，属于单方面划定的范围，这和已成为国际法惯例的专属经济海域存仍存在差别。

中国为《联合国海洋法公约》的签署且批准国，强调中国专属经济海域上空的权利，中国完全站得住脚。此外，东海防空识别区距离中国本土最远距离约为 270 海里，相较于美国的最远距离 300 海里以及日本的最远距离 430 海里来讲，中国划设防空识别区的范围上还算克制，无论从第一种国家安全的角度，或是第二种专属经济海域上空的角度，中国设立东海防空识别区完全是合理的。

二、中国在东海对美日的反制策略

中国在设立防空识别区前，曾受到美国无数次的抵近侦查。其中已公布的中美对峙有 1994 年 10 月"中美黄海对峙事件"，美军在未通报中国的情况下派遣"小鹰"号航空母舰进入中国领海对中国海军"汉"级核潜艇跟踪；2001 年 4 月，中美军机在中国专属经济海域上空进行撞机，中国战斗机坠毁；2009 年 3 月，美国潜艇监测

---

① 胡志泓："海上机动之国际法探讨——以防空识别区为例"，《国防杂志 National Defense Journal》23 卷 6 期（2008/12），第 83—89 页。

船"无暇"号在中国南海进行情报侦蒐；2009年4月，美国海军监测船"胜利"号、"忠诚"号在中国专属经济海域与中国渔船对峙；2009年5月，"胜利"号进入黄海的中国专属经济区再次与中国渔船对峙。除此之外，根据媒体报导，美国对中国的抵近侦查约维持在每年500架次左右，且多为长时间飞行，多由青岛飞往海南岛[1]，距离最近的一次甚至离中国领土仅有16海里[2]。

以2001年中美军机于中国专属经济海域上空撞机的事件为例，美军宣称他们是在"国际空域合法飞行"，但专属经济海域上空并非毫无限制的"国际空域"，前面已经论述过，根据《联合国海洋法公约》对专属经济海域上空的飞航权利的说明，第58条第2款对他国的"飞越自由"进行详细界定；第301条对沿海国在专属经济区内的'其他权利'有不受侵犯及维护其国家安全的权利。简言之，在专属经济海域的上空，他国飞行器拥有不同于国际空域的飞越自由，他国飞行器在沿海国专属经济海域上空不可以进行任何有损沿海国国家安全的行为，而且要遵守沿海国对于专属经济海域上空制定的相关规定。

美国以未签署《联合国海洋法公约》为由，不承认专属经济海域及其对专属经济海域上空的受到飞行权利限制，但根据《维也纳条约法公约》："如条约当事国有意以条约之一项规定对第三国或其所属一组国家或所有国家给予一项权利，……该第三国倘无相反之表示，应推定其表示同意。"事实上，不单美国，自《联合国海洋法公约》生效以来，还没有任何一个非缔约国对公约缔约国根据公约

---

[1] "专家称美日军机每年对中国抵近侦察达500架次"，《环球时报》，2011年7月27日，http://big5.citygf.com/news/news_001036/201107/t20110727_1953492.html. 访问日期：2014年4月14日。

[2] "陈炳德透露美军无人机抵近中国距领土仅4海里"，央视网，2011年7月12日，http://news.cntv.cn/military/20110712/104579.shtml. 访问日期：2014年4月14日。

确定自己的海洋权利提出反对[①]，因为无人曾表示过反对公约，公约已成为拥有普遍效力的国际法，尽管美国非公约缔约国，但也应遵守他国专属经济海域的权利。美国这种视国际法为无物的行为是非常没有大国道义而且损害中国权益的。而美国这些对中国进行的抵近侦查行为在中国设立防空识别区后，中国的立场将化被动为主动。

事实上，不只美国对中国进行过次数众多的抵近侦查，日本亦然，其次数甚至超过了美国的侦查次数[②]。而关于日本对中国的抵近侦查，如同美国对中国的侦查一样，中国同样在设立了防空识别区后由被动立场化为主动，根据中国东海防空识别区的规定，凡位于中国东海防空识别区的飞行器皆必须提供飞行计划、无线电识别、应答机识别及标志识别等。若不配合识别或不服从指令，中国武装力量将采取防卫性紧急处置措施。因而，当美国或日本军机进入中国防空识别区内进行抵近侦查，中国可对他国军机进行有效且持续的监控，并"引导"他国军机离开中国沿海。相较于在设立防空识别区前，现在中国对于美日的抵近侦查拥有了更多的主动性。此外，设立防空识别区也可以预防如 2001 年中美军机撞机的情况再次发生。

除此之外，防空识别区的设立对中国进一步解决中日钓鱼岛争端具有更多的战略意义。

---

① 唐蕴锋："沿海国在专属经济区上空的权利"，《苏州铁道师范学院学报》，2002 年第 4 期。
② "少将：日军机每年抵近中国侦察 500 次 频度超美国"，新华网，2013 年 11 月 20 日，http：//japan.xinhuanet.com/2013-11/20/c_132902250.htm. 访问日期：2014 年 4 月 14 日。

第十二章 东海防空识别区：中美日三边关系

中国对周边有岛屿争端的国家经常采取一种"反应性强硬策略"①，这种策略的目的在于造成不可逆的结果并对有主权争端的岛屿进行主动的管理。如2012年4月，菲律宾派出军舰逮捕在有争议的黄岩岛附近海域作业的中国渔民，迫使中国派出两艘民事海洋巡逻船进行应对。其后菲律宾很快将军舰退回，取而代之的是海岸警卫船，在交涉过后，双方于6月中旬以海像不佳为由各自退回执法船，但中国海监和中国渔政的船只很快就重返该区域，将黄岩岛环礁湖口围起来，以防菲律宾渔民进入，并在该区域进行常规巡逻。中国利用菲律宾逮捕中国渔船的行为对黄岩岛实施了实际控制，并将既定现况转变为对己有利的情况。

同样，2012年6月，越南通过了《联合国海洋法公约》，其中新航行法规覆盖了与中国有争议的南沙和西沙群岛，中国则以设立三沙市进行回应，派兵驻守，并在三沙市进行建设。同样，对日本在2012年9月10日正式宣布"购买"钓鱼岛的当天，中国政府公开声明正式划定钓鱼岛及其附属岛屿的领海基线，此举也是将有争议的岛屿纳入中国的管辖。

至今，黄岩岛仍然在中国的实际管控下，菲律宾渔船始终无法靠近或是靠近后遭驱离②；三沙市的基础建设仍在持续完善③，这都是对争议地区进行不可逆的有效控制的实例。而和日本的钓鱼岛争议，因为日本在钓鱼岛上行使有效的治理，所以中国的每一次行动

---

① "Dangerous Waters: China-Japan Relations on the Rocks", "International crisis group", 2013年4月8日, http://www.crisisgroup.org/en/regions/asia/north-east-asia/china/245-dangerous-waters-china-japan-relations-on-the-rocks.aspx. 访问日期：2014年4月14日。

② "我海警船黄岩岛驱离菲渔船"，《新华日报》，2014年2月26日，http://finance.ifeng.com/a/20140226/11748293_0.shtml. 访问日期：2014年4月14日。

③ "海南三沙市推进南沙全岛基层政权建设"，中新网，2014年3月13日，http://www.hi.chinanews.com/hnnew/2014-03-31/342354.html. 访问日期：2014年4月14日。

都在扩大中日冲突，迫使日本承认在钓鱼岛主权差距上存在着争议，并藉此终止日本企图透过"有效且持续"的治理，最终"时效取得"钓鱼岛[①]。而中国设立东海防空识别区，则是继2012年中国划定钓鱼岛的领海基线后，对日本采取的更新一步的反应性强硬策略。在11月23日中国设立防空识别区前，日本媒体曾多次报道中国军机"侵入"日本的防空识别区，并扬言日本完全有能力击落进入日本领空的军机[②]。实际情况是，防空识别区非领空，并无所谓"侵入"行为[③]，而且按照日本对于防空识别区的规定，仅有将要飞往日本领空的飞行器需要报备身分，单纯进入识别区内是不用报备身分的，日本媒体的报导并不客观公正。此次中国设立防空识别区属于"以其人之道还至其人之身"的行为。

总的来说，中国设立防空识别区对日本的战略意义，除了对一直以来日本对中国的抵近侦查行为从被动被侦查到有了主动反侦查的立场外，将钓鱼岛划入防空识别区内，一方面可以凸显中国与日本在钓鱼岛上有领土争端的这个事实，另一方面可对钓鱼岛进行更近一步合理且有效的侦查管理。在中国设立防空识别区的当天，中国对东海的巡逻侦查中，电子侦查机飞行的路线距离钓鱼岛最近仅40公里（约21海里）[④]，这是有史以来距离钓鱼岛最近的一次巡逻侦查。

2011年11月10日，美国国务卿希拉里于夏威夷大学东西方研

[①] 王晓颖："从国际法角度论钓鱼岛主权的归属"，《法治与社会》，2011年第4期，第187页。

[②] "日本称若中方无人机'侵犯领空'可考虑击落"，环球网，2013年9月17日，http://mil.huanqiu.com/observation/2013-09/4365674.html. 访问日期：2014年4月14日。

[③] 梁巍："警惕日本将防空识别区领空化"，《世界知识》2013年2月16日，第34—35页。

[④] "美媒：日抱怨中国军机频繁贴近领空搜集情报"，环球网，2013年12月12日，http://mil.huanqiu.com/observation/2013-12/4654967.html. 访问日期：2014年4月14日。

究中心发表演讲,提出美国将"重返亚洲"①,同时,美国总统奥巴马也在檀香山的演讲中强调美国对全球经济、安全和战略将全面转向亚太。中国宣布设立东海防空识别区,是对于美国政府的"重返亚洲"进行政策性的回应并且抢夺在东亚的话语权。除此之外,还有一件事是需要指出,在宣布东海防空识别区的前一个月,中国国家主席习近平在北京召开了周边外交工作座谈会,在会议中习近平强调:"要更加奋发有为地推进周边外交,为我国发展争取良好的周边环境,使我国发展更多惠及周边国家,实现共同发展。"② 这意味着中国的周边外交,将从 20 世纪 90 年代初的"韬光养晦"转为"奋发有为"。此外,中国外交的基本方针更强调了"坚持与邻为善、本本以邻为伴,坚持睦邻、安邻、富邻,突出体现亲、诚、惠、容的理念"。尤其是"亲"这个字,凸显出我国的周边外交将分出敌我。设立东海防空识别区是中央周边外交工作座谈会后第一个重大的政策,应视为是"奋发有为"外交体现的第一枪,而随着后续美日以及周边各国对于东海防空识别区的回应,则可以看出谁为敌谁为友。

三、美日对东海防空识别区的回应

11 月 23 日,中国宣布设立防空识别区后,日本外务大臣岸田文

---

① Hillary Clinton, "America's Pacific Century," Foreign Policy, November 2011, pp. 57 – 63.

② "习近平:让命运共同体意识在周边国家落地生根",新华网,2013 年 10 月 25 日, http://news.xinhuanet.com/politics/2013-10/25/c_ 117878944. htm. 访问日期: 2014 年 4 月 14 日。

· 319 ·

雄当日发表声明:"中国单方面划定的防空识别区加剧了尖阁诸岛周边的紧张局势,有可能导致不测事件发生。"① 日本外务省于当日向中国驻日本大使馆提出了抗议。11月25日,美国国务卿克里声称:"(中国)这一单边行动是在试图改变东海局势的现状,这种升级行动不仅会加深该地区的紧张态势,而且会引发事端。"② 12月5日,美国国防部长哈格尔指出,东海防空识别区本身并不是问题的关键,美军最大的关切在于中国在没有与任何国家进行磋商的情况下迅速采取了单边行动,这是不明智的做法③。这话更强调了美国对于中国"单方面"的行为表达不满。基于美日对于东海防空识别区的反对声明,主要针对两点进行批评,第一点,美日皆批评中国此一举动是"单方面"的;第二点是"加剧周边紧张局势"。

(一)中国"单方面"的举动

1950年,美国为了防范来自苏联轰炸机的袭击,设立了北美防空识别区,这个举动并未征求其他国家的同意,故为"单方面"举动;日本在1969年也设立了防空识别区,更于1972年及2010年扩大其防空识别区的范围,当前日本防空识别区离中国本土最近的距离仅130公里,这些行为皆未征得中国的同意,故同为"单方面"。

---

① "Japanese Foreign Affairs Minister's Response to China's East China Sea Air Defense Identification Zone," COUNCIL on FOREIGN RELATIONS, 2013年11月27日, http://www.cfr.org/japan/japanese-foreign-affairs-ministers-response-chinas-east-china-sea-air-defense-identification-zone/p. 31957. 访问日期:2014年4月14日。

② "China slams 'inappropriate' U.S. remarks on territorial dispute with Japan," CNN, 2013年11月25日, http://edition.cnn.com/2013/11/25/world/asia/china-japan-disputed-islands/index.html. 访问日期:2014年4月14日。

③ "美国防长:中国单边划设防空识别区不明智",凤凰网,2013年12月5日, http://news.ifeng.com/mainland/special/fangkongshibiequ/content-5/detail_2013_12/05/31813783_0.shtml.

如前所述，防空识别区并无国际法的效力，而是沿海国家基于国土安全自行设立的，根据《联合国海洋法公约》，各国飞临沿海国专属经济海域上空享有飞越自由，但应遵守该沿海国制定的不超出联合国已有规定的法律。所以，防空识别区的设立历来都不是需要经过他国同意的，美日设立防空识别区之时并未获得中国同意，今日指责中国设立防空识别区是"单方面"举动，这是"只许州官放火，不许百姓点灯"的行为。

（二）中国的举动"加剧地区紧张态势"

11月23日中国设立防空识别区后，26日日本政府要求日本民航公司不要服从中国防空识别区相关规定，放弃向中国递交飞行报告[①][②]；27日美军机未经通报进入东海防空识别区内[③]；28日日本自卫队飞机未经通报进入识别区内[④]，这些行为显示出造成地区紧张态势的并非是因为中国设立防空识别区，而是美日的挑衅行为。

12月3日美国副总统拜登访日，日本向拜登提出三点要求，1. 对于东海防空识别区发表"共同声明"；2. 希望美国赞同日本"中国必须撤回防空识别区"的要求；3. 美日采取统一立场，阻止民航业者向中国递交飞航计划。日本所提出的上述三项要求被拜登

[①] "日本拿乘客安全打政治牌，阻止民航向中国报备"，新华网，2013年11月27日，http://news.xinhuanet.com/world/2013-11/27/c_125766549.htm。

[②] 直至12月12日本政府才同意基于飞行安全角度考虑，允许航空公司向中国递交飞行报告。

[③] "Official: U.S. B-52s flew over China's controversial new air defense zone", CNN, 2013年12月27日，http://edition.cnn.com/2013/11/26/world/asia/china-us-b52s/index.html? iref = allsearch.

[④] "China flies fighter jets into disputed air defense zone; Japan remains defiant", CNN. 2013年11月28日，http://edition.cnn.com/2013/11/28/world/asia/china-japan-us-tensions/index.html? iref = allsearch.

全部予以拒绝①。12月5日拜登访华，他并没有对中国提出撤销防空识别区的要求，仅仅是说明美国反对中国设立防空识别区的原因②。而在12月27日，美国国务卿克里在菲律宾举行的记者会上说，美国不承认也不接受中国设立东海防空识别区，强调"中国不应该设立东海防空识别区，也不应该在其他地方，特别是在南中国海采取单方面的行动"。并为菲律宾提供4000万美元资金，帮助改善其维护周边海上安全的能力。也就是说，虽然美国口头上依旧不同意中国设立东海防空识别区，但并无采取实质性的抗议行动，足见美国已默认它的存在③，但美国同时也加强对南海的控制，并施压中国不要在南海再设立防空识别区。得不到美国的支持，日本转而希望可以得到在南海同样与中国有矛盾的东盟国家帮助，在12月13日举办的日本—东盟特别峰会上，日本期望可以拉拢东盟共同对抗中国，并承诺将向东盟国家提供总额为200亿美元的援助与贷款④，但最后仅仅得到一个措词温和的共同声明，"将在确保飞行自由与民航安全方面加强合作"⑤。日在无法拉拢到盟友对抗中国后，其对抗

---

① "拜登拒绝就安倍就中国防空识别区提出的三项要求"，国际在线，2013年12月4日，http://gb.cri.cn/42071/2013/12/04/6991s4345210.htm 访问日期：2014年4月15日。

② "拜登会晤习近平，未提让中国撤销识别区"，BBC中文网，2013年12月4日，http://www.bbc.co.uk/zhongwen/trad/china/2013/12/131204_biden_xi_meeting.shtml 访问日期：2014年4月15日。

③ "日媒称美以默认中国划设防空识别区"，《环球时报》2013年12月7日，http://news.sina.com.cn/c/2013-12-07/080628910995.shtml 访问日期：2014年4月15日。

④ "安倍晋三承诺向东盟提供200亿美元援助与贷款"，中新闻，2013年12月14日，http://www.chinanews.com/gj/2013/12-14/5619220.shtml 访问日期：2014年4月15日。

⑤ "日本东盟峰会通过声明，对中国识别区措词温和"，中国新闻网，2013年12月15日，http://www.chinanews.com/gj/2013/12-15/5620210.shtml 访问日期：2014年4月15日。

东海防空识别区的立场已被孤立。

东海防空识别区的设立是中国对美日"以其人之道还至其人之身"的策略,除此之外,中国的防空识别区较美日的识别区更加严格。美国防空识别区规定"任何来自境外的飞机在进入美国领空之前必须通报身份"[1],按照规定,仅仅是欲飞往美国领空的飞行器在进入美国防空识别区时必须向美国通报身分;而日本对于防空识别区的规定,在日本国土交通省的"航空路志"中说明"飞往日本领域的飞机需事先向管制机关知会;如飞行计划有变要向自卫队通报[2]。不管是美国或日本的防空识别区规定,都是要飞往其领空而经过防空识别区的飞行器需要进行身分通报,与之不同的是,中国的东海防空识别区根据其飞行器识别规则"位于东海防空识别区飞行的飞行器,必须提供以下识别方法:(1)飞行计划识别;(2)无线电识别;(3)应答机识别;(4)标志识别。也就是说,中国要求,只要位于东海防空识别区内就必须向管理机关提出身份识别,不同于美日是要以飞往其领空作为识别与否的前提。而中国的防空识别区规定严格于美日,可能的原因如前所述,中国设立防空识别区的一个战略目的,是对于美日的抵近侦查达到"由守转攻"的主动地位,较为严格的防空识别区规则才可达到对美日反制的目的。

---

[1] "日本拿乘客安全打政治牌,阻止民航向中国报备",新华网,2013 年 11 月 27 日,http://news.xinhuanet.com/world/2013-11/27/c_125766549.htm.

[2] 航空法第 99 条に基づいて国土交通省が提供する航空情報の一種である「航空路志」(AIP)においては、有視界飛行方式により国外から防空識別圏を経て日本国の領域に至る飛行を行う場合、飛行計画を航空管制機関に提出すること、事前に提出された飛行計画と異なる飛行を行う場合は航空交通業務機関および自衛隊レーダーサイトに無線通報することを要請している。これはあくまで要請であって法的義務ではない。摘自日文 wikipedia, http://ja.wikipedia.org/wiki/%E9%98%B2%E7%A9%BA%E8%AD%98%E5%88%A5%E5%9C%8F#cite_note-4 访问日期:2014 年 4 月 15 日。

四、小结

防空识别区最早是由美国在 1950 年基于国家安全目的设立的，其行为未被国际法所承认，但受影响的国家并未提出反对而是遵守，所以防空识别区成为一个各国普遍承认的习惯法，而日本也在 1969 年设立了自己的防空识别区。正因为防空识别区无国际法承认，所以自这一概念出现以来，国际法学者企图从已有的法条中寻找得以解释防空识别区的方法。其中可分为两个角度的解释：一是由历史经验论证，自古就有在沿海区域基于国家安全而巡防的习惯，而这个范围多是船舶一个小时能航行到的距离，而根据这个习惯，飞机飞行一个小时的距离作为防卫国家安全的预警也显得合理，而这个距离正好可以解释目前美国防空识别区划设的最远距离。二是从专属经济海域的上空权利解释防空识别区。根据《联合国海洋法公约》，专属经济海域上空各国享有飞越自由，但应基于和平理由且要遵守沿海国制定的相关法律。

中国设立东海防空识别区分别对美日有不同的战略意义。在设立防空识别区后，对于美日在中国沿海进行的抵近侦查行为，中国由被动被侦查的角色可转变为主动反侦查，也可以避免如 2001 年中美军机相撞的悲剧再度发生，同时可预防美国用不承认专属经济海域的理由脱责。对日则有另外的战略，这是中国对日本的"反应性强硬策略"，藉此在争议地区进行不可逆的管理行为，并可强迫日本承认与中国在钓鱼岛有争议，终止日本企图用"时效取得"的理由顺理成章地取得钓鱼岛主权。

美日在中国设立防空识别区后分别提出了抗议，并对为何反对提出了两个理由：一是中国"单方面"设立防空识别区，二是中国的行为会造成"地区紧张局势"。但从历史上美日设立防空识别区的经验来看，防空识别区就是单方面设立的东西，美日设立防空识别区前皆未向中国知会，以此理由反对中国分明是"只许州官放火，不许百姓点灯"；此外更可以从中国设立防空识别区后美日的挑衅行为看出造成"地区紧张局势"的原因不是因为中国设立防空识别区，而是美日的行为所致。

五、展望与建议

若用博弈论分析美中日在东海防空识别区的战略，美中为主角，日本为配角。美中的博弈范式可用"胆小鬼博弈"（The game of chicken）进行分析，而配角们的博弈范式则为"智猪博弈"（Pigs'payoffs）。中国实力不如美国强大，和美国对撞是不智的，但美国同样不想因为日本而和中国硬碰硬，在中美的博弈中，胆量大就有可能取胜。而配角们应遵守"智猪博弈"，也就是由身强者出头，身弱者搭便车，在东海识别区的博弈中，身强者为美国。日本在东海识别区问题，以为自己是身强者，在中美已达成默契不扩大冲突的前提下，日本企图独立对抗中国，而结果不只日本抗中失利，在这个议题上还被孤立。同样道理，在南海识别区议题上，越南、菲律宾等国最好的策略就是跟着美国，不要自己强出头。

从东海识别区的结果看，中国取得了优势。尽管美国依旧宣称不承认东海防空识别区，但观察美国的反应，中国赢在：其一，在日本阻止民航业者向中国递交飞行报告时，美国则"建议"民航业者向中国递交飞行报告①。其二，在拜登访日时不同意和日本发表三项共同声明，访华时仅表明不接受防空识别区但并未要求中国撤销防空识别区，足见美国已默认东海防空识别区存在。但负面影响是，美日不断派军机进入东海防空识别区内进行挑衅和军力宣示。既然中国设立东海防空识别区已不可逆，美国要维持自身在亚洲的影响力，只能加强在南海问题上的压力，并要求中国不可擅自设立南海防空识别区，如果需要设立，则须与邻近国家进行协商②。

对于中国设立东海防空识别区，有学者指出是中美关系中的一个议题，但不是最重要的议题，中美在经贸、朝核问题以及其他双边、多边问题上还要进行合作③。这也表示美国不希望因为防空识别区问题而破坏中美关系，中美还有其他更多问题需要进行合作。中日美三角关系、美日的同盟以及中日不合促使日本可能成为影响中美关系的第三方因素，但从中国划设东海防空识别区事件看，日本的反对没有破坏中美关系，反而造成美日间隙，但美国并不会放弃日本，日前美国国防部长访日，并誓言保护日本抵御任何军事侵略④，此举算是给日本吃了"定心丸"。但仅仅就东海防空识别区的议题上中国取得了优势。

从美日对于东海防空识别区的反应来看，当初反对最强烈的两个国家，美国已默默接受东海防空识别区存在的事实，而日本也在

---

① "US carriers urged to comply with China air zone rules"，BBC NEWS，2013.11.30，http://www.bbc.com/news/world-asia-25165503 访问日期：2014年4月15日。

② "美太平洋空军司令：中国将划黄海南海防空区"，《自由时报》，2014年5月8日。

③ "拜登敏感时刻访问日中韩 议题不聚焦'防空区'"，新华国际，2013年12月3日，http://www.022net.com/2013/12-3/442663133340597.html。

④ "美防长誓言保护日本抵御任何军事侵略"，中新网，2014年4月7日，http://mil.news.sina.com.cn/2014-04-07/0905772609.html 访问日期：2014年4月15日。

对抗中国的立场中被孤立，足见中国这一"奋发有为"的周边外交政策是成功的。但这个成功的政策是否具有普遍性，是否可以套用到南海上，笔者认为不能贸然进行。

2013年11月23日，中国国防部在宣布划设东海识别区的记者会上，对于记者提问是否将划设其他识别区，国防部新闻发言人杨宇军表示："中国将在完成相关准备工作后，适时设立其他防空识别区。"这句保留了中国未来行为选择权的回答，被美日拿来不断炒作，声称中国将要在南海设立防空识别区，在南海营造出"中国威胁论"的局势。因为对美国来说，南海保持一定程度的混乱，以及维持"中国威胁论"是最有利的情况，如此美国才能加强在南海的影响力，也才会有美菲联合军演等进行的条件；而对中国而言，在南海设立识别区，操作困难而且意义不大，甚至可能引发更严重的地区紧张问题。南海局势虽然和东海看似相似，但差异性极大。中国在东海仅和日本有钓鱼岛群岛争端，然而在南海，小岛罗列，和中国有岛屿争端的国家多达5个，包含越南、菲律宾、马来西亚、印尼和文莱，足见南海局势比起东海复杂许多。除此之外，划设南海防空识别区有难度，和南海沿岸诸国有争议的岛屿几乎都位于中国南海的"九段线"内，划设南海防空识别区若仅是涵盖这些小岛，而未超出领海基线则无任何意义，但若超出领海基线则可能直接接触他国领土，将引发更大的冲突。

因此，并不可以根据中国在东海成功的经验，就以逻辑上推论也可以在南海设立防空识别区。此外，设立东海防空识别区前，日本右翼不断挑衅中国，声称将击落中国的无人机，而在中国设立识别区后，日本拉拢盟友抗华失利，在抗议东海防空识别区议题上被孤立，此一结果若给予南海企图生事的国家以警惕，则中国的目的就达到了。中国的目的不是为了设立防空识别区，而是希望周边稳定，与中国有岛屿争端的国家可以安稳不生事。在10月24日的周边外交工作座谈会中,习近平除了提到"奋发有为"的周边外交外,讲话中也多次强调"睦邻友好",足见我国新外交方向中"睦邻友好"的重要性。中国如果躁进设立南海防空识别区,不但无法取得"睦邻友好"的成果,甚至可能会遭致南海国家的联合反对。

  防空识别区本是冷战时期的产物,随着冷战的结束,防空识别区也逐渐被人遗忘。"9·11"事件的发生,防空识别区的概念又开始受到重视。中国作为一个崛起的大国,要承担的国际责任与危胁因素将越来越多,不仅仅是这次防空识别区问题,未来还会遇到更多类似的情况,中国踏着美国过去的脚步,学习美国以往做过的事,用来解决大国将要面对的各种难题。2014年3月18日,普京对俄罗斯上下议院讲话时说:"以美利坚合众国为首的西方国家们并不喜欢国际法,它们倾向于推行强权主义。……为了给自己的侵略加上合法性的幌子,它们从国际组织中挑选需要的决议,要是找不到,那就管他是联合国还是安理会,一概忽略。"面对美国的霸道,中国最好的反制就是学习美国曾经做过的事情,中国可以拿来作为借鉴,或许还有更多美国做过的不全合于国际规范的战略行为,随着时代发展已被人遗忘,但未来又将被挖掘出来,而且中国将可利用来对抗美国,届时美国同样又要面对中国更多"以其人之道还至其人之身"的战略。

第十三章

崛起中的印度：中美印三边关系与西藏问题

2011年奥巴马政府高调宣布"重返亚洲"（pivot to Asia），亚太地区一时间成为各方瞩目的焦点区域，不仅区域内各相关国家纷纷开始调整各自的外交政策，而且一些区域外大国，如俄罗斯也开始酝酿自己的"重返亚太"战略。同年7月，美国时任国务卿希拉里·克林顿访问印度时表示："不仅支持印度向东看（look east），更鼓励印度接触东方（engage east），并在东方积极有为（act east）。"① 实际上这并非美国政要第一次在讨论东亚—太平洋事务时谈及印度。早在2000年，还在为小布什竞选奔走的康多莉扎·赖斯就在《外交》杂志上发表文章称："中国控制力量对比的成功与否很大程度上取决于美国对此的反应。美国应当更密切地关注印度在地区平衡中的作用……印度是中国要考量的一个因素，也应当成为

---

① Hillary Rodham Clinton, "Remarks on India and the United States: A Vision for the 21st Century," Anna Centenary Library, Chennai, India, July 20, 2011. http://www.state.gov/secretary/20092013clinton/rm/2011/07/168840.htm.

美国考量的因素。印度还不是一个大国，但有潜力成长为一个大国。"① 这种将与印度看作中美关系中重要因素的认识很大程度上反映了美国一段时间以来强化与印度的交流与合作，并高调鼓励印度"向东看"背后的战略考量，也反映了当前在东亚、南亚次区域甚至更广阔的全球舞台上，中国、美国、印度事实上存在的某种相互联动的三边关系现状。

事实上，印度不仅是美国在处理对华关系时的平衡要素，更是主动发挥作用、在中美关系中左右游走并参与影响中美关系走向的独立因素。比如"9·11"事件后，美印战略关系迅速发展。2004年，美印宣布建立"战略伙伴关系"，开启在非军事核活动、民用空间项目、高技术贸易等方面的合作②。美国希望印度平衡中国影响力的意图不言自明。但几乎与此同时，中印关系也进入友好合作的新阶段。2003年印度总理瓦杰帕伊访华，并在《中印关系原则和全面合作宣言》中正式承认西藏是中国一部分的事实，并就解决两国边界问题达成原则共识③。中印还分别在2005年和2011年开启两国战略对话和战略经济对话。这表明印度试图在中美之间保持一种即便不是完全对等，但也是大致的平衡。印度与中美两国都有发展关系的需要，但也有结构性和地缘政治层面的矛盾。印度有借助美国平衡中国的考虑，也在防范美国过多介入印度洋事务；与中国在气候变化等多边议题通力合作，反击来自美国等西方国家的批评，但在边界、涉藏、水资源等问题上又与中国有着深刻的互疑。从过去高举不结盟大旗到如今借助稳步增长的经济总量和文化软实力，印度

---

① 赵干城：《中印关系：现状·趋势·应对》，北京：时事出版社，2013年版，第237页。
② 张贵洪："美印战略伙伴关系与中国：影响和对策"，《当代亚太》，2005年第5期，第29页。
③ 《中华人民共和国和印度共和国关系原则和全面合作的宣言》，http://news.qq.com/a/20090807/000748.htm。

始终在中美之间发挥着比较超脱的平衡角色。当前无论中国还是美国在处理与对方的关系时，都不能不考虑印度错综复杂的作用和影响。因此，要观察中美关系这对当前国际政治中最重要的双边关系，也必须将印度作为一个独立发挥作用的因素予以整体考虑。

一、印度在中美之间：理论解释

印度作为中美关系中的第三方因素，在发展与中国或美国相应的双边关系时，都会或被动或主动地对另一方的反应和影响进行评估，并根据形势的需要在中美双方中间保持一种动态的不对称平衡政策，时而借助美国平衡中国的影响力，时而与中国一起反对美国的特定区域和全球政策。这种同时考虑中美双方因素，并在中美之间游走的外交政策一方面源自印度对国际权力结构特别是中美印三边结构的把握，另一方面也是印度自身战略文化影响的产物。

（一）结构主义的视角

冷战以后，随着国际格局的深入调整，世界各主要大国的相互关系也发生着深刻的变化。美国作为唯一的超级大国，虽然面临着扩张过大的负担和新兴国家崛起的挑战，但在当前和未来一段时间里仍然是最具实力和政治影响力的国家；中国经过长期改革开放和建设的积累，已成功跃升至第二经济大国的地位，并开始积极投身国际治理的各项事业中；印度自20世纪90年代开启经济改革大幕后，国家实力和国际影响力也在稳步提升当中。中美印之间的相对力量变化构成了印度开展三边外交的国际背景。

首先，从实力及其影响范围的角度看，随着中美印相互关系"从一组仅具局部影响的关系逐步发展成具有全球战略影响的大国关系"①，印度在国际事务中更加需要时时关注中国和美国的影响以及中美关系的走向。进入21世纪以来，在美国保持"一超"地位的同时，以中国、印度为代表的新兴国家成功实现"他者的崛起"。中美印三国越来越被认为是未来最具实力和影响力的三个国家。从实力结构上看，中美印三国人口加起来约占世界总人口的41%，中国、印度、美国分别是世界上人口排名前三位的国家；三国经济总量在2011年约占世界经济总量的35%，从2007—2011年，中美印三国对世界经济增长的贡献率为36.3%，其中中国24.3%（世界第一）、美国7.2%（世界第四）、印度4.8%（世界第五）②；三国都是拥核国家。因此，美国国家情报委员会预测，到2025年，美国、中国和印度将分别占据各大国政治经济影响排名的前三位③。在实力跃升的同时，中印两国的脚步也开始从本区域迈向世界其他区域，成为成长中的世界性大国。更为重要的是，中印两国都将影响力拓展到对方所在的次区域中。中国借助多国联合打击索马里海盗和亚丁湾护航的机会，实现了远洋海军在印度洋地区的常态化存在，对印度洋海运安全的重视也促使中国广泛与印度洋周边的巴基斯坦、孟加拉国、缅甸等国加强联系、深化合作；而印度自上世纪90年代拉奥政府实施"东向政策"以来，与东亚、东南亚国家的关系也在不断深化。加之美国一直以来在太平洋、印度洋的存在，中美印三方的互动正逐渐从过去南亚次大陆向周边区域拓展。因此，印度在走向世

---

① 陈文鑫："中美印三边关系：性质、特点及走势"，载于中国现代国际关系研究员美国研究所：《中美亚太共处之道：中国·美国与第三方》，北京：时事出版社，2013年版，第246页。
② 同上书，第247—248页。
③ 同上书，248页。

第十三章 崛起中的印度：中美印三边关系与西藏问题

界的过程中需要更加关注与中、美之间的三边互动。

其次，从相互关系的角度看，印度与中国、美国的双边关系以及中美印三边联动关系的深入，促使印度格外看重与中国和美国的互动以及中美关系的走向。印度与中国作为欧亚大陆边缘两个新兴大国，自建交以来就一直处在复杂纠结的关系中。中印两国建交后就开始了围绕西藏地位问题的外交斗争。彼时印度刚刚从英国殖民统治下独立不久，旋即继承了英国对中国西藏的渗透和分化政策，一方面企图阻止中国中央政府与西藏地方政府的谈判以及解放军进军西藏，妄图将西藏变成中印之间的缓冲区，另一方面坚持1914年的《西姆拉条约》和"麦克马洪线"的正当性，非法占领中国领土[1]。1959年西藏叛乱和1962年发生边界战争后，中印两国开始了长达20多年的敌对期，直到1988年印度总理拉吉夫·甘地访华，中印关系才重新正常化。但正常化后的中印关系仍经常面临边界纠纷、达赖集团活动、水资源争端等问题的影响。不过印度与中国同为发展中大国，都有着改进现存国际秩序的需求，随着各自经济实力的增强和国际地位的提升，印度与中国在应对气候变化等多边问题上更有着相互协作的迫切要求[2]。此外，印度在联合国"入常"问题上也需要中国的支持[3]。因此印度与中国的关系一直以来都处于一种上下起伏的震荡状态中。相比而言，印度与美国的关系发展则较为平稳，虽然美国与印度的宿敌巴基斯坦是同盟关系，并且在20世纪70年代印度与苏联建立准同盟关系以及90年代印度核试验后，双方有过关系的倒退，但整体上由于美国有借助印度平衡中国的需

---

[1] 张植荣：《国际关系与西藏问题》，北京：旅游教育出版社，1994年版，第102—105页。

[2] 张宇宏：《中国和印度应对气候变化政策的对比研究》，中国政法大学硕士论文，2011年版，第39—41页。

[3] "巴官员称若没中国支持 印度入常永远不可能"，http://mil.huanqiu.com/world/2010-11/1275959.html。

要，双边关系一直不算太差。进入新世纪以来，美印关系迅速升温，两国高层互访频繁，美国甚至在印度没有签订《核不扩散条约》的情况下于2006年同意向其转让民用核燃料与核技术①。除中印、美印双边关系重要性不断提升外，中美两国的互动对印度的影响也越来越明显。1998年克林顿总统访华时，与中国共同发表《关于南亚问题的联合声明》，谴责印度的核试验，提出中美帮助解决印巴分歧等建议②。2009年奥巴马总统访华时发表的《中美联合声明》也同样对南亚问题表示关注，提出"双方愿就南亚问题加强沟通、对话与合作，共同促进南亚和平、稳定和发展"③。这两次声明都引发了印度的强烈不满和对中美联手干预南亚事务的担心。

（二）战略文化的视角

印度的对外政策，特别是在中美两国中间保持一种动态的不对称平衡立场，既是印度基于对自身国家利益和国际格局判断的自觉选择，也是受本国战略文化潜移默化影响的自在行为。印度在历史上有过长期邦国林立、征战的历史，也有过数次北方游牧民族大规模入侵的经历，由此形成了印度独特的传统国际关系文化。进入近代以后，英国对印度的殖民也给印度带来了西方国际关系思想的冲击。由此，印度形成了兼具传统和现代风格的二元政治和战略文化④。在印度的战略文化中，比较有影响力的主要是脱胎自传统思想

---

① 卫灵："析美印关系及其对华影响"，《教学与研究》，2007年第5期，第68页。
② 慕永鹏："中美印三边关系——形成中的动态平衡体系"，《国际问题研究》，2006年第5期，第16页。
③ 《中美联合声明》，《人民日报》2009年11月18日，第2版。
④ 宋海啸：《印度对外政策决策——过程与模式》，北京：世界知识出版社，2011年版，第40页。

的"考底利耶主义"（Kautilya Doctrine）和尼赫鲁的大国政治思想。

第一，考底利耶主义构成了印度均势战略的基础。考底利耶主义源自古印度孔雀王朝第一代首辅大臣考底利耶的思想，其战略思想可以用彻底的现实主义、"曼荼罗"（Mandala）式的地缘政治观来加以概括。"曼荼罗"又可译为"坛城"，源自古印度婆罗门教和佛教对宇宙进行高度概括的形象化概念，通常用若干同心的圆圈和正方形重叠，以代表整个世界。考底利耶的曼荼罗地缘政治观以本国为中心画出若干同心圆，最邻近本国的直接邻国最有可能成为敌人，而紧邻直接邻国的国家有可能成为自己的朋友，再向外紧邻友好国家的远方国家可能是一个不友好国家或敌人的友好国家，以此类推①，简言之，就是以地理距离的远近和相邻与否判断友好或敌对程度。这种思想与中国先秦的"远交近攻"思想颇有相似之处，但更加凸显一种整体战略观，即以印度为中心观察整个世界政治。基于这种曼荼罗思想，美国学者乔治·坦纳姆对印度的地缘政治策略进行了如下描述："第一圈是印度自身，第二圈包括印度的小的直接邻国——斯里兰卡、尼泊尔、孟加拉国和马尔代夫，第三圈包括巴基斯坦——唯一敢挑战印度地区军事力量的次大陆国家、中国——印度在亚洲最大的对手、苏联——印度亚洲地缘政治圈甚至世界氛围内的最好朋友和伙伴；印度洋地区构成了第四圈，印度相信它既为印度提供了机遇，也带来了挑战；最后一圈则包括更远的强国和世界上的其余国家。"② 在考底利耶主义的影响下，印度将邻近自己的巴基斯坦、中国视为威胁或竞争对手，并积极发展与区域外的苏联/俄罗斯和美国的关系，以此平衡巴基斯坦、中国的威胁。这也部分解释了在中美印三边关系中，印度更容易与美国发展出良好关系，而与中国总是受制于各种双边问题，难以进行深层次交流。

---

① 宋德星："印度国际政治思想刍议"，《南亚研究》，2006年第2期，第11页。
② 同上书，第10页。

第二，尼赫鲁大国政治思想构成了印度期望主导南亚—印度洋区域的政策基础。印度独立后的首任总理尼赫鲁在其具有政治思想宣示意义的《印度的发现》一书中写道："印度以它现在所处的地位，是不能在世界上扮演二等角色的。要么就做一个有声有色的大国，要么就销声匿迹。中间地位不能引动我。我也不相信任何中间地位是可能的。"[①] 自此，"做一个有声有色的大国"成为外界理解印度对外战略目标的最形象化的描述。为实现"做一个有声有色的大国"的梦想，以尼赫鲁为代表的第一代印度政治家为印度擘画了陆路和海洋两项经营战略。在陆路方面，主要是尽力削弱巴基斯坦（包括1971年策动并支持东巴基斯坦独立）以及利用达赖集团和"西藏问题"延缓西藏与中国其他区域的整合进程，维持并强化西藏作为一个地缘单位的文化乃至政治独立性，从而事实上变西藏为中印之间的"缓冲区"。陆路战略的核心目标是防止中国的力量进入南亚，并打击南亚区域内印度的反对力量，从而将整个南亚次大陆变为印度的势力范围。在海洋方面，印度则力图营造自身对印度洋的主导地位或防止其他国家控制印度洋。如果说印度的陆路战略源自历史上几次受到北方游牧民族的入侵以及是对英印政府在"大博弈"时期采取的防务政策的继承，那海洋战略则主要源于印度对近代以来受到来自海上的入侵而沦为殖民地的民族记忆。比如印度首任驻华大使、有着印度"海权之父"称号的潘尼迦就曾说过："印度有2000英里以上的开阔海岸线，如果印度洋不再是一个受保护的海洋，那么印度的安全显然极为可虑"，"认真研究一下印度历史上的各种力量，就可以毫不怀疑地认识到：谁控制了印度洋，谁就掌握

[①] 贾瓦哈拉尔·尼赫鲁著：《印度的发现》，齐文译，北京：世界知识出版社，1956年版，第57页。

第十三章 崛起中的印度：中美印三边关系与西藏问题

了印度。"① 印度前外长贾斯万特·辛格对此阐述得更加直白："我们只需思考一下17和18世纪的一个重要失误，就可正确地评价印度洋和通向印度的海路的重要性。这个失误导致外国势力到达印度洋沿岸，最初是为了贸易，大战到后来就是为了征服。"② 印度的海洋战略注定与极端关注海上能源通道和航行自由、并在印度洋的巴林和迪戈加西亚拥有海军基地的美国有着不可调和的矛盾，在印度洋，美印之间的矛盾要超过中印和中美之间的矛盾③。因此，总的来说，一直在谋求大国地位的印度与中国在陆地上、与美国在海洋上都有着根深蒂固的地缘政治矛盾。这也注定了印度不可能在中美之间选边站，而是维持某种平衡状态。

综合考虑传统的考底利耶主义和独立建国后尼赫鲁等人的大国政治思想，可以将印度的区域战略文化大致概括为"区域内主导，区域外平衡"。为实现印度主导南亚—印度洋地区，做"有声有色大国"的梦想，印度需要对位于区域外但在本区域内有力量或影响力存在的美国和中国保持不同程度的警惕，并且特别在意防止中美联手对印度及南亚事务进行干涉，在一方可能威胁印度的区域主导地位时，借助另一方的力量进行平衡，如果出现中美接近的情况，则需要借助其他区域外大国，如苏联/俄罗斯来对冲中美的影响。

---

① 楼春豪："印度洋新变局与中美印博弈"，《现代国际关系》，2011年第5期，第29页。
② 张文木：《世界地缘政治中的中国国家安全利益分析》，济南：山东人民出版社，2004年版，第152页。
③ 楼春豪："印度洋新变局与中美印博弈"，《现代国际关系》，2011年第5期，第29页。

二、印度与中美关系：互动模式

综合考察中美印三边关系的互动历史，可以发现印度对外政策与中美双边关系的走向之间存在较为直接的联动关系。一方面，印度的对外政策，无论是全球政策主张还是具体的区域外交政策，都受到中美关系走势的极大影响；另一方面，印度作为一个南亚地区大国和第三世界中的重要国家，其对外政策和行为也会对中美两国及中美关系产生不同程度的影响。

（一）中美关系起伏：印度外交政策调整的背景

自从独立建国以来，印度的对外战略经历了倡导和平外交、不结盟主义、与苏联建立准同盟关系以及冷战后重回独立自主外交等阶段，其中每次重大对外战略转变都与当时的国际格局演进以及美苏关系、中印关系、印苏关系、中美关系等双边关系的变化有着密不可分的联系。中美关系作为影响印度对外战略的众多外部因素之一，经历了从发挥局部性政治影响到发挥全部性、涵盖政治经济战略多层面影响的转变。中美关系无论恶化还是向好，都会对印度及其对外行为产生深远影响。

第一，印度利用中美竞争分别获取最大利益。在中美相互竞争加剧时，印度作为第三方因素往往成为双方都要争取、或至少防止成为敌对方的对象，此时印度也会利用这种相对超然的地位，从中美两国分别获取利益。一方面，美国为平衡中国的影响，会向印度提供从道义援助到技术支持的各项对外援助措施。1962年中印边界

第十三章　崛起中的印度：中美印三边关系与西藏问题

战争期间，面对印度军队兵败如山倒的局面，美国肯尼迪总统就曾派遣航母前往孟加拉湾，以示对印度的支持，并向印度提供了大量经济和军事援助①。进入新世纪以来，面对中国的持续崛起，美印关系也走向了实质合作的阶段。美印当前的战略合作主要在军事合作与民用核技术、核材料转让两方面。2002年美国宣布向印度出售价值1.46亿美元的8套武器定位雷达系统，此后印美武器贸易开始大幅增加。从2002年开始，两国举办联合军事演习的规模也越来越大，并开始轮流在美国的阿拉斯加水域和印度的东西海岸举行。2005年印度与美国签署了长达10年的防务合作协议，内容包括两国联合生产武器、进行相关技术转移以及在导弹防御体系方面开展合作，被称为"美印国防合作新框架"②。2012年，美印再次签署了一项价值80亿美元的防务合作协议，美国宣布向印度出售C-17和C-130J大型运输机③。美印之间的安全与防务合作，使印度成为全世界唯一的同时与美国和俄罗斯两大军事强国有防务合作协议的国家。除军事合作外，民用核协议是印度从美国获取的另一大收益。2008年美印正式签署民用核合作协议，根据协议，美国将向印度提供民用核技术，并承诺"永久输出"美国使用过的核燃料。此前美国只对极少数盟国如日本和欧盟国家提供过核技术与核材料④。另一方面，为防止印度与美国结成事实上的遏制中国的同盟，中国也需要对印度作出某种程度的让步。1962年中印边界战争胜利后，中国单方面宣布停火，向1959年以前实际控制线以北撤军，并向印方交

---

① 张贵洪："美印战略伙伴关系与中国：影响和对策"，《当代亚太》，2005年第5期，第30页。

② 《印美10年防务协议背后的较量》，http://news.163.com/05/0710/02/10921P8G0001121Q.html.

③ 《印度与美国即将签署价值80亿美元防务合作协议》，http://intl.ce.cn/specials/zxxx/201204/28/t20120428_23283000.shtml.

④ 张贵洪：《中美印三边关系研究》，北京：时事出版社，2013年版，第183页。

还被俘的印军官兵和缴获的印军武器装备。这一举动固然有争取国际舆论、防止后勤补给线过长的考虑，但避免将印度推向当时敌对的美国一方也是重要的原因。2006年中印两国能源部门的负责人共同签署了一份备忘录，承诺两国石油企业在共同参与第三国能源项目的竞标前互通消息，以避免竞争激烈导致的价格战。考虑到此前印度企业在与中国企业竞争的过程中屡屡败北，签署这一备忘录事实上是中国向印度保证愿意在国际场合照顾印度的利益[1]。

第二，印度在中美关系缓和时被迫进行外交调整。1959年印度与中国因为边界领土问题和西藏叛乱、达赖喇嘛出逃印度等事件的影响开始交恶，美国便开始刻意拉拢印度，力促其成为遏制中国的先锋，1962年中印边界战争后美国的这一倾向就更加明显。印度虽然没有放开手脚与美国结盟对抗中国，但对美国的各项援助却是来者不拒；对中国虽然没有进一步的军事行动，却放任境内的流亡藏人武装对中国西藏进行袭扰。对于这种"中立"地位，尼赫鲁在接受埃德加·斯诺采访时曾说："印度永远不会出卖自己的独立而加入任何一个'阵营'。我们将竭尽自己一切力量防止它们之间的任何战争，万一发生这种战争，我们将尽一切努力不卷进去。我们根本经受不起跟强大的敌人作对。我们唯一的机会是争取五到十年时间，搞建设。"[2] 但印度的这种超脱地位是建立在美国、苏联和中国相互敌对的基础上。1971年基辛格秘密访华后，中美关系开始解冻，与中国处于冷战状态的印度也开始了外交调整。同年，印度放弃坚持多年的不结盟立场，与苏联签订《印苏和平友好条约》，事实上建立印苏准同盟关系。此后南亚地缘政治的基本格局变成以巴基斯坦和

---

[1] 张贵洪：《中美印三边关系研究》，北京：时事出版社，2013年版，185页。
[2] 张文木：《世界地缘政治中的中国国家安全利益分析》，济南：山东人民出版社，2004年版，第142页。

美国、中国为一方，以印度和苏联为另一方的集团冷战状态①。另一个例证是"9·11"事件后，美国出于反恐的需要加强与巴基斯坦和中国的关系，中美关系随之进入一段将近10年的良性发展期。虽然此时美国也在通过"两面下注"的手法同时强化与印度的联系，但印度却不满足于中美印三边关系被美国主导，而是选择主动与中国改善关系。2003年6月印度总理瓦杰帕伊访华，中印两国就锡金和西藏的地位问题达成妥协，中国事实上默认了印度对锡金的主权②，而印度则做出更大让步，在双方发表的《中印关系原则和全面合作宣言》中首次以文件条款的形式表示："印方承认西藏自治区是中华人民共和国领土的一部分，重申不允许西藏人在印度进行反对中国的政治活动。"③

（二）平衡外交与战略自主：印度参与塑造中美关系格局

印度的外交政策不仅受到中美关系走势的影响，而且也会主动影响并参与塑造中美关系的基本格局。通过在中美两国之间两边下注，印度的外交政策很大程度上影响了中美关系的进展。同时，一个独立的、奉行战略自主原则的印度也客观上成为中美两国需要共同面对甚至有时需要协同应对的第三方大国。

第一，印度长期以来事实上为美国制衡中国提供了帮助。在中国西南方向，从1956年开始，印度一直默许美国中央情报局使用其领空向盘踞在中尼边境地区的"藏独"武装组织"四水六岗"卫教

---

① 马加力：《崛起中的巨象——关注印度》，济南：山东大学出版社，2010年版，第110页。
② 张贵洪：《中美印三边关系研究》，北京：时事出版社，2013年版，第184页。
③ 《中华人民共和国和印度共和国关系原则和全面合作的宣言》，http://news.qq.com/a/20090807/000748.htm

军空投武器、物资和人员补给①,并允许达赖喇嘛在印度国土上成立"西藏流亡政府",从事反华活动。美国借道印度向"藏独"势力提供援助的秘密活动一直持续到1969年尼克松上台,此后随着美国中情局力量的撤退,印度与中国之间的直接对立也开始得到缓解。在中国东南方向,美国宣布"重返亚太"后,印度也加大了在亚太地区的活动。实际上早在上世纪90年代拉奥政府时期,印度就开始实施"东向政策",力图全面发展与东南亚国家的关系,积极融入亚太。在这种政策驱使下,印度与东盟的关系不断升温,从东盟的"部分对话伙伴"很快发展为"全面对话伙伴"、"东盟地区论坛"成员以及继中、日、韩之后第四个与东盟举行单独峰会的国家②。在所有亚太国家中,与印度保持最为密切安全合作关系的当属越南和日本,而这两国都是与美国有着紧密安全关系并与中国拥有领土/领海争议的国家。印度与越南从2007年将两国关系提升为"战略伙伴"关系以后,在海军装备、技术和人员培训等方面向越南提供了大量援助;印度与日本在美国宣布"重返亚太"后也加强了安全合作,2011年10月,印度外长克里希纳访日并在与日本外相玄叶光一郎举行战略对话时提出双方在海洋等问题上加强安全保障合作,一个月后印度国防部长安东尼访日,也达成印度海军与日本海上自卫队进行联合演习的协议③。印度在亚太的活动并非直接与美国相互联动,对中国进行制衡,但客观效果上为美国重返亚太、限制中国在亚太地区影响力的提升起到了帮扶的作用。当然印度的很多活动都进行得比较谨慎,只是加强与亚太区域国家的双边合作,并不与中

---

① 程早霞:"美国中央情报局与中国西藏",《中国边疆史地研究》,2004年第1期。

② 陈文鑫:"中美印三边关系:性质、特点及走势",载于中国现代国际关系研究员美国研究所:《中美亚太共处之道:中国·美国与第三方》,北京:时事出版社,2013年版,第254页。

③ 同上。

第十三章　崛起中的印度：中美印三边关系与西藏问题

国发生直接的冲撞。

第二，印度在全球政治舞台和许多具体国际场合与中国一起反对美国的霸权。上世纪50年代，印度和中国同为发展中国家中的大国，一度相互扶持，共同倡导"和平共处五项原则"，反对霸权主义。1956年印度与埃及、南斯拉夫共同首倡"不结盟运动"，并于1961年使这一构想变成现实。这些国际行为表明，印度具有很强的发展中国家和第三世界国家的自我认同，以及这些认同背后体现的反对霸权主义和殖民主义的思想。而反霸与反殖思想又与印度的民族记忆和大国理想有着密不可分的联系。印度战略家拉贾·莫汗曾说："作为世界上最大的民主国家，印度是欧美之外最推崇西方政治价值观的国家。但是印度在独立后的经济和外交政策都是与西方对抗的，直到上个世纪80年代后期，印度投票反对美国和西方的次数比苏联都多。在印度的政治家中，反对西方经济模式及其外交政策目标已经成了一个老习惯"，"印度在反殖斗争中深入人心的反帝思想已经蜕变成不假思索的反西方主义了"[1]。这样的描述固然有很多夸张的成分，但也部分展示了印度所具有的反对以美国为首的西方力量的外交传统。由于印度的发展中国家身份以及长期奉行的立足第三世界反对霸权主义的外交传统，中国和印度才会在一些多边场合，如联合国气候变化大会上协调立场，坚持"共同但有区别的责任"原则，反对发达国家的不公平主张[2]。

第三，印度的一些对外政策和行为本身构成中美关系推进的动力。印度作为谋求在南亚建立主导地位的国家，其南亚区域政策难免与美国的利益发生冲突，此时美国往往倾向于借重中国来平衡印

---

[1] 马加力：《崛起中的巨象——关注印度》，济南：山东大学出版社，2010年版，第110页。

[2] "气候大会苦谈14天敲定新协议 解振华斥发达国家"，http://news.qq.com/a/20111212/000090.htm。

度。1971年第三次印巴战争爆发后,印度不断提高战争规模,企图一战消灭巴军主力,占领巴控克什米尔和孟加拉地区。这给刚刚经历基辛格秘密访华、两国关系尚未正式解冻的中国和美国带来了进一步拉近距离的机会。基辛格与中国驻联合国大使黄华就南亚局势进行了深入接触,基辛格甚至婉言提出希望中国出兵帮助巴基斯坦①。1998年印度核试验后,美国总统克林顿在访华期间与中国国家主席江泽民共同发表了《关于南亚问题的联合声明》,谴责印巴进行核试验,希望"防止南亚核及导弹竞赛升级,加强国际防扩散努力,促进印、巴和解并通过和平方式解决两国分歧"。这表明,中美双方都有意愿参与到南亚事务中,特别是解决印巴之间长期的紧张关系②。可以说,每当南亚出现地区紧张局势的时候,美国为解决南亚的争端都会希望得到来自中国这个距离南亚最近的大国的协助,中美关系也会因此获得向前发展的动力。

三、"西藏问题":中美印互动关系的样本

在中美印三边关系中,"西藏问题"可能是为数不多的任何一对双边关系都要涉及的问题。中美关系中的"西藏问题"主要是两国围绕西藏的主权地位和人权状况的争斗,核心内容则是美国否定中国治理西藏的合法性和治理绩效。中印关系中的"西藏问题"主要是西藏是否应被中国有效整合以及印度境内流亡藏人的安置和活动

---

① 《第三次印巴战争期间,美国曾请求中国支援巴基斯坦》,http://news.ifeng.com/mil/history/201002/0210_1567_1543886.shtml。

② 张贵洪:《中美印三边关系研究》,北京:时事出版社,2013年版,第177页。

第十三章 崛起中的印度：中美印三边关系与西藏问题

问题，具体来说就是印度继承了英印殖民政府的变西藏为中印之间缓冲区的主张，在承认西藏为中国一部分的同时，希望维持和扩大西藏的自治地位，减缓西藏与中国其他地区的经济文化整合进程，从而变相达到"缓冲"的目的[①]；以及中国希望印度制止流亡藏人的反华活动以及达赖集团人员的国际活动。美印关系中的"西藏问题"则相对比较简单，主要指美国希望印度停止对流亡藏人反华活动的限制，并给予流亡藏人更多的照顾，包括给更多流亡藏人发放居留证，改善流亡藏人社区基础设施，而印度则对流亡藏人心存疑虑，不愿意放开居留资格。因此，以"西藏问题"作为视角，或许对于理解中美印三边互动，特别是印度在中美两国中间采取的动态非对称的平衡政策能有所裨益。

（一）中美印三国的涉藏政策

认识中美印三国围绕"西藏问题"展开的互动，首先需要对三个国家各自的涉藏政策有一个大致的了解。

第一，中国的涉藏政策。中国始终强调，西藏事关中国主权与领土完整，是中国的核心利益[②]，因此在外交场合从来都是通过坚定而明确的语言向各国政府传递中国的涉藏政策信号。中国在国际关系领域处理涉藏事务大致基于三方面原则，其中虽不乏灵活性，但主要包含了强烈的坚定性：（1）一再重申西藏是中国不可分割的一

[①] 时至今日还有印度政要主张将印度的官方涉藏政策表述更改为"印度承认西藏是中国的一个自治区"，这种文字游戏式的更改暗含了中国如果不能真正落实西藏的自治地位，则印度不承认其为中国一部分，参见 Rajiv Sikri, *Challenge and Strategy, Rethinking India's Foreign Policy*, (New Delhi: Sage Publications India Pvt Ltd, 2009) .

[②] "台媒：胡锦涛强调台湾西藏是中国核心利益"，中国西藏网，http://www.tibet.cn/hwsj/jd/201101/t20110124_874481.html。

部分，所谓"西藏流亡政府"并不具有任何合法性。承认这一事实是外国政府与中国发展外交关系的前提条件。正是由于中国在该问题上不容妥协的态度，促使越来越多国家的政府公开承认西藏是中国的一部分。但是，由于考虑到与一些国家外交的大局，中国在双边多边关系中只是自己坚持"西藏流亡政府"是一个"背叛祖国的分裂主义政治集团"①，而没有要求其他国家政府做类似的表态，或由于国家实力的局限，无法要求其他国家这样做，从而导致在挤压达赖集团国际活动空间的努力中留下一条巨大的缝隙，使一些国家政府可以公然将"流亡政府"当成非政府组织加以援助。（2）坚持"西藏问题"和达赖喇嘛问题都是中国的内政。基于对西藏不可褫夺的主权，中国政府坚持西藏事务是中国的内政，反对任何国家政府、组织或个人以任何形式干预中国内政，即使是言论上搬弄西藏话题一样会被视为干涉中国内政②。同时，主张达赖喇嘛及"西藏流亡政府"的问题是西藏反分裂斗争的遗留问题，同样属于中国的内政，任何会见达赖喇嘛或其"流亡政府"其他官员的举动都会被看作对中国内政的干涉。（3）对于外国领导人接见达赖喇嘛等干涉中国内政的举动给予必要的外交反制。这其中比较著名的案例就是2008年法国时任总统萨科齐在会见达赖喇嘛后，中国政府推迟了中欧峰会的召开，事实上也等于推迟了上亿欧元的采购项目③。

第二，美国的涉藏政策。作为"西藏问题"国际化最主要的推动者，美国对西藏的政策可以说完全植根于其《西藏政策法》。根据

---

① "中国政府绝不会让达赖分裂国家的图谋得逞——朱维群在柏林与德国媒体座谈实录"，中国西藏网，http://www.tibet.cn/news/index/xzyw/201202/t20120209_1585978.htm。

② "外交部：坚决反对美议员借涉藏问题干涉中国内政"，人民网西藏频道，http://xz.people.com.cn/n/2012/0329/c138901-16891320.html。

③ "中欧峰会推迟，中方对欧百亿采购大单押后"，网易财经，http://money.163.com/08/1208/07/4SKGU8KG00252G50.html。

第十三章 崛起中的印度：中美印三边关系与西藏问题

《西藏政策法》，美国的涉藏政策包括：（1）支持达赖喇嘛与中国谈判方面。总统和国务卿有责任推动中国政府与达赖喇嘛及其代表就西藏的问题进行对话并达成有关协议。作为该工作的具体体现，总统应每年向国会提交一份报告，介绍中国政府与达赖喇嘛对话的情况以及美国政府为促进对话所采取的行动。（2）操纵涉藏议题方面。国务院每年发布《年度国别人权报告》和《国际宗教自由报告》应单列"西藏"部分，国会与行政当局中国委员会（CECC）每年发布的关于中国人权状况的报告中应包含中国政府与达赖喇嘛对话以及西藏传统文化、人权保护方面的内容。总统和国务卿应敦促中国释放因政治和宗教观点入狱的犯人。美国驻华大使应设法与"真正的"十一世班禅取得联系，并敦促中国政府释放班禅，停止干涉西藏宗教事务。（3）提供经济和文化援助方面。美国应提供或支持有利于西藏人民文化权利和自我发展的经济项目。此外，美国应继续向中国境外的流亡藏人提供经济、文化方面的支持。（4）拓展涉藏工作机构和手段方面。国务卿应寻求在拉萨建立总领事馆，保证外交官员得到藏语方面的培训，并且确保向中国派遣懂藏语的外交官，以监督西藏的发展。正式授权设置西藏问题特别协调员。[①]

第三，印度的涉藏政策。在关于西藏地位的公开表态方面，印度一直比较谨慎，始终坚持自拉吉夫·甘地时期重新确立的公开承认"西藏是中国一个自治区，不允许藏人在印度进行反华政治活动，西藏事务纯属中国内政"的立场[②]。但在对待境内的"西藏流亡政府"和十几万流亡藏人方面，印度的态度则复杂得多。1959年，西藏爆发反动农奴主等人的叛乱，导致达赖喇嘛和数万藏人进入印度，

[①] 肖杰："涉藏议题：美国的政策与操作"，载于孙哲主编：《亚太战略变局与中美新型大国关系》，北京：时事出版社，2012年版，第103—104页。

[②] 李涛、王新有："20世纪中叶以来印度对华政策中涉藏行为分析"，《南亚研究季刊》，2009年第4期，第8页。

· 347 ·

成为流亡藏人。印度以同情藏人的理由予以接纳和安置，在中央层面建立中央西藏救济委员会，下设藏人安置办公室，划拨土地、物资、经费用于安置流亡藏人[1]。但印度政府对于突然涌入的数万藏人也并非完全敞开心扉、毫不设防，事实上，印度为了安置大批流亡藏人也进行了缜密的思考。一方面对大量且秉持不同文化观念和生活习惯的难民在管理上对印度各级政府提出了不小的挑战，印度政府在管理流亡藏人方面需要仰赖达赖喇嘛的"流亡政府"，这也符合达赖喇嘛自身对于维护藏人文化传统和认同的诉求；另一方面，大批藏人聚集在一起有可能成为印度难以插手的"国中之国"，这也是印度无法忍受的，况且印度在官方声明中也不可能正式承认"西藏流亡政府"的合法性。因此印度最终决定对流亡藏人实行"集中管理、分散安置"的政策，即将"西藏流亡政府"视作流亡藏人自我管理的机构，建立若干定居点用于安置和管理流亡藏人，并允许"西藏流亡政府"在定居点设置管理机构及人员，但限制定居点的规模，并将定居点分散在印度各地，使藏人难以大规模集中[2]。对于不同阶层的藏人，印度采取的政策也有所不同。对于达赖集团特别是其中的"西藏流亡政府"，印度政府自始至终不予承认，尼赫鲁甚至在第一次与达赖喇嘛会面时，当听到达赖喇嘛说起建立"流亡政府"的消息后，非常坚定地予以反对[3]。但对于达赖集团高层人员，印度政府一直礼遇有加，对其政治活动也给予支持或至少是持默认的态度。而近些年来，印度更开始以藏传佛教为手段，对中国境内藏区

---

[1] 李涛、王新有："20世纪中叶以来印度对华政策中涉藏行为分析"，《南亚研究季刊》，2009年第4期，第8页。

[2] 与前驻印使馆藏胞事务参赞旺堆的访谈，2012年11月28日，北京。

[3] 苏嘉宏：《流亡中的民主——印度流亡藏人的政治与社会，1959—2004》，台北：水牛出版社，2005年版，第122页。

第十三章 崛起中的印度：中美印三边关系与西藏问题

施加影响力，并在国际上提升印度的文化软实力①。对于普通藏人，印度则相对严苛一些，特别是在早期建立定居点的过程中，很大程度上将流亡藏人变成开辟荒地、进行基础建设的廉价劳动力②。总的来说，印度对达赖集团和普通藏人的政策有所不同，并且两者都随着历史环境的不同而变化。

综合考察中美印三国的涉藏政策，可以看出三个国家在对待"西藏问题"上的政策几乎毫无交集。中美在"西藏问题"上矛盾最深，中国如认可美国对中国涉藏政策的指责并根据美国的立场进行自我修正，无异于对西藏现有的治理体系、模式和秩序的彻底否定。因此中美在"西藏问题"上的矛盾最具有不可调和性。中印在"西藏问题"上的矛盾目前主要集中于印度不愿意彻底约束流亡藏人的反华活动。与美、欧国家利用"西藏问题"干涉中国内政不同，印度较少对中国西藏的内部事务发表评论。这种不同除了由于两国的近邻关系和相似的国内社会状况以外，还在于印度境内生活着近十万藏人。大量流亡藏人的存在、特别是达赖政治集团的存在，给了印度撬动中国政策的有效杠杆，使印度不必干涉中国内政，只需对流亡藏人的政治活动放松一些就能对中国施压。但流亡藏人的存在也是印度社会的巨大包袱，甚至是隐患。伴随着后达赖时期的到来，一些激进藏人的活动可能破坏印度国内安全，加剧一定范围内的民族、宗教冲突。美印在"西藏问题"上矛盾最少，甚至互动也最少。冷战时期美印两国还存在是否给予"藏独"武装更多直接支持的分歧，如今则只剩下流亡藏人的居留权和生活条件等少数问题。三国之间围绕"西藏问题"矛盾重重，但美国和印度都不愿意彻底

---

① 范名兴："佛教外交——印度对西藏政策的组成部分"，《南亚研究季刊》，2013年第2期，第84—86页。

② 苏嘉宏：《流亡中的民主——印度流亡藏人的政治与社会，1959—2004》，台北：水牛出版社，2005年版，第140—142页。

放弃打"西藏牌"的政策,从而形成了三国在"西藏问题"上复杂的互动轨迹。在"西藏问题"上,中美关系作为矛盾最深一对关系,受到了印度角色的很大影响。

(二)中美印在"西藏问题"上的互动历程

从中美印三边互动的意义上看,"西藏问题"的走向大致可以划分为四个阶段。

第一,1947—1954年。严格意义上说,"西藏问题"产生于1959年西藏叛乱和达赖喇嘛出逃并组建"西藏流亡政府",但若追根溯源,追求"西藏独立"的力量产生最早可回溯到1904年英国对西藏的入侵。此后西藏地方政府中一些上层开始萌生了对中央政府的离心倾向,并积极向英国靠拢。此时英国殖民下的印度成了西藏地方政府与英国沟通的中转站,以及西藏一些上层精英学习的对象[1]。1947年印度独立后,当即继承了英国殖民当局的南亚政策,也全盘继承了英印政府与西藏地方的各项不平等条约,接收了英印政府派驻西藏的各级代表[2]。从1947—1949年,西藏陆续发生了旨在寻求独立的参加"泛亚会议"、夏格巴商务代表团出访、"驱汉"事件等一系列事件,而印度在其中都发挥了重要作用,特别是1949年新中国建立前夕的"驱汉"事件,就是在印度驻拉萨代表黎吉生的直接挑动下发生的[3]。1949年,美国在最终认识到国民党即将失去大陆后,也开始加入到对"西藏问题"的干预中。当年1月,美

---

[1] 梅·戈尔斯坦著,杜永彬译:《喇嘛王国的覆灭》,北京:中国藏学出版社,2005年版,第73—89页。
[2] 王宏纬:《当代中印关系述评》,北京:中国藏学出版社,2009年版,第50—60页。
[3] 同上书,第61页。

第十三章　崛起中的印度：中美印三边关系与西藏问题

国驻印度大使韩德逊（Loy Henderson）给国务院发去一封电报，提出由于国民党有可能最终失去中国，美国应重新修订对西藏的政策，承认"西藏独立"①。这封电报也引起了美国国内关于"西藏地位问题"（status of Tibet）的大讨论，虽然结果是美国没有立即修正官方立场表述，但却加强了对西藏局势的关注。随着新中国的建立，美国和印度都将目光投向西藏，希望阻止人民解放军进军西藏。在这一时期，美国对"西藏问题"直接干涉相对有限，印度则表现更为积极。在解放军进军西藏以及中央政府与西藏地方政府谈判的过程中，印度多次向中国发出照会，希望中国不要向西藏派军②。西藏和平解放后，印度又向中国提出希望保持在西藏的特权，包括通往江孜商路上的邮政和电信管辖权、在亚东和江孜驻军等③，这些都是对中国主权的直接侵犯。由于中国的坚决反对，也由于中印两国有在国际政治中携手合作的需求，印度最终放弃了直接染指西藏的企图。1954年4月，中印两国签署《关于中国西藏地方和印度之间的通商和交通协定》，解决了西藏的地位以及印度在藏特权等问题，但中印边界问题在该协议中并没有得到解决，这也为两国日后的领土和边界争端埋下了伏笔。在这一时期的中美印互动中，中印互动比较热烈，美国虽然有干预的冲动，但印度对美国提出合作干预西藏事务的建议并不热衷④，美国无处着力。

第二，1954—1972年。1954年美国制定了秘密援助地下反共力

---

① 李晔："20世纪美国西藏政策述论"，《西藏研究》，2003年第2期，第2页。
② 王宏纬：《当代中印关系述评》，北京：中国藏学出版社，2009年版，第76—77页。
③ 同上书，第80页。
④ 美国认为印度对于合作提议不关心的原因有三："一是印度本身正在给藏人提供其所需；二是在政治上印度不希望与美国有一个明显的合作项目共同反对中国；三是美国没能满足印度提出的军援请求，如坦克零部件。"参见程早霞："50年代美国的西藏政策及其秘密行动"，《史林》，2008年第2期，第151页。

量的 NSC5412 计划，并决定由中央情报局开展针对西藏的秘密行动①。此后从 1956 年开始，中情局通过达赖喇嘛在境外活动的两个哥哥，从藏区招募叛乱失败后分散的康巴叛匪，先是在塞班岛，后转移至科罗拉多州的海尔营进行特种训练，随后空投回藏区发动新的叛乱②。1959 年西藏叛乱失败以及达赖喇嘛出逃后，美国更加大了这一秘密行动的规模，不断向印度境内的"印藏边境特种部队"和尼泊尔境内的"四水六岗"卫教军等流亡藏人武装组织提供武器装备和资金支持。在美国的支持下，"藏独"武装组织长期对中国境内各藏区进行渗透和武装袭扰。中情局的这一秘密行动一直持续到 1972 年尼克松访华，此后中美关系开始正常化，美国也逐步减少了对"西藏流亡政府"的各项支持。一时之间，"流亡政府"沦为"冷战孤儿"。这一时期，印度经历了从对华友好到兵戎相见再到长期冷战的关系转变。由于边界纠纷，中印两国分别在 1959 年和 1962 年进行了两次边界冲突，特别是 1962 年边界战争后，中印关系迅速滑向低谷。印度也开始追随美国的步伐利用"西藏爆发问题"制约中国。1962 年边界战争后不久，印度就开始招募流亡藏人，组建印藏边境特种部队，对藏区进行袭扰；并与美国开始密切的情报合作，以对中国进行监听和情报收集互动③。此时的印度在"西藏问题"上与美国建立了深度的合作关系，共同利用"西藏问题"对中国进行压制。但印度也并非毫无保留地"联美抗中"，而是尽可能避免与中国的再次正面冲突，比如印度虽然允许并支持达赖集团从事包括对境内藏区进行武装袭扰在内的各项反华活动，但印度军队始终没

---

① 李晔："20 世纪美国西藏政策述论"，《西藏研究》，2003 年第 2 期，第 4 页。
② 程早霞："50 年代美国的西藏政策及其秘密行动"，《史林》，2008 年第 2 期，第 156 页。
③ 王金强："二战后美国对西藏政策的调整——从约翰逊到尼克松"，《美国研究》，2011 年第 1 期，第 144—145 页。

第十三章 崛起中的印度：中美印三边关系与西藏问题

有参与对中国的直接进攻；印度与美国的合作也仅限于接受武器装备援助和情报合作，没有更深层次的军事合作关系。

第三，1972—1979年。1971年、1972年两年时间里，国际格局发生了深层次变化。中美关系开始解冻并逐步构成对抗苏联的准同盟，印度与苏联也建立起了类似的准同盟关系。这些国际格局的变化投射到"西藏问题"上，构成了"西藏问题"迅速冷却的根本动因。美国停止了对"西藏流亡政府"和"藏独"武装的支持，达赖集团也很快成为了印度手中的一块烫手山芋。为了防止在"西藏问题"上陷入单独与中国甚至与中美联合对抗的局面，印度也向中国作出让步，收回印藏边境特种部队的全部指挥权，将其撤至距离中印边境10公里的地区，并默许了印度事实上的"保护国"尼泊尔1973年剿灭"四水六岗"卫教军的军事行动。这一时期的历史表明，如果没有美国的参与，印度不可能在"西藏问题"上与中国发生冲突。

第四，1979年至今。1979年，达赖喇嘛首次访美，标志着"藏独"势力开始将"西藏问题"国际化特别是"美国化"作为其谋求生存、提高影响，并进而重新与中央开展博弈的根本手段[①]。1987年9月，达赖喇嘛获邀前往美国国会发表演讲，提出所谓的"五点和平计划"[②]。这表明美国再次卷入"西藏问题"，而这一次美国国会开始成为干预"西藏问题"的主角。从1987年通过第一个重要涉藏议案开始，美国国会越来越深入地支持达赖集团与中国政府开展博弈，而总统和行政当局也或主动或被动地在其中起到推波助澜的效果。美国通过抬高达赖喇嘛的地位并赋予其在"西藏问题"上与

---

① 肖杰："涉藏议题：美国的政策与操作"，载孙哲主编：《亚太战略变局与中美新型大国关系》，北京：时事出版社，2012年版，第97页。

② 孙哲等：《美国国会与中美关系：案例与分析》，北京：时事出版社，2004年版，第359页。

中国政府平起平坐的地位、操纵涉藏人权议题并以此丑化中国的国际形象、通过经济和文化援助来维持流亡藏人社区的存续、拓展涉藏工作机构以加强对境内藏区渗透和影响等措施①，加强对中国的敲打。而印度对西藏的政策可以用"双轨政策"② 来形容，一方面印度承认西藏是中国一部分，并且这一表态越来越具有正式性，同时不承认"西藏流亡政府"，承诺不允许流亡藏人在印度领土上从事反华活动；另一方面默许、纵容甚至支持达赖喇嘛及达赖集团其他上层人物频繁出访，借宗教、人权活动的名义在国际场合攻击中国。据统计，达赖喇嘛在 20 世纪 80 年代共出访 54 次，90 年代 144 次，本世纪最初 10 年共 146 次③。其中访美是达赖喇嘛出访的重点，20世纪在 80 年代共访美 7 次，20 世纪 90 年代 17 次，21 世纪最初 10年 15 次，平均 1 年 1.3 次。达赖喇嘛如此密集的外访除了必要的"化缘"以外，主要的目的就是渲染西藏人民的"悲惨"生活，抹黑中国政府，兜售其"中间道路"主张④。达赖喇嘛之所以能如此频繁地出访，与印度的放行是分不开的。但这一时期印度在"西藏问题"上与美国联动较少，一方面由于印度与中国的关系更加密切，更加复杂，另一方面也由于印度在流亡藏人问题上与美国产生了更多矛盾。经过 20 世纪七八十年代人员的激增，印度的流亡藏人数量

---

① 参见肖杰："涉藏议题：美国的政策与操作"，载孙哲主编：《亚太战略变局与中美新型大国关系》，北京：时事出版社，2012 年版，第 98—102 页。

② 旦增伦珠："印度对藏政策的历史演变"，《西藏发展论坛》，2007 年第 2 期，第 53 页。

③ 根据达赖喇嘛办公室官方网站数据整理，参见 http://www.dalailama.com/biography/travels

④ 肖杰："'藏独'活动美国化：达赖集团在美活动的延续、变迁与对策"，载于孙哲主编：《新型大国关系：中美协作新方略》，北京：时事出版社，2013 年版，第 176 页。

已差不多突破10万①，如此庞大的外来人口给印度带来了社会和安全方面的压力。印度从80年代中期开始对流亡藏人给予了更加严苛的限制，特别是收紧了居留许可证的发放，同时规定现有流亡藏人定居点不得随意扩大②。这些都被美国视为是对藏人人权的侵犯。总的来说，这一时期印度在"西藏问题"上大致维持着对美、对华平衡的政策。

（三）中美印在"西藏问题"上的互动分析

统观中美印三国在"西藏问题"上的互动历程，特别是印度在中美之间游走的过程，可以发现印度的三边外交政策具有一些比较明显特征。

第一，印度在处理对华、对美关系时相对更偏向美国。由于地缘政治、民族记忆等因素的影响，印度在"西藏问题"乃至与西藏相关的其他问题，如藏南领土归属问题、青藏高原水资源保护及供应等问题上，认为自己受到了中国的"不公正对待"；而与之相对的是，美国与印度在"西藏问题"上没有根本的利益冲突，因此印度在三边关系中更倾向于美国。

第二，印度也不愿意彻底背离中国。1972年美国单方面决定取消对"流亡政府"的支持，令印度有在涉藏合作上被美国背叛的感觉，因此印度也不完全信任美国的政策延续性；而中国与印度毗邻而居，在"西藏问题"上与中国过于纠缠并不符合印度的利益。因

---

① 根据"西藏流亡政府"2010年12月公布的人口普查结果，参见"127935 Tibetans living outside Tibet: Tibetan survey", http://www.hindustantimes.com/127935-Tibetans-living-outside-Tibet-Tibetan-survey/Article1-634405.aspx。

② Reena Marwah & Sharad Soni, "Tibetans in South Asia: A Research Note", Asian Ethnicity, Vol. 11, No. 2 2010, p. 265.

此印度不愿意过于明显地介入"西藏问题",而是倾向于搭美国的便车,间接地为"西藏流亡政府"提供一些便利。

第三,在中美关系围绕"西藏问题"的矛盾减弱时,印度也倾向于调整自身涉藏政策,与中国改善关系。

总而言之,"西藏问题"在中美印三边关系中虽然占据的重要性并不大,但可以被看作是三个国家互动的一个样本。通过对中美印围绕"西藏问题"开展的互动进行分析,也许对于理解三边互动的模式,特别是印度在其中的角色和作用能有一定的帮助。

四、结语

在中美印三边关系中,任何一对双边关系都可谓利益交织、矛盾交融。中美两国建立起了复合的相互依赖的经济关系,但也有着结构性的"战略互疑",包括不同的政治传统、价值体系和文化造成的互疑,对彼此的决策过程以及政府和其他实体之间关系的理解和认识不够造成的互疑,以及对中美之间实力差距日益缩小的认识造成的互疑[1]。这种巨大利益与巨大矛盾并存的局面,决定了中美关系会是中美印三对双边关系中最复杂、最纠结的一对关系,从而也决定了印度在三边关系中有可能一直保持一种超然的中立地位。中印关系中间有着双边经贸、国际规则和多边外交方面的利益,也有地缘性的矛盾,特别是边界和领土问题构成两国互不信任的关键。美印关系中有共同防范中国的战略利益,也有印度洋主导权等方面的

---

[1] 陈文鑫:"中美印三边关系:性质、特点及走势",载于中国现代国际关系研究员美国研究所:《中美亚太共处之道:中国·美国与第三方》,北京:时事出版社,2013年版,第257页。

第十三章 崛起中的印度：中美印三边关系与西藏问题

战略矛盾，但总的来看利益和矛盾都是最小的。因此印度在中美印三边关系中一直保持着动态的不对称平衡政策，总体上偏向美国，但会随时间和形势的发展不断调整对外政策。在可预见的将来，中美关系和中印关系的性质都不会发生本质变化，而美印关系随着印度进一步崛起并拓展海洋利益，双边关系中矛盾的层面可能会有所上升，这可能导致印度平衡政策中出现更多动态的色彩。但总的来说，只要中美印三国之间的权力结构不发生根本转变，印度的现有政策就将继续维持基本不变。

第十四章

转型后的缅甸：中美地区战略博弈的新战场

在历经近半个世纪的军政府统治后，2011年3月，吴登盛任总统的缅甸文人政府通过选举上台。吴登盛政府对内推行政治、经济和社会改革，对外与西方大国积极改善关系，变化之快引起世人瞩目。奥巴马政府抓住缅甸改革的契机，积极调整对缅政策，逐步放松制裁，恢复外交关系，力图从外部推动缅甸更快地朝民主化方向迈进，填补美国在该地区的空白。对缅新政是美国"亚太再平衡"战略的重要组成部分，服务于美国亚太战略的总体目标，即维护美国的领导力，平衡与规制中国。随着美国介入的加深，中美在缅甸形成了竞争态势，缅甸再次成为大国博弈的竞技场。

一、缅甸改革的背景与进展

在被军人集团统治的半个世纪里，缅甸长期陷于经济困境，人民生活水平低下，国内危机不断，少数民族武装问题也使政府疲于应对。由于西方国家的打压与制裁,缅甸在国际社会长期处于孤立状态。长期内外交困带来的执政压力,促使缅甸军人集团脱下军装,组建文人政府,并实施了一系列令人眼花缭乱的改革措施。

(一)缅甸改革的背景

1948年1月4日,缅甸脱离英联邦宣布独立,以吴努为首的政府实行多党民主议会制。1962年,国防军总参谋长吴奈温将军发动政变,夺取政权,废除了联邦宪法,排除民选制度,开始了近半个世纪的军人独裁统治。1988年,缅甸爆发大规模的反政府示威游行,民众提出实行多党制和民主化的要求。军政府镇压了"8888民主运动"后,苏貌将军接班,成立了"国家恢复法律与秩序委员会"(后改为"国家和平与发展委员会")。为缓和国内矛盾,军政府最终承诺实行多党制选举。在1990年的选举中,以昂山素季为总书记的全国民主联盟(简称"民盟")获得了压倒性多数的胜利,这大大出乎军政府的意料。随后军政府宣布大选结果作废,提出"先制宪、再交权"的政治方针,并软禁了昂山素季。西方国家以军政府无视民主和人权为由,对缅甸实施制裁。1992年,丹瑞将军取代苏貌将军全面接掌军政大权,继续一党专政。

2003年8月,缅甸军政府宣布了旨在实现民族和解、推进民主进程的七点民主政治路线图计划,向"有纪律的民主"过渡。其主要内容包括恢复中止了8年的制宪国民大会、全民公投新宪法草案、依法举行大选和组成新政府等。2008年2月,军政府宣布完成新宪法的起草工作。5月,在遭遇特强气旋风暴"纳尔吉斯"灾难时期,缅甸举行了宪法公投,并以92.4%支持率通过了新宪法。这次投票因具有胁迫和不公正性而遭到很多批评。2010年11月7日,缅甸在完成制订一系列新选举法后,举行了20年来的首次全国大选,最终军方支持的联邦巩固与发展党(简称"巩发党")赢得国会两院的大多数席位。2011年3月30日,吴登盛总统、两位副总统及新政府内阁成员宣誓就职,"和发委"正式解散,缅甸完成了从军政府向民选政府的过渡,实现了"七步路线图"计划。

(二)吴登盛政府的改革进展

吴登盛在就职演说中雄心勃勃地表示,"将在宪法基础上建立一个廉洁、高效的新政府,发扬民主,把缅甸建设成一个现代、发达和民主的国家"。上台后,他采取了一系列大刀阔斧的改革措施,步伐之大、速度之快令世人惊叹。

1. 政治改革。缅甸的改革以政治先行,最引人注目的是缅甸政府与昂山素季以及她所领导的民盟实现了政治和解。在确信巩发党已获大选胜利的情况下,政府于2010年11月13日解除了对昂山素季的软禁。2011年8月,新政府与昂山素季会谈后发表联合声明称,"双方将合作寻求政府的稳定和国家的发展",为此"双方将避免提出与对方相矛盾的观点,在互利对方的基础上展开合作"。[①] 11月4日,登盛总统颁布了经议会通过的《政党注册法修改法》,为民盟重新成为合法政党扫清了障碍。2012年4月1日,民盟参加议会补选,一举赢得了45个席位中的43席,昂山素季本人也当选为人民院议员。昂山素季还历史性地被允许出国参加世界经济论坛,出访欧美多国。吴登盛在谈到昂山素季成为总统可能性时表示:"如果人民接受她,我也必须接受她。"[②]

---

① "缅甸政府与昂山素季发表联合声明,同意合作推进民主",凤凰网,2011年08月13日,http://news.ifeng.com/world/detail_2011_08/13/8385727_0.shtml?_from_ralated。

② "Burma's Thein Sein 'would accept Suu Kyi as president'", BBC News Asia, 29 September 2012, http://www.bbc.com/news/world-asia-19772834.

其次，吴登盛政府放松了对国内的政治控制。议会先后制定并通过了《和平集会与和平游行法》、《劳动组织法》和《劳工争议解决法案》等有关保障民权的法案，允许工会合法存在、民众举行和平示威游行。缅甸政府大大放松了出版审查和网络审查。2011年9月，3万个被封的网站获得解禁，其中包括Facebook、Twitter、YouTube等国际媒体网站和海外反对派的网站。2012年8月20日，缅甸政府进一步取消出版审查制度，2013年4月1日起还允许社会人士和团体创办日报，媒体自由度从位列东南亚国家末位跃升前列。到2013年底，缅甸政府释放了全部政治犯，共约1100多人，其中包括许多重要人物，如前学生运动领袖、少数民族地方武装领导人、2004年被废黜的前总理钦纽等。

2. 经济改革。2011年以来，缅甸实施了多项务实的经济改革措施。一是规范市场经济制度，如鼓励国有和地方组织、合作社、个体户等经济实体参与经济工作，发展小、中型项目以防止市场垄断和操纵；采取出售、租赁等灵活方式，加快国有企业私有化；放宽对电信、能源和金融等领域的控制。二是鼓励出口，先后两次降低出口税，2011年6月出口税由10%降为7%，8月再降至2%。三是改善民生，增加对教育和卫生领域的投入。2012—2013财年预算中，教育投入比上一财年增加了3倍，卫生投入增加了2倍，而军费开支则相对下降。四是实行统一汇率制。长期以来，缅甸官方汇率和黑市汇率并存，二者相差120多倍。在国际货币基金组织和世界银行的技术支持下，缅甸中央银行自2012年4月1日起实行基于市场情况并加以调控的浮动汇率制。五是增加贷款，刺激投资。2011财年，银行贷款利率由17%降为13%。2011年9月，议会通过了《小额信贷法》，扩大对农民的小额贷款。

此外，新政府还修改了《外国投资法》，进一步放宽对外资有利的吸引政策，比如规定外方持股比例可以由缅外合资双方商议决定，将100%批准出口企业和开放70%的服务行业（其中30%用于保护本国利益），允许外国人租用缅甸国有及私有土地，对外国投资者将给予8年免税待遇，并允许目前存在的外国隐性投资（即冒用缅甸人名义投资）合法化。

3. 民族和解。缅甸全国共有135个民族，主要包括缅族、克伦族、掸族、克钦族、克耶族、孟族等，其中缅族是主体民族。少数民族人口占全国人口的近30%，但其聚居区超过国土面积的一半。自1948年独立以来，由于多方面的原因，缅族与少数民族关系始终处于紧张状态，十多个人口较多的少数民族分别组建了民族地方武装与中央政府对抗，使国家长期陷于内战状态。可以说，民族和解问题是攸关缅甸能否实现稳定和发展的首要问题。

自2011年3月执政以来，吴登盛政府致力于推动民族和解，其目标是同所有武装组织签署全国停火协议，进而通过政治对话实现持久和平。他在就职演说中说，要"把民族团结放在最重要的位置"，以克服多年的民族冲突所导致的"难以言说的痛苦"。[①] 在2011年8月17日的讲话中，他邀请所有的少数民族武装团体与所在邦或地区的政府进行对话，并随后任命了"联邦政府国内和平缔造团"指导联邦一级的和平对话。2012年8月18日，新政府发表声明邀请少数民族武装举行和谈。其后，政府分别与多支少数民族武装进行和谈，到目前政府已与16个少数民族武装组织进行了和谈，并已与其中的14个武装组织签署了联邦级停火协议，与克钦独立军等两个武装组织的谈判也在进行之中。

2013年10月30日，缅甸17支少数民族武装组织代表在克钦独立军总部所在地拉咱举行峰会。各派就政治进程安排、全国停火协议主要内容、举行政治对话、建立互信等事项达成了广泛共识。这

---

① 王子昌："精英互动与缅甸的政治发展：2011年缅甸的政治与外交"，《东南亚研究》，2012年第2期，第33页。

是自缅甸独立后政府首次与多家少数民族武装举行集体会谈。2014年1月，缅甸少数民族武装组织再次举行峰会。与会的少数民族武装组织同意先同政府签署全国停火协议，再进行政治对话，缅甸和平进程取得了重要进展。

（三）对缅甸改革的评价

应该说，缅甸的民主转型开始于2003年制定的"七步路线图"，它酝酿已久，是军人集团主导的自上而下的改革。缅甸军方推行改革的动力来自其内部温和派对国内外形势的判断。缅甸幅员辽阔，是东南亚国土面积第二大的国家，石油、天然气、玉石等矿产资源和木材等森林资源非常丰富。历史上，缅甸曾是世界上最大的大米出口国，一度成为东南亚最富有的国家之一。但经过20多年的军人独裁统治，民族矛盾、政局动荡加之西方经济封锁与制裁，一直制约缅甸经济社会的发展，这个昔日富庶的国家成为了世界上最贫穷的国家之一。2010年联合国人类发展报告的统计中，缅甸在169个国家中排名第132位。落后与长期封闭的困境，使得缅甸军政府内部思想发生了变化，意识到继续维持高压政策和敌视外部世界的态度，对缅甸来说是死路一条。1990年大选后，军政府就一直在思考如何逐步进行改革，实现其政权的合法化。2007年的"袈裟革命"[①]和2008年"纳尔吉斯"风暴造成的国内动乱，特别是2011年西亚

[①] 2007年8—9月，主要在缅甸当时的首都仰光发生的旨在反对缅甸军政府的示威游行。2007年8月19日，由于不满政府突然大幅度提高燃油价格，仰光市民开始零星上街游行抗议。至9月24日，游行人数达到了10万，僧侣多达2—3万。缅甸军政府采用暴力手段（包括开枪）强行镇压了游行示威。据缅甸军政府宣布，在冲突中共有13人被打死，数十人受伤，并逮捕了2000多人。由于僧侣在这次游行示威活动中发挥了主力军和领导者的作用，所以西方一些媒体称之为"袈裟革命"或"藏红花革命"。

北非乱局，更是给了缅甸军人集团以警醒，担心若国内经济无法好转，民众就业困难，缅甸也会发生类似"阿拉伯之春"的动乱。

目前来看，缅甸的改革并非权宜之计，而是国家的战略转型，执政集团内部对改革已达成了基本的共识。虽然面临如何提高治理水平、真正实现民族和解、解决军队地位及避免落入"资源诅咒"陷阱等诸多深层难题，未来缅甸改革可能会放缓甚至停滞，但改革的总方向已难以逆转。

对于缅甸的民主转型，西方国家一开始反应谨慎，不承认新政府的合法性，担心改革只是军政府过去改革姿态的重现，怀疑其诚意。但随着缅甸改革的深入，国际社会逐渐意识到缅甸实现历史性变革的时机已来临。吴登盛大胆的改革措施得到了西方的认同，各个国家的领导人纷纷到访缅甸，表示对缅甸改革的支持。吴登盛也先后访问了日本、美国及英、法等多个欧盟主要成员国。东盟成员国还一致同意由缅甸担任2014年东盟轮值主席国。缅甸的国际形象得到极大改善，逐渐融入了国际社会。

二、奥巴马政府对缅政策的调整

美缅关系的改善，是缅甸新政府在对外关系方面取得的最大突破。奥巴马政府将对缅政策从颠覆政权调整为修正政权，与缅甸官方增加接触，恢复外交关系。美缅关系走出了20余年的僵局，逐渐迈向正常化。

（一）奥巴马政府之前的对缅政策

缅甸在摆脱英国殖民统治、获得独立之后即与美国建交。冷战时期，美国给予了缅甸大量援助，避免缅甸受到"共产主义渗透"。1988年缅甸发生军人政变，美缅关系出现重大转折。美国以缅甸政府压制民众的政治权利为由，对其实施制裁与孤立政策。1990年大选后，由于军政府拒不交权，软禁昂山素季，美国以民主、人权和禁毒三方面原因加大了对缅甸的制裁，撤销贸易普惠制，中止对缅援助和贷款，阻止世界银行、亚洲开发银行、国际货币基金组织、联合国开发计划署等国际组织向缅甸提供多边、双边贷款和援助，停止军事合作。美国还召回了驻缅大使，将两国外交关系降为代办级。

1993年10月，在美国政府的支持下，一些美国社团与流亡美国的缅甸反对派组织共同组建了名为"撤离缅甸联盟"的组织。在该组织的鼓动下，包括百事公司、苹果公司、德士古石油公司在内的美国大型跨国公司纷纷从缅甸撤资。1996年10月，克林顿总统签署法令，禁止缅甸官员及直系亲属进入美国。1997年，美国又出台《对外行动法案》，禁止美国公司在缅甸进行新的投资。2003年5月30日，缅甸政府的支持者与昂山素季的支持者发生冲突，造成许多人员流血伤亡。美国立即将此次事件提交联合国安理会，小布什总统并签署了《缅甸自由与民主法》，强化对缅制裁。2005年1月，美国政府公开宣称缅甸为"暴政前哨"和"边远的暴政"。在美国的压力下，缅甸被剥夺了2006年担任东盟轮值主席国的权利。2007年9月，缅甸爆发"袈裟革命"后，美国与欧盟发表联合声明予以谴责，并呼吁联合国安理会考虑对缅甸实施制裁。2008年，小布什政府通过《汤姆·兰托斯禁运缅甸玉石法》，禁止从缅甸进口任何货物，冻结缅甸军政府在美所有资产，进一步升级了对缅经济制裁。

在1988年至奥巴马上任前的20年时间里，美国的对缅政策总体上表现为经济和军事上制裁，在国际社会对其孤立打压，同时积极培植和支持以昂山素季为领袖的民盟及其他反对派，致力于以亲美的政治反对派取代军政府。

（二）奥巴马政府调整对缅政策的原因

2009年奥巴马政府上台后，对缅甸政策进行了较大调整，由制裁为主的孤立打压向接触加制裁的"务实接触"（Pragmatic Engagement）方向转变，在政治、经济、军事、人文等领域加强与缅甸的接触，两国关系解冻回暖。奥巴马政府调整对缅政策的原因，主要有以下几点：

第一，缅甸通过改革向西方释放改善关系的信号，为美国转变政策提供了难得机会。长久以来，美缅关系的症结在于缅甸的政治体制。缅甸民选政府的改革举动，使奥巴马找到了将其价值观外交与国家利益协调一致的机会，即在缅甸推动民主和人权的同时，实现维护美国领导力的亚太战略目标。因此，在缅甸政治改革能走多远尚不明朗的情况下，奥巴马政府仍然以积极的姿态给予了正面的回应。2009年奥巴马上台伊始，美国国务院就开始进行对缅政策审议。9月，负责东亚事务的助理国务卿坎贝尔公布评估结果，称鉴于缅甸已表现出与美接触的兴趣，美国打算与之开展持续互动。[1]

第二，美国过去单纯的打压政策效果不彰。美国对缅甸实行了20年"以压促变"的孤立制裁政策未取得效果，不仅没能改变军政

---

[1] Kurt Campbell, "U. S. Policy Toward Burma", September 28, 2009. 美国国务院网站：http://www.state.gov/p/eap/rls/rm/2009/09/129698.htm。

府政权性质，实现建立亲西方政权的目的，改善缅甸国内民主、人权状况，反而使美国逐渐失去了缅甸的资源和市场，甚至民心，对其影响日渐式微。美国缅甸问题专家大卫·斯坦伯格教授多次呼吁美国尽快解除制裁，认为制裁既不会改变缅甸政权，也不会鼓励其改革，只会加强缅甸政府的论断，即西方在任何情况下都反对缅甸政府，且缅甸的发展不符合西方利益。①

第三，美国需要平衡中国的影响力。为应对西方的孤立与制裁，缅甸加强了同中国的政治、经济等各方面联系，中国成为了对缅甸影响最大的国家。奥巴马政府意识到，如果美国仍旧一味实行孤立政策，只会将缅甸完全推向中国。前众议院外交事务委员会主席伯曼在缅甸政策听证会上就说："过去20年我们所采取的孤立政策的后果是中国在缅甸不断上升的政治和商业影响力。历史上中国与缅甸的关系曾经并不稳定，但美国的缺失让两国关系得到了巩固。"②缅甸战略位置十分重要，是中国走向印度洋的必经之地。中国在缅影响力上升，通过缅甸走向印度洋，不仅会改变地区力量结构，甚至还将影响美国的全球战略，是美国极不愿看到的。

第四，奥巴马政府加强与东盟关系的需要。奥巴马上台之后，提出"重返亚太"，重点是加强在东南亚的战略存在。缅甸过去不只是美国在东南亚的战略空白，也是横亘在美国与东盟之间的一个障碍，双方在如何对待缅甸的问题上存在分歧。美国改变对缅孤立政策，一定程度上可缓解东盟在美缅之间的尴尬地位，增加美国与东盟的合作空间，有利于美国实现"重返东南亚"的目标。坎贝尔在谈到缅甸时曾表示，对美国来说，加强与东盟的关系是压倒一切的

---

① David I Steinberg, "A foolish consistency", Asia Times, Aug. 13 2011, http://www.atimes.com/atimes/Southeast_Asia/MH13Ae02.html.

② Howard Berman, "Remarks of Chairman Howard Berman at hearing 'U.S. Policy toward Burma'". 美国众议院网站: http://foreignaffairs.house.gov/111/berman102109.htm。

战略重点。①

第五，美国受经济利益驱动，欲重回缅甸市场。缅甸拥有丰富的石油、天然气、金、银、矿石及木材等资源，被称为"亚洲最丰富的资源库"。缅甸人口已达 6000 余万，未来经济发展潜力巨大。近年来，中国、东盟、日本、欧洲等国资本纷纷涌入缅甸抢占市场，美国的经济利益无形中遭受了巨大损失。在当前美国急需向外开拓市场之时，美国公司要求进入缅甸的呼声日益高涨，期待随着缅甸民主进程和经济开放踏入这片市场"处女地"。

（三）奥巴马政府对缅政策的特点

奥巴马对缅实行的是"务实接触"政策，其特点是柔性施压，采取"行动换行动"措施，注重促压结合，一方面巩固和增强缅甸改革派的力量，一方面继续制裁和打压美国所认定的阻碍改革的保守派。美国接触的对象十分广泛，既有缅甸现政府和军方，也包括昂山素季领导的民盟和其他反对派，以及国内少数族群和民众。

1. 官方深入接触。2009 年 9 月，奥巴马政府公布对缅新政策，即在维持现有制裁的同时，恢复与缅直接接触并有条件地扩大对缅人道援助。此后，美缅官方接触日益频繁，级别越来越高，商讨议题也愈加广泛、深入。2009 年 11 月，奥巴马在新加坡与包括缅甸总理吴登盛在内的东盟国家领导人举行会晤。2010 年 5 月和 2009 年 11 月，美国务院助理国务卿坎贝尔两次访缅。2011 年 8 月，美国参议院批准米德伟（Derek Mitchell）担任缅甸事务特使。11 月 18 日，奥巴马总统在参加东亚峰会前夕发表声明称，已看到缅甸"一些进步

---

① Stephen Kaufman, "'No Sign' Upcoming Burmese Elections Will Be Legitimate", America. gov, Sep 27, 2010. http://www.america.gov/st/democracyhr-english/2010/September/20100927180400esnamfuak0.9775659.html? CP. rss = true.

的苗头",如果缅甸继续推进民主改革进程,美国将与缅甸建立新关系,掀开两国关系新篇章。① 11月30日,国务卿希拉里到访缅甸,实现了美国国务卿56年来的首次访缅。希拉里分别会见了总统吴登盛、人民院议长吴瑞曼、昂山素季和民间组织代表等,表示美国准备采取谨慎措施回应缅甸改革,但缅甸政府需释放所有政治犯,与少数民族和解,并与朝鲜断绝军事关系。

2012年7月,美国驻缅大使米德伟到任,两国恢复大使级外交关系。9月,美国国际发展署办公室在缅甸重新开放。9月19日,美国财政部将吴登盛总统以及人民院议长吴瑞曼从"特别关注国民"(SDN)名单上删除。同日,昂山素季赴美进行为期17天的访问,这是昂山素季40年来的首次访美。9月25日,吴登盛赴美参加联合国大会。11月19日,奥巴马总统到访缅甸,成为首位在位期间访缅的美国总统。与吴登盛总统会晤后,奥巴马说,"Myanmar(缅甸军政府改用的国名)"的改革可以让"这个美丽的国家"释放出"惊人的潜力"②,并推出了"美国与缅甸增进民主、和平和繁荣的伙伴关系"联合项目。2013年5月,缅甸总统吴登盛访美,成为了继奈温后47年来首位访美的缅甸总统,美缅元首实现了互访。

2. 逐步解除经济制裁。2012年以来,奥巴马政府根据"以行动对行动"原则,先后出台了多项放松对缅制裁的措施,鼓励缅甸深化改革。在缅甸释放200余名政治犯后,2012年2月7日,国务卿希拉里签字取消了《2000年贩卖人口受害人保护法》规定的对缅甸的部分制裁措施,同意让世界银行、国际货币基金组织和亚洲开发

---

① "Statement by President Obama on Burma," November 18, 2011, 白宫网站:http://www.whitehouse.gov/the-press-office/2011/11/18/statement-president-obama-burma.

② "Remarks by President Obama and President Thein Sein of Burma After Bilateral Meeting," November 19, 2012, 白宫网站:http://www.whitehouse.gov/the-press-office/2012/11/19/remarks-president-obama-and-president-thein-sein-burma-after-bilateral-m.

银行等国际金融机构派遣评估团，对缅甸提供有限技术援助。4月1日，缅甸举行议会补选，民盟取得大胜。4月17日，美国财政部宣布，允许美国人在缅甸从事发展援助、教育、宗教、民主建设和改善政府治理等非盈利活动，涉及这些活动的金融交易将免受制裁。7月11日，奥巴马签署行政命令，允许美国企业对缅甸进行投资和提供金融服务，但要求美国企业对他们与缅甸的经济往来提供详细报告。10月6日，奥巴马再次签署行政命令，允许美国通过国际金融机构向缅甸提供经济援助。2013年5月2日，吴登盛访问美国前，美国进一步解除了对几百位缅甸军队领导人及其家人和生意伙伴的签证禁令。

解除经济制裁的同时，美国还在有针对性地加强对缅甸国内可能阻碍改革的势力的压力。2013年7月2日，美国政府宣布，尽管缅甸新政府有意与朝鲜断绝军事关系，但军方一位高级将领仍采购朝鲜军火，故被美国列为制裁对象。10月，奥巴马发布行政命令，延长从缅甸进口翡翠和红宝石的禁令。12月17日，美国财政部将与朝鲜进行军火交易的缅甸一名军官和3家公司列为制裁对象。

3. 发展经贸关系。2012年7月，美国负责商业和农业事务的副国务卿罗伯特·霍马茨和负责商务和国际贸易的副国务卿弗朗西斯科·桑切斯率领包括40多家大企业的商业代表团访缅，成为25年来美国访问缅甸的最高级别的经贸代表团。2013年2月，美缅两国商会在仰光举行了为期一天的会议，雪佛龙、通用汽车、百胜、康菲石油和卡特彼勒等美国大企业的高管在此间展开了为期5天的商业访问。谷歌董事长埃里克·施密特于3月访问了缅甸，福特公司则于4月宣布将进军缅甸市场。2013年5月吴登盛总统访美期间，两国签署了《贸易与投资框架协议》，明确缅甸经济改革与贸易相互促进的重要性。美方宣布援助缅甸农业发展、仰光—曼德勒公路升级改造及缅甸军警人员培训，提供技术帮助支持缅甸石油与天然气开发。

美缅贸易额增长较为迅速。美国对缅出口额 2011 年前 9 个月为 2500 万美元，到 2013 年同期已增长到 1.18 亿美元，美国从缅甸进口也从零猛增到了 1700 万美元。[①] 2014 年 2 月 11 日，缅甸国家航空公司与美国通用电气集团在新加坡航空展场外签订合约，租用 10 架总值近 10 亿美元的波音飞机，这次合约是近几十年来美国公司与缅甸的最大宗"商业交易"。

4. 恢复军事接触。美国对缅甸军方的目标是鼓励军队继续支持改革，尽快实现军队的"职业化"。2012 年 6 月，美国防部长帕内塔在香格里拉对话会议上表示，如果缅甸继续改革开放的政策，美国愿意改善与缅甸的军事关系。2013 年 4 月 25 日，负责东亚和太平洋事务的代助理国务卿约瑟夫·云在国会听证会上表示，为了让缅甸军队成为从属于文人政府的现代化军队，美国将扩大与缅甸军队的接触。

美国对缅甸实施的"军事接触"目前侧重在以下几个方面：（1）推动美缅中高级军官的互访交流。2012 年 10 月 16 日，美国助理国务卿波斯纳和副助理国防部长辛格率政府代表团在缅甸举行了首次美缅人权对话。代表团中有数名军方官员，包括美军太平洋地区指挥官弗朗西斯·威尔辛斯基中将。（2）为缅甸军方提供诸如人道主义援助、军事医疗以及国防改革等方面的培训及项目援助，利用现有的"对缅国际军事教育及培训计划"，以及美国亚太安全研究中心的相关交流活动，让缅甸的年轻军官接受美式训练。（3）邀请缅甸参加美国在东南亚地区的军事演练，开展双方在反海盗、航行自由等非传统安全方面的合作。2013 年 2 月两名缅甸军官作为观察

---

① "Oversight of U. S. Policy Toward Burma", by Judith Beth Cefkin, "Testimony Before the House Committee on Foreign Affairs Subcommittee on Asia and the Pacific", December 4, 2013, 美国务院网站：http://www.state.gov/p/eap/rls/rm/2013/12/218288.htm.

员参加了美国、泰国主办的"金色眼镜蛇"联合军事演习，主要参与了有关人道主义援助和军事医疗方面的活动。

三、美国对缅政策前景

（一）奥巴马政府对缅政策目标

奥巴马政府上台后，实施"亚太再平衡"战略，旨在强化对正在崛起的中国的牵制和防范，重振美国在亚洲的领导地位，而缅甸正是美国围堵中国南下印度洋战略通道的关键国家。若在缅甸树立强大影响力，美国可威慑中国与中南半岛国家的陆地联络，堵上对华弧形包围圈的缺口，有效配合其"重返东南亚"战略的实施。奥巴马政府对缅甸的新政策，有着明显的针对中国、制衡中国影响力的战略考虑，意在影响中国西南边疆的安全、能源供应通道安全及地缘政治安全，形成从中国西南"围堵"的态势。

其次，如缅甸能够成功转型，且与美国关系实现正常化，将为美国树立起新的"民主样板"，帮助美国向世界证明其仍然拥有其他国家无可比拟的硬实力和软实力。同时美国可向世界，特别是朝鲜这样的敌对国家证明，一旦做出符合美国意愿的改革，美国也将给予相对应的回应。缅甸的成功转型从而也将成为奥巴马本人的重要外交功绩。

在上述考虑下，美国当前在缅甸的目标主要是使缅甸成为亲美的民主国家，不在经济和战略上对中国依赖。首先，奥巴马希望在他2016年卸任前，缅甸彻底实现民主化，建立多党制的选举政治制度，在2015年大选中亲西方政党能够选举上台。其次，缅甸需解决国内民族、宗教冲突和人权问题，消除美缅发展关系的障碍。再次，缅甸断绝与朝鲜等反美政权的军事来往，不发展核武器。最后，缅甸与美国发展军事安全关系，成为美国在印太之间新的战略支点。未来一段时期，美国对缅政策都将围绕这些目标来展开。

（二）美国实施对缅政策的制约因素

奥巴马政府实现上述目标并不容易。目前来看美国对缅影响的手段依然有限。首先，美国不愿也很难完全解除对缅甸的制裁。一是2015年大选前修宪前景还不明朗，缅甸军方仍然掌握大权。而且，缅甸国内民族冲突尚未解决，佛教徒与穆斯林之间的宗教矛盾越来越严重，人权问题突出。美国仍需利用制裁向缅甸政府施压。二是来自美国国会、人权组织的反对声音依然很大。2013年11月18日，国会众议院通过决议，敦促缅甸政府解决罗兴亚人的问题。且制裁措施由5项法律和多条行政命令组成，通过国会全部解除需耗时数年。受制于制裁，美缅关系还不能完全实现正常化，军方也无法开展深入交流与合作。

其次，奥巴马政府虽然已经解除了大部分对缅经济制裁，并且积极鼓励美国公司赴缅投资，但目前基本还没有美国大公司进入缅甸投资，多数仍停留在市场调查阶段，只有少数公司如可口可乐、卡特彼勒、通用等在缅做市场拓展。原因主要在于缅甸目前投资环境不稳定，法律不健全，基础设施落后，美国公司不愿冒风险。这一局面短期内难以得到改善。

最后，美国对缅外交投入恐怕力不从心。奥巴马第二任期，由于国际形势的变化和人事因素影响，美国外交资源向中东和欧洲回摆，在亚太调门比第一任期降低。即使在亚洲内部，由于朝鲜半岛和中日关系的紧张，东北亚事务的重要性和紧迫性也大于东南亚。

此外，美国国内府院矛盾加剧，政府预算问题严重，债务危机突出。美国对外援助能力从而受到影响，介入外部事务的能力也有所下降。

（三）奥巴马政府对缅政策走向

在余下的任期内，奥巴马政府将继续在促压结合政策的基础上，深化和拓展同缅甸各阶层的政治接触，加大对缅发展援助和治理能力培训，在经济上帮助缅甸进行制度建设，扶持公民社会发展，推进军事接触，以全面介入缅甸未来的民主改革和经济发展。

美国近期的工作重点将是2015年的缅甸大选，如何保证选举公平、透明是一大挑战。美国在积极培养缅甸的非政府组织和媒体，提高它们监督选举的能力。2013年3月，美国国际开发署宣布了一项为期三年的着眼缅甸"选举和政治进程"援助项目，旨在帮助缅甸政府改善选务管理，以确保2015年的选举自由、公正、公平和具有公信力；推动选民教育；为加强议会提供协助以及支持政党发展。[1] 但在大选之前，缅甸是否能完成修宪，使昂山素季获得参选资格？如昂山素季未能参选，但大选过程公正透明，美国是否将承认选举结果？这些是摆在美国面前的棘手问题，需要奥巴马政府提前做出判断和准备。

至于美缅军事关系，除非缅甸2015年选举结果得到美国充分认可，否则美国为了避免授予缅甸军方和准军事政权过多的合法性，双方军事合作还不会走得太远，将主要集中在"非致命性"军事议题和项目上；至于防务合作、武器销售等敏感议题则恐怕难以触及。不过，美国必将加大接触缅甸军方的力度，以促使其接受改革和缅

---

[1] 美国国际开发署将支持缅甸选举和政治进程，2013年3月12日，http：//iipdigital.usembassy.gov/st/chinese/article/2013/03/20130312143985.html#ixzz2ySrBsfso。

甸吴登盛政府中改革派的领导，巩固现有改革成果，最大限度地削减中国对缅甸的军事影响力。[①]

四、对缅甸改革后中缅关系变化的思考

(一) 中缅关系遭遇波折

中缅关系历史积淀深厚，缅甸是最早与新中国建交的国家之一。在西方孤立缅甸的时代，特别是从2003年到2010年大选之前，由于中国的经济持续高速增长，对外援助和投资能力明显增强，中缅两国在各个领域的合作深度和广度都达到了前所未有的密切程度，中国成为缅甸的最大外资来源和第二大贸易伙伴，也是缅甸最大援助和贷款来源。

然而，吴登盛政府上台后，中缅关系遭受了一些冲击和波折，双边关系的不确定性增加。最突出的例子就是2011年9月30日，缅甸联邦议会突然宣布，吴登盛总统在其任期内搁置中缅两国密松电站合作项目。中国的其他大型投资项目，如莱比塘铜矿、油气管道也频频遇到抗议，进行困难。中方原以为可以拿到的皎漂经济特区开发权也花落他家，由新加坡公司中标为开发区作咨询。中国对缅投资受到沉重打击。缅甸2013年度（2013年4月—2014年3月）来自中国的直接投资锐减，预计全年投资额在2000万美元上下，不到2012年度（约4亿美元）的10%，中国对缅投资额4年来首次失

[①] 施爱国："浅析近年来的美国对缅甸政策及其前景"，《和平与发展》，2014年第1期，第89页。

去榜首位置。①

美缅关系的改善对中缅关系产生了实质性的影响。中国密松电站项目被搁置、莱比塘铜矿受阻等事件的背后均有美国的影子。例如,一些美国的非政府组织在反对密松电站建设方面扮演了非常积极和重要的角色。缅甸政府对中缅之间的合作也变得更加谨慎,始终会把美国的态度和反应作为重要考量因素,以免引起美国的不满。在重大国际和地区事务方面,一旦中美双方意见不一致,缅甸不再是坚定地和中国站在一起,而是在中美之间谋求平衡。此外,美式民主与价值观对缅甸民众的影响在不断扩大,缅甸民众对中国的认同感在逐渐下降。

但把中缅关系中出现的问题全部归咎于美国并不客观。中缅关系遭遇挫折,是缅甸变革带来的必然影响。一方面是缅甸国内各种政治势力之间长期积累的矛盾的外溢,是内部斗争在对华关系中的反映;另一方面,缅甸人民把对过去军政府的不满转嫁到中国政府上,随着言论的开放,反华情绪开始得到释放,执政者为了得到民众支持,不得不对中缅关系有所牺牲。

(二) 缅甸在回归中立主义外交

缅甸新政府大力推动民主化改革的一个重要原因是向美国等西方示好,改变孤立局面,获得政权的合法性,并以此改善国际形象,扩展在国际舞台上的空间。美国的态度是左右西方态度的重要砝码,缅甸政治转型的合法性在唯一超级大国美国首肯的前提下,才能得到国际社会的广泛认同。但缅甸实现与美国等西方国家关系的回暖

---

① "缅甸加速摆脱对华依赖,中国在东南亚影响力受挫",2014年3月31日,http://www.myanmar-online.biz/News/Article/1388。

后，中立的平衡外交将是其对外关系坚持的原则。

缅甸是夹在大国中间的小国，民族主义思想根深蒂固，素有"中立"和"不结盟"的传统，不愿将自己的命运系在某个国家身上，而是尽可能地在各大国间保持平衡。缅甸过去对中国的依赖是西方孤立造成的。中缅两国综合国力相差悬殊，缅甸对中国的需求远大于中国对缅甸的需求。缅甸难免对过于密切的中缅关系心存疑虑，担心成为中国的依附。其于2009年8月不顾中方反对与果敢军发生冲突，以及在2011年9月单方面宣布停建密松水电站，均体现出向中方表明政策独立性的考虑。

而缅甸各政治势力对美国也并非言听计从，不少人对美国"口惠而实不至"的做法开始有所不满。缅甸一些有识之士也认识到，美国推行的民主制度并不适合所有国家。美国在中东、非洲很多国家企图移植民主制度，但都留下了一堆烂摊子。未来，缅甸会逐渐寻找并走出自己的发展模式，不会照搬西方模式。

吴登盛政府对美欧等西方国家表现出友好姿态的同时，也在努力与中国维护良好关系，避免和任何一边走得过近，防止得罪其他力量。可以预见，不论下一次大选是哪一派上台，缅甸都将坚持民族主义的独立外交政策，不会因意识形态或个人利益的原因而改变。

（三）中国需总结得失，改善自身政策

整体来看，中国仍是对缅甸影响最大的国家，两国关系基础牢固，双方没有根本利益冲突。中国与缅甸执政党、军队都有良好的关系，吴登盛总统在2011年上任后4次访华，建立了"中缅全面战略伙伴关系"。昂山素季也多次表示要与中国发展友好关系。即便是一些对中国与缅甸军政府关系持强烈批评态度的组织和个人，也大多认可两国之间保持良好关系以及中国对缅甸的投资是有利于缅甸

的稳定与发展的。由于地缘政治和经济因素的影响，缅甸今后的执政者仍然会实行对华友好与合作的政策，不会主动和中国进行对抗，中缅关系将保持友好而不过分亲近的状态。

当然，未来中国的对缅政策还将面临新的问题和挑战。加强中缅关系，对于中国的周边外交和全球战略是一个重要的考验。中国应总结对缅外交工作中的得失，改善对缅政策，努力推进中缅关系的正常发展，建立更加稳固的"全面战略合作伙伴关系"。

首先，需在缅甸开展全面接触的多元化外交。在进一步加强与执政党和军队关系的同时，还要积极与反对派和少数民族政治派别接触，对任一政党都不宜忽视。中国可通过党际交流、学术交流等民间交往方式与民盟和其他政党建立起互动机制，并在适当的时机邀请昂山素季访问中国。

其次，夯实中国在缅甸的民意基础。中缅政府间关系较为理想，但对缅民间影响不够，软实力方面仍有很大欠缺。中国需加强对缅民间交流、文化交流，给缅甸百姓提供更多文化产品，加强佛教联系，并为缅甸年轻人提供更多的培训和留学机会。此外，还要加强的交通、教育、医疗卫生等民生项目的援助，使缅甸老百姓真正感受到中国人民的善意。

最后，需统筹对缅投资，协调安排走出去的步伐和范围。中国企业尤其是大型国企进入缅甸要加强协调和管理，有序地对缅甸进行投资。在能源类投资受阻的情况下，中国对缅投资可更多转向缅甸迫切需要的市政建设、农业、金融业、劳动密集型产业上。中国可同缅甸共同探讨企业社会责任行为准则，并带头执行。缅甸对中国改革开放的经验非常感兴趣，中国可积极回应缅方诉求，增加对缅甸的经验传授。

第十四章 转型后的缅甸：中美地区战略博弈的新战场

（四）中美应避免在缅零和博弈、探讨合作

美缅改善关系是出于各自的战略需要，两国关系的正常化是长期趋势。随着中美对缅甸经济和战略投入的同时上升，两国在缅竞争的态势愈益明显，利益摩擦增多。但如果双方竞争加剧，甚至引起对抗，不仅会损害缅甸的利益，也不利于中美关系的发展。从缅甸来说，缅甸了解中美利益存在竞争，不希望成为中美零和游戏的平台，不愿在中美之间选边站队。为了各自利益和地区稳定，中美应努力实现良性竞争，避免零和博弈。如何避免中美在缅甸发生战略角力，共同帮助缅甸实现稳定发展，实现中美涉缅利益互利共赢，已成为中美关系中的新课题。

尽管中美在缅利益有一定对立，但也有很多共同利益。首先，中美都不希望缅甸战乱，两国在缅利益实现的前提都是缅甸的和平与稳定，中美也不希望缅甸发生动荡影响周边安全。其次，中美都支持缅甸的经济发展，使缅甸成为自己的能源来源地、投资目的地和市场，帮助国内产业转型。再次，中美都不希望缅甸孤立，成为发展与东盟关系的障碍。最后，中美都需要防止缅甸毒品走私、艾滋病、贩卖人口等的外溢。

奥巴马政府始终强调中美可在缅合作，美国驻缅大使米德伟也多次到访中国表示希望能与中国合作。美方的考虑主要是，中国是缅甸最大的邻国，美国不可能把中国赶出去，中国对缅甸的影响不可能消除。美国如处理不好在缅甸与中国关系，不仅不利于美国与缅甸发展关系，还会加剧中美之间的竞争和矛盾。而且美国目前在缅影响力还较为有限，在缅甸问题上需适当缓和中国的疑虑，寻求与中国的协商合作。

从中国来说，与美国合作可以让缅甸和国际社会了解，中国不

想，也没有能力主导缅甸、独占缅甸。中美可在沟通协调过程中增进了解，对各自利益划界，避免触及对方红线，引发冲突。中美在缅合作可作为中美亚太磋商的子课题，为两国合作树立新模式，成为建立"中美新型大国关系"的一个具体实践。

五、结语

2011年开始的民主化改革给缅甸国内带来了巨大的变化，也使缅甸与美国等西方国家的关系得到解冻。缅甸的转型与奥巴马政府的"重返东南亚"政策产生了共振。奥巴马政府积极调整政策，通过官方、民间的全方位接触和渗透，在缅拓展价值观外交，目的是将缅甸打造成新的民主典范和美国在亚洲新的战略支点，制衡中国在东南亚的影响力。

缅甸改革有减少对中国依赖的考虑，但并不想与中国交恶，美国对缅政策调整也并非完全针对中国。尽管如此，缅甸转型后，中国在缅利益受到了实质损害，发展双边关系的挑战大大增加。而且中美的在缅利益、追求目标、处理方式等都存在分歧，对缅甸影响力的争夺在明显加强。为了维护中缅关系和周边外交的大局，中国一方面应认真总结得失，积极调整对缅外交、经济等政策，另一方面需与美国在缅甸的经济、社会发展等问题上进行适当协调与合作，防止缅甸成为中美在东南亚的战略角力点。

第十五章

"一带一路":美国对中国周边外交构想的解读

2013年,随着中国新一届领导集体上任,周边外交新战略的提出成为中国外交全局中的一大亮点。习近平总书记在2013年10月举行的周边外交工作会上提出,周边对中国具有极为重要的战略意义,应与时俱进、更加主动地开展周边外交,坚持"与邻为善、以邻为伴、睦邻、安邻、富邻"的周边外交基本方针及"亲、诚、惠、容"的周边外交基本理念[①]。

提出"丝绸之路经济带"及"21世纪海上丝绸之路"是新形势下中国推进与周边国家合作的全新倡议,在我国的周边外交新布局中具有重要的引领作用。2013年9月,习近平主席访问哈萨克斯坦期间在纳扎尔巴耶夫大学发表演讲,提出以创新的模式共建"丝绸之路经济带",打造以"政策沟通、道路联通、贸易畅通、货币流通、民心相通"为内涵的"五通"工程,旨在促进欧亚国家经济联

[①] "习近平在周边外交工作座谈会上发表重要讲话",新华网,2013年10月25日,http://news.xinhuanet.com/politics/2013-10/25/c_117878897.htm。

系更为紧密、相互合作更为深入、发展空间更为广阔①。2013年10月，习近平访问印度尼西亚期间在国会大厦发表演讲，指出中国致力于加强同东盟国家的互联互通建设，倡议筹建亚洲基础设施投资银行，同东盟国家发展好海洋合作伙伴关系，共同建设"21世纪海上丝绸之路"②。

在陆海两个方向打造"一带一路"合作倡议，被外界广泛视作中国新时期周边外交的构想，引起主要大国及国际社会的强烈反响。长期以来，作为全球霸权的美国不仅是中国处理大国关系的主要对象，也是塑造中国周边环境最重要的外部因素之一，美国在战略、政治、军事、经济、社会等各个维度深刻影响着亚太及欧亚地区。由于美国在中国"一带一路"构想所涉及的东南亚、南亚、中亚及俄罗斯、中东等地均长期拥有重要的战略存在及外交运筹，因此中国在规划和实施"一带一路"构想过程中不可避免地将受到美国的影响，这也进一步凸显了研究把握美国学界、政策界及舆论界对中国"一带一路"的意图、方式及前景看法的重要意义。

一、美方对中国提出"一带一路"意图的认知

在美方看来，由于受到抗衡美国"亚太再平衡"等一系列因素的影响，中国提出陆海并进的"一带一路"倡议，一方面在战略空间上可以实现向西拓展，另一方面也能满足中国快速增长的能源资

---

① "习近平：弘扬人民友谊 共创美好未来"，新华网，2013年09月08日，http://news.xinhuanet.com/mrdx/2013-09/08/c_132701741.htm。
② "习近平：携手开创中国—东盟命运共同体美好未来"，新华网，2013年10月04日，http://news.xinhuanet.com/mrdx/2013-10/04/c_132771877.htm。

第十五章 "一带一路"：美国对中国周边外交构想的解读

源进口需求和急迫的海上通道安全需求。此外，中国通过联合俄罗斯，意在振兴欧亚地缘板块，在政治、经济等诸多方面打造"去美国化"的地区及全球秩序。

（一）陆上"西进"和海上扩展：拓展战略空间

美方认为，中国既是陆上大国，也是海上大国。长期来看，不断崛起的中国势力将加速扩张，必然会将自身力量扩展至全球地缘政治的支点，覆盖整个欧亚大陆。当前，中国已经深入欧亚大陆，通过拓展贸易、修建油气管线等方式紧密加强与中亚国家的联系，但是"扩展的范围还远远不够"[1]，中国力量还将继续在陆上向西延伸，在海上加速扩展，追求陆权和海权的齐头并进及再平衡。

从陆上来看，"丝绸之路经济带"的建设为中国提供了在经济和外交上拉近"本国与南亚、中亚和包括沙特阿拉伯在内的海湾国家关系"的机遇[2]，超越了长期以来中国对外开放和交往主要面向东亚及太平洋方向，开始向广阔的西部方向大力拓展。下一阶段，中国将在美国从阿富汗撤军之际密切与阿的经济和商业联系，进一步拉拢巴基斯坦以打通赴印度洋的通道，增强与资源丰富的海湾及非洲国家的互联互通。另外，欧盟也将成为中国扩大共同利益的工作重点[3]。从海上来看，"21世纪海上丝绸之路"建设，将使中国的触角超越西太平洋海域，向南深入南太平洋、向西开辟进入印度洋通

---

[1] Robert D. Kaplan, The Geography of Chinese Power: How Far Can Beijing Reach on Land and at Sea?, *Foreign Affairs*, May/June 2010.

[2] Shannon Tiezzi, Why China Needs the US in Afghanistan, *The Diplomat*, Mar. 25th, 2014, http://thediplomat.com/2014/03/why-china-needs-the-us-in-afghanistan/.

[3] "日刊：'中欧桥梁'可助平衡中美关系"，《参考消息》网，2014年4月25日，http://column.cankaoxiaoxi.com/2014/0425/380404.shtml.

· 383 ·

道,与美国、印度、日本等国在这些海域的海上力量抗衡。此外,"西进"还与中国国内区域发展战略相辅相成,将会加快中国"西部大开发"的进程,加强西部边界和各省的安全①。

(二)抗衡美国"亚太再平衡"战略

美方认为,美国推进"亚太再平衡"战略以来,安全上推动与地区盟友及伙伴的军事联盟,政治上靠近和拉拢中国周边国家,经济上打造具排他性质的"跨太平洋伙伴关系协议"(以下简称TPP),被中国视作全方位遏制和打压中国的战略手段。在东亚和太平洋地区,中美关系越来越具有冲突和零和博弈的性质②。

中国主动出击推动"一带一路"建设,本质上是在美国主导力缺乏、区域合作机制化程度较低的中亚、南亚、中东及其他相关地区推行一体化战略。中国一方面可以避免在东亚与美国的竞争和对抗进一步激化;另一方面扩大自身影响力,以经济合作为先行力,逐步带动和整合政治和安全领域的协作。以中亚地区为例,中国在中亚尚无自由贸易协定一类的地区机制,这抑制了中国与中亚经济的融合。中亚的意义在于为中国提供了通向世界市场的出口通道③,随着俄罗斯在中亚实力的相对下降和美国从阿富汗撤军,中国在中亚的影响力将日益上升,在资金方面比美国更具优势,从而对美国

---

① Yun Sun, March West: China's Response to the U. S. Rebalancing, *Brookings*, Jan 31st 2013, http://www.brookings.edu/blogs/up-front/posts/2013/01/31-china-us-sun.

② Ibid.

③ Alexandros Petersen, A Hungry China Sets Its Sights on Central Asia, *The Atlantic*, Mar. 5 2013, http://www.theatlantic.com/china/archive/2013/03/a-hungry-china-sets-its-sights-on-central-asia/273746/.

在中亚的存在形成挑战①。

一种更为激进的观点认为,中国新领导人上任后提出一系列外交新理念及举措,意在与美国寻求陆上及海上战略空间的权力分享及划分。中国提出"新型大国关系"理念,实质上在与美国瓜分太平洋水域,而提出"21世纪海上丝绸之路"的目的在于将东盟海洋空间划归自己的太平洋水域势力范围②。中国将在东亚地区之外打造以自身为中心的经济圈,更多地与发展中国家而非仅仅是发达国家进行经济融合,化解美国以TPP为手段对中国的挤压,进而对美国在亚太地区对中国进行的遏制和围堵形成有效反制。

(三)联合俄罗斯等国,重振欧亚地缘战略板块,构建"去美国化"地区秩序

美方认为,2013年以来,中俄首脑互访、中俄全面战略协作伙伴关系显著加强、中俄天然气协定签订等一系列双边重大往来表明,两国正摒弃分歧,空前加强战略团结并形成事实上的"准同盟",打造"新的反美轴心"③。中俄的战略目标明确指向美国,旨在对抗和反击美国在亚太和欧亚地区的控制力,重新夺回地区主导权。两国在斯诺登事件、叙利亚危机及乌克兰危机上的协作,实质是对抗以

---

① Simon Denyer, China envisions new 'Silk Roads' to West by land and by sea, *The Washington Post*, Nov. 1ˢᵗ 2013, http://www.japantimes.co.jp/news/2013/11/01/asia-pacific/politics-diplomacy-asia-pacific/china-envisions-new-silk-roads-to-west-by-land-and-by-sea/#. U28-XHn6i2k.

② "俄报:海陆'丝绸之路'构想延伸'中国梦'战略",《参考消息》,2013年11月20日。

③ Leslie H. Gelb & Dimitri K. Simes, A New Anti-American Axis?, *New York Times*, July 6ᵗʰ 2013, http://www.nytimes.com/2013/07/07/opinion/sunday/a-new-anti-american-axis.html? pagewanted = all&_ r = 0.

美欧为中心的价值观，重新制定地区和全球秩序，同时对包括日本等国在内的美国的地区盟友起到震慑作用。在这一过程中，中俄各取所需、优势互补，俄罗斯获得了来自中国的经济动力，中国则得到了巨额的能源利益。

此外，中国对俄罗斯、印度、蒙古等中国周边欧亚大国的吸引力和影响力不断提升。除俄罗斯以外，2013年蒙古和印度总理相继访华。这说明，中国加速实施外交和周边战略，重心向亚洲内陆调整，一方面有利于打造贯穿欧亚大陆的经济集团，另一方面也降低俄罗斯和印度的影响力，以获取这些国家的资源并让其在外交上向中国靠拢①。

值得注意的是，美方认为中国正在加强自身主导下的地区机制，通过打造亚信峰会、提振亚太经合组织（以下简称APEC）构建"去美国化"秩序。2014年中国主导召开亚信峰会，并将继续担任接下来两年的轮值主席国，美国及其在亚太的最重要盟友日本仅作为"观察员"身份参会。这表明，中国试图在美国缺席的情况下，通过反恐、经济合作等手段加强亚洲内部的多边机制化交流。尽管亚信峰会能否成为具有凝聚力的多边安全体系尚存不确定性，但是它"可能会决定亚洲未来发展的方向"②。另外，作为2014年APEC的轮值主席国，中国大力强调APEC的重要性，这是因为"美国近

---

① Stephen Blank, Moscow Talks Business, Beijing Answers with Geo-strategy, China Brief Volume: 13 Issue: 22, Nov. 7, 2013, http://www.jamestown.org/regions/chinaasiapacific/single/? tx_ ttnews%5Bpointer%5D=5&tx_ ttnews%5Btt_ news%5D= 41596&tx_ ttnews%5BbackPid%5D=52&cHash=ae7495499bdf92d98b716e62e979cdc4#.U3B3dnn6i2k.

② "新加坡《联合早报》：中国为何看重亚信峰会"，参考消息网，2014年5月19日，http://china.cankaoxiaoxi.com/2014/0519/390151.shtml。

年来不太重视 APEC，这让中国看到了一个机会"①。

（四）功能性领域的意图：能源诉求及海上通道安全

受中国"走出去"利益推动，"一路一带"建设对中国为扩大能源资源创造新的来源地、拓展新的运输通道具有重要意义。美方认为：第一，崛起中的中国对海外能源资源的战略性需求急剧增加，中亚、南亚、中东、非洲都是中国重要的进口来源地；第二，通过"丝绸之路经济带"建设，增强中国与欧亚大陆上非欧洲文明国家在交通和基础设施上的互联互通，将使中国获得成本更低、安全性更高的陆上能源运输通道②；第三，中国能源进口多元化战略决定不能仅仅依靠中东满足油气需求，"一带"建设将中亚摆在重要位置，其主要考虑之一在于通过陆路管道运输来自中亚的油气，比通过海路运输来自中东的油气在安全上更有保障③。

"21世纪海上丝绸之路"建设将帮助中国拓展海上通道、保障海上运输安全。美方认为，中国针对东盟国家的"海上丝绸之路"将与中国已在斯里兰卡、巴基斯坦布局的"珍珠链"战略形成对接，联通西太平洋与印度洋海域及海上基础设施，使中国的海上力量进一步西进④。印太海域是中国海外能源资源通道运输的必经之地，中

---

① Jamil Anderlini, China reinvigorates regional clubs to counter US power, *Financial Times*, May 20th 2014, http://www.ft.com/intl/cms/s/0/a01c11b8-e009-11e3-9534-00144feabdc0.html#axzz32WQuIaet.

② "俄报：海陆'丝绸之路'构想延伸'中国梦'战略"，《参考消息》，2013年11月20日。

③ Jane Perlez, China Looks West as It Strengthens Regional Ties, Sep 7th 2013, *The New York Times*.

④ Shannon Tiezzi, The Maritime Silk Road Vs. *The String of Pearls*, Feb. 13, 2014, http://thediplomat.com/2014/02/the-maritime-silk-road-vs-the-string-of-pearls/.

国面临的海上通道安全威胁主要包括：一是美国在西太平洋及印度洋海域的封锁和阻拦，美国的"重返亚洲"战略对中国的海上运输通道构成实际威胁；二是印度、日本等地区大国正在日益崛起的海上力量；三是印度洋沿岸及马六甲海峡周边的海盗袭击；四是相关海域及沿岸的伊斯兰激进势力。中国将在相关海域及沿岸部署更多的力量存在，向海权大国迈进。此外美方还强调，"海上丝绸之路"建设是中国对南海问题及与日本、菲律宾、越南等国海上争端的回应，也是应对美国主导下的TPP的替代方案①。

二、美方对中国实施"一带一路"前景的认知

美方认为，中国实施"一带一路"不仅面临诸多机遇，也存在不少挑战。在"一带"建设上，尽管中国拥有资金优势，但恐怖主义将构成威胁其沿线安全的主要因素，而中国能否处理好与俄罗斯的关系将影响"一带"建设的前景。在"一路"建设上，一方面中国可以利用好海外华人的影响力增强与东南亚的友好关系，另一方面中国在南海等问题上日益强势的立场也会增加东南亚国家的不安。

（一）对中国实施"丝绸之路经济带"构想前景的认知

第一，恐怖主义和极端势力威胁"一带"建设。美国认为关键

---

① David Cohen, China Pushes "Silk Road" Regional Trade on Two Fronts, China Brief Volume: 13 Issue: 20, Jamestown Foundation, Oct. 10th 2013.

点在于阿富汗和巴基斯坦：一是随着美国及北约撤离阿富汗，阿现任政府瓦解，塔利班势力很可能卷土重来，恐怖主义和极端势力将威胁"一带"沿线的稳定。因此，美方提出中国应乐见和欢迎美国在阿富汗持续驻军，这将是"一带"建设所需稳定环境的底线①。二是中国必须协调与巴基斯坦在反恐问题上的政策立场。"一带"的西端是从海上连接能源运输通道的瓜达尔港和陆上连接中国的喀喇昆仑公路，两者均位于恐怖势力、极端势力和分裂势力集中的巴基斯坦境内，中国必须确保巴基斯坦政府打击恐怖组织、分裂及极端势力②。

第二，中俄合作看似紧密实则"同床异梦"。尽管中俄在政治、军事、经济、能源等领域的合作越来越呈现制度化趋势，然而双方在诸多领域仍存在分歧③。一是中对俄贸易顺差导致双边贸易失衡，中国进口俄能源并向俄出口消费品及其他高价值产品，引起俄不满；二是俄致力于打造俄白哈关税同盟并扩大"欧亚联盟"，与中国"一带"建设在地区主导权上存在矛盾；三是中俄人文交流水平较低，互信的民间基础薄弱；四是俄在中国敏感的领土争议问题上抱暧昧态度，与日本、印度、越南及其他亚洲国家积极发展关系，将引起中国不满；五是中俄历史上的领土争议、军事争端、意识形态分歧等导致双方隔阂。美方认为，"莫斯科吹嘘其与北京的伙伴关

---

① Shannon Tiezzi, Why China Needs the US in Afghanistan, *The Diplomat*, Mar. 25th, 2014, http：//thediplomat.com/2014/03/why-china-needs-the-us-in-afghanistan/.

② Keith Johnson, Rough Ride on the New Silk Road_ China's plan to build a new trade route with Pakistan is threatened at both ends by terrorism, May 1st 2014, http：//www.foreignpolicy.com/articles/2014/05/01/rough_ride_on_the_silk_road.

③ Richard Weitz, Symbolism over Substance：Sochi Showcases China-Russia Pragmatic Partnership, China Brief Volume：14 Issue：5, Mar. 6 2014, http：//www. eastasiaforum.org/2013/10/26/central-asias-new-silk-road-paved-by-china/.

系，主要是为了向世界各国证明自己仍然是重要的，而中国则将这一伙伴关系视为安抚俄罗斯的一条低成本途径"①。

第三，中国的"丝绸之路经济带"比美国的"新丝绸之路"倡议更有资金优势。奥巴马第一任期内美国开始实施打造连接中亚和南亚的"新丝绸之路"倡议，然而迄今为止这一倡议在战略上牵制中俄、在军事上打击恐怖主义、在经济上控制中亚资源等一系列目标均未实现，同时"美国正在部署撤离阿富汗的方案"②。相比于美国，中国拥有大量的资金优势推动丝绸之路建设，"美国人通过追求实施宏大战略所未能获得的（对中亚资源）的控制权，中国却正在通过实行资本市场战略而实现"③。

第四，多方参与是"一带"建设成功的前提条件之一。在"一带"建设所涉及的跨国项目中，中国不应该仅仅追求双边途径，而是应该通过多方参与实现"多渠道融资、多样化所有权"④，加强中、俄、欧及相关国家与国际多边组织的合作，例如世界银行全球基础设施基金。

---

① "外媒：中俄不会打造'欧亚协约'"，参考消息网，2013年8月12日，http://column.cankaoxiaoxi.com/2013/0812/253953.shtml。

② Simon Denyer, China envisions new 'Silk Roads' to West by land and by sea, *The Washington Post*, Nov. 1st 2013, http://www.japantimes.co.jp/news/2013/11/01/asia-pacific/politics-diplomacy-asia-pacific/china-envisions-new-silk-roads-to-west-by-land-and-by-sea/#.U28-XHn6i2k.

③ P. Stobdan, India and Asian Geopolitics, Institute for Defense Studies and Analysis, Nov. 28, 2013, http://www.idsa.in/policybrief/IndiaandAsianGeopolitics_pstobdan_281113.

④ Ana Palacio, Russia and the Silk Road Approach, *Project Syndicate*, May 6th 2014, http://www.project-syndicate.org/commentary/ana-palacio-emphasizes-the-economic-and-security-benefits-of-china-s-latest-initiative.

（二）对中国实施"21世纪海上丝绸之路"构想前景的认知

第一，团结海外华人，扩大中国与东南亚合作基础。海外华人主要集中在"海上丝绸之路"所覆盖的东南亚地区，在当地的社会经济生产及财富分配中发挥重要作用。中国可以利用海外华人群体与东南亚国家在经济、贸易、金融等方面深化联系，提升中国形象。如果中国在"一路"建设中充分调动海外华人的积极性，并与相关国家能够在围绕搁置主权争议、共同开发海洋方面达成共识，则有助于达到以下几个方面的积极效果：一是缓和围绕南海问题所造成的地区紧张局势，二是有利于维护海上运输通道的安全[1]；三是有助于在东盟地区及中国间增强海上互联互通；四是对东盟来说也有助于实现其2015年的东盟经济共同体目标[2]。

第二，发展前景不甚明朗。美方认为，当前"海上丝绸之路"建设还处在概念阶段，中国并未提出具体的措施。从这一点来看，"一路"很难替代TPP的吸引力[3]。以"中国—东盟海上合作基金"为例，该基金在很多方面信息不透明。一是中国期待从项目中获得经济收益，但安全项目的导入会带来严重问题，即在政府主导而不是产业驱动的条件下如何量化项目收益。二是该基金由哪个部门主管仍不清楚，中国政府应该尽快向东盟国家公布该基金的细节；三

---

[1] Yukon Huang, Courting Asia: China's Maritime Silk Route vs America's Pivot, The Diplomat, April 25th 2014, http://carnegieendowment.org/2014/04/25/courting-asia-china-s-maritime-silk-route-vs-america-s-pivot/h93c.

[2] Karl Lee, What Does China's New Maritime Silk Road Mean for ASEAN, The Sundaily, Oct. 15th 2013, http://www.thesundaily.my/news/855643.

[3] David Cohen, China Pushes "Silk Road" Regional Trade on Two Fronts, China Brief Volume: 13 Issue: 20, Oct. 10th, 2013, http://www.jamestown.org/single/? tx_ttnews%5Btt_news%5D=41468&no_cache=1.

是缺乏信息中心。该基金成立两年来，中国政府只是在自己的网站上公布了一些合作领域，东盟国家不知如何申请①。此外，中国与南海权益争端国家的海上共同开发步调也相对缓慢，中国与文莱的油气合作、与越南在北部湾海域附近的共同开发尚未取得实质性突破②。

第三，中国在东海、南海日益强硬的维权维稳姿态对"一路"战略实施具有负面效应。2013年以来，中国宣布划定东海防空识别区、加剧与日本在钓鱼岛问题上的对抗、与菲律宾在仁爱礁问题上对抗的强硬姿态、在南海加强军事和经济存在等一系列举动均表明，中国正逐步加快海上权益的扩张步伐③。中国与争端相关国家的政策都受到国内民族主义情绪的影响，美国也将进一步加强同越南、菲律宾、日本等国的军事安全联系。南海争端各方在各自的政策上都很难让步，冲突呈现加剧趋势，这将对中国"海上丝绸之路"建设带来负面影响。

三、美方对中国实施"一带一路"构想影响的认知及美方的应对

美方认为，中国提出的"一带一路"建设将可能削弱美国、俄

---

① Karl Lee, What Does China's New Maritime Silk Road Mean for ASEAN, *The Sundaily*, Oct. 15th 2013, http://www.thesundaily.my/news/855643.

② Carl Thayer, China-ASEAN Joint Development Overshadowed by South China Sea, *The Diplomat*, Oct 25th 2013, http://thediplomat.com/2013/10/china-asean-joint-development-overshadowed-by-south-china-sea/.

③ "美刊：中国周边外交试图'左右兼顾'"，参考消息网，2014年4月15日，http://column.cankaoxiaoxi.com/2014/0415/375442.shtml。

罗斯及其他地区大国在相应地区的影响力。此外，美国不应仅仅重视东亚地区，也应该将西亚地区摆在同等重要的位置。在应对策略上，美国应该重新思考自身的中亚政策，抗衡中国的影响力，此外还应该阻止中俄形成事实上的同盟。

（一）中国将削弱大国在"一带一路"沿线地区的影响力

"一带一路"构想的实施可能将改变亚太及欧亚地区的大国力量对比和权力架构。在宏观层面看来，美国和俄罗斯也将对"一带一路"做出消极反应。中美俄三者在中亚的竞争中，中国明显日益占据上风[1]。相对于美国，美国在阿富汗撤军的步伐日益推进、其以阿富汗为核心的"新丝绸之路"计划也举步维艰，而中国优势则在于拥有大量资金；相对于俄罗斯，尽管俄罗斯在中亚拥有历史悠久、影响巨大的政治、经济、军事等方面的战略存在，然而中国在中亚的影响力与日俱增，已经成为中亚五国中四个国家的最大贸易伙伴，中亚与中国的联系将远远超过其与阿富汗、南亚、俄罗斯及欧洲的联系。

据此，美国有必要调整自身的中亚政策目标，加强对中亚及中国在中亚影响力的关注。重视中亚将有助于美国拉近与除中东、东南亚以外地区的穆斯林温和派的联系[2]。另外，长期以来美国中亚政策的重要目标在于限制中亚五国对俄罗斯的政治经济依赖，现在看

---

[1] Simon Denyer, China bypasses American 'New Silk Road' with two of its own, *Washington Post*, Nov. 14th 2013.

[2] Frederick Starr, Moderate Islam? Look to Central Asia, *New York Times*, Feb. 26th 2014.

来应该更加担忧中国与中亚日渐紧密的贸易和投资关系①。

此外，地区性大国也将对"一带一路"做出消极反应。具体而言，"丝绸之路经济带"的实施会引起印度、伊朗及土耳其的不适感，"21世纪海上丝绸之路"则会引起日本及印度的不适感。

（二）亚洲呈现出整体性崛起趋势，亚太与欧亚并重，东亚和西亚并举

美方认为，美国应该重新思考其"重返亚洲"战略，不仅应该关注东亚及太平洋地区，而且应同样重视西亚地区②。一是亚洲的崛起呈现整体性趋势，东亚和西亚并举。尽管长期以来亚洲的东部和西部在政治、经济、历史、文化等方面缺乏联系，然而这一状况正在逐渐被打破。地区大国纷纷重视"丝绸之路"概念，反映了东亚和西亚的联系和融合正在稳步提升，双方的内部贸易日益紧密。二是东亚地区与中东、西亚的联系日益紧密。以中国为代表的东亚国家与以中东为代表的西亚国家的能源和非能源贸易联系比重不断提升，中国与沙特阿拉伯、科威特、卡塔尔、伊朗的贸易额远远高于其与美国的贸易额；西亚国家对东亚的关注也不断增多，西亚在全球博弈中的分量不断加大。三是东亚和西亚之间在海上和陆上的互联互通不断提升。从海上来看，东西方贸易往来的海上核心通道印度洋的通航量巨大，其重要性不断提升；从陆上来看，横贯亚欧大陆内部的公路和铁路线路正在形成中。四是以伊斯坦布尔、迪拜、新加坡、香港、上海为代表的亚洲金融中心的互动关系也日益密切。

---

① Jeffrey Mankoff, Work with Moscow in Central Asia, *National Interest*, Mar 21st 2013, http://nationalinterest.org/commentary/work-moscow-central-asia-8242?page=1.

② 瓦利·纳斯尔：《美国需重新思考"重返亚洲"战略》，《金融时报》中文网，2013年12月5日，http://www.ftchinese.com/story/001053790。

（三）中国实施"一带一路"的前景仍面临诸多不确定因素

第一，在经济领域，中国实施"一带一路"并不能替代其与亚太地区方向重要经济体的联系，其影响力难以超过美国。在"一带"建设方向，阿富汗局势不稳、印巴冲突等因素造成中亚和南亚局势不稳，这将危及"一带"建设；在"一路"建设主要覆盖的东南亚地区，美国的影响力仍然超过中国，地区国家也更加欢迎美国的存在[1]。

第二，在安全领域，亚太诸国仍希望看到美国发挥积极作用。美方认为，一方面，中国在南海等问题上态度日渐强势，地区国家不得不求助于美国发挥更大的地区安全保障作用；另一方面，中国主导的亚信会议能否在地区安全问题上发挥"去美国化"的作用还有待观察[2]。

第三，中国在团结"一带一路"沿线国家上面临诸多障碍。"一带一路"沿线国家在政治、经济、文化、社会等层面情况迥异，中国应至少思考清楚以下几个方面的问题：一是如何处理与这些国家的双边合作及与欧盟、东盟等地区多边组织之间的关系；二是中国是否应该用诸如建立自由贸易区的形式、或者是以其他方式，将相关国家联合在一起[3]。

---

[1] Simon Denyer, China envisions new 'Silk Roads' to West by land and by sea, *The Washington Post*, Nov. 1st 2013, http://www.japantimes.co.jp/news/2013/11/01/asia-pacific/politics-diplomacy-asia-pacific/china-envisions-new-silk-roads-to-west-by-land-and-by-sea/#.U28-XHn6i2k.

[2] "学者：中美未来将'低烈度广泛对抗'"，《联合早报》，2014年5月22日，http://www.zaobao.com/special/report/politic/sino-us/story20140522-345712。

[3] Shannon Tiezzi, China's 'New Silk Road' Vision Revealed, *The Diplomat*, May 9th 2014, http://thediplomat.com/2014/05/chinas-new-silk-road-vision-revealed/.

（四）美国应阻止中俄结盟，避免丢掉欧亚地区主导权

尽管中国和俄罗斯之间存在诸多分歧，然而双方在亚太和欧亚地区都分别与美国主导下的安全集团发生冲突，走向结盟的趋势日渐明显。美国不能低估中俄靠近的严重性，应避免丢掉在欧亚地区的主导权，因此防止中俄结盟应该成为美国下一阶段外交政策的重中之重[①]。鉴于中俄的潜在分歧和矛盾，美国阻止中俄结盟不会付出太大的成本。

四、政策建议：中国的应对

在中美关系超越双边和地区维度、逐步走向全球的大背景下，必须正视第三方因素在中美关系中的作用。如果说长期以来中美两国竞争与合作的主要区域集中在东亚和太平洋地区，那么中国提出"一带一路"合作倡议则为双方的互动开辟了新的空间：陆上从东亚向西拓展至亚欧大陆的内部，涵盖但不限于中亚、南亚、中东等地区；从海上看从西太平洋海域向西、向南穿过马六甲海峡，深入印度洋及其沿岸地区。中美在新的陆海战略空间上如何管理双边竞合关系，将成为影响"一带一路"建设前景的重要因素之一。

现阶段看来，美方对中国"一带一路"倡议的意图存在较大疑

---

① Mark Adomanis, A Russia-China Alliance Is Emerging, And It Will Be A Disaster For The West, *Forbes*, May http：//www.forbes.com/sites/markadomanis/2014/05/20/a-russia-china-alliance-is-emerging-and-it-will-be-a-disaster-for-the-west/.

第十五章 "一带一路"：美国对中国周边外交构想的解读

虑，对其前景也认为存在诸多不确定性。由于中国建设"一带一路"倡议尚在起步，合作构想及政策措施尚未完全成形，美方政策界、学术界的反应也处于初步阶段，这客观上也为中方提供了向美方增信释疑、增强双方良性互动的机会。具体看来，可以从以下几个方面着手：

第一，强调"一带一路"倡议的非战略性、合作性和非排他性。正如中国外交部副部长张业遂所阐述的："一带一路"是合作倡议，中国没有特别的地缘战略意图，无意谋求地区事务主导权，不经营势力范围，不会干涉别国内政[①]。"一带一路"自提出以来，一直作为经济合作倡议而非战略构想存在。应通过各种渠道加强对美政界、学界、商界等领域的公共外交，强调"一带一路"倡议的合作性、开放性、非排他性和互利共赢性，淡化零和博弈及对抗的抗美色彩。

第二，在具体地区和领域探索和加强中美务实合作的基础。中美在"一带一路"沿线地区，存在巨大的合作潜力。以能源资源合作领域为例：在东南亚，中美在"大湄公河次区域合作"（GMS）框架下能源资源互联互通、能源政策方面已经开展一些合作并取得一定成果；在中亚，中美在地区安全事务、管线安全维护等领域拥有共同利益；在中东，中美在确保能源供应稳定、运输安全、价格合理及基础设施建设方面合作潜力很大[②]。在阿富汗问题、中东热点议题上，中美在维护地区和平稳定等方面存在广泛利益，而这些因素将对"一带一路"的建设前景产生重要影响，应努力保持中美的良性互动及沟通。

[①] "外交部副部长张业遂在中国发展高层论坛'建设陆海丝绸之路'分组会上的演讲"，外交部网站，2014年3月25日，http://www.fmprc.gov.cn/mfa_chn/wjbxw_602253/t1140481.shtml。

[②] 贾秀东、王友明、王洪一、苏晓晖："中美合作共赢潜力探讨——两国在东南亚、南亚、中东、非洲和拉美地区的合作"，中国国际问题研究所《CIIS研究报告》，2014年5月。

第四部分　台湾问题与中美关系

"希望两岸双方秉持'两岸一家亲'的理念，顺势而为，齐心协力，推动两岸关系和平发展取得更多成果，造福两岸民众，共圆中华民族伟大复兴的中国梦。

实现中华民族伟大复兴，实现国家富强、民族振兴、人民幸福，是近代以来中国人的夙愿。中国梦与台湾的前途是息息相关的。中国梦是两岸同胞共同的梦，需要大家一起来圆梦。两岸同胞要相互扶持，不分党派，不分阶层，不分宗教，不分地域，都参与到民族复兴的进程中来，让我们共同的中国梦早日成真。"

——2014年2月18日，中共中央总书记习近平在钓鱼台国宾馆会见中国国民党荣誉主席连战及随访的台湾各界人士时强调

第十六章

自由贸易协议：台湾当局亚太转向的战略解读[*]

在"拼经济"的施政主轴下，积极对外签订自由贸易协议（FTA）是台湾当局避免经济边缘化的一个策略性选择，也是其发展对外关系的重要组成部分。2008年之前，由于台湾当局的分离主义倾向，大陆对台湾当局对外签订 FTA 的政治企图持高度警惕和强烈反对的立场。2008年以后，两岸关系在"九二共识"的基础上得以缓和并稳步发展，台湾参与区域经济一体化的问题被重新提上议事日程。在2013年4月8日的"习萧会"上，参加博鳌亚洲论坛2013年年会的台湾两岸共同市场基金会荣誉董事长萧万长再次表示，不希望台湾在区域经济一体化的潮流与趋势中缺席。对此，大陆方面做出积极回应称，可就两岸经济共同发展、区域经济合作进程相衔接的适当方式和可行途径进行务实探讨，合情合理地解决，是双方的共同立场。① 然而，何谓"适当方式和可行途径"仍是值得探讨

---

[*] 本文原载于《台湾研究集刊》，2013年第6期，编入本书时略有改动。

① 李寒芳、伍鲲鹏："国台办：'习萧会'积极而富有成果"，新华网4月8日电，http://news.xinhuanet.com/2013-04/08/c_115311004.htm，访问日期：2013年8月1日。

的问题。本文旨在回顾台湾当局 FTA 战略的由来及其实践的阶段性特征,并分析其进一步拓展 FTA 的实践及参与亚太经济合作机制的可行性与影响因素。

一、台湾当局 FTA 战略的由来

依据世界贸易组织(World Trade Organization,WTO)统计,截至 2013 年 7 月底,全球共有 575 个区域贸易协议,其中 379 个已生效,而且近 90% 的区域贸易协议以 FTA 的形式达成。[①] 值得注意的是,仅有 124 个区域贸易协议是在 WTO 的前身——关贸总协定(GATT)时代签署的,而在 1995 年 WTO 成立后的不到 20 年中,已有超过 400 个新协定达成。从图 16-1 可知,区域贸易协议的爆发性增长始于 20 世纪 90 年代。当时,乌拉圭回合谈判前景不明,欧洲一体化进程的加速影响全球,这种国际地缘政治的影响,加之区域主义的多米诺效应,共同催生了 20 世纪 90 年代区域贸易协议的持续扩张。[②] 进入新世纪以后,WTO 多哈回合谈判停滞不前,区域主义浪潮更加风起云涌,从而极大地刺激了全球主要经济体的 FTA 实践。

[①] WTO, Regional Trade Agreements: Facts and Figures, http://www.wto.org/english/tratop_e/region_e/region_e.htm,访问日期:2013 年 8 月 15 日。
[②] Jo-Ann Crawford and Roberto V. Fiorentino, The Changing Landscape of Regional Trade Agreements, *World Trade Organization*, 2005, p. 6.

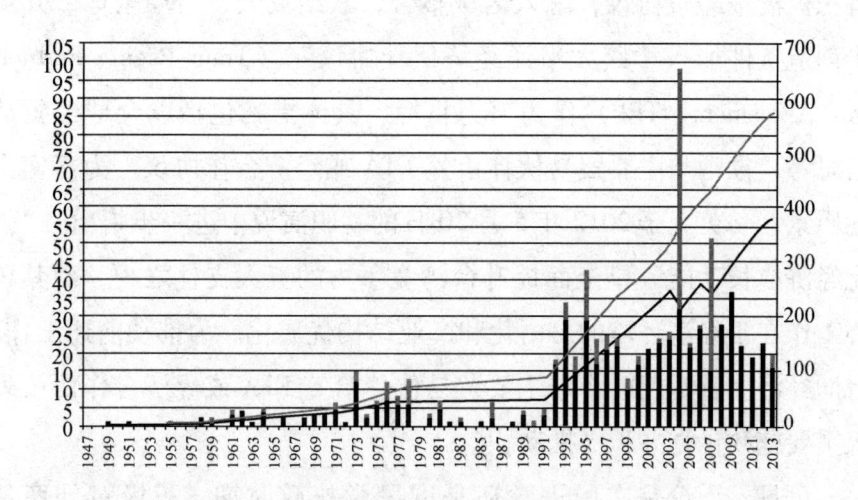

第十六章 自由贸易协议：台湾当局亚太转向的战略解读

图 16-1 全球区域贸易协议发展趋势（1948—2013）

数据来源：WTO 秘书处（2013）[①]

面对席卷全球的区域经济一体化浪潮，台湾当局也逐渐有意识地加强对 FTA 的研议和推动工作。早在 2002 年，陈水扁召集举行的"大溪会议"便延续了 2001 年"经济发展咨询委员会"的结论，主张"深耕台湾、布局全球"，全面构建对外经贸网络，深化台湾经济国际化，加速推动与美国、日本及东盟各国签署 FTA，强化台湾在亚太地区的经济地位。在 2006 年 7 月举行的"台湾经济永续发展会议"上，台湾当局再次提出了"积极参与国际经济合作，协助厂商全球布局"的共同意见，主张积极推动与策略性贸易伙伴洽签 FTA，加强掌握东亚区域制度化整合的动态并积极参与。

2008 年台湾地区二次政党轮替后，上述政策在马英九执政时期得以延续。例如，在 2011 年 9 月马英九宣布的"黄金十年"发展愿景中，"开放布局"被作为活力经济的第一项施政主轴。马英九当局

[①] http://www.wto.org/english/tratop_e/region_e/regfac_e.htm，访问日期：2013 年 8 月 15 日访问。

将积极洽签经贸协议，融入区域整合，联结亚太，布局全球，并逐步创造条件加入"跨太平洋经济伙伴协议"（Trans-Pacific Partnership Agreement，TPP）作为努力目标，具体措施包括以全球经贸战略思考，推动与主要贸易伙伴洽签 FTA 或经济合作协议。为落实上述愿景，马英九于 2012 年 5 月 20 日的就职演说中进一步指出："强化经济成长动能"是全面提升台湾竞争力的五大支柱之一，而其核心工作在于经济环境的自由化和产业结构优质化。为推动前述工作，台湾经济主管部门已将与主要贸易伙伴洽签 FTA 或经济合作协议列入重要施政计划并积极推动。①

可见，无论是在民进党还是国民党执政时期，积极对外商签 FTA 都已经成为台湾当局不约而同的施政战略。为落实这一战略，台湾当局在过去的十多年中不断强化 FTA 谈判的决策与工作机制。一方面，在决策机制层面，台湾当局不断提升对外 FTA 战略的决策层级。早在 2000 年 2 月，台湾当局便在主管对外贸易的"经济部国际贸易局"下设"自由贸易协议临时任务组"。2001 年 9 月，上述临时任务组被扩大为"自由贸易协议专案小组"，负责推动 FTA 的协商问题。为有效整合相关部门的立场并积极开展 FTA 的商签工作，台湾行政机构在 2002 年 1 月加入 WTO 后不久，旋即于当年 4 月 16 日将"推动洽签自由贸易协议策略小组"纳入"台湾参与国际经贸事务策略小组"，提升决策层级，扩大协调功能。② 2004 年 5 月，台行政机构再次将"参与国际经贸事务策略小组"提升为"国际经贸策略联盟布局小组"，由行政机构副负责人任召集人，讨论推动对外

---

① 台湾"经济部"："与主要贸易国家（美国、新加坡、欧盟、东协、日本、纽西兰、印度、澳洲等国）之 FTA 洽签进展情形"，http://www.moea.gov.tw/Mns/otn/content/Content.aspx?menu_id=5457，访问日期：2013 年 8 月 21 日。

② 胡淑慧："台湾对外签洽自由贸易协议的现状与前景"，《统一论坛》，2011 年第 5 期。

洽签 FTA 的策略及准备工作。2008 年马英九执政以后，为加速推动参与区域经济整合，台湾当局决定强化谈判决策机制，于 2012 年 9 月将"国际经贸策略联盟布局小组"改组为"国际经贸策略小组"，扩大职能，由行政机构负责人亲自担任召集人，直接领军主导推动对外洽签 FTA。

另一方面，在日常运作方面，台湾当局成立了专司 FTA 谈判协调工作的任务编组。为了提高台湾当局参与国际经贸谈判的效能、争取最大经贸利益及培养经贸谈判人才，台湾经济主管部门依前述"台湾参与国际经贸事务策略小组"会议的决议，于 2006 年 12 月 13 日以经贸字第 09504607550 号函发布"经济部经贸谈判代表办公室设置要点"，并于 2007 年 3 月 30 日以任务编组方式正式设立"经济部经贸谈判代表办公室"，由经济主管部门主管贸易的副负责人兼任总谈判代表，专责办理 WTO、FTA 等对外多边、区域及双边经贸相关议题的谈判及协调工作。目前，策略小组会议下设"国际经贸工作小组"，由行政机构主管经贸议题的"政务委员"及经济主管部门负责人兼任共同召集人，经贸谈判代表办公室副总谈判代表为兼任委员，并成立"产学咨询会"强化与产学界的对话沟通管道。在遇有政策层面待决议题时，先提报工作小组会议讨论，并将会议结论陈报策略小组，再依需要由策略小组召集人邀请相关机关开会研商，做出最后决定。[①] 此外，为配合行政机构组织改造计划，台湾当局已规划未来将经贸谈判代表办公室纳入新成立的"经济及能源部"贸易政策司，统合涉外经贸资源、提供贸易政策的专业幕僚服务，负责参与 WTO 等国际经贸组织与其他贸易政策之规划、订定、审查，以及包含 FTA 等经贸协议的谈判及签订。

---

① 台湾"经济部"经贸谈判代表办公室："工作成效报告"，2013 年 2 月 26 日，第 3—4 页。

二、台湾当局 FTA 战略的实践

FTA 所蕴含的开放自由的价值取向与台湾地区外向型的经济发展模式高度契合,因此,积极对外商签 FTA 是台湾在新一轮全球区域主义浪潮中避免被边缘化的必由之路,自然也成为 2000 年以来台湾地区历任当局锲而不舍的目标。

表 16-1 台湾当局 FTA 实践进展一览表

序号	国家	进展
1	巴拿马	台湾—巴拿马 FTA 于 2003 年 8 月 21 日签署,2004 年 1 月 1 日生效。
2	危地马拉	台湾—危地马拉 FTA 于 2004 年 12 月 7 日签署,2006 年 7 月 1 日生效。
3	尼加拉瓜	台湾—尼加拉瓜 FTA 于 2006 年 6 月 16 日签署,2008 年 1 月 1 日生效。
4	萨尔瓦多	台湾—萨尔瓦多、洪都拉斯 FTA 于 2007 年 5 月 7 日签署,分别于 2008 年 3 月 1 日和 2008 年 7 月 15 日生效。
5	洪都拉斯	
6	新西兰	2011 年 10 月共同宣布展开洽签经济合作协议的可行性研究,2012 年 5 月 18 日完成,2012 年 5 月底正式展开谈判,2013 年 7 月 10 日正式签署台澎金马单独关税区与新西兰经济合作协议(与"非邦交国"签署的第一个经济合作协议)。
7	日本	自 2010 年 3 月起洽签双边投资协议,2011 年 9 月 15 日正式签署,2012 年 1 月 20 日生效。持续就电机电子产品相互承认协议及电子商务协议进行讨论。
8	新加坡	2010 年 8 月共同发表声明,双方愿意就洽签经济合作协议的可行性进行探讨,2010 年 12 月 9 日就双方各自完成的可行性研究结果交换意见,2011 年 5 月正式展开台新经济伙伴协议谈判,2013 年 11 月 7 日签署经济合作协议。

第十六章　自由贸易协议：台湾当局亚太转向的战略解读

续表

序号	国家	进展
9	印度	双方于2010年第5届"次长级经济对话会议"中决定，由民间智库成立"台印经贸架构协议可行性联合研究小组"进行可行性研究，2011年初展开。
10	印尼	2011年初展开可行性研究并已完成，先行推动双方展开产业交流、促进投资、能力建构及中小企业方面的合作。
11	菲律宾	已同意共同委托智库进行可行性研究，目前双方正就可行性研究内容进行讨论。
12	马来西亚	将于近期展开民间智库可行性研究。
13	澳大利亚	在台澳经贸咨商会议架构下讨论双方关切议题，委托澳大利亚智库就台澳发展紧密经济伙伴关系进行研究。2012年在澳举办研讨会，传达进行台澳经济合作协议可行性共同研究的倡议。
14	欧盟	欧洲议会已于2011年5月通过决议，支持洽签ECA。双方同意于台欧经贸咨商会议架构下成立技术性贸易障碍/汽车、知识产权、药品、卫生检验及动植物检疫等工作小组。
15	以色列	同意于2013年年底前，与台湾成立FTA可行性共同研究工作小组。
16	美国	推动台美贸易暨投资框架协议（TIFA）会议，2013年3月11日在台北举行第七次台美TIFA会议，成立了投资和技术性贸易障碍两个工作小组。

资料来源：台湾"经济部经贸谈判代表办公室"（2013）。

由表16-1可见，台湾当局的FTA实践主要依照"多元接触，逐一洽签"的原则展开，具体而言：

首先，就覆盖面而言，台湾当局的FTA实践瞄准"五大区域"。结合经济互补性及产业关联性、经济发展程度、市场规模、贸易障碍程度、自由化程度、FTA经验丰富、对产业冲击性、地缘关系、战略利益及连锁效应以及洽签态度的积极性等因素,① 台湾当局选定了中国大陆、日本、美国、东盟和欧盟作为 FTA 实践的主要对象,并逐个寻求突破。上述国家和地区要么是台湾的传统贸易与投资伙伴（如美国、日本），要么是当前台湾经济发展主要支柱（如中国大陆等），无疑具有重要的经济意义乃至战略意义。

其次,就谈判策略而言,台湾当局的 FTA 实践奉行"堆积木"的策略。所谓"堆积木"策略,系指针对 FTA 的部分章节内容,如投资、技术性贸易障碍、电子商务、竞争政策、贸易便捷化等,与目标国签署双边协议,以作为未来双方洽签全面性经济合作协议的基础。该策略之优点为双方可提早实现部分洽签经济合作协议的利益,强化与目标国的双边关系。② 目前,台湾当局的"堆积木"谈判策略取得了一定成果。例如,台日双方经过数年之努力,终于在 2011 年 9 月 22 日签署台日"投资协议",该协议 2012 年 1 月 20 日生效。同时,双方亦已于 2012 年 11 月 29 日签署台日"电机电子产品检验相互承认合作协议"及"产业合作搭桥计划合作备忘录",协助台日电机与电子类产品出口业者降低验证成本,促进双方贸易往来及产业合作。又如,台美双方利用贸易暨投资架构协议（TIFA）平台,解决双方关切的贸易障碍议题,不断推动台美洽签双边投资协议、技术性贸易障碍、关务合作与贸易便捷化及食品安全合作等。在第七次 TIFA 会议上,台美双方发布国际投资共同原则和通讯技术服务贸易共同原则,并建立投资工作小组与技术性贸易障碍工作小组。双方又于 2013 年 3 月 11、12 日举行技术阶层会议,就知识产权、食品安全农产品、投资与技术性贸易障碍工作小组等议

---

① 台湾"经济部"："与主要贸易国家（美国、新加坡、欧盟、东协、日本、纽西兰、印度、澳洲等国）之 FTA 洽签进展情形", http：//www.moea.gov.tw/Mns/otn/content/Content.aspx? menu_ id = 5457, 访问日期：2013 年 8 月 19 日。

② 同上。

第十六章 自由贸易协议：台湾当局亚太转向的战略解读

题进行讨论，并完成未来工作规划。这种"堆积木"的谈判策略将FTA化整为零，既降低了FTA的谈判难度，提前享受FTA的部分红利，又在一定程度上降低了大陆对台湾FTA实践的敏感度，可谓"一举两得"。

最后，台湾当局对参与区域经济一体化的实践采取了"两条腿走路"的模式，以双边带动多边。考虑到当前FTA的推动现状、国际区域经济一体化的进展、日韩等竞争对手的FTA实践，以及加入TPP和积极推动与东南亚国家经济整合的长期目标，台湾当局将"推动洽签FTA路径图"的总体目标设定为积极融入区域经济整合。[1] 因此，对于那些目前参与或加入仍有困难的区域性合作机制，台湾当局便寻求双边突破，以双边协商作为未来参与区域合作的铺垫。例如，面对中国与东盟的FTA对台湾经济的冲击，陈水扁曾于2002年公开提出与东盟签订FTA作为应对之策，但这一设想因中国大陆对"一个中国"原则的坚持而受挫。于是，台湾当局便从东盟内部着手，寻求与其核心成员新加坡、印尼、菲律宾、马来西亚等探讨签署FTA的可行性，并密切关注"区域全面经济伙伴关系协议"（Regional Comprehensive Economic Partnership，RCEP）的进展。此外，针对推动加入TPP的议题，台湾当局也在整体策略上从"内部经贸自由化"和"对外争取支持"两面向同时进行，其中，"对外争取支持"的主要内容便是加强台美双边经贸关系，维持两岸良好互动，扩大建立与成员国的经贸关系，展现自由化的努力及决心，积极寻求与TPP成员国展开谈判，从而期待在5—6年内取得重大进展，并于8年内达成加入TPP的目标。

---

[1] 台湾"经建会"："陈冲主持'国际经贸策略小组'第一次会议"，2012年11月7日，http://www.cepd.gov.tw/PowerUp/m1.aspx?sNo=0018063，访问日期：2013年8月15日。

三、台湾当局 FTA 实践的重心转向

对于台湾当局而言，关键问题不在于是否需要或者应当对外签署 FTA，而是在于谈判对象或实践路径的选择。以此为标准，陈水扁和马英九二人在执政时选择了两种迥异的发展道路，从而使得台湾当局的 FTA 实践呈现出两种截然不同的特征和成效。

（一）陈水扁时期的 FTA 实践：以中南美洲为中心

在 2002 年 8 月举行的"大溪会议"之后，台湾当局经过相关评估作业，就已选定将美国、日本、新加坡、新西兰、巴拿马及中美洲"友邦国"列为优先洽签的对象。然而，在以政治斗争作为施政主轴的陈水扁执政时期，上述 FTA 实践并未遵循固有的经济逻辑，反而被认为以"政治利益为优先取向"。[①]

例如，早在 2002 年 4 月 15 日，台湾经济主管部门"国际贸易局"发布的"台美自由贸易说帖"便毫无掩饰地将美国列为第一阶段洽签 FTA 对象国。[②] 2002 年 8 月，民进党当局又在台北召开"美日台三边战略对话"会议，逐渐确立了台湾在政治、军事、经济上与美日结盟的新战略，并将"经济"视为美日台结盟、对抗中国大陆的"第三锚"，旨在通过"区域结盟"制衡大陆的"磁吸效应"，

[①] 邓利娟主编：《21 世纪以来的台湾经济困境与转折》，北京：九州出版社，2004 年版，第 10 页。

[②] "经济部国际贸易局"："台美自由贸易说帖新闻稿"，http://www.moeaboft.gov.tw，访问日期：2013 年 8 月 16 日。

第十六章　自由贸易协议：台湾当局亚太转向的战略解读

维护台湾所谓的"经济安全"。陈水扁宣称："美、日、台三方应进一步思考，如何调整对威权中国的投资和经贸政策，并期待透过美、日、台各方经贸政策的协调及自由贸易区的成立，共同加速建立亚太地区安全的提升、民主的巩固与经济的繁荣"，甚至将与美国签署FTA为"最高战略"，强调要"不惜一切代价。"① 但这一计划显然是罔顾现实的"单相思"。尽管美国有关部门对上述提议的态度曾一度反复，时而称当下最重要的是TIFA谈判，时而又于2002年10月推出"美台建立FTA评估报告"，但专司美国对外贸易谈判之责的时任代表佐立克明确表示，美国没有与台湾当局谈判FTA的问题，也不准备进行这样的谈判。② 又如，陈水扁当局还于2002年重启第三次"南向政策"，其目的不仅是引导台商向东南亚转移投资，借以对抗大陆的市场引力；更重要的是，希望通过台商对东南亚市场的融入而促成台湾与东盟或东南亚国家签订FTA，以深化与东南亚的"实质关系"。③

在国际社会高度认同"一个中国"的背景下，台湾当局高度政治化的FTA战略引发了国际社会的担忧。因此，陈水扁时期的FTA实践注定只能囿于其所谓"友邦"密集存在的中南美洲地区。虽然台湾在中南美洲的贸易和投资规模十分有限，但台湾当局却视其为台商企业"布局全球"的重要新兴市场，视其为进军北美自由贸易区的基地和融入未来美洲自由贸易区的桥梁。更重要的是，当时台湾的27个所谓"邦交国"有14个在中南美洲地区，被视为台湾当

---

① 王建民："简析台湾对参与或签署FTA的策略问题"，http://www.china.com.cn/overseas/txt/2007-12/14/content_ 9384697.htm，访问日期：2013年8月21日。

② 赵承、沈路涛："十六大新闻中心举行第四场记者招待会"，新华社北京11月13日电，http://news.xinhuanet.com/newscenter/2002-11/13/content_ 629060.htm，访问日期：2013年8月16日。

③ 邓利娟主编：《21世纪以来的台湾经济困境与转折》，北京：九州出版社，2004年版，第280—282页。

· 411 ·

局的"外交重镇",也是其实施"经贸外交"和FTA战略的重点地区。因此,陈水扁当局积极与5个中南美洲"友邦"国家(包括巴拿马、危地马拉、尼加拉瓜、萨尔瓦多和洪都拉斯)洽签FTA。与上述5国签署的4份FTA也是2011年之前台湾实施FTA战略十多年间的仅有"硕果",反映了当时台湾当局"政治驱动型"的FTA实践注定只能是"以中南美洲为中心"。

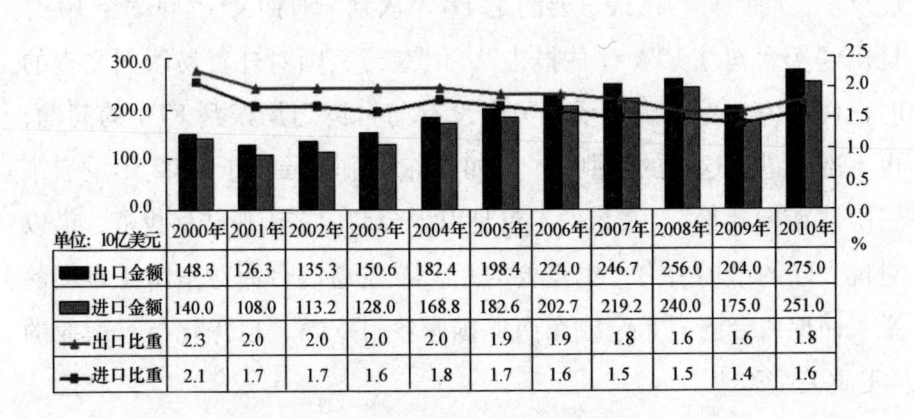

单位:10亿美元	2000年	2001年	2002年	2003年	2004年	2005年	2006年	2007年	2008年	2009年	2010年
出口金额	148.3	126.3	135.3	150.6	182.4	198.4	224.0	246.7	256.0	204.0	275.0
进口金额	140.0	108.0	113.2	128.0	168.8	182.6	202.7	219.2	240.0	175.0	251.0
出口比重	2.3	2.0	2.0	2.0	2.0	1.9	1.9	1.8	1.6	1.6	1.8
进口比重	2.1	1.7	1.7	1.6	1.8	1.7	1.6	1.5	1.5	1.4	1.6

图 16-2　台湾对外贸易占世界贸易量比重
资料来源:WTO International Trade Statistics。

从经济有效性的角度看,上述FTA实践的局限性直接表现在对台湾经济的发展于事无补。从整体上看(图16-2),在2000—2010年,台湾对外贸易占世界贸易总量的比重呈逐年下降的态势,这充分说明了台湾经济发展的颓势,也从侧面反映了陈水扁时期的FTA实践缺乏有效性。就局部而言,尽管台湾当局踌躇满志地推行与中南美洲"友邦"洽签FTA,但由于地缘上的疏离、语言上的障碍、政治与治安问题,以及基本建设不足、原材料与外围产业配合不足等因素,限制了台湾业者在此领域的投资。[①] 2000年以来,中美洲

---

① 刘邦典:"台湾与中美洲六国当前经贸与投资关系分析",台湾《经济情事暨评论季刊》,1997年第3期。

地区在台湾进出口贸易所占比例始终维持在 2% 左右，台湾对巴拿马等 5 个 FTA 伙伴的总出口额仅占台湾出口总额 0.145%，[1] FTA 的经济有效性备受岛内外诟病。

（二）马英九时期的 FTA 实践：以亚太为中心

2002 年 1 月，台湾当局正式以"台澎金马单独关税区"（简称"中华台北"）的名义加入 WTO。马英九执政以来的台湾当局认为，WTO 成员身份的取得，为台湾与其贸易伙伴洽谈 FTA 并拓展国际经贸空间提供了条件。因此，台湾当局明确提出了"积极洽签经贸协议，融入区域整合，连结亚太，布局全球"的施政目标。可见，亚太区域是台湾参与区域整合的重心，也是其全球布局新的起点，从而开启了台湾当局 FTA 实践从中南美洲向亚太的转向。

截至目前，马英九当局自 2008 年以来在亚太地区的 FTA 实践取得了阶段性成效。首先，从直接效果来看，2013 年 7 月 10 日，新西兰商工办事处和台北经济文化代表处签署了经济合作协议，这是台湾与其所谓非"邦交国"签署的第一个 FTA，也是与其主要贸易伙伴签署的第一个 FTA——2012 年，台湾是新西兰的第 12 大出口市场，也是其第 15 大进口来源地。同时，台湾与其第五大贸易伙伴新加坡于 2010 年 8 月共同发表声明，双方就洽签经济合作协议的可行性进行探讨，并于 2011 年 5 月正式展开台新经济伙伴协议谈判，2013 年 11 月 7 日正式达成经济合作协议。再者，从"搭积木"谈判策略的成效看，台湾当局于 2011 年 8 月 1 日与印度签署关务互助协议，同年 9 月 15 日与日本签署投资协议，并正就电机电子产品相

---

[1] "台湾进出口贸易统计"，http://cus93.trade.gov.tw/FSCI/，访问日期：2013 年 8 月 21 日。

互承认协议及电子商务协议进行讨论。最后，从洽签对象的态度看，已与印尼完成可行性研究，正在与印度进行可行性研究，即将与菲律宾、马来西亚展开可行性研究，此外，与澳大利亚等国的经济合作协议的可行性共同研究也在倡议阶段。总之，在台湾当局列举的有意或正在接触建立 FTA 且获得回应的 11 个国家和地区中，亚太地区国家占据 9 席，比例高达 82%，这充分说明了马英九当局 FTA 实践"以亚太为中心"的特征。

马英九当局 FTA 战略实践的亚太转向具有经济上的必然性。一方面，亚太是全球公认最具经济活力的地区，也是全球区域一体化较为活跃的地区。以亚太经合组织（Asia-Pacific Economic Cooperation, APEC）为例，其 27 亿人口约占世界人口的 40%，国内生产总值之和约占世界的 53%，贸易额约占世界总量的 44%。[①] 据笔者查索 WTO 数据库得知，截至 2013 年 7 月底，APEC 成员之间或对外已有 126 个生效区域贸易协议，占全球生效区域贸易协议的 48.6%（126/259）。另一方面，亚太地区也是台湾对外经贸的重点区域。2000—2012 年期间，台湾与 APEC 其他 20 个经济体的进出口贸易额占其同期对外贸易总额的 76.3%，8 个经济体在台湾进出口贸易额排行榜上雄踞前 10 位（仅德国和沙特阿拉伯非 APEC 成员，占外贸总额的 5%）。[②]

此外，马英九当局 FTA 实践的亚太转向具有路径选择上的合理性。与陈水扁时代的 FTA 实践不同，马英九时代的 FTA 实践是以大陆为起点的。2008 年马英九担任台湾地区领导人之后，两岸关系因当局重新承认"九二共识"而进入和平发展的新时期。2010 年 6

[①] APEC, Achievements-and-Benefits, http://www.apec.org/About-Us/About-APEC/Achievements-and-Benefits.aspx，访问日期：2013 年 8 月 21 日。

[②] "台湾进出口贸易统计"，http://cus93.trade.gov.tw/FSCI/，访问日期：2013 年 8 月 21 日。

月，在两岸签署《海峡两岸经济合作框架协议》（ECFA）后，时任国台办主任王毅表示，只要两岸保持良性互动，不断增进互信，对于台湾与他国签订自由贸易协议，大陆会"合情合理对待，务实妥善处理"。这也是大陆官方首次正面响应台湾地区对外签署经贸安排的提议。① 对此，位于布鲁塞尔的欧洲智库"欧洲国际政治经济中心"曾发布研究报告表示，台湾地区要对外商签 FTA，首先要得到来自北京的"绿灯"，如果大陆认为这样的讨论有悖于"一个中国"政策，任何一个国家都不会跟台湾展开类似讨论。② 这种观察是符合实际的。例如，早在李登辉时期，台湾当局就曾与新加坡商签 FTA 问题，但因新加坡顾及中国大陆的关系而未果。陈水扁任内，台湾当局再度就此进行沟通，再次因台湾当局坚持使用"台湾"名称而无疾而终。新加坡政府资政李光耀亦曾表示，新加坡与台湾的关系，不能快过台湾与中国大陆的关系，这是新加坡的立场，一旦两岸关系改善，台新之间讨论签署 FTA 将不成问题。③ 事实亦是如此。在 ECFA 签署后不久，此前被新加坡方面拒绝的台新 FTA 即于两个月后重启，双方共同发表声明表示愿意就洽签经济合作协议的可行性进行探讨。

四、台湾当局拓展 FTA 实践的前景

对于未来台湾参与 FTA 和区域经济一体化的可行性，现阶段的

---

① 唐家婕、章涛："ECFA：一道前菜"，《新世纪》，2010 年第 27 期。
② Iana Dreyer et al, "Beyond Geopolitics—The Case for a Free Trade Accord between Europe and Taiwan", *ECIPE OCCASIONAL PAPER*, No. 3/2010, p. 5.
③ 陈孔立：《走向和平发展的两岸关系》，北京：九州出版社，2010 年版，第 74 页。

台湾当局似乎充满自信。例如，马英九本人曾在中国国民党中常会上表示，台湾是 WTO 成员，本身就有和其他成员洽签 FTA 的权利，这个权利在行使当中不应受到干扰。[1] 然而，笔者认为，台湾方面不能仅因为系 WTO 成员就自动享有 FTA 缔约权。

首先，从缔约权的基本理论来看，对外签署 FTA 本质上属于主权国家的权利。尽管在现代社会，国家已经并非条约实践的唯一主体，然而，作为例外，非主权实体对外签署条约，必须经过主权国家的授权。即便台湾地区学者也承认，非国家实体只有在被允许成为条约主体的架构下，才能成为该条约所创造的国际法制度的主体；同时，这并不能使该实体自动获得在其他条约规范下的国际法主体地位。[2] 换言之，除非另有说明，基于原始国际法主体（国家）的授予而享有的缔约权利只具有个案效应。台湾当局加入 WTO 这一事实本身并不能改变台湾的法律地位，恰恰相反，"台澎金马单独关税区"这一身份反而强化了其非国家实体的地位，[3] 因而被岛内"独派"势力大加伐挞。[4] 因此，非经主权国家授权，台湾当局仍然无法享有对外签署 FTA 的权利。即便在大陆的默许下，台湾当局已经以"台澎金马单独关税区"的名义与新西兰等国家签署 FTA，这也仅具有个案效应而非可以无条件效仿的先例。

---

[1] 倪鸿祥："马英九称台湾与他国签 FTA 不应受干扰"，中评社台北6月2日电，http://www.zhgpl.com/crn-webapp/doc/docDetailCreate.jsp?coluid=0&kindid=0&docid=101341692，访问日期：2013年8月21日。

[2] 高圣惕："以'实体'作为国际海洋法条约规范主体的理论与实践：以台湾的条约实践为中心"，陈纯一主编：《丘宏达教授赠书仪式暨第一届两岸国际法学论坛学术研讨会实录》，台湾政治大学国际事务学院国际法学研究中心，2010年版，第162—163页。

[3] Zeng Huaqun, "One China Four WTO Memberships: Legal Grounds, Relations and Significance", The Journal of World Investment & Trade, Vol. 8, No. 5, 2007, pp. 684 – 690.

[4] 黄宗乐主编：《台湾与 WTO》，台北：元照出版，2011年版，第16—25页。

第十六章 自由贸易协议：台湾当局亚太转向的战略解读

其次，从 WTO 与区域贸易协定的关系来看，二者是两个并行不悖的体制。《WTO 协定》只是调整贸易关系以及与贸易相关的投资、知识产权等议题，而 FTA 作为区域贸易协定的一种形式，其调整范围则远远超出 WTO，包括却不限于投资、金融、环境、竞争、劳工等议题。二者调整对象的广度、深度均有差异，构成了两个互不隶属的体制。[1] 同时，由于国际社会的平权结构，同种国际法渊源之间没有等级之分。这种国际法"碎片化"的现象就决定了 WTO 这样的普遍性条约和 FTA 这样的区域性条约之间在实质上并不存在谁附属于谁的关系。[2] 鉴于 WTO 和 FTA 的体制性分野，WTO 成员身份本身并不能授权台湾当局自动享有从事 FTA 实践的权利。

最后，从 WTO 本身关于区域贸易协定的规定来看，其涵盖协定 GATT 和 GATS 关于区域贸易一体化的条款均属例外条款而非授权条款。[3] 例如，GATT 第 24 条第 5 款规定，该协定的规定不得阻止在缔约方领土之间形成关税同盟或自由贸易区，或阻止通过形成关税同盟或自由贸易区所必需的临时协定。GATS 第 5 条与 GATT 第 24 条基本一致，涵盖领域扩及服务贸易。但细读上述条款可知，这些规定只是允许 WTO 成员为签署 FTA 并达成经济一体化的目标而暂时偏离最惠国待遇标准。至于 WTO 成员是否有资格和能力对外签署 FTA，上述规定并未涉及，事实上也无权过问。

由上可知，台湾当局能否签订 FTA 并不取决于其作为 WTO 成员的身份，而是取决于在国际社会代表中国的中华人民共和国政府的授权。对此，大陆的立场是一贯而明确的，即"对台湾同外国开

---

[1] 张亮："台湾地区对外签订'自由贸易协定'的法律问题"，《政治与法律》，2011 年第 4 期。

[2] 刘彬："论 WTO 对 RTAs 的适度规制"，《国际经济法学刊》第 14 卷第 1 期。

[3] 张亮："台湾地区对外签订'自由贸易协定'的法律问题"，《政治与法律》，2011 年第 4 期。

展民间性的经济往来不持异议,但反对任何国家与台湾商签具有主权意涵和官方性质的协议"。① 然而,上述原则性立场在具体适用过程中却富有弹性。究其原因,在于这种授权是一种复杂的政治判断,考虑的要素包括台湾当局对于"一个中国"原则的态度、两岸关系的稳固性、两岸政治互信的程度以及相关协议本身的重要性与紧迫性等。② 因此,对于影响未来台湾当局FTA实践的因素,似可包括如下方面:

第一,两岸关系的稳定性和两岸政治互信的程度:总体上,大陆对于台湾地区对外签署FTA的可行性遵循"官民分离"、"政经分离"的思路。例如,2002年11月,时任外经贸部长石广生曾表示,中方坚决反对与我们建交的国家同台湾当局商谈和签订FTA,其核心理由是"台湾当局正在用商谈自由贸易协定问题作为手段,来搞实质意义的'台湾独立'和'两个中国'的问题。因此这是一个敏感的政治问题"。③ 时过境迁,2008年12月31日,胡锦涛在纪念《告台湾同胞书》发表30周年座谈会上表示:"对于台湾同外国开展民间性经济文化往来的前景,可以视需要进一步协商。"此外,在台湾与新西兰签署经济合作协议后,外交部发言人还表示:"当前,中国与新西兰关系发展良好。新方坚持一个中国政策,妥善处理相关

---

① 国台办新闻发言人:"国台办新闻发布会辑录(2012—06—27)", http://www.gwytb.gov.cn/xwfbh/201206/t20120627_2764190.htm,访问日期:2013年8月15日。
② 季烨:"我国台湾地区与日本'投资协议'的法律特征与政治逻辑",《国际经济法学刊》第19卷第4期。
③ 赵承、沈路涛:"十六大新闻中心举行第四场记者招待会",新华网北京11月13日电,http://news.xinhuanet.com/newscenter/2002-11/13/content_629060.htm,访问日期:2013年8月27日。

第十六章 自由贸易协议:台湾当局亚太转向的战略解读

事宜,这有利于中新关系的健康发展。"① 换言之,台湾对外签署FTA并不必然与"一个中国"原则相冲突,这除了涉及中国大陆与台湾当局缔约伙伴之间的外交互信之外,关键在于两岸互信。在台湾当局遵循"九二共识"或"一中框架"的基础上,两岸关系和平发展的局面不断巩固深化,两岸政治互信不断积累加深,在此情况下,台湾参与FTA实践的可行性会大大提高。反之,如果台湾当局不接受"九二共识"或"一中框架",重新回到陈水扁时代的两岸政策,台湾参与FTA实践的难度可想而知。

第二,台湾洽签FTA的名义和身份:台湾洽签FTA的名义和身份是衡量两岸政治互信的一个表征,高度政治化的名义和身份(例如可能被认为具有"两国论"或"一边一国"意味的台湾、"中华民国"等),显然难以被大陆所认可和接受。相反,由民间团体出面或"白手套"方式签署的可接受度更高。例如,台湾与新加坡曾经在2000年后展开洽签FTA的对话,但最终因台湾坚持使用"台湾"名称而暂时搁置。相反的例子是,台日"投资协议"便是透过各自的民间团体"亚东关系协会"与"财团法人交流协会"签署,而台湾与新西兰之间的经济合作协议则是透过新西兰商工办事处和台北经济文化代表处签署。类似做法是否能作为一种模式在未来得以沿用仍有待观察,但对大陆而言,这无疑是展现台湾方面在FTA实践方面"非政治化"的一个积极信号。

最后,先内后外、先两岸后国际循序渐进的参与方式:无论是出于经济上还是政治上的考虑,两岸内部一体化都是台湾参与区域经济一体化的前提和基础。因此,台湾未来参与FTA实践的可行性,也将取决于ECFA后续两项协议的谈判进展。事实上,大陆方面对

---

① 外交部新闻发言人:"2013年7月10日外交部发言人华春莹主持例行记者会", http://www.fmprc.gov.cn/mfa_chn/fyrbt_602243/jzhsl_602247/t1057760.shtml,访问日期:2013年8月27日。

此已有考虑。2008 年 12 月 31 日,胡锦涛在纪念《告台湾同胞书》发表 30 周年座谈会上表示:"建立更加紧密的两岸经济合作机制进程,……有利于探讨两岸经济共同发展同亚太区域经济合作机制相衔接的可行途径。"正是有鉴于此,在第九次两岸两会领导人正式会谈前,海基会董事长林中森曾提出台湾加入 TPP、RCEP 以及与相关国家签订 FTA 的诉求,但海协会副会长郑立中则回应,希望先把两岸经济合作做好,在此基础上再共同探索两岸经济合作机制与亚太经济合作机制衔接的问题。

对于台湾积极准备参加 TPP 这一多边区域一体化协议的可行性,上述影响因素同样存在。因此,台湾当局过去 10 年参与 FTA 实践的经验值得借鉴。然而,虽然大陆或两岸因素是影响台湾参与 TPP 的重要因素,但也绝非唯一因素。

首先,台湾参与 TPP 的进程在很大程度上取决于台湾自身的经济自由化程度。在当前台湾经济保守主义思潮不断涌现的背景下,要实现其 8 年内加入 TPP 的目标,无疑难度极大。目前,台湾当局已将推动加入 TPP 作为重要施政目标,拟定"推动加入 TPP 策略"作为推动方针,并强调未来谈判势必朝高度自由化方向发展,各单位宜有心理准备,并尽快规划相关自由化期程及配套措施,但其成效有待观察。值得注意的是,《海峡两岸服务贸易协议》签署后,台湾内部的激烈反对已经引发了相关国家对于台湾经济自由化的疑虑和担心(这也导致了民进党对服贸协议反对声调的下调)。类似极端保守或泛政治化的操作,势必对台湾参与 TPP 产生负面的外部影响。

其次,台湾参与 TPP 的进程还取决于美国的态度。美国已经成为 TPP 的主导力量,并将其作为"亚太再平衡"战略的重要组成部分。台美关系是否如想象中的那么足够密切,以至于美国必然会考虑将台湾纳入 TPP,这值得思考。事实上,与两岸经贸关系的相互依赖程度不断加深相呼应,台美经贸关系的密切度总体上呈下滑态势。美国政府对于台湾也并非始终无条件支持，而是承载着诸多实实在在的利益考量。台湾当局对"美牛案"的处理不力，直接导致了台美 TIFA 会议延宕 5 年之久便是一例明证。① 因此，台湾当局如何在未来的投资、经济贸易障碍、农产品、知识产权问题上达到美国的要价，将是其能否参与 TPP 的重要系列观察指标。

最后，大陆对于 TPP 的态度（或者说 TPP 对于大陆的态度），也将在一定程度上影响台湾加入 TPP 的进程。目前的多数评论认为，TPP 绝非一个单纯的经济一体化协议，而是美国争夺或维持其在亚太地区主导权的战略工具。在中国综合实力持续上升的情况下，中美围绕 TPP 的竞争不可避免。事实上，TPP 一系列的制度设计都被认为具有强烈的目标指向（如反腐败、政府采购、知识产权等），中国在短期内可能无法达到其设计的标准和高度。如果前文"先内后外、先两岸后国际"的因素的确存在，那么，在中国大陆尚未成为 TPP 一员的情况下，TPP 的重要性越高，影响力越大，台湾加入 TPP 的难度也就越大。过去，WTO 是如此；如今，在加入 TPP 的问题上，想必亦会如此。

五、结语

自 2000 年左右明确提出 FTA 战略以来，台湾当局的 FTA 实践大体上历经陈水扁和马英九两个执政团队的实施阶段。二者相较，陈水扁时代的 FTA 实践呈现出明显的"政治驱动性"，即以所谓

---

① 黄俊凌、张华："台美'贸易暨投资框架协议'谈判的历程、特征和走势"，《台湾研究》，2013 年第 2 期。

"全球布局"的思维，刻意凸显台湾国际参与的政治意义。这种政治导向策略无视 FTA 固有的经济逻辑，刻意跳脱两岸经贸关系的密切联系而自绝于全球最大的新兴市场，片面追求其地缘政治影响，在此思维主导下的 FTA 战略必然缺乏实效，甚至平添政治敏感性而难以付诸实践。因此，"以中南美洲为中心"的 FTA 实践成果是陈水扁当局无奈的选择和结局。而马英九时代的 FTA 实践则更具"政治经济平衡型"特征，具体表现为对 FTA 经济有效性的重视、对谈判对象的选择、对 FTA 路径的合理选择，主张避免经贸议题泛政治化，而是以大陆为起点，重点参与以亚太为中心的区域整合，因而更具务实性，台湾与新西兰、新加坡两国 FTA 的签署即为明证，台湾当局"以亚太为中心"的 FTA 实践初露端倪。

台湾当局 FTA 实践的两个不同阶段和发展转向，也在实践中检验着两种不同的两岸关系路线。究竟是"从世界到中国（大陆）"，还是"从中国（大陆）到世界"，是台湾地区民进党面临的"大哉问"。至少，这个问题在台湾对外洽签 FTA 的实践中，已再一次找到确定的答案：前者是舍本逐末，后者才是必由之路。

纵观台湾当局 FTA 实践的两个阶段可见，台湾当局 FTA 实践的"政治驱动性"是招致中国大陆强烈反对的主要理由。然而，2008 年以来，大陆对于台湾当局 FTA 实践的亚太转向不再公开反对，而是在相当程度上予以默认，这一立场变迁不仅具有丰富的法律内涵，也反映了大陆对台政策自信心的提高。展望未来，只有坚持"九二共识"，以循序渐进的方式完成两岸经济整合，透过两岸沟通的方式提升政治互信，在确保两岸关系和平发展不断巩固和深化的前提下，台湾当局以适当的名义和身份参与 FTA 实践乃至加入 TPP 的可行性才会呈现出积极的态势。

2014 年中美关系大事记

1 月

1 日，刚刚过去的 2013 年是有史以来美国股市表现最好的年份之一。12 月 31 日，华尔街在 2013 年最后一个交易日继续上涨，三大股指均以最高纪录或接近最高纪录结束本年交易。其中，标普 500 指数上涨至 1848 点，2013 年全年涨幅近 30%，为 1997 年以来最大年度涨幅；道琼斯工业平均指数 2013 全年上升 26.5%，为 1995 年以来的最大年度涨幅；纳斯达克指数 2013 全年也大涨 38.3%，为 2009 年以来最大年度涨幅。美国经济逐步改善、上市公司业绩强劲，以及美联储量化宽松政策，是 2013 年美股飙升的主要推动力。

2 日，外交部发言人秦刚就中国驻旧金山总领馆遭纵火事答记者问时表示，中国外交部和驻美有关使领馆已就此向美方提出严正交涉，要求美方尽快破案，严惩肇事者，确保不再发生类似事件。美国国务院发言人哈夫发表声明，对中国驻旧金山总领馆遭纵火破坏深表关切。哈夫在声明中表示，美国对中国驻旧金山总领馆 1 月 1 日遭到一名纵火犯袭击并被毁损的报道深表关切。声明说，"我们会非常严肃地处理这一事件，外交安全局正与联邦调查局和当地部门联手调查、缉捕罪犯。美国国务院官员正在与中国官员沟通，以提供支持和有关此案的最新进展。"

4 日，美国国防部长哈格尔在与日本防卫大臣小野寺五典通电话时，敦促日方采取措施改善与邻国的关系。

6日，美国国会参议院通过了总统奥巴马对下任美国联邦储备委员会主席耶伦的提名。耶伦将从2月1日起接替伯南克出任这一世界上最具影响力之一的经济决策机构的掌门人，成为美联储百年历史上的首位女主席。这是20世纪80年代保罗·沃尔克离开美联储之后，该机构迎来的首位民主党主席。有分析认为，耶伦重视经济增长和就业，倾向于维持低利率以缓解就业问题，支持伯南克在国际金融危机后采取的积极刺激政策。她的就任有望保证美联储货币政策的延续性，在刺激经济上甚至可能表现得比伯南克更为激进。

7日，美国国防部宣布，将在2月向韩国派遣800余名官兵、大约40辆"艾布拉姆斯"作战坦克和40辆装甲步兵战车，增派的兵力和装备将提高美国和韩国的战备水平和作战能力。

7日上午，美国北加州联邦地区法院开庭审理中国驻旧金山总领馆纵火案，犯罪嫌疑人大约出庭了1分钟。下次审理定在1月15日。

7日，美国商务部公布的数据显示，由于石油进口下降，2013年11月美国贸易逆差创4年来新低，再度凸显出美国页岩油气开发对其经济和国际地缘政治格局的影响。数据显示，2013年11月美国贸易逆差大幅收窄至343亿美元，好于经济学家的预期，并且创下2009年10月以来最低水平。彭博社说，石油进口的下降，推动2013年11月贸易逆差创4年来新低，显示了美国正在变得更加"能源独立"。由于国内油气开采增加，美国当月原油进口额创3年来新低，价格和数量双双下降。

8日，美韩关于修订《韩美原子能协定》的第九轮谈判在韩国结束。韩国政府一位负责人透露，双方在会谈中就提高韩国核能出口竞争力、核废料处理、核电燃料供应等问题交换了意见，但未能缩小意见分歧。

8日，美国联邦储备委员会公布的2013年12月货币政策会议纪要称，量化宽松政策（QE）应当以"适度步伐"放缓。纪要还显示，多数与会的美联储官员认为，QE带来的经济效益正在日益消退，而其可能带来的金融稳定性风险开始令人担忧。

10日，据海关统计，2013年，我国进出口总值25.83万亿人民币，折合4.16万亿美元，扣除汇率因素同比增长7.6%，比2012年提高了1.4个百分点，年度进出口总值首次突破4万亿美元。海关总署新闻发言人、综合统计司司长郑跃声在国新办新闻发布会上分析，2012年我国货物贸易总额次于美国居全球第二位；2013年前10个月，我国货物贸易进出口总值比美国同期公布的数据高出1920亿美元，同比增速高出美国7个百分点。根据美国方面发布的数据，2013年前11月，美国货物贸易进出口增长速度不到1%。由此推算，2013年我国超过美国首次位列全球货物贸易第一大国已经基本成定局。

10日，在美国华盛顿召开的世界航天局长峰会上，中国航天科技专家、国际宇航科学院院士吴美蓉被授予冯·卡门奖，以表彰她50多年来对航天科技事业的执着追求，以及为国际航天合作做出的突出贡献。吴美蓉院士出席了颁奖仪式。冯·卡门奖创立于1982年，是国际宇航科学界的最高奖项，被誉为"宇航科学诺贝尔奖"，每年授予一次一人，表彰在航天科学技术领域取得杰出成就的个人。

13日，经美国国会参众两院拨款委员会晚间公布了一份总额为1.1万亿美元的2014财年预算案。该议案将部分缓解联邦政府开支的深度削减，为奥巴马政府所寻求的优先项目提供资金，并有望避免联邦政府在1月15日再度关门。

14日，《纽约时报》网站刊文称，美国国家安全局（国安局）和五角大楼网络司令部等情报机构已在全球近10万台电脑中植入"计算机网络攻击"软件，一方面能够对这些电脑进行实时监视，另一方面则能为美国发起大规模全球网络攻击修建一条"数字高速路"。

15日，美国国会众议院投票通过联邦政府2014财年预算法案，其中包括了日军慰安妇问题。这是美国国会预算法案中首次敦促日本政府遵守美国众议院于2007年通过的"慰安妇决议案"。该预算法案仍需等待参议院投票表决，预计将于17日举行。

16日，继美国情报机构已对全球10万台电脑植入监视软件丑闻曝光后，美国国家安全局（国安局）又被爆出每天在全球范围内搜集至少两亿条手机短信，借此获知任意手机用户的地理位置、联系网络及信用卡信息。

17日，美国总统奥巴马在司法部就备受争议的大规模情报收集活动发表讲话。自去年美国国家安全局前雇员斯诺登揭露美国监控丑闻之后，难以遏止的"蝴蝶效应"扯开了美国情报机构的黑幕，招致美国乃至全球公众的震惊与抨击，疏远了美国与盟友的关系，让美国从道义制高点迅速跌落，并一再陷入捉襟见肘的泥淖。但这场美国政府长期准备、多方铺垫、精心组织的公关活动，由于充满着为监控行为辩解的言辞和缺乏真正改革力度，带给民众、电信公司和民间团体更大失望。

22日，美国证券交易委员会（SEC）的一名行政法官作出初步裁决，暂停四大国际会计师事务所中国分公司对在美上市公司的审计资格，期限为6个月，理由是这些审计机构拒绝提供有关在美上市中国企业的审计资料，阻碍了美方对这些企业的欺诈调查。

23日，据日本《朝日新闻》报道，美国驻日本大使卡罗琳·肯尼迪1月21日在接受该报采访时表示，"美国担忧本地区局势的紧张，对（安倍）首相的决断感到失望"。

25日，据今日美国报道，根据美联社新发布的民调显示，民众对于奥巴马的评价可以概括为，"你是个好人，但是当总统真的不怎么样，政绩平平"。调查显示，58%的受调查者认为奥巴马还算挺讨人喜欢，这一数字相比去年10月政府关闭事件后上升了9个点。但是奥巴马的支持率仍然维持在45%，53%的人对其任期表现表示不满。

25日，在香港的亚洲国际博览馆考场，近万名考生参加了有"美国高考"之称的SAT考试，考生家长用手机拍下孩子参加考试的瞬间。近年来，随着越来越多中国学生选择到美国读本科，作为申请美国高校重要参考的SAT考试，在中国形成热潮。由于中国大陆没有考点，香港就成为了许多内地学生参加SAT考试的首选。

27日，美国国防部长哈格尔近日下令对美军核部队，特别是空军洲际弹道导弹部队存在的严重军纪问题立即进行深入调查。他还将和美军参谋长联席会议主席邓普西联手就核部队军纪问题主持召开高级将领会议，要求有关部门在60天内就核部队中存在的问题及解决办法提交专题报告。此外，哈格尔还将组织军外专家以更为广阔的视野重新审议美军核力量的作用及其人事问题的解决方案。美国国防部发言人约翰·柯比说，"哈格尔要解决的是美军核部队中有关训练、职业标准、高级军官责任等一系列问题。"

27日，据美国《纽约时报》和英国《卫报》等媒体共同披露，美国国家安全局能够利用智能手机上的应用软件获取情报。同日，美国司法部发表声明称，奥巴马政府已与美国主要科技公司达成协议，首次允许后者向公众披露更多与数据监控相关的法庭指令内容。此前，美情报机构一直禁止这些公司承认曾接收有关监控指令。

27日，美国市场研究机构国际数据公司（IDC）发布的数据显示，2013年全球智能手机发货量首次突破10亿台，三星电子和苹果公司的发货量分别排名第一和第二，中国的华为排名第三，韩国LG公司排名第四，中国的联想则位居第五位。

28日，美国总统奥巴马于当地时间晚九时发表年度国情咨文，提出所谓"加速经济增长、改善中产阶层处境"的行动蓝图,并承诺不管有无国会立法支持,都将为美国人创造经济机遇,缩小经济差距。此间舆论指出,执政5年后,奥巴马终于明显感觉到,由民主党和共和党分而治之的国会和尖锐的政党对立对其形成掣肘,他与国会的矛盾不断加剧。因此,奥巴马寻求在必要时绕开国会单干,借助其手头行政权力推动一些小的事项,以便拉升不断下滑的支持率,为自身留下一些政治遗产。

28日—29日,美联储将召开今年第一次货币政策会议。因上周全球市场经历动荡,此次会议成为市场关注的焦点。这也将是美联储主席伯南克任内的最后一次会议,本月31日后,耶伦将正式履新。

29日,美国联邦储备委员会宣布继续削减量化宽松政策,将每月债券购买规模从750亿美元减少至650亿美元。这是继2013年12月之后,美联储第二次宣布削减量宽。鉴于近期全球金融市场出现的动荡,美联储的举措可能令市场进一步承压。当天,美联储在结束货币政策会议后发表声明称,从2月份起,每月将购买300亿美元抵押贷款支持证券和350亿美元长期国债,分别较此前确定的购买额减少50亿美元。

2月

3日,珍妮特·耶伦正式宣誓就任美国联邦储备委员会新一任主席,接任本·伯南克成为美联储百年历史上首位女性主席,任期四年,耶伦也藉此成为美国最有权势的女性之一。

4日,美国国会预算局预测,在今年9月底结束的2014财年,美国联邦政府财政赤字有望降至5140亿美元。这一数字低于国会预算局此前预测的5600亿美元,也低于2013财年的6800亿美元,与2009财年1.4万亿美元的历史高位相比显著回落。

4日，因美国供应管理协会制造业数据远不及预期，来自中国的服务业数据也令人失望，美国股市周一大幅下跌，道指下跌300余点，创下自2013年6月20日来单日最大跌幅，自2013年10月以来首次跌破200日均线，纳指也下跌超百点，跌破了4000点关口。

5日，美国农业部宣布在全美建立7个区域性气候变化应对中心，帮助农林牧业应对气候变化的不利影响。这7个气候中心分别位于新罕布什尔、北卡罗来纳、艾奥瓦、俄克拉何马、科罗拉多、新墨西哥和俄勒冈州。此外，在加利福尼亚州、密歇根州和波多黎各还将建立3个子中心。

5日，美国国防部首席发言人约翰·柯比海军少将透露说，国防部长哈格尔当日私下会晤了各军种高层，对美军中接连发生的"道德急剧沦丧"丑闻表示严重关切，要求他们更为紧急地采取整肃措施，以提振士气和道德水准。

5日，在经历数周谈判后，欧盟委员会表示，美国互联网公司谷歌公司同意做出更多让步，以消除欧盟对其搜索结果的担心，这朝着结束长达3年的调查并免于最高50亿美元罚款的结果又近了一步。谷歌同意未来5年内在线上搜索结果中，给予其他3家竞争者同等待遇。

6日，美国国会参议院以96票赞成、0票反对的表决结果通过参议院财政委员会主席马克斯·鲍卡斯出任美国驻华大使的提名，自此鲍卡斯完成全部官方程序，正式成为美国第11任驻华大使。

7日，美国劳工部公布的就业数据显示，1月份美国部门失业率降至6.6%，触及5年多来新低，但当月非农就业人数仅增长11.3万，远低于经济学家普遍预期的18万。令人失望的就业数据再度引发人们对美国经济进入一个新的颠簸期的担忧。

9日，近日，美联储宣称将就立法限制银行参与大宗商品交易听取公众意见，其中包括银行持有大宗商品所面临的风险以及储蓄银行交易原油、天然气、铝所带来的问题。美联储此番"插手"大宗商品交易并非"跨界",而恰恰是为了弱化有些"过火"的大宗商品金融属性,强化大宗商品回归商品属性,防止美国金融机构因"跨界"失衡以至催生金融风险。

11日,美国国会众议院投票通过了无条件延长政府举债授权的议案,暂停执行联邦政府法定债务上限约束,直至2015年3月。该案预计本周内将获得参议院通过。这将使美国财政部预计在本月底触及债务上限后能够继续举债,从而避免债务违约。

11日,美国联邦储备委员会新任主席耶伦在美国国会出席听证会,这是耶伦2月1日上任后的"首秀"。耶伦表示将延续前任伯南克的政策,继续审慎退出量化宽松政策,同时对美国经济和就业前景表示谨慎乐观。经济分析与咨询机构"环球透视"经济学家保罗·埃德尔斯坦表示,耶伦传达了两个信息:量化宽松政策继续退出,但是加息还为时尚早。

12日,美国财政部公布的数据显示,2014财年前4个月(2013年10月—2014年1月),美国联邦政府财政赤字总额为1840亿美元,比上一财年同期减少了37%,显示美国联邦政府的财政赤字在2013财年的大幅减少势头在2014年得到了延续。

14日,国家主席习近平在人民大会堂会见美国国务卿克里。克里转达了奥巴马致习近平的新年祝福,表示奥巴马总统期待着在不久的将来同习近平主席再次会晤并在新的一年里同习近平主席保持密切交往。习近平请克里转达对奥巴马总统的问候并请他转告奥巴马总统:中方坚定致力于同美方共同构建中美新型大国关系,愿同美方加强对话,增进互信,深化合作,妥处分歧,推动两国关系持续健康稳定向前发展。

15日,在此前国会参众两院分别通过债务上限法案后,美国总统奥巴马签署了该法案,使其正式成为法律。该法案将美国联邦政府举债权限延长至 2015 年 3 月 15 日。美国迫在眉睫的债务违约警报得以阶段性解除。目前，美国联邦政府的债务规模在 17.2 万亿美元左右。提高债务上限后，财政部得以偿付包括社会保障在内的各项政府支出。

17 日—18 日，美国贸易代表弗罗曼和欧盟委员会贸易委员德古赫特举行闭门磋商，总结跨大西洋贸易与投资伙伴关系协定（TTIP）前三轮谈判进展。跨太平洋战略经济伙伴关系协定（TPP）新一轮谈判在新加坡举行，美国、日本等 12 个国家 17—21 日召开首席谈判代表会议，22—25 日将召开部长级会议。

18 日，据美联社报道，美国海军计划今年夏天在一艘现役军舰上部署并测试首个固态激光武器系统，并将于两年内测试一种舰载电磁轨道炮。舆论认为，这将从根本上改变美国海军的作战方式。

18 日，美国联邦储备委员会出台了一套针对大型外资银行的监管新规，其中规定，在美总资产超过 500 亿美元的外资银行必须设立控股公司，整合在美业务，并满足与美国本土银行相同的资本充足率、流动性和风险管理标准。据悉，该新规将于 2016 年 7 月 1 日生效。分析人士指出，来自欧洲的大银行受新规冲击最大，大多数中资银行并不会受到影响。

18 日，美国国会预算办公室在一份报告中称，提高最低工资标准有助于减少贫困，但同时将扼杀就业。报告称，如果像总统奥巴马和国会中民主党所提议的那样，将美国联邦最低工资从目前的每小时 7.25 美元上调至 10.10 美元，将在 2016 年前提高超过 1650 万人的收入，但同时可能导致 50 万个就业岗位消失。

18 日，据报道，从 2010 年开始，美国政府即要求日本归还冷战时期向日方提供的 331 公斤武器级钚。该批钚分量足以制造 40—50 件核武器。有关专家学者认为，日本保有武器级核材料严重威胁国际防扩散体系和地区安全，国际社会必须保持高度警惕，并采取措施阻止日本在右倾化道路上越走越远。

19日，在北美自由贸易协定签署20周年之际，第七届"北美安全与繁荣联盟"首脑会议即北美峰会在墨西哥托卢卡市举行。加拿大、美国和墨西哥三国首脑借此年度会议讨论进一步增强北美经济整体竞争力、通关与贸易便利化、能源与环境合作，以及打击有组织跨国犯罪等议题。

20日—5月12日，纽约大学斯格伯艺术中心将举办"视觉和听觉：中国系列"艺术活动，庆祝中美建交35周年。

21日，外交部副部长张业遂紧急召见美国驻华使馆临时代办康达，就美国总统奥巴马不顾中方强烈反对、执意会见达赖向美方提出严正交涉。张业遂说，美方这一错误行为严重干涉中国内政，严重违反美方不支持"藏独"的承诺，严重违反国际关系基本准则，严重损害中美关系。中方对此表示强烈愤慨和坚决反对。

23日，为期2天的二十国集团（G20）财长及央行行长会议在澳大利亚悉尼闭幕。会议主要讨论了当前全球经济形势、长期投资、全面增长战略、国际货币基金组织（IMF）改革、金融部门改革以及国际税收合作等问题，并发表了联合公报。联合公报说，与会成员承诺争取在未来五年内将G20整体GDP由目前预测水平提高2%以上。据悉，这是G20首次为实现经济增长提出具体目标。

24日，虽然正处于韩朝离散亲属团聚期间，但韩美联合"关键决断"和"鹞鹰"军事演习仍将正式开始。韩国国防部表示，考虑到韩朝关系改善，韩美联合军演将低调进行。

24日上午，美国国防部长哈格尔在五角大楼举行记者会，宣布了一项美国2015财年国防预算减支提案，其中包括大幅裁减陆军规模、废除部分战机编队以及削减军人福利等一系列提议。哈格尔表示，他的提案是"基于现实的平衡"，并称国防预算削减要优先确保美军在全球的技术领先地位以及战略需求。

25日，据美国媒体报道，美国电动汽车制造商特斯拉汽车公司计划与日本松下等公司共同在美国建造一家汽车电池厂，项目总投资近10亿美元，产能将为世界最大。

26日，美国总统奥巴马在明尼苏达州发表演讲，强调重建美国基础设施对吸引投资和创造就业的重要性。他提出一项交通运输系统修缮计划，拟在4年内投入3020亿美元。此外，他还呼吁国会对美国税收制度进行全面改革，为交通建设注资1500亿美元。此间舆论认为，美国民主党和共和党在修缮交通基础设施方面有一定共识，但在如何为这些项目提供资金方面则存在争议，因此，奥巴马这一雄心勃勃的计划获得国会通过的希望渺茫。

27日，美联储主席耶伦在美国参议院银行委员会听证时重申美联储政策立场，称将继续审慎地减少资产购买规模，如无意外，将在2014年秋季完全停止资产购买，即完成量化宽松政策的撤出。

3月

1日，根据世界贸易组织秘书处初步统计数据，2013年中国已成为世界第一货物贸易大国。2013年，中国货物进出口总额为4.16万亿美元，其中出口额2.21万亿美元，进口额1.95万亿美元。

2日，美国国会调查局近日发布了一份美日关系动态分析报告，称由于日本首相安倍晋三"无视美国建议"，执意参拜靖国神社，美日互信遭到损害，同盟关系进一步复杂化。安倍的历史观可能与美国在有关二战期间以及战后对日占领等问题上的认识"相对立"。美国媒体对日本国内民族主义抬头、安倍及日本其他右翼人士"开历史倒车"的言行进行了批评。分析人士普遍认为，安倍等人近期的右翼言行已使美日同盟关系进一步复杂化。

6日，日本广播协会电视台晚播放了对美国驻日大使卡罗琳·肯尼迪的采访。肯尼迪在采访中就日本首相安倍晋三参拜靖国神社一事表示,"使地区形势复杂化的行动不具建设性",并对参拜导致日本与中韩两国关系恶化表示了关切。

10日,国家主席习近平应约同美国总统奥巴马通电话。两国元首就中美关系及乌克兰局势交换意见。奥巴马就马来西亚航空公司客机失去联系事件表达慰问,表示美方愿同中方在搜救方面全力开展合作。习近平表示了对包括中国、美国乘客在内的机上人员的安危深感担忧,已在第一时间责成中方有关部门全力开展搜救并做好应急和后续工作。奥巴马还对云南昆明严重暴力恐怖事件遇难者表示哀悼,表示美国谴责一切形式的恐怖主义,愿同中方开展反恐合作。习近平强调,恐怖主义是人类的共同敌人,中方愿同包括美方在内的国际社会加强合作,共同打击各种形式的恐怖主义。奥巴马介绍了美方对当前乌克兰局势的看法。习近平强调,中方在乌克兰问题上秉持客观公正态度。乌克兰形势十分复杂,当务之急是各方保持冷静克制,避免局势进一步紧张升级。要坚持通过政治和外交途径解决危机。希望有关各方通过沟通和协调,妥善处理相关分歧,为推动乌克兰问题政治解决作出努力。中方对一切有助于乌克兰局势缓和的建议和方案持开放态度,愿同美方及有关各方继续保持沟通。

14日,美国政府机构宣布,将放弃对国际互联网名称和编号分配公司(ICANN)的管理权,不过不会把这一权力移交给联合国,而是移交给"全球利益攸关体"。ICANN是总部设在美国加利福尼亚州的一个非营利性国际组织,这意味着互联网的控制权在美国手中。为此,部分发达国家和广大发展中国家一直呼吁,希望能将相关管理权移交给一个依法代表所有国家的国际组织。

14日,美国蒙纳瑞克斯好莱坞公司摄制的纪录片《钓鱼岛真相》日前在洛杉矶首次公开放映。这部时长42分钟的纪录片讲述了中日甲午战争后日本强占中国钓鱼岛的历史,阐明了钓鱼岛争端的事实真相。影片还真实记录了南京大屠杀、731 部队用中国人进行细菌实验等日军在侵华战争中犯下的罪行。影片通过旁白呼吁日本政府正确对待历史，为过去的侵略罪行向中国人民道歉，并承认钓鱼岛属于中国。

16 日，阿里巴巴集团宣布，已经启动该公司的上市事宜。阿里巴巴集团的首次公开募股（IPO）地点确定为美国。3 月 15 日，新浪微博正式向美国证券交易委员会提交了招股文件，IPO 地点也是美国。《华尔街日报》报道，这两家中国巨大的互联网公司正在利用美国市场红火之际申请 IPO。2011 年以来，受一些公司财务造假丑闻和做空机构恶意打压影响，中国企业赴美上市遇冷，不少中国公司被迫退市。如果新浪微博和阿里巴巴如期进行 IPO，这将标志着中国概念股新一轮赴美上市浪潮的到来。

17 日，中国人民银行表示，央行决定扩大外汇市场人民币兑美元汇率浮动幅度，自即日起，银行间即期外汇市场人民币兑美元交易价浮动幅度由 1% 扩大至 2%。

18 日，纽约审计署最新发布的数据显示，华尔街各大金融机构 2013 年的奖金总额达到 267 亿美元，平均现金分红高达 16.45 万美元，比上年增长 15%，创金融危机以来新高。华尔街员工薪酬的提升，不仅是华尔街金融交易复苏的信号，也是美国金融市场活跃的先行表现。这一利好消息，不仅让道琼斯指数重返 13000 点，更让很多人认为美国经济真的实现了企稳复苏。

18 日，美国副总统拜登日前在访问波兰时表示，美国计划 2018 年前在波兰部署欧洲弹道导弹防御系统。弹道导弹防御系统俗称反导系统，一直以来都是美俄等世界军事强国最为重视、优先发展、投入最多的武器系统之一。近年来，随着一系列新的导弹防御技术的相继应用，美俄等国反导系统的研发取得了一些新进展。

18 日，沉寂一段时间的美国监听丑闻如今再度引起关注。美国

《华盛顿邮报》披露，美国国家安全局（国安局）建立了一个监听系统，能够对境外某一国家的所有电话进行监听和录音，其数据最长可以保留30天。随后《纽约时报》等美国多家主流媒体也纷纷报道称，该系统至少已对5个国家采取行动，但出于国家安全考虑，国安局方面严禁媒体公开所涉及的国家。

19日，美国联邦储备委员会（简称美联储）宣布，自4月起进一步削减量化宽松政策，缩减每月买债规模100亿美元，至550亿美元。同时，美联储放弃把加息同失业率下降至6.5%门槛挂钩的利率政策前瞻指引，并表示在量化宽松结束后"相当长时间"不会提高联邦基金利率。

20日，应中国国家主席习近平夫人彭丽媛邀请，美国总统奥巴马夫人米歇尔·奥巴马下午抵达北京，开始对中国进行为期7天的访问。国家主席习近平和夫人彭丽媛3月21日晚在钓鱼台国宾馆会见美国总统奥巴马夫人米歇尔。习近平欢迎米歇尔女士偕母亲罗宾逊夫人和女儿访华，请她转达对奥巴马总统的亲切问候和良好祝愿。

22日，"飞越太平洋—中美邮件交流"展览在史密森学会下属的国家邮政博物馆举行开幕式。这次展览集中展示从19世纪60年代到20世纪70年代处于巨变中的中国，探讨华人移民美国的历程。共展出162件邮票和邮件，从经贸、文化和社区三个方面体现人性化中的中美关系。

24日，国家主席习近平在海牙会见美国总统奥巴马。习近平强调，今年是中美建交35周年。面对当前纷繁复杂的国际形势，中美正在合作、需要合作和能够合作的领域更加广阔。中方愿同美方一道，始终坚持构建新型大国关系正确方向，推动两国关系持续健康稳定向前发展。

25日，外交部发言人洪磊在答记者问时表示，中方欢迎日美达成归还敏感核材料的协议，同时希望日本进一步正视国际社会关切，继续采取措施，及早解决这一核材料供需严重失衡的问题。

25日，随着美国国家安全局（国安局）监听项目的法律授权失效日期逼近，美国总统奥巴马再次建议终止大量收集和储存美国民众通话记录的行为。同时，白宫方面也提出了一项关于改革国安局监听项目的立法议案，之后将提交国会批准。

26日，世界贸易组织公布了美国、欧盟、日本诉中国稀土、钨、钼相关产品出口管理措施案专家组报告，裁定中方涉案产品的出口管理措施违规。商务部条约法律司负责人对此表示遗憾，称中方目前正在评估专家组裁决报告，并将根据世贸组织争端解决程序妥善做好本案后续工作。

27日，世界贸易组织（WTO）专家组裁定美国商务部在2006—2012年间对华发起的25起反倾销反补贴调查措施违规，商务部新闻发言人沈丹阳就此发表谈话，对裁定表示欢迎，并敦促美尽快改正滥用贸易救济措施的错误做法。

28日下午，中国国际问题研究所与美国布鲁金斯学会在华盛顿共同举办第七届中美青年领袖对话会。这一题为"美中关系35年：外交、文化与软实力"的研讨会分为"体育与文化外交""年轻学者论美中关系"和"35年外交关系"三部分。

29日，国际在线消息：据路透社报道，身在罗马的美国总统奥巴马通过白宫正式公布国家安全局监听改革计划。奥巴马表示，美国国家安全局将停止对公民电话通信数据进行大规模监听和储存。如涉及国家安全问题，政府可在美国外国情报监视法庭批准许可下查看监听数据。

4月

1日，北约成员国外长聚首比利时首都布鲁塞尔。这是克里米亚"公投"乌克兰局势高度紧张以来，北约外长召开的首次正式会议。北约成员国一致同意采取一系列措施对抗俄罗斯，包括可能向波兰和波罗的海国家提供军事方面的援助。此外各国外长商讨的方案还包括在波罗的海国家建立永久性的军事基地，确保东欧成员国的安全。

2日，美国国务卿克里与以色列总理内塔尼亚胡和巴勒斯坦国总统阿巴斯进行电话会谈。巴以双方同意按照原定计划，在本月29日之前继续进行和平谈判。

2日，美国航天局表示，将暂停与俄罗斯方面除国际空间站外的一切太空合作。暂停的活动包括美国航天局官员访问俄罗斯、俄罗斯政府代表访问美国航天局设施、双边会议、电子邮件交流、电话与视频会议等，报道称，"目前只有国际空间站上的活动例外"。

2日，由9位法官组成的美国最高法院以5：4的投票结果对"麦卡琴和共和党全国委员会诉联邦选举委员会案"进行裁决，最终推翻了美国政治竞选捐款总额的上限。在维护美国宪法第一修正案的大旗下，这一裁决势必对于美国"钱主政治"生态起到推波助澜的作用。

3日，为期两天半的"美国—东盟防务论坛"部长级非正式会议在美国夏威夷州檀香山市举行。美国国防部长哈格尔与来自东盟10国的国防部长和代表首次在美国本土进行会晤，重点围绕人道主义与灾害救援、气候变化、海事安全等非传统安全议题展开对话。

3日，美国众议院筹款委员会就今年奥巴马政府的贸易议程举行听证会。美国贸易代表弗罗曼在听证会上表示，2014年将努力完成跨太平洋战略经济伙伴协定（TPP）谈判。

4日，据澳大利亚联合协调中心透露，为了更有效地推动对马航MH370航班客机的搜寻工作，一个由澳大利亚、美国、英国、中国和马来西亚等五国专家组成的国际航空事故调查小组已经成立，正对卫星通信和飞机性能进行突破性的和多学科的技术分析。

4日，美国司法部长霍尔德4月4日在众议院拨款委员会发表证词时表示，司法部正在对高频交易展开调查，以确定高频交易是否违反内幕交易法规。这是继美国联邦调查局之后，又一家联邦机构宣布对高频交易的合法性进行调查。高频交易是一种计算机程序化交易，通俗地讲，是指通过计算机和高速数据连接技术以极快的速度来交易大量订单。比如，利用复杂的算法，分析某种证券买入价和卖出价的微小变化，或者某只股票在不同交易所之间的微小价差，并基于这样的市场条件快速执行订单，在毫秒、微秒甚至纳秒之间赚取可观利润。

8日，美国国防部宣布，将根据与俄罗斯签署的新《削减和限制进攻性战略武器条约》进行核裁军，未来4年将削减三成可挂载核武器的重型轰炸机，保留多数陆基洲际弹道导弹但将部署数量减至50多年来的最低。

8日，伊核问题六国（美国、英国、法国、俄罗斯、中国和德国）与伊朗第三轮对话会在奥地利首都维也纳开始举行，各方继续为长期解决伊核问题进行外交努力。欧盟外交和安全政策高级代表阿什顿的发言人迈克尔曼在当天的记者会上表示，本论对话将就很多细节问题进一步展开讨论，弥合分歧，为最终达成一个长期解决伊核问题的协议做出努力。

9日，国家主席、中央军委主席习近平在人民大会堂会见了来访的美国国防部长查克·哈格尔一行。习近平指出，中美两军关系是两国关系的重要组成部分。双方应该在构建中美新型大国关系的大框架下发展新型军事关系。

10日，韩国空军作战司令部宣布，韩美空军将于本月11—25日在朝鲜半岛空域内举行名为"巨雷"的联合空中作战演习。韩美双方将投入103架飞机和1400余名士兵参演，规模创历史之最。

11—12日，二十国集团（G20）财长和央行行长会议在美国首都华盛顿举行。会议主要讨论了当前全球经济形势、国际货币基金组织（IMF）份额与治理改革、金融监管改革以及长期投资等议题，并发表了联合公报。采取新举措以实现未来5年整体GDP增幅提升2%目标。

11—13日，国际货币基金组织（IMF）和世界银行春季会议在华盛顿举行。被迫搁置长达4年之久的IMF份额和治理改革方案成为会议的焦点之一，各方对美国阻碍IMF改革进程越发不满。IMF决策机构国际货币与金融委员会（IMFC）12日发表公报，敦促美国尽快批准这一改革方案，如果IMF份额和治理改革方案今年底前仍未生效，将讨论推进改革替代方案。这等于是向美国发出了"最后通牒"。

13日，马来西亚代交通部长希山慕丁否认《马来西亚前锋报》质疑美国中央情报局（CIA）可能涉及策划马航MH370客机失联事件的揣测。希山慕丁也是马来西亚国防部长，他于13日下午巡视2014年亚洲防务展筹备工作后，在记者会上被询及前锋报提出的阴谋论时予以驳斥。他说："这并非事实。如果是真的，我不认为我们会在这里看到那么多的美国代表。"

14日，俄罗斯总统普京和美国总统奥巴马通了电话，这是两个多星期以来两人首次通话。克里姆林宫说，普京敦促奥巴马劝告乌克兰政府不要对乌克兰东部的示威者使用武力，他同时拒绝了西方国家有关俄罗斯特工潜入示威者之中的指称。美国白宫也证实普京与奥巴马通了电话，但是没有立即透露双方通话的内容。美国白宫发言人卡尼同时发表谈话说，"强烈的证据"显示，俄罗斯正在煽动乌克兰东部的动乱。但是他同时表示，美国仍然在和自己的盟友商谈，考虑如何对俄罗斯的行动做出回应。

21日，美国国务卿克里在与俄罗斯外长拉夫罗夫通电话时表示，俄罗斯应采取切实措施执行日内瓦四方会谈达成的文件内容。

美国国务院发言人普萨基在当天的例行记者会上说，克里提出俄罗斯应公开敦促乌克兰东部的分离分子离开占领的大楼和检查站，接受赦免法案，并通过政治途径化解其不满情绪。美国、欧盟、俄罗斯和乌克兰四方代表 17 日在瑞士日内瓦启动乌克兰问题四方会谈，谋求通过政治对话解决乌克兰危机。四方达成一项文件，同意采取切实步骤缓和乌克兰局势，以在乌克兰恢复安全稳定。

24 日，美国国防部通报，美军在 MH370 搜索任务中已烧钱 1140 万美元，美军将继续支持搜索 MH370。五角大楼发言人沃伦 24 日指出，3 月 8 日至今，美军已耗资 1140 万美元，其中 460 万美元用于行动和机器维护、320 万美元用于海外人道救援以及民众援助，360 万美元用于水下搜索设备。沃伦提到，目前正参与搜索任务的两架 P-8 波塞冬巡逻机每小时飞行费用为 4200 美元。沃伦 9 日曾指出，从 3 月 8 日马航 MH370 失联到 4 月 8 日出事整一个月，美军总开支约为 730 万美元，平均每天开支超过 24 万美元。

25 日，美日发表联合声明称，《美日安保条约》适用于所有日本施政下的区域，包括中国领土钓鱼岛，同时声明还在东海防空识别区以及南海争端等问题上说三道四。美日如此公开在涉及中国核心利益的问题上对中国指手画脚，必将激起中国人民的强烈愤慨与抗议。

28 日，美国总统奥巴马的亚太四国之行将到达最后一站——菲律宾。这次访问是奥巴马就任美国总统 6 年多来对菲律宾的首次访问。据报道，菲律宾与美国于当天上午正式签署加强防务合作的协议，协议的签署意味着美国将扩大在菲军事存在。奥巴马抵达后首先参加在总统府举行的欢迎仪式，然后与菲总统阿基诺会谈，会谈后双方举行联合记者招待会。29 日，奥巴马要参观一个车厂，在博尼法西奥军营发表演讲，并与与会者会晤，此外还要前往二战美军公墓献花圈，在菲律宾的整个行程持续约 24 个小时。

28日，美国总统奥巴马政府宣布对"参与导致乌克兰危机升级"的7名俄罗斯个人和17家公司实施制裁。据悉，受制裁的7名俄罗斯人的个人财产将遭冻结，美国也将拒绝为其发放签证。同时，美国还将停止批准对俄高科技产品的出口执照申请。

29日，美国负责国际安全和不扩散事务的助理国务卿康特里曼在纽约透露美国最新的核武器储备情况，称截至2013年9月30日，美国核弹头储量为4804枚。康特里曼提供的数据称，目前的美国核弹头储备比1967财年的31255枚下降了85%，比1989年时的22217枚下降了78%；自1991年9月30日以来，美国非战略核武器的数量下降90%。康特里曼同时散发了美国参加《不扩散核武器条约》（NPT）第九次审议大会第三次筹备会的政策文件。NPT每五年举行一次审议大会，审议核裁军、核不扩散、和平利用核能等核领域全球治理重要问题的最新进展情况。

30日，美国联邦储备委员会决定继续削减量化宽松规模，从5月开始每月购买长期债券规模将缩减100亿美元，至每月购债450亿美元。这是美联储连续第四次以相同的力度减少购债。一些经济学家认为，美国退出量宽造成的影响仍不容小觑。

5月

2日，美国劳工部公布了4月份就业数据：一方面，4月新增就业28.8万，失业率从3月的6.7%下降到6.3%，为2008年9月以来最低值；另一方面，劳动参与率也比上月下降了0.4个百分点至62.8%，为1978年3月以来最低。美国"地区金融公司"首席经济学家理查德·穆迪在一份分析简报中说，4月的就业报告初看靓丽，但细究之后就会发现喜忧参半。报告印证，美国就业市场继续改善，但远未完全康复。

6日，美国国家安全局在网上贴出长串英文字母组合，引起大批网友好奇。国安局指出，这是招聘工作的一部分，希望吸引最聪明的人才进入国安机构。美国国家安全局（NSA）在"推特"上以"NSA职业"为名，贴出100多个长串英文字母组合，并以"周一任务"、"NSA"、"新闻"为标题，引起网友好奇，国安局葫芦里卖的是什么药？国安局发言人米勒解释，这段文字是国安局招聘工作的一部分，国安局的工作除了建构密码，还得解构密码，网络招聘行动希望吸引最佳和最聪明的人才。

6日，中国、美国、俄罗斯、英国、法国5个核武器国家和哈萨克斯坦、吉尔吉斯斯坦、塔吉克斯坦、土库曼斯坦和乌兹别克斯坦5个《中亚无核武器区条约》缔约国在纽约联合国总部举行《中亚无核武器区条约》议定书签署仪式。中国常驻联合国代表刘结一大使代表中国政府签署议定书，并宣读中国政府关于签署《中亚无核武器区条约》议定书的声明。

8日，世界银行国际比较计划发布了一项研究成果，按照购买力平价方法计算，2014年中国的经济规模将超过美国，位居世界第一。这项成果一经发布，立刻引发国际舆论的高度关注。

15日，据美国地质勘探局网站消息，密克罗尼西亚附近海域发生里氏6.1级地震。此次地震没有引发海啸警报。美国地质勘探局网站消息称，这起地震震源深度10.6公里。夏威夷太平洋海啸警报中心表示，这起地震不会引起破坏性海啸。

17日，奥巴马主动打电话祝贺莫迪胜选为印度新任总理，并邀请他访美。莫迪曾是美国眼中"不受欢迎的人"，美国认为他违反宗教自由，并从2005年起拒向莫迪发放访美签证。

18日，2014年亚太经合组织（APEC）贸易部长会议在青岛闭幕。本届贸易部长会议主席、中国商务部部长高虎城在会后的新闻发布会上介绍，本次会议围绕"共建面向未来的亚太伙伴关系"主题，并发表了《2014亚太经合组织贸易部长会议青岛声明》和《亚太经合组织贸易部长支持多边贸易体制的单独声明》。

19日，外交部发言人秦刚就美国司法部宣布起诉5名中国军官一事进行强有力的反击。鉴于美方对通过对话合作解决网络安全问题缺乏诚意，中方决定中止中美网络工作组活动。中方将根据形势发展，对美方所谓起诉作出进一步反应。

19日，新一轮跨太平洋战略经济伙伴协定（TPP）部长级会议在新加坡开幕。本次闭门会议为期两天，会议重点讨论贸易规则和市场准入。与会者包括美国、日本、新加坡、澳大利亚等国的贸易部长、副部长或谈判代表。

23日，世界贸易组织散发了美国诉中国针对部分原产于美国的汽车产品实施的反倾销、反补贴措施争端案专家组报告。报告认定，中方在倾销幅度计算的披露和价格影响等方面的做法不符合世贸规则。此外，专家组报告驳回了美国的部分主张，在国内产业定义问题上完全支持中方，在损害数据的非保密概要、因果关系以及其他公司税率等问题上也部分支持中方主张。

25日，美国总统奥巴马表示，美国期待与乌克兰新总统和议会合作，以支持该国进行政治和经济改革。奥巴马25日在白宫发表的声明中说，当天在乌克兰进行的总统大选是该国政府维护国家统一、回应民众关切和诉求的"重要一步"，美国将继续致力于与乌克兰和其他伙伴国合作，以和平方式解决危机。乌克兰总统选举投票于25日8时开始，当晚20时结束，包括亿万富翁波罗申科、前总理季莫申科在内的21位候选人角逐总统职位。多项出口民调显示，波罗申科在选举中获胜，其得票率超过50%。

26日，俄罗斯副总理罗戈津表示，俄罗斯与中国将讨论2020年后开展载人航天项目合作。罗戈津表示，国际空间站项目耗资巨大，约占俄联邦航天署每年预算的1/3，俄罗斯认为2020年后继续支持这一项目的商业意义不大。此前罗戈津曾表示，俄罗斯拒绝美国提出的2020年后继续维持国际空间站运行的提议，俄方希望在2020年后将资金投入到比国际空间站更具前景的新航天项目中。按照计划，国际空间站将使用至2020年。2014年1月，美国建议俄罗斯将国际空间站使用年限延长至2024年。

6月

2日，美国环境保护局发布一项新的清洁能源计划，要求到2030年美国所有发电厂的碳排放量减少30%，相当于该国每年超过一半家庭的碳排放量。

4日，美国海军宣布，以美军为首的13国部队将于6月6—21日在波罗的海举行年度联合军演。美国海军称，演习场景将包括空中作战、水面作战、水下作战及水雷战，13国参演部队将演练信息共享等内容，意在增强海上实力和协同作战能力，提高多国维和行动水平。同时，美军意在表明致力维护北欧和波罗的海地区的安全，希望通过联合演习增进参演部队之间的理解、信任和合作，强调海上部队维护地区安全的重要性。

5日，国际货币基金组织（IMF）第一副主席利普顿在北京表示，IMF预计中国今年的GDP增长率将达到7.5%的水平，并表示可将明年的增长目标区间定在7%左右，并且将区间下限定得更低一些，符合向可持续增长道路转变的目标。IMF代表团于5月22日至6月5日期间访问了北京、上海和沈阳，代表团与政府部门、中国人民银行的高层官员以及私人部门代表和学术界人士进行探讨，就经济前景和未来挑战交换了意见。

6日，中美第六轮战略安全与多边军控磋商在北京举行。双方就中美构建新型大国关系、地区热点、多边军控等问题深入交换了意见，同意在相互尊重、平等互利基础上继续开展对话与合作，增进战略安全互信，推进中美关系发展，共同致力于维护世界和地区和平与稳定。

9日，正在纽约联合国总部举行的《联合国海洋法公约》（简称《公约》）缔约国第二十四次会议举行特别会议，纪念《公约》生效20周年。

11日，国际货币基金组织（IMF）发布的报告警告，全球房价在加速上扬，世界大多数国家的房价都出现上涨，已成为经济稳定的最大威胁之一。该组织副总裁朱民撰文呼吁，"不应再忽视房价高涨现象"。研究显示，在近年的50次银行业危机中，有2/3以上的危机在爆发前出现了房价的大起大落。

11日，距加州"习奥会"提出构建中美新型大国关系已满一年，智库发布报告称，两军关系已成为中美新型大国关系的"乐观表现"，中国人民解放军有更大意愿拿曾经的禁忌问题"试水"，与美方进行磋商。美国知名智库战略与国际研究中心（CSIS）当天发布名为《解码中国在亚洲的大国战略》的研究报告。报告认为，如果中国的经济、军事和地缘政治影响力在未来几十年内继续上升，哪怕上升姿态颇为"温和"，世界都将见证自美国19世纪末崛起以来全球权力格局的最大转变。

18日，据美国有线电视新闻网报道，伊拉克政府正式向美国发出请求，要求美国空袭伊拉克境内的反政府武装。据悉，美国参谋长联席会议主席邓普西证实了这一消息。从17日夜间开始，伊拉克反政府武装分子开始对位于首都巴格达250公里处的伊最大炼油厂展开围攻，截止记者发稿时，战斗仍在继续，反政府武装已占领了炼油厂75%的土地。而空袭请求正式在炼油厂遭围攻后作出的。18日下午，伊拉克总理马利基再次发表讲话，呼吁伊拉克人民团结起来，共同抵抗武装分子。

18日，据美国《华尔街日报》报道，澳大利亚官方表示，将在6月底之前确定对马来西亚航空MH370航班的新搜寻区域。报道指出,这将使那些寻求在重新启动的搜寻行动中扮演角色的私人承包商没有多少时间在官方招标结束前调整报价。此外,由于没有确定的搜寻区域,部署在印度洋的深海勘探船是否有用成为疑问。

20日,国际原子能机构发布报告说,伊朗继续执行与伊核问题六国(美国、英国、法国、俄罗斯、中国和德国)达成的协议,并已将其所有丰度为20%的浓缩铀按要求稀释。根据国际原子能机构当天发布的报告,伊朗执行其2013年11月与伊核问题六国在日内瓦达成的协议,暂停了部分备受争议的核计划,并已完成所有丰度为20%的浓缩铀的稀释。丰度为20%的浓缩铀被认为是伊朗最为敏感的核材料,一旦继续进行浓缩,将产生可以用于制造核武器的高浓铀。

24日,美国国家运输安全委员会(NTSB)将于当地时间再次举行韩亚空难听证会,以确定造成空难发生的原因。此前已有消息指,听证会的关键争议有两点:空难系操作失误还是飞机设计缺陷?遇难者叶梦圆是否遭碾压身亡,消防人员是否犯有过失致死罪?此外,空难事故家属对波音公司的起诉和索赔问题,预计也将成为听证会的焦点。

25日,美国商务部公布今年第一季度国内生产总值第三次估计值,最新数据显示,美国当季国内生产总值年率环比下降2.9%,创5年来最大跌幅。美国商务部公布国内生产总值数据后,通常会进行多次修正,今年4月公布的一季度国内生产总值增长率初值为增长0.1%,5月份修正为萎缩1%。从最早增长0.1%,修订到衰退1%,再到最新的衰退2.9%,第一次和第三次估计值,相差3个百分点。

26日,"环太平洋-2014"多国联合军演今日起正式拉开帷幕。首次参加的中国将与美国、日本、菲律宾、澳大利亚等22个国家一同演习,并进行火炮射击等7个课目。专家表示,中国此次参演,对中美两军关系在某种程度上具有"破冰"意义。

27日，美国国防部发言人证实，美军近日开始出动多架装备武器的无人机飞越伊拉克领空，负责即时搜集情报，协助伊政府军队抵抗反政府武装力量的进攻。另据美国有线电视新闻网报道，美国总统奥巴马已要求五角大楼将部署在地中海的一艘"巴坦号"两栖突击登陆舰和1000名海军士兵派往波斯湾地区。此前，美方已在该地区部署了8艘军舰。

7月

1日，美国商务部宣布初裁结果，认定从中国进口的碳素及合金钢盘条存在补贴行为。美国商务部当天发表声明说，初步认定中国出口到美国的碳素及合金钢盘条获得超额政府补贴，补贴幅度从10.30%至81.36%。基于补贴幅度的初裁结果，美国商务部将通知美国海关对中国出口的上述产品征收相应的保证金。对于中美之间的贸易摩擦，中国商务部多次表示，希望美国政府恪守反对贸易保护主义承诺，共同维护自由、开放、公正的国际贸易环境，以更加理性的方法妥善处理贸易摩擦。

4日，美国政府近期发布了一系列经济数据：6月份非农就业人口增长远超市场预期，失业率创下6年来新低，5月份贸易赤字规模有所收窄，当月出口也创纪录高位。对美国经济而言，这些数据的确令人鼓舞，也大大提振了市场信心。但有分析人士指出，应当理性看待利好，充分认识美国经济复苏进程中存在的诸多不确定因素。同时，经济回暖将促使美联储加快结束量化宽松政策步伐。

7日，中国商务部消息，世界贸易组织（WTO）当日在日内瓦就"中国诉美国关税法修订案世贸争端案"裁定，美国一项针对中国24类产品的反补贴反倾销措施违反世贸规则，但未认定美国关税法修订案是否违反世贸规则。商务部认为，此案是中国利用法律武器挑战美国滥用贸易救济措施的又一次重大胜利，差一点就"完胜"。世贸组织公布的上诉机构报告，支持了中方大部分上诉请求，驳回了美方上诉请求。

7日，在比利时首都布鲁塞尔欧盟总部举行的欧元区财长会议上，如何提升欧元在国际贸易中地位问题首次被列为议题。"美国重罚法国巴黎银行的事件促使我们认识到使用（美元以外）其他货币的必要性。未来几周，我们将就去美元化继续展开讨论"，与会的法国财长萨潘对媒体如是说。

9日—10日，第六轮中美战略与经济对话和第五轮中美人文交流高层磋商将同时在北京举行。外交部部长助理郑泽光在中外媒体吹风会上介绍，此次对话与磋商将举行联合开幕式，习近平主席将出席开幕式并发表重要讲话。习近平主席、李克强总理将分别会见美方代表团主要成员。

9日，中国国家主席习近平出席在钓鱼台国宾馆芳华苑举行的第六轮中美战略与经济对话和第五轮中美人文交流高层磋商联合开幕式并发表题为《努力构建中美新型大国关系》的致辞。习近平强调，中美双方要审时度势，登高望远，相互尊重，增进互信，加强合作，携手推进新型大国关系建设。

10日，中国外交部发言人洪磊在例行记者会上说，美方多次就"中国黑客"、"中国间谍"挑事，中国政府一直强调，中方坚决反对网络黑客攻击行动。这样的报道和评论是不负责任的，也不值一驳。

11日，美国防长哈格尔与到访的日本防卫大臣小野寺五典举行会晤。哈格尔在会后举行的联合记者会上表示，美日将进一步巩固同盟关系，以适应新的挑战。二人还讨论了与中国发展"建设性"关系的重要性。当地时间11日下午，哈格尔先在五角大楼举行仪式欢迎小野寺五典。随后，二人进行了第六次会晤，并共同出席发布会。

14日，国家主席习近平晚在巴西福塔莱萨应约同美国总统奥巴马通电话。习近平表示，今年3月，我们在荷兰海牙进行了很好的会晤，一致同意继续推进中美新型大国关系建设。近来，双方进行了密集沟通，并共同推动第六轮中美战略与经济对话和第五轮中美人文交流高层磋商取得积极成果，为中美关系注入了新动力。奥巴马总统在给对话和磋商发来的书面致辞中重申美国欢迎一个稳定、和平、繁荣的中国，致力于同中方构建新型大国关系。我对此表示赞赏。

14日，世界贸易组织争端解决委员会裁定，美国对中国钢铁制品、太阳能电池板等22类进口商品征收高额关税的做法不符合世界贸易规则。这些商品的年出口金额约为72亿美元。

15日，首次中美副外长级反恐磋商当地时间在美国首都华盛顿举行。磋商由中国外交部副部长程国平和美国国务院反恐事务协调员凯达诺大使共同主持，美国副国务卿休厄尔致辞，两国有关部门代表参加。磋商中，中美双方就国际和地区反恐形势、各自反恐形势和政策举措交换看法，并着重就在平等合作、双向互利基础上加强反恐交流合作进行深入探讨，取得广泛共识。双方一致谴责并坚持反对一切形式的恐怖主义，共同致力于加强反恐合作。中方强调"东伊运"恐怖组织的恐怖本质，要求美方摒弃"双重标准"，理解和支持中国打击以"东伊运"为代表的"东突"恐怖势力的努力。

15日，强大的制造业是美国经济强盛的重要根基。过去几十年，美国制造业受到发展中国家廉价劳动力的吸引，不断向外迁移。近年来，受新兴市场国家劳动成本上升影响，个别制造商将海外生产线迁回美国本土。为加速回流趋势，争取未来竞争力，奥巴马政府加大高端制造业创新支持力度，但时至今日，美国制造业回流仍未成趋势。

15日，中国、美国和欧盟等世界贸易组织成员日前在瑞士日内瓦正式启动了世贸组织环境产品贸易谈判，以期降低全球环境贸易关税和其他贸易壁垒，推动环境产品的自由贸易。此次谈判以亚太经合组织成员之前签署的、希望在2015年底前削减54种低能耗、低碳绿色产品的环境产品关税清单为基础，并在世贸组织框架下进一步探讨实现环境产品自由贸易的各种机会。显然，谈判的正式启动是国际经贸规则重构的一个重要动向。

16日，"三一起诉奥巴马在美国巡回法院获胜"。中国工程机械制造商三一集团总裁向文波对外证实了这一消息。当地时间15日，美国哥伦比亚特区联邦上诉巡回法院做出裁决，裁定美国总统奥巴马未经适当法律程序禁止三一集团美国子公司的一宗并购案，侵犯了该公司的权利。裁决说，这家公司有权获得奥巴马政府做出相关决定所依据的任何非保密证据，并给予其进行回应的机会。

16日，中国凤凰出版传媒股份有限公司与美国出版国际公司在芝加哥举行资产交割仪式，凤凰传媒以8000万美元价格收购后者的儿童图书业务及其位于德国、法国、英国、澳大利亚、墨西哥等国的海外子公司全部股权和资产。

19日，美国"棱镜"大规模秘密监听项目曝光者爱德华·斯诺登说，他今后将把大部分时间用于研发简单实用的反监听技术，以搅乱全球范围的监听项目。这名美国国家安全局前雇员在俄罗斯首都莫斯科借助视频连线在美国纽约市举行的"地球黑客"大会发言，说反监听技术可以让人们以匿名方式通信，把个人信息加密。

19日，二十国集团（G20）贸易部长会议在澳大利亚悉尼举行，与会代表探讨了贸易与投资对经济增长的重要性，以及未来如何营造更坚实的全球贸易体系。

22日，习近平主席探望古巴革命领袖菲德尔·卡斯特罗，随后与古巴领导人劳尔·卡斯特罗会晤，成为外界眼中的一大看点。此前他先后访问了巴西、阿根廷和委内瑞拉。在聚焦中国对拉美"展开魅力攻势"的同时，一些西方媒体又回到"老套故事"的创作思路上，做出诸如"中国在美国后院伸展肌肉"的演绎。但迫切期待与中国合作的拉美国家显然没有被这些杂音吓住，中国领导人及中国企业家所到之处的热烈掌声便是最好回应。

22日，国务院总理李克强下午在人民大会堂会见出席第六轮中美工商领袖和前高官对话的美方代表并座谈。美国全国商会会长多诺霍、前总统国家安全事务助理伯杰、前贸易谈判代表巴尔舍夫斯基以及通用电气、联邦快递、万事达卡国际组织、花旗银行等全球500强企业负责人，分别就中国改革开放和经济发展、中美经贸、金融等合作发表看法。

22日，美国国际贸易委员会初步裁定，自中国进口的乘用车和轻型卡车轮胎对美国产业造成实质性损害。基于这一裁决，美国商务部将继续对中国轮胎展开反倾销和反补贴（简称"双反"）调查。这是继2009年"轮胎特保案"之后，美国对我国轮胎采取的又一贸易救济措施。但包括美国轮胎产业协会在内的美国行业协会和商业团体对这一贸易保护主义举措表示反对，认为此举无助于保护美国的制造业，同时将对消费者造成"真实的伤害"。

22日，被视为美国总统奥巴马重要政绩的《患者保护和平价医疗法案》经历了戏剧性的一天。当天，美国哥伦比亚特区联邦巡回上诉法院裁定，通过联邦政府设立的医疗保险交易平台向中低收入参保者发放保险津贴属于违法行为；同一天，位于弗吉尼亚州首府里士满的联邦第四巡回上诉法院则做出截然相反的判决，认为这一做法是正确的。舆论认为，前者无疑对"奥巴马医改"新医保法案构成打击，但白宫方面随即表示，该裁定暂无实际影响。

23日，中国战略文化促进会在北京发布2013年美国军力评估报告（民间版）和2013年日本军力评估报告（民间版）。美国军力评估报告中指出，美国正不断增加在亚太地区的军力部署，到 2020 年前，美国将把 60% 的战舰部署到亚太地区。日本军力评估报告则显示，日本在安全领域正打破现状，增加军备，谋求以武力解决岛屿争端。

26 日，中、美、英三国发表促令日本投降的《波茨坦公告》69 周年。《波茨坦公告》连同 1943 年中、美、英发表的《开罗宣言》等国际法律文件，构成了日本必须归还中国钓鱼岛的国际法基础。对此，日本政府在 1945 年发表的《日本投降书》中明确接受，并在 1972 年《中日联合声明》等一系列重要文件承诺坚持这一立场。

28 日，美联储主席耶伦近日在出席参议院听证会时称，尽管美国经济持续改善，但经济复苏尚未完成，在考虑加息之前，需确保经济回暖的基础已经稳固。耶伦的表态，意味着美联储对加息仍将持谨慎态度，并将经济表现而非金融状况作为加息与否的主要决策依据。金融危机后，各国央行为刺激经济复苏都采取了不同程度的宽松货币政策，为全球金融市场带来充裕的流动性。如今，随着刺激效果的逐步显现，全球加息周期何时开启，成为市场关注的焦点。

29 日，美国经济研究机构世界大型企业研究会公布的报告显示，7 月份美国消费者信心指数连续第三个月上涨，并创 2007 年 10 月份以来新高。报告显示，7 月份大型企业研究会消费者信心指数为 90.9，高于 6 月份修正后的 86.4，也高于市场预期。分项看，当月反映当前状况的信心指数从上个月修正后的 86.3 增至 88.3，反映未来预期的信心指数则从 86.4 增至 92.7。

29 日，美国媒体认为，人民币在国际上的地位最终将超越美元，人民币将成为全球"储备货币"。

29 日，据外电报道，美国参议院日前提出的关于限制批量收集美国公民通话记录、提高相关项目透明度的一项新提案已经获得白宫支持，还可能得到以乏善可陈为由反对其他议案批评人士的支持。

29日，中国日报网电，当地时间7月28日晚，一枚"德尔塔"-4火箭从美国佛罗里达州卡纳维纳尔角空军基地发射升空，将两颗用于监控他国航空器的间谍卫星送入轨道。

29日，美国有线电视新闻网（CNN）的网站近日刊登了一篇美国记者登上仁爱礁的长篇文章。这篇文章的作者不顾仁爱礁的主权属于中国，菲律宾用废旧军舰"坐滩"并派兵非法驻守等事实，进行了片面报道和描述，还称中国船只对其进行了不断地骚扰。对此，中国东南亚问题专家称，该报道显然带有政治倾向。

30日，中国反垄断再次瞄准"大老虎"，微软（中国）有限公司以及上海、广州、成都分公司近日遭到反垄断突击检查，目前国家工商总局已对微软涉嫌垄断行为立案调查。专家指出，微软此次被调查，最大可能是因为其滥用市场支配地位，而一旦垄断行为被查实，微软或将面临巨额罚单。值得注意的是，近期，美国高通、美国交互数字公司（IDC）以及微软这些外资企业均遭到反垄断调查。专家指出，这并非针对外资企业，也不是选择性执法，所有企业在中国反垄断法面前一律平等。

30日，美国商务部经济分析局公布，今年第二季度美国国内生产总值（GDP）同比大幅增长4%，印证了各界对美国经济正在反弹的预期。受恶劣天气和企业库存调整等因素影响，今年一季度美国经济萎缩2.1%。

30日，美国国会众议院以225票赞成、201票反对通过议案，正式授权众议院议长博纳对总统奥巴马滥用行政权力提起诉讼。议案授权博纳以总统或其行政部门官员在实施医改法案时滥用行政权力为由提起诉讼。博纳多次表示，此举是要捍卫美国宪法权威，并非党争。正在美国密苏里州考察的奥巴马表示，博纳此举不过是政治表演，企图转移民众注意力，希望共和党能"停止仇恨"。

30日，美国联邦储备委员会在结束例行货币政策会议后宣布，继续逐步削减量化宽松政策，自8月起，每月购买长期国债和抵押贷款支持证券的规模下调至150亿美元和100亿美元，分别减少50亿美元。与此同时，美联储在声明中对经济、通胀、就业市场表示乐观。

31日，中新网电 据美国《星岛日报》报道，美国湾区各地的新老华裔组织、少数族裔代表29日在圣荷西市政厅广场集会，敦促福克斯（Fox）新闻网解雇以种族主义言论污辱华人的主持人贝克尔（Bob Beckel）。这是继续去年ABC电视台主持克梅尔在节目辱华之后，华人再次在圣荷西华裔市议员朱感生的号召之下，于同一地点举行抗议。

8月

1日，日本政府公布对158个所谓"无名离岛"的命名，企图用障眼法窃取中国钓鱼岛的5个附属岛屿，可谓司马昭之心，路人皆知。钓鱼岛及其附属岛屿自古以来就是中国的固有领土，中国已全部命名，并对此拥有无可争辩的主权。日本政府无权给中国的领土命名，任何企图偷梁换柱的伎俩都不过是荒唐的拙劣表演。日本政客的险恶用心昭然若揭，再次引发国际社会的关注和警惕。

2日，世界经济论坛最新发布的《全球竞争力报告》显示，美国基础设施质量排名第二十五位，不及大部分发达国家和部分发展中国家。美国号称是"车轮上的国家"，但近年来其基础设施状况常常遭人诟病，甚至与许多新兴经济体相比也已经产生了明显差距。美国《时代》周刊撰文称，美国基础设施年久失修，状况普遍恶化。美联社则认为，美国有6.5万多座桥梁"结构有缺陷"。

3日，美国国会自8月起正式进入夏季休会期。在休会之前，国会完成了一件大事：众议院于7月30日以225票赞成、201票反对通过决议，授权议长博纳对总统奥巴马在实施医改法案时滥用行政权力提起诉讼。

4日，据彭博新闻社报道，在对法国巴黎银行开下89亿美元的天价罚单后，美国纽约联邦储备银行又对德国第一大银行德意志银行进行检查。英国《金融时报》8月4日称，法国政府计划在今年的二十国集团领导人峰会上，向对外国银行施以重罚的美国监管机构提出质疑，且已得到包括德国、英国和意大利在内的欧洲多国支持。法国《回声报》还以《谁能把美元拉下霸主宝座》一文，响应法国财政部长米歇尔·萨潘的呼吁：要求对国际支付货币进行"再平衡"，更多使用欧元和新兴市场国家货币，降低对美元的依赖。

4日，据日本媒体报道，日本防卫省决定用5年左右的时间建立自卫队首个宇宙监视部队，已向美国政府通报了这一计划。该部队将主要负责监控完成使命的人造卫星、火箭及其碎片等飘浮在太空的"太空垃圾"，防止其与人造卫星发生冲撞等。

5日，美国国防部确认，一名美军少将当天在阿富汗首都喀布尔一起袭击事件中遭枪杀身亡。

6日，联合国亚太经社会在泰国曼谷发布了2014年亚太地区经济和社会调查报告。报告认为，亚太地区发展中经济体可能会经历经济减速，但中国今年的经济增速将达到7.5%。

6日，美国媒体引述知情人士报道，美国银行同美国司法部达成初步和解协议，美国银行将支付160亿—170亿美元，以了结针对该行在金融危机爆发之前抵押贷款相关业务中不当行为的指控。如果和解协议最终完成，将是有史以来美国政府和一家企业达成的金额最大的和解案。

7日，据俄通社—塔斯社消息，美国中情局前雇员斯诺登的律师库切列纳在新闻发布会上表示，斯诺登自8月1日起再获俄罗斯居留许可，为期三年。

8日，美国国防部宣称美国已向伊拉克北部发动空袭。两架美军战机当天携带激光制导炸弹轰炸了伊拉克北部极端组织"伊拉克和黎凡特伊斯兰国"的自行火炮阵地。此前一天晚上，美国总统奥巴马在白宫就伊拉克局势发表讲话，表示已授权美军，如果极端组织攻入伊拉克首都巴格达和北部城市埃尔比勒，并威胁到当地的美国公民和军事人员，美军就将针对其发动空中定点打击。分析认为，对伊拉克实施空袭标志着奥巴马政府伊拉克战略的突然转折。然而奥巴马恢复对伊拉克的军事干预，不但难以削弱极端组织实力，还可能导致极端分子回流至周边国家，因此不会从根本上消除本地区的安全威胁。

8日，外交部部长助理郑泽光应约会见来华访问的美国国会众议院司法委主席古德莱特率领的议员代表团。双方就中美关系、经贸合作及其他共同关心的问题交换了意见。

9日，美军对伊拉克极端组织"伊拉克和黎凡特伊斯兰国"发动第三波空袭。与此同时，据埃及《金字塔报》网站10日报道，有500多名雅兹迪人被伊拉克极端组织杀害，且死亡人数还有可能继续上升。伊拉克的武装冲突已经导致40多万人流离失所，随着逃离战火的难民数量不断攀升，伊拉克局势有可能导致人道主义灾难。

9日，美国国防部长哈格尔8月9日在印度观察家研究基金会发表演讲时称，美印两国的防务合作应当由简单的买卖关系，向联合生产、研发和更自由的技术交流转变。哈格尔是一周之内到访印度的第三位美国政府高官，他出访前表示，此行目的之一就是利用这一机会与印度新政府接触。此间舆论认为，哈格尔的印度之行除了为印度总理莫迪9月访美做铺垫，还意在强化美印防务合作，尤其是军工领域的合作。

10日，美国对"伊拉克和黎凡特伊斯兰国"极端组织继续进行空袭，摧毁了数辆武装卡车及一个迫击炮阵地。伊拉克库尔德武装当天也重新夺回库尔德自治区首府埃尔比勒西南几十公里的迈赫穆尔镇和古韦尔镇。与北部的紧张战局相比，首都巴格达的形势似乎更为严峻，围绕组阁问题，总统与总理之间的矛盾日渐激化，巴格达的安全戒备明显加强。当地时间10日深夜，伊拉克总理马利基在电视讲话中表示，总统马苏姆没有在规定时限内宣布马利基所在的"法治国家联盟"为国民议会最大党团并指派他组建新内阁，这种"蓄意违反宪法的行为将给伊拉克的团结、主权和独立带来严重后果"。为此，马利基将向联邦法院正式起诉马苏姆。

11日，美国媒体有报道，因美国和俄罗斯在乌克兰问题上的分歧持续，美方决定冻结两国2013年9月签署的一份核协议。美国能源部副部长丹尼尔·波内曼称，俄罗斯2014年3月兼并克里米亚的举动导致美方做出冻结该协议的决定，美国能源部取消了与俄罗斯的核会议、专题讨论以及实验室访问计划。目前相关事件已造成连锁反应，澳大利亚政府已表示可能禁止向俄出口核燃料铀。

11日，由于贷款增长且贷款质量改善，美国银行业第二季度利润飙升至接近历史高点。根据《华尔街日报》引述美国金融研究机构"SNL金融信息公司"的数据，美国银行业公布的第二季度净利润总额为402.4亿美元，创下至少23年来的第二高水平，仅略低于2013年第一季度的403.6亿美元。亮丽的数据表明，在经历国际金融危机打击后，美国银行业已经"东山再起"，信贷状况改善也印证了美国经济持续回暖。

12日，澳大利亚与美国年度部长级会议在悉尼召开。澳大利亚外交部长毕晓普在会后的联合新闻发布会上宣布，澳美两国正式签署了一项军力部署协议，以进一步加强两国防务合作。有分析指出，该协议为美扩大在澳军事存在设定了政策和法律框架。

13日，美军参谋长联席会议主席登普西率领的美军高级代表团开始对越南进行为期4天的访问。这是自1971年以来美军参谋长联席会议主席首次访问越南。

14日，近年来，由于美国政府"光说不练"，国会两党掣肘对立，使得关系到上千万非法移民命运的移民改革一拖再拖。与此同时，模棱两可的移民政策导致美墨边境涌现非法移民潮，并向人道主义危机演变。据美国移民部门统计，自2013年10月至今，已有超过5万名来自危地马拉、洪都拉斯等11国的未成年非法移民偷渡到美国。这些未成年非法移民年龄大多在5—17岁。目前，有近万人被拘押在得克萨斯州边境的拘留中心，另一些人则被分流至其他收容所。多个移民人权组织已向美国国土安全部联合提交抗议信，谴责116名未成年非法移民在拘留中心的遭遇，包括性侵犯、殴打、辱骂、威胁、非法拘禁及拒不提供医疗救助等。华盛顿、纽约、洛杉矶等多个美国主要城市也纷纷爆发示威抗议，要求奥巴马政府切实保护未成年非法移民的应有权利。

16日，国务院总理李克强上午在人民大会堂会见美国国会众议员舒斯特率领的议员代表团，并同他们进行对话交流。李克强表示，中美分别是世界上最大的发展中国家和发达国家，合作互补性强、前景广阔。面对复杂多变的国际形势，两国要坚持相向而行，加强政府、议会、政党等交往与互动，深化互利务实合作，应对国际、地区问题以及全球性挑战，本着相互尊重、聚同化异的精神妥处分歧，推动两国关系平稳健康发展。

17日，中国与东盟务实合作、"实干兴域"的独特关系构建，关键在于双方放眼大格局、向积极的方面持续努力经营，保障本区域和平稳定的发展局势对绝大多数东盟国家来说，日前结束的东亚合作系列外长会议都是不小的成就。我们很欣慰地看到出席会议的各国代表团皆能以集体的睿智在重大分歧上求同存异。美国之前提出的所谓"冻结南海行动"倡议，未能在会上引起共鸣，也排除了会上可预见的纷争。

17日，中国驻洛杉矶总领事刘健出席由美国华人联合总会和美国周恩来和平基金会联合举办的"纪念中美建交35周年暨中美友好论坛"并发表主旨演讲。刘总领事首先回顾了中美关系发展历程及意义，高度评价中美关系35年来取得的巨大成就，并强调中美各自作为最大的发展中国家和发达国家，应率先建立相互尊重、合作共赢的伙伴关系，不仅是两国人民的福祉，也有利于世界和平、稳定与繁荣。

18日，美国总统奥巴马发表讲话称，打击"伊斯兰国"极端组织是长期战略。据综合报道，极端组织"伊斯兰国"近日发布了一段视频，威胁对美国人展开攻击，要让美国人"淹没在鲜血里"。

21日，美国司法部宣布，已经同美国银行达成和解，后者将支付总额为166.5亿美元罚款，以了结联邦和州对其将不良抵押贷款打包并以证券形式出售给投资者的指控。这笔和解费将由96.5亿美元现金和70亿美元对消费者的援助构成，是有史以来美国政府与单一机构达成的最大金额民事和解案。

22日，驻休斯敦总领事李强民陪同崔天凯大使在亚特兰大分别会见美国联邦参议员钱伯利斯和艾萨克森。崔大使与钱伯利斯、艾萨克森参议员就中美关系、有关国际地区问题及其他共同关心的话题交换了看法。

22日，美国白宫国家安全事务副助理罗兹在新闻发布会上称，"伊拉克和黎凡特伊斯兰国"极端组织残酷杀害美国记者福利的行为被视为是针对美国的恐怖袭击。罗兹说，华盛顿已经准备好对在叙利亚的"伊拉克和黎凡特伊斯兰国"采取行动。不过，有美国国防部官员与军事专家指出，打击"伊拉克和黎凡特伊斯兰国"在叙利亚境内的目标会让美国深陷战端，但如果不打击，就会让其在叙利亚获得喘息的机会，以后要想完全消灭该组织就会非常困难。

25日，美国经济增长强劲，失业率加速下降，市场猜测美国加息可能提早到来。在近日举行的年度经济研讨会上，美国联邦储备委员会主席耶伦一方面承认美国劳动力市场正在改善,另一方面也指出,更多指标显示劳动力市场仍"显著不景气"。

26日,美国联邦住房金融署8月26日公布的房价指数显示,经季节性调整,今年第二季度美国房价环比上涨0.8%,为连续第12个季度上涨,低于一季度1.3%的增幅,显示美国住房市场复苏放缓。

29日,美国波音公司在西雅图埃弗雷特向中国厦门航空公司交付了首架波音787梦想飞机,这也是其向中国市场交付的第十九架787梦想飞机。据波音公司估算,进出中国的国际长航线业务年增长率将高达7.2%,进而将带动市场对新型高燃油效率宽体飞机的需求。波音公司东北亚区市场销售高级副总裁毛毅山说,目前中国是波音的第二大市场,预计在未来10年内将取代美国成为其最大市场。

(华秀丽、谢佳祎 整理)

后　记

增信释疑　推进中美战略合作

英国前首相撒切尔夫人曾引用这样一番话缅怀故友并开启首相生涯："凡是有不和的地方，我们要为和谐而努力。凡是有谬误的地方，我们要为真理而努力。凡是有疑虑的地方，我们要为信任而努力。凡是有绝望的地方，我们要为希望而努力。"如今的中美两国，恰恰面临着双边关系发展中诸多错综复杂的利益分歧，相互间的认知与理解也存有重重误区，更重要的是在战略意图研判方面相互针对的消极意味甚浓，这不禁引发整个国际社会的担忧和困惑。可以说，中美关系的发展为世界和平的维系制造了一个巨大的困惑。也正是因为中美关系存在种种挑战，推进和完善中美战略合作才显得如此重要和必要。

目前，中美两国的互信水平处于一种令人焦虑的状态，主要缘于两方面原因：其一，双方试图灌输给对方的观念和认知均难以被对方所接受。由于这种双向认知受阻，促使双方都认为对方正在采取所谓的"强势外交"。其二，双方对地缘政治秩序现状的理解和判断存在显著差距。如果一方认为对方单方面改变现状，就会做出相应回应，极有可能诱发双方的激烈冲突。如若双方本着"宁可信其有，不可信其无"的心态互视威胁，那么大国政治的悲剧将不可避免地上演，所谓历史宿命论也会得到印证。例如，在诸如主权领土争端和东北亚安全的主要矛盾上，两国间的分歧实实在在而且无法回避，各自的利益存在不同程度的冲突，因而立场角度各异，尽管有多重对话机制保障沟通顺畅，却依然难以达成共识，双方在化解此类矛盾方面踟蹰不前。国际社会的部分舆论因此习惯性地为中美关系诊脉，认定双方分歧难以弥合，甚至判断两国在改善关系的意愿方面都意兴阑珊、缺乏动力。基辛格博士在《论中国》一书中道出了这种悲观论调的原委："在当今形势下，战略紧张的一个方面是中国人担心美国企图遏制中国；同样，美国人担心中国把美国赶出亚洲。"[①] 换言之，中美当前的核心矛盾，在于对方在自身核心利益方面所扮演角色的负面预期及彼此间的相互猜忌。

我们绝不应该亦不必要对中美关系的前景持悲观绝望的态度。假如双方矢志通过大国战略选择来重塑国际体系，一改无政府状态下"霍布斯式"的体系性质，代之以战略合作为内涵的新型大国关系，则历史便不会机械地重复过去，国际政治亦将迎来崭新的转变。如果说"每个伟大成就在成为现实之前都是一种远见"，那么中美新型大国关系就是这种远见在现实中的投影，这条道路恰是中美两国一种勇于担当而非听天由命的战略选择。

新型大国关系的建设，双方的战略合作是重中之重。但是，对于中美为何要开展合作、应该开展什么样的合作、怎样开展合作，这些看似简单的问题却没有简单的答案。我们认为：

首先，强大的意愿和恒久的动力是中美战略合作的前提和保障。对于新型大国关系的内涵，双方的理解有所不同，中方强调"不冲

---

① [美] 亨利·基辛格：《论中国》，胡利平等译，北京·中信出版社，2012年版，第516页。

突、不对抗、相互尊重、合作共赢①",而美方则强调"务实合作与建设性处理分歧②",表述上的差异并不影响两国推进这一关系模式的意愿,反而可以看出两国的共同意愿在不断强化,共识性的认知在不断扩展。在 2014 年 7 月举行的第六轮中美战略与经济对话上,中方代表进一步强调双方需要相互尊重、以诚相待,正确看待彼此的战略意图,不要出现战略误判,同时还要坚定信念、持之以恒。美方代表则提出,要用实际行动和双方的共同选择来界定新型大国关系,并反复重申美中之间的战略冲突并非不可避免。可以说,中美之间主动寻求合作、努力避免冲突的意愿不断累积强化,是双方化解矛盾、提升关系的重要保证。值得一提的是,国务卿克里还对美国不谋求遏制中国及如何看待美中分歧,代表美国政府做了格外澄清:"当我读到有关美国和中国的一些评论文章时,当我听到一些所谓的专家与我们谈论我们的关系时,他们之中有太多的人认为美国正在以某种方式试图遏制中国,或者说我们选择在这个地区所做的事情是针对中国的。今天,让我向你们强调说明,美国不试图遏制中国。……但当我们出现分歧时,不要将它说成是一种全局战略。这是在某个具体选择上的分歧。"③ 中国国家主席习近平对克服中美之间的摩擦和矛盾也表达了充分的信心:"只要我们双方坚持相互尊重、聚同化异,保持战略耐心,不为一事所惑,不为一言所扰,中

---

① "习近平概括中美新型大国关系:不冲突、不对抗,相互尊重,合作共赢",新华网,2013 年 6 月 10 日,http://iipdigital.usembassy.gov/st/chinese/texttrans/2014/07/20140709303707.html#ixzz39VvcyfNQ。

② "奥巴马总统向美中战略与经济对话代表团发表声明",白宫新闻秘书办公室,华盛顿,2014 年 7 月 8 日,http://iipdigital.usembassy.gov/st/chinese/texttrans/2014/07/20140709303573.html#ixzz39WUdS4lK。

③ "国务卿克里和财政部长雅各布·卢在第 6 轮美中战略与经济对话开幕式上发表讲话",美国国务院,2014 年 7 月 9 日,http://iipdigital.usembassy.gov/st/chinese/texttrans/2014/07/20140709303707.html#ixzz39VvcyfNQ。

美关系大局就能任凭风浪起、稳坐钓鱼台。"①

其次，融合的目标和互利的宗旨是中美战略合作的出发点和落脚点。就国际安全范畴而言，抛开具体的矛盾议题，中美双方都迫切希望建立强健有效的全球与地区安全架构，以应对各式各样的安全挑战。近年来，双方不断提出各种安全观念和倡议，以求在增进自身安全的同时推进以东亚为代表的地区安全以及全球安全。以此为基础，中美尝试在诸如钓鱼岛和南海争端、朝鲜半岛核问题、涉台涉藏等传统争议以及其他亚洲地缘政治议题上寻找到合作突破口。就国际治理范畴而言，中美两国均希望各国尊重和强化遵守国际法和各种国际规范与原则，在气候变化与能源替代与革新等方面取得突破性进展，同时在网络国际规则建设、核安全与防扩散等方面有所建树。就国际经济范畴而言，中美均希望确保以亚太为代表的地区稳定与繁荣，利用中美各自国内改革的机遇推进双边贸易、投资和地区经济一体化稳步前进，同时就国际经济和金融体系改革通力协作。就国际交流范畴而言，中美双方的人文交流和磋商水平已经上了新的台阶，两国在教育、文化、体育、卫生等领域的往来在不断深化彼此民间合作基础，成为改善国家形象和民众意象的重要途径，也成为构建新型大国关系的助推器、增信释疑的润滑剂。例如，历经多年的人文交往后，2013年美国盖洛普民调显示，18—29岁年龄段人群将中国视为"盟友"和"朋友"的比例达72%。② 美国有一句政治谚语："坦白并不代表者怯弱，而诚意永远需要时间来验证。"中美之间的互利合作必须用时间来进行检验，而融合的目标无疑是这一合作的催化剂。

---

① 张媛、左为："习近平：中美要坚持相互尊重、聚同化异，保持战略耐心"，新华网，2014年7月9日，http://news.xinhuanet.com/2014-07/09/c_1111530593.htm。

② 白洁、骆珺："刘延东：中美人文交流呈现出前所未有的良好态势"，新华网，2014年7月10日，http://news.xinhuanet.com/2014-07/10/c_1111558936.htm。

再次，正确的利益观与宏远的战略视野是中美战略合作的指向标。中美两国持有的利益观可以显著影响中美战略合作的道路是康庄大道还是荆棘遍布。利益观正确与否，关键体现在对"绝对获益"与"相对获益"的抉择上。如果过于强调相对获益，则势必过多考虑自身利益，谋求相对于对方而言的权益，习惯性采取"排他性"策略，力求主导地区格局，容易演变成恶意竞逐权力的争夺战。与之相反，如果更多强调"绝对获益"，而将"相对获益"置于适当水平上，则双方的政策目标和倡议将趋同，利益冲突性减弱，而相容性扩展，有望打破"零和思维"。在矛盾和摩擦的解决上，往往能实现互谅互让，照顾彼此的关切，采用共同标准而非双重标准来处理争端，尽力改善战略失信、相互猜忌和误判风险。此外，宏远的战略视野，可确保战略合作的一贯性，将国际安全、全球发展、国际治理和人文交流等流域融会贯通，全方位推动两国在各个层面和各个领域的合作，以互补性来夯实合作的根基。值得一提的是，在第六轮中美战略与经济对话和第五轮中美人文交流高层磋商开幕式上，习近平主席在题为《努力构建中美新型大国关系》的讲话中，意味深长地引述并指出，"早在1979年，邓小平先生就指出：两国人民的利益和世界和平的利益要求我们从国际形势的全局，用长远的战略观点来看待中美关系。……35年来，尽管国际环境和我们两国各自的国情都发生了深刻变化，但中美关系能克服困难、不断前行，其原因就是两国几代领导人准确把握时代脉搏，不断赋予中美关系新的内涵和动力。今天，我们双方更应该审时度势，转变思路、创新思维，不断开创两国合作新局面。"①

50多年前，美国总统肯尼迪曾经说过："如何合作的立足点能

---

① 习近平："努力构建中美新型大国关系——在第六轮中美战略与经济对话和第五轮中美人文交流高层磋商联合开幕式上的致辞"，新华网，2014年7月9日，http://news.xinhuanet.com/2014-07/09/c_1111530987.htm。

后记 增信释疑 推进中美战略合作

使猜忌的丛林退缩,那就让我们双方共同做一次新的努力,不是建立一种新的力量均衡,而是一个新的法治世界。那么在这个世界中,强者公正,弱者安全,和平将得到维护。当然这一切不可能在未来100天里完成,也不可能在未来1000天里或者本届政府的任期内完成,甚至也许不可能在我们这个星球的有生之年内完成。但是,让我们开始吧!"[1] 从1979年建交至今,中国与美国的交往已经跨越"而立",走向"不惑"。客观而言,对于未来如何推进相互之间的往来,中美双方确实在一定程度上处于"行之非艰,而知之惟艰"的"知难行易"困境中。如今,中美关系发展迫切需要的正是中国改革开放之初提出的"摸着石头过河"那种勇于尝试、不畏一时挫折的勇气、魄力和执着。

中美之间的战略合作,将考验新型大国关系的建设水平,也将给世界和平与稳定带来困惑中的巨大希望。

---

[1] "历史的声音:肯尼迪总统就职演说全文",新浪网,2003年11月19日,http://news.sina.com.cn/w/2003-11-19/22432170342.shtml。

图书在版编目（CIP）数据

中美外交：管控分歧与合作发展/孙哲主编. —北京：时事出版社，2014.12
ISBN 978-7-80232-786-3

Ⅰ.①中…　Ⅱ.①孙…　Ⅲ.①中美关系–研究
Ⅳ.①D822.371.2

中国版本图书馆 CIP 数据核字（2014）第 261410 号

出 版 发 行：	时事出版社
地　　　　址：	北京市海淀区万寿寺甲 2 号
邮　　　　编：	100081
发 行 热 线：	（010）88547590　88547591
读者服务部：	（010）88547595
传　　　　真：	（010）88547592
电 子 邮 箱：	shishichubanshe@sina.com
网　　　　址：	www.shishishe.com
印　　　　刷：	北京昌平百善印刷厂

开本：787×1092　1/16　印张：29.75　字数：372 千字
2014 年 12 月第 1 版　2014 年 12 月第 1 次印刷
定价：108.00 元

（如有印装质量问题，请与本社发行部联系调换）